Dieter Fleig
Die Technik der Hundezucht

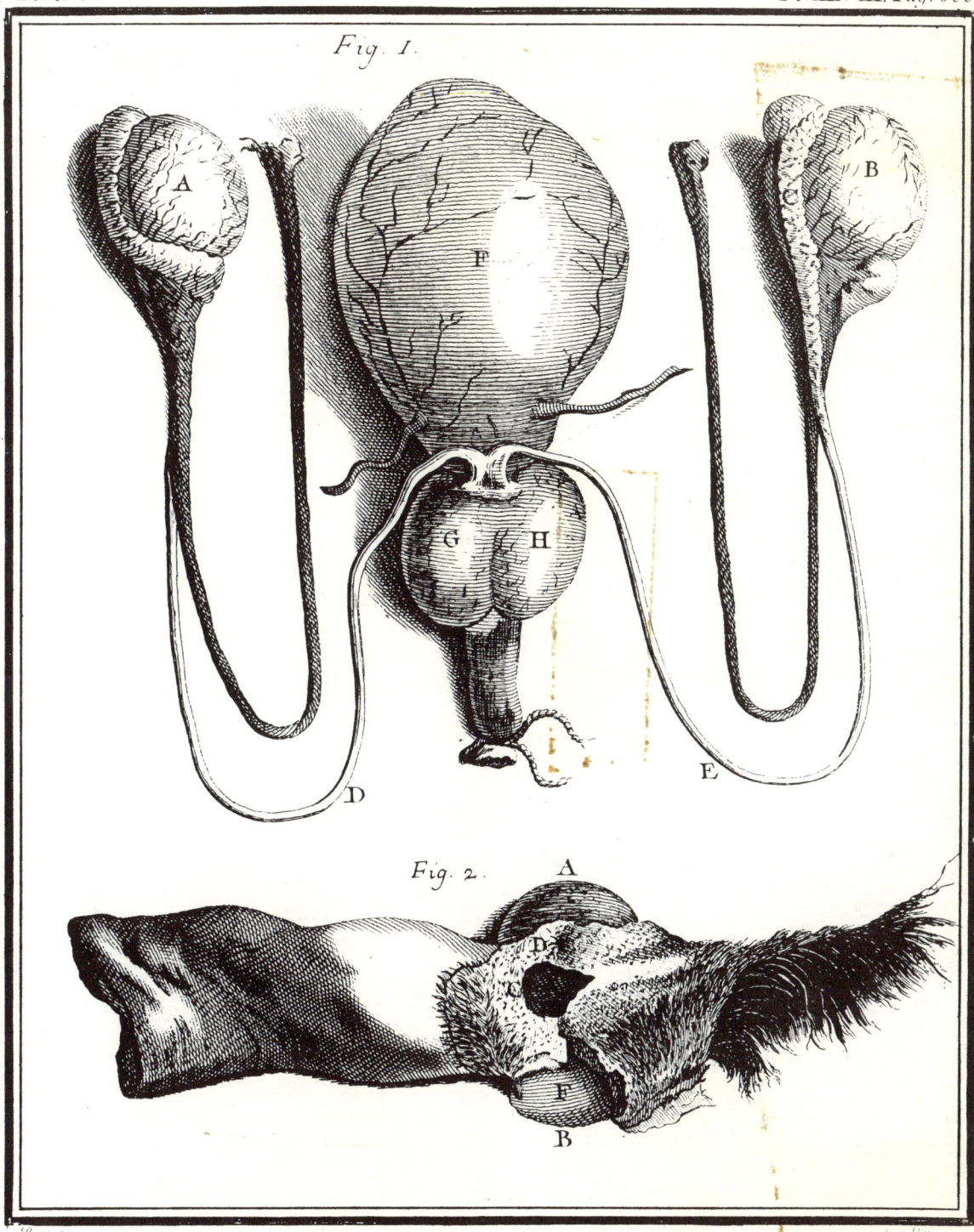

Fig. 1.

Fig. 2.

DIETER FLEIG

Die Technik der Hundezucht

**Ein Handbuch für Züchter und Deckrüdenbesitzer
und alle, die es werden wollen**

Titelbild: Dr. Hans Jesse

Umschlagbild: Dr. Hans Jesse

Vorsatz vorn und hinten: Buffon 1785

IMPRESSUM
© KYNOS VERLAG
Helga Fleig, D-5537 Mürlenbach/Eifel
Tel.: 06594/653
1. Auflage 1987
Gesamtherstellung: Tagblatt-Druckerei KG, 8728 Haßfurt
Jeder Abdruck, auch auszugsweise, bedarf der vorherigen schriftlichen Genehmigung des Verlages.
ISBN Nr. 3-924-008-24-8

Die Technik der Hundezucht

INHALTSVERZEICHNIS:

Vorwort

Eine grundsätzliche Anmerkung!

»Jeder Autor, der ein Buch über Hundezucht schreibt, ist dringlich und unausweichlich darauf angewiesen, auf Forschen und Wissen vieler Experten aufzubauen. Niemand sollte so vermessen sein und sich einbilden, er könne nur aus seiner eigenen Erfahrung heraus dem Leser ein wahrheitsgetreues Bild aufzeigen. So bekenne ich gerne und freimütig, daß ein wesentlicher Teil dieses Buches das Wissen anderer dokumentiert, denen ich sehr dankbar bin, daß ich auf ihrem Können, Forschungen und Erfahrungen aufbauen darf. Es ist sinnvoll, daß dieses Buch in wesentlichen Teilen zu einer Dokumentation des heute erreichten Wissensstandes über die Hundezucht geworden ist.«

Dies ist ein Zitat, eine bemerkenswerte Feststellung des Autors von »DIE TECHNIK DER HUNDEZUCHT«.

Dr. Dieter Fleig hat mit diesem Werk einen Auftrag erfüllt, ein umfassendes Dokument über die praktische Züchtung von Hunden zu schaffen, in das so gut wie alle Mitteilungen aus vorliegender kynologischer und wissenschaftlicher Literatur, das persönliche, praktische Wissen und aktuelle Abklärungen aus Gesprächen mit Fachexperten in bestverständlicher Form eingeflossen sind.

Vorweg: Züchter von Rassehunden und darüber hinaus alle Kynologen werden dies zu würdigen wissen.

Dieses Buch kann als Pflichtlektüre bezeichnet werden, somit als ein Standardwerk der Kynologie.

Eine klare Gliederung in 11 Kapitel sowie ein Literaturverzeichnis und das Sachregister, sehr gute Bilder und Skizzen sowie eine Fülle an Datenvermittlung auch in Form von Tabellen, Grafiken, Anleitungen und Empfehlungen zeichnen »DIE TECHNIK DER HUNDEZUCHT« besonders aus. Man findet sich gut zurecht und beim Nachschlagen rasch die benötigte Information. Ein Beispiel: Ihre Hündin ist trächtig, Sie fragen nach der Form und Größe einer Wurfkiste – schlagen Sie einfach das Kapitel »Die Geburt« auf und Sie erfahren die Antworten in klar verständlichen Worten und geordneten Zahlen, ergänzt durch eine Skizze einer geeigneten Wurfkiste, die jeder halbwegs geschickte Bastler selbst herstellen kann; darüber hinaus gibt es aber auch Tips für den Bau eines Welpenaufzuchtraumes oder gar eines Zuchtzwingers, und vieles andere mehr, wie etwa die Temperaturschwankungen vor der Geburt, den Ablauf eine Normalgeburt und auch die möglichen Geburtsschwierigkeiten.

Der Autor beginnt im 3. Kapitel »Der Züchter« mit einem Zitat des großen Kynologen Dr. Hauck, der schon 1930 forderte:

»Die wichtigste Pflicht des Züchters ist die Erhaltung der Lebenstüchtigkeit der Rasse. Sodann gilt es, Form und Leistung auf der Höhe zu halten, im Bedarfsfall sogar abzuändern und zu verbessern! Bevor gezüchtet wird, ist das notwendige Wissen zu erwerben.«

6

und stellt bald danach fest:

»Verantwortung, das ist ein Schlüsselwort zur Definition des Hundezüchters. Wer sich der Verantwortung nicht bewußt ist, die er mit der Hundezucht für eine gute Plazierung aller seiner Welpen trägt, der möge seine züchterischen Ambitionen aufgeben oder auf Lebewesen beschränken, die an ihre Umwelt, an die Menschen, an ihre Familie weniger Ansprüche stellen.«

Als Genetiker und auch seit über 40 Jahren kynologisch Befaßter habe ich diesen Worten nichts hinzuzufügen. Sind sie doch allzu wahr und berechtigt. Dem Autor Dr. Dieter Fleig meine Gratulation zu diesem Buch – es hat derzeit keine Konkurrenz!

W. Schleger, Wien

Abb. 1: Gesunde Nachzucht. Beagle-Welpe, 6 Wochen alt.

Foto: Petra Kleinwegen.

2. Zum Geleit

Fast auf den Tag genau sind es heute 39 Jahre her, etwas müde hatte ich es mir auf der Couch bequem gemacht, meine Schäferhündin Senta teilte das Ruhestündchen. Wahrscheinlich war ich eingenickt, plötzlich fühlte ich an den Beinen warme Nässe. – Und Senta begann ihren Erstgeborenen Alf energisch zu lecken. Ich stand – besser gesagt – lag am Anfang meiner Laufbahn als Hundezüchter. – Meine Mutter sah dies mit ganz anderen Augen, die gute Couch hatte einige Reinigungsprozeduren vor sich, von meinem »Hundefimmel« hielt meine Mutter ohnehin nicht sehr viel.

Dabei war ich doch so planvoll vorgegangen. Meine Senta hatte so etwa 3 cm Übergröße, was lag näher, als dies durch einen schönen, kleinen, schwarzen Rüden auszugleichen, der 2 cm zu klein war! Diese Welpen sollten dann doch wohl in der Größe hinkommen, oder nicht? Offen gesagt, mit meinem damaligen Wissen war mir in der Schäferhundezucht nicht allzu viel Erfolg beschieden.

Die folgenden Jahre steckten voller neuer Erlebnisse, das Alphabet haben wir fast zweimal durchgezüchtet, mehr als 20 Jahre standen auch stets gute Deckrüden in unserem Haus. Ein langer Weg mit vielen Irrtümern und immer neuen Erkenntnissen liegt hinter mir, begleitet von sechs verschiedenen Hunderassen. Der wichtigste Zeitabschnitt war sicherlich ein Jahrzehnt aktiver und erfolgreicher Zuchtleitung beim Aufbau der Rasse Bull Terrier in unserem Lande, sechs Jahre Herausgabe einer eigenen Hundezeitschrift über diese Rasse, – dadurch wird man zwangsläufig immer wieder zum Ratgeber vieler Züchter und Hundefreunde.

So naiv und unwissend, wie ich selbst zu Beginn meiner aktiven Hundezucht war, ich stieß in den letzten 20 Jahren immer wieder auf ein erschreckendes Unwissen bei nahezu allen Hundefreunden, die mit der Hundezucht begannen. Nicht verschwiegen werde, daß ich auch häufig bei vielen Züchtern noch nach 10jähriger züchterischer Erfahrung erschreckendes Nichtwissen feststellen mußte. Das Schlimme daran, viele Welpen, viele Hundemütter bezahlten dieses fehlende Wissen mit ihrem Leben oder ihrer Gesundheit.

Technik der Hundezucht, – ein wahrlich erklärungsbedürftiger Buchtitel. Zu Recht mag so mancher Hundefreund kritisch die Stirn runzeln, wenn bei Zeugung und Geburt »Technik« ins Spiel kommt.

Nun war es über Jahrhunderte bei Mensch und Tier gebräuchlich, den Vorgang der Fortpflanzung mit einem Tabu zu belegen, über so etwas sprach – spricht man nicht! Es geschah unter der Bettdecke, im Dunkeln, – bei unseren Hunden im Keller oder in der Garage. Da dies nach Meinung der Menschen rein natürliche, vorbestimmte Abläufe sind, brauchten sie darüber auch nicht viel zu wissen.

Hätte Heiko Gebhardt bei seinem Buch »Du armer Hund« erfaßt, was für einen hanebüchenen Unfug tagtäglich Züchter bei der Fortpflanzung unserer Hunde betreiben, er hätte ein zweites Buch mit demselben Titel schreiben können! Meine eigene Ungeschicklichkeit, mein Nichtwissen zu Beginn der eigenen Hundezucht sind für mich Antrieb, heute dieses Buch zu schreiben!

10

Glücklicherweise hat der Mensch in den letzten 30 Jahren ein gesundes Verhältnis zur eigenen Sexualität gefunden. Heute spricht man offen und frei von Sexualtechniken bei der menschlichen Partnerschaft. Der Wegfall vieler Tabus hat den Menschen viel geholfen. Möge es diesem Buch gelingen, den Hundefreunden aufzuzeigen, wie sich Paarung, Geburt und Welpenaufzucht auf natürliche Weise ohne abstoßende menschliche Eingriffe abspielen. Halter von Rüden könnten daraus lernen, daß ihr Rüde in vielen Fällen besser weiß, – »wo es lang geht«, als sie es ihm einzureden versuchen. Sollte es mir dann noch gelingen, die Hündinnenbesitzer zu überzeugen, nur mit geistig und körperlich kerngesunden Tieren zu züchten, Mütter mit gravierenden Instinktausfällen aus der Zucht auszuschließen, – das wäre wahrscheinlich ein Grund, – mein Autorenhonorar zurückzuzahlen!

Vielen Züchtern könnte das Wissen aus diesem Buch dazu verhelfen, bei Paarung, Geburt und Welpenaufzucht viel weniger auf tierärztliche Hilfe angewiesen zu sein. Kommt es aber zu Schwierigkeiten, dann steht der Züchter dem Fachmann nicht hilflos gegenüber, er kann sachlich vernünftige Anweisungen verstehen, mit dazu beitragen, daß alles gut geht. Eigenes Wissen ist hier oft Gold wert!

Technik der Hundezucht! Mit der Wahl dieses Titels bringe ich zum Ausdruck, daß der Züchter in meinem Buch keine Ratschläge erwarten darf, die über die Technik von Paarung, Geburt und Aufzucht hinausgehen. Welcher Rüde mit welcher Hündin? Dies ist eine völlig andere Frage. Die Wissenschaft der Genetik hat in den letzten 30 Jahren einen Aufschwung genommen, Erkenntnisse erarbeitet, die für jede ernsthafte Hundezucht unentbehrlich sind. Sie müssen einem anderen Buch vorbehalten bleiben, und ich will und muß auf ein solches Buch hinweisen: »Walter Schleger/Irene Stur – Hundezüchtung in Theorie und Praxis – Ein genetischer Leitfaden für erfolgreiche Rassehundezucht«. In diesem Buch wird das Wissen um die Vererbungslehre in seiner ganzen Breite übersichtlich dargestellt.

Wohlgemerkt, erst beide Bücher gemeinsam geben in ihrem Zusammenwirken dem Züchter das notwendige Rüstzeug für eine erfolgreiche Hundezucht. In aller Bescheidenheit darf ich anmerken, daß die in meinem Buch dargestellte Technik der Hundezucht sicherlich genauso unentbehrlich ist wie das Wissen um genetische Gesetze.

Mein besonderer Dank gilt den tierärztlichen Universitäten in Wien und Utrecht, Herrn Professor Dr. K. Arbeiter, Herrn Professor Hendrickse, Dr. E. Köppel und Dr. Holzmann. Dank ihrer wohlwollenden Förderung war es mir möglich, dieses Buch gerade im Bereich von Zeugung und Geburt reich zu illustrieren, ihnen verdanke ich Rat und Wissen im tiermedizinischen Bereich.

Dieses Buch liegt mir ganz besonders am Herzen, es könnte viel dazu beitragen, daß es in der Hundezucht wieder natürlicher zuginge!

Dieter Fleig

3. Der Züchter

Eberhard Trumler, der bekannte Verhaltensforscher, trifft folgende unmißverständliche Klarstellung: »Grundsätzlich darf sich jeder ›Züchter‹ nennen, der seine Hündin einem Rüden zuführt. Aber so, wie man ›Jäger‹ von Jagdscheinbesitzern unterscheiden muß, muß man auch Züchter von jenen Leuten trennen, die eine ›offizielle Zuchterlaubnis‹ haben.« Dr. Hauck, der große alte Mann der österreichischen Hundezucht, fordert kategorisch: »Die wichtigste Pflicht des Züchters ist die Erhaltung der Lebenstüchtigkeit der Rasse. Sodann gilt es, Form und Leistung auf der Höhe zu halten, im Bedarfsfall sogar abzuändern und zu verbessern! Bevor gezüchtet wird, ist das notwendige Wissen zu erwerben.«

Bestimmt ist es keine Übertreibung, wenn ich einleitend zu diesem Kapitel feststelle, daß viel zu viele Hunde gezüchtet werden. Betrachtet man die jährlichen Eintragungsziffern der Rassehundevereine, die »wilde Zucht« all jener, denen die Zuchtbestimmungen der Zuchtvereine zu streng sind und die unkontrollierte Vermehrung der Hundegesellschaft aufgrund mangelnder Aufsicht ihrer Zweibeiner, und vergleicht damit eine immer hundefeindlicher werdende Umwelt, den immer knapper werdenden Lebensraum unserer Vierbeiner, dann drängt sich die Frage auf, wo eigentlich alle diese Welpen ein gutes Zuhause bei vernünftigen Menschen finden sollen. Ein Besuch in unseren überfüllten Tierheimen zur Urlaubszeit, eine Lektüre der Fundberichte über laufend ausgesetzte Hunde, ein Besuch auf so manchem Schrottlager, Autofriedhöfen, zerfallenen Gehöften zeigt das bittere Los, das unsere Wegwerfgesellschaft gnadenlos der »Überproduktion an Hunden« bereitet.

Verantwortung, das ist ein Schlüsselwort zur Definition des Hundezüchters. Wer sich der Verantwortung nicht bewußt ist, die er mit der Hundezucht für eine gute Plazierung aller seiner Welpen trägt, der möge seine züchterischen Ambitionen aufgeben oder auf Lebewesen beschränken, die an ihre Umwelt, an die Menschen, an ihre Familie weniger Ansprüche stellen. – Immer wieder erschreckt die Leichtfertigkeit, mit der zweifelhafte Paarungen vorgenommen werden, Zuchtexperimente, um das »Spitzentier« herauszubringen. Ein Ausstellungssieger im Wurf, mit dem sich zuweilen durchaus gutes Geld verdienen läßt, rechtfertigt keinesfalls die gleichzeitige Produktion von Welpen, die aufgrund ihrer nervlichen oder gesundheitlichen Anfälligkeit niemandem verkauft, niemandem zugemutet werden können. Züchterische Mißerfolge bezahlt der verantwortungslose Züchter zwar öfter mit eigenem Geld, die wahren Opfer sind aber die gestörten Hunde, deren Leben schon von Beginn an schwer belastet ist.

Erste unabdingbare Voraussetzung für den guten Züchter ist die volle Verantwortung für jeden einzelnen Hund, der durch sein Wollen entsteht. Diese Bindung endet nicht etwa mit dem glücklichen Verkauf des Hundes, seine Verpflichtung dem Tier gegenüber besteht weiter. Der selbstgezüchtete Hund sollte immer und ausnahmslos dann wieder zu seinem Züchter zurückkehren können, wenn es ihm in seiner Umwelt schlecht geht. Für den wahren Züchter ergibt sich eine Bindung, die der menschlichen Unterhaltsverpflichtung der Eltern ihren Kindern gegenüber durchaus vergleichbar ist.

Solange ich Hunde züchte, habe ich mich stets darum bemüht, vor dem Verkauf eines Welpen mich persönlich darüber zu informieren, wie die künftige Umwelt für unsere Welpen aussehen wird. Man sieht Menschen immer nur vor den Kopf, nicht in sie hinein. Das zwang uns, in einer Reihe von Fällen später Hunde nochmals zurückzuholen, ihnen eine neue Heimat zu suchen. Immer wieder erreichen uns Hilferufe, wenn Hunde in Not geraten. Es ist kläglich, wie die überwiegende Mehrzahl der Züchter reagiert, wenn man in solchen Fällen versucht, das in Not geratene Tier wieder an den Züchter zurückzuleiten.

Da gibt es so manchen Kaufvertrag, mit dem heute Welpen gehandelt werden. Meist sichert sich der Züchter Zuchtrechte, Deckerlaubnis für eigene Hündinnen und ähnliches, wohlgemerkt, – zu Lasten des Käufers. Im Sinne einer vernünftigen Zucht ist dagegen auch nichts einzuwenden. Die allerwichtigste Klausel wird aber meist großzügig übersehen, nämlich ein Vorkaufsrecht, das es erlaubt, den Welpen zurückzuholen, ehe er in falsche Hände gerät. Mancher passionierte Züchter entdeckte solche Mängel des Kaufvertrages erst dann, als er feststellte, daß sein Welpe in Kellerhaltung und Dunkelhaft dahinvegetierte, gegen Mensch und Tier bösartig wurde, ohne daß man ihn herausholen konnte. Nach dem Gesetz sind Hunde nur »Sachen«, selbst unter Einschaltung des Tierschutzes kann man sie selten wieder zurückholen!

Hut ab vor dem Züchter, der in solchen Fällen um das Wohlergehen seiner Welpen kämpft, sich rechtlich absichert, daß er Einfluß behält. Bei einem solchen Züchter würde ich gerne kaufen, er beweist mir als Käufer, daß ihm an seinen Tieren viel liegt.

Daß der Züchter bei der Auswahl der Zuchttiere sorgfältig vorgeht, das ist ein weiterer Bereich seiner Verantwortung. Eine solche Auswahl ist nicht immer ganz einfach, darauf werde ich bei der Besprechung der Zuchttiere näher eingehen. Die äußeren räumlichen Voraussetzungen der Hundezucht müssen gewährleistet sein, darüber mehr im Kapitel Zwinger. Und über die sachgerechte Welpenaufzucht, darüber werde ich noch sehr viel zu sagen haben.

Zum Züchten bedarf es einer Passion, einer Leidenschaft für das Zuchtziel, die schon recht tief verwurzelt sein muß. Wer sie nicht empfindet, wer in der Hundezucht nur eine Art Freizeitbeschäftigung sieht, sollte seine Zeit besser und anders nutzen.

Hier etwas ganz Wichtiges, ein Problem, tiefwurzelnd in der menschlichen Natur, das wahrscheinlich Ursache der ganzen Welpenschwemme ist, die über unser Land – und andere Länder – hereinbricht. Wir Menschen denken zu menschlich, übertragen Gefühle aus unserer Welt immer und immer wieder ungeprüft auf die Hundehaltung. Kaum ein Hundehalter glaubt dem Fachmann, daß es aus biologischen Gründen keinerlei Anlaß gibt, daß sein Hund sich fortpflanzt. Erkläre ich einem Rüdenbesitzer, daß der Rüde doch wohl besser nicht zur Zucht eingesetzt werde, so wäre die Reaktion kaum negativer, wenn ich seine eigene Potenz in Zweifel gezogen hätte. Es folgen lange Erklärungen, wie interessiert der Rüde doch stets am weiblichen Geschlecht sei, daß er aufreite, zu läufigen

Hündinnen in der Nachbarschaft ausbreche. Das alles seien doch ganz klare Fakten! – Ja, nicht weniger klar ist aber auch, daß der Rüde nicht den geringsten körperlichen oder seelischen Schaden erleidet, wenn er nicht darf. Tatsache ist auch, daß wenn er wirklich einmal darf, das Ganze in der Haltung nicht leichter wird, sondern viel, viel schwieriger!

In der Pferdezucht hat man erkannt – da geht es wirklich um Zucht, – daß man für eine planmäßige Zucht mit ganz wenigen Hengsten – Spitzentieren – auskommt. 95% der männlichen Nachzuchten werden zu Wallachen, – damit es die Besitzer nicht so schwer haben! Bei Rüden gibt es hierzu keinen sinnvollen Grund, außer man könnte dadurch dem Besitzer die Wahnvorstellung nehmen, sein Rüde müsse laufend für eine wachsende Hundepopulation sorgen. Ich kenne Besitzer züchterisch schwacher Deckrüden, die aufgrund eigener Erwartungshaltung ganze Hunderassen schon beträchtlich geschädigt haben. Kein Weg ist ihnen zu weit, sie fahren ihn zu den Hündinnenbesitzern, keine Hündin ist ihnen zu schlecht, – der Rüde braucht es doch, – wie sie meinen. Mit Hundezucht hat dies alles wirklich überhaupt nichts zu tun, – Vernunft und Sachlichkeit, notfalls die Couch des Psychiaters, könnten hier viel helfen. –

Ganz parallel hierzu liegt der Gedanke, eine Hündin müßte doch zumindest einmal in ihrem Leben Welpen haben. All das Mutterglück, das ihr sonst entgeht! Ja, und der Tierarzt hat auch dazu geraten, sonst führe dies bestimmt einmal zu bösartigen Wucherungen, zu gesundheitlichen Schädigungen! Wechseln Sie den Tierarzt, verschwenden Sie nicht weiter ihr Geld an ihn! Es ist in wissenschaftlichen Untersuchungen seit 80 Jahren – und inzwischen laufend immer neu – nachgewiesen, daß Gebärmutterkrebs, Wucherungen, Pyometra, Brustkrebs oder was es immer auch sein mag, – bei jungfräulichen Hündinnen nicht öfter auftritt als bei Hündinnen, die eigene Welpen hatten.

Das ganze Mutterglück, das Sie Ihrer Hündin vorenthalten? Lesen Sie doch bitte in Ruhe dieses Buch zu Ende, Sie finden dann bestimmt heraus, daß es die Familienhündin, geliebt und verwöhnt von allen, sehr viel besser in ihrem Leben hat als die Zuchthündin.

Aber Ihre Kinder, sie wollten doch so gerne Hundebabys! Selbst auf die Gefahr hin, daß Sie jetzt den Kauf dieses Buches im nachhinein bedauern, – denn Sie wollten ja züchten, – aber dies ist ganz bestimmt der allerletzte Grund, der es rechtfertigen würde, junge Hunde in die Welt zu setzen. Kaufen Sie notfalls Ihren Kindern ein Meerschweinchen, bei richtiger Behandlung ein geradezu ideales Streicheltier. Man kann es sogar im Puppenwagen hin- und herfahren. Aber, – der bestimmt verständliche Wunsch von Kindern, kleine Lebewesen zu streicheln, ihr Heranwachsen zu beobachten, ist sicher das falsche Motiv für eine eigene Hundezucht!

· Hundezucht – jede Tierzucht – ist eine ernsthafte Angelegenheit, sollte frei von menschlichen Gefühlswallungen betrieben werden. Es bedarf großer Tierliebe, Einfühlungsvermögen, es bedeutet oft sehr viel Arbeit, finanzielle Opferbereitschaft. Das sollten Sie sich stets vor Augen halten. Ja, selbst wenn ich jetzt mit meinen Argumenten eine ganze Reihe von potentiellen Hundezüchtern von ihrem Vorhaben abgebracht haben sollte, Sie haben trotzdem gut daran getan, dieses

Buch zu lesen, denn die klare Sprache hat Ihnen Enttäuschungen erspart, Ihrem Hund ein viel glücklicheres Leben gesichert!

Die große Mehrzahl der Hunderassen ist in ihrer Entstehungsgeschichte auf die züchterische Begabung einiger weniger Züchter zurückzuführen. Große Züchterpersönlichkeiten sind entscheidend für das Wohl einer Hunderasse. Es bedarf einer unerschöpflichen Energie, Phantasie, gewisser materieller Voraussetzungen, um durch die eigene Zucht in einer Rasse Akzente zu setzen. Studiert man das kynologische Schrifttum der letzten 100 Jahre, so kann man in nahezu jeder Hunderasse feststellen, daß neue, zukunftweisende Ideen in den zuständigen züchterischen Organisationen nur sehr mühselig oder überhaupt nicht durchgesetzt werden konnten. Das Beharrungsvermögen am Althergebrachten, das Mißtrauen gegen Neuartiges, nicht zuletzt aber auch Neid und Mißgunst gegenüber dem Erfolgreichen, ziehen sich wie ein roter Faden durch diese Geschichtsschreibung. Man kann fast sagen, daß alle Züchter, die zukunftweisende Ideen hatten, diese nur gegen allergrößte Widerstände, zuweilen bis zum Vereinsausschluß durchkämpfen mußten. Und die Entwicklung brachte es mit sich, daß jene zunächst bis aufs Messer bekämpften Außenseiter später als Pioniere der Hunderasse ihre Anerkennung fanden.

Nur zwei Beispiele hierzu. Raymond Oppenheimer erkannte als einer der ersten Züchter, daß die reine Weißzucht beim Bull Terrier langfristig zu schweren Schädigungen der Rasse, zu Krankheiten und zu merklichen Qualitätsverlusten führen mußte. Unter bewußter Drohung, den Club zu verlassen, als einflußreicher Zwinger seinen eigenen Weg zu gehen, gelang ihm der Durchbruch. Der Bann, farbige Bull Terrier aus der Weißzucht herauszuhalten, wurde mit denkbar knappster Mehrheit aufgehoben. Die Zukunft der Rasse bestätigte die schon zuvor klar bewiesenen genetischen Gesetzmäßigkeiten. Die meisten Hunde wurden danach keineswegs zu Schecken, sondern gewannen durch die Einkreuzung farbiger Hunde an Gesundheit und Qualität. Heute käme kein Züchter mehr auf die Idee, einen rein weißen Zuchtstamm aufzubauen, er würde nur sich und seine Zucht schädigen.

Eine zweite Lehre erteilte Raymond Oppenheimer den Hundezüchtern. In seinem Zwinger stand ein Zuchtrüde namens Bar Sinister, der allen andern Hunden seiner Zeit qualitativ weit überlegen war. Dieser Rüde hatte einen einzigen, von der Fachwelt jedoch unerbittlich bekämpften Fehler, er war Monorchide, – Einhoder. Solche Rüden wurden auf allen Ausstellungen von der Bewertung ausgeschlossen, in Deutschland von allen Zuchtverbänden mit Zuchtverbot belegt. Raymond Oppenheimer überging souverän alle Einwendungen, nutzte diesen Rüden für seine Zucht, er wurde zum wichtigsten und bedeutendsten Vererber aller Zeiten. Züchter, die Bar Sinister des Hodenmangels wegen mieden, fielen in den Folgejahren in ihrer Zucht weit zurück, verloren den Anschluß an den wesentlich gestiegenen Qualitätsstandard. Interessanterweise versuchten sie, durch Einsatz von zwei Vollbrüdern dieses Rüden Anschluß zu halten, was völlig mißlang. Ja, sie hatten bei ihren Würfen wesentlich mehr Einhoder als unter den Nachkommen von Bar Sinister auftraten. Ein völliges Verkennen genetischer Gesetzmäßigkeiten in der Hundezucht.

Die großen Züchter haben den kleinen gegenüber einen ganz bedeutenden Vorteil. Sie können einen Stamm an Zuchthündinnen so aufbauen, daß herausragende Nachzuchten im Zwinger verbleiben. So entsteht über Generationen ein Hündinnenstamm, der zum tragenden Fundament eines Zwingers wird. Wer auf großen Hundeausstellungen kritisch Nachzuchtwettbewerbe und Zuchtgruppenwettstreite beobachtet, der wird oft feststellen, daß einzelne Zwinger mit ihren Hunden ein in sich völlig einheitliches Bild bieten, die Hunde gleichen einander wie ein Ei dem anderen. Bei sorgfältig aufgebauten Zuchtlinien geht dies weit über den einheitlichen Rassetyp hinaus. Gute Züchter präsentieren einen einheitlichen Zwingertyp über viele Generationen. Und für eine solche planvolle Zucht nach genetischen Gesetzmäßigkeiten bedarf es ganz einfach der Möglichkeit, mit einer ganzen Reihe miteinander eng verwandter Hunde zu züchten. Warum das so ist, das erklärt ein Buch über Genetik.

Hier wollen wir festhalten, daß es zumeist große, gut geführte Zwinger sind, die in einer Hunderasse planmäßig züchterische Fortschritte bringen. Oft schon hat ein einziger Spitzenzwinger eine ganze Rasse verändert. In den Großzwingern liegen beachtliche Chancen, gleichzeitig aber auch unübersehbare Risiken für eine Hunderasse. Erfolgt nämlich in den Spitzenzwingern eine Fehlschaltung, aus Unwissen oder aus Fahrlässigkeit, zweilen auch aus Gewinnsucht, werden etwa mit Erbkrankheiten oder Wesensmängeln behaftete Zuchttiere systematisch in der Zucht eingesetzt, so kann dies eine Hunderasse innerhalb weniger Jahre um Jahrzehnte zurückwerfen.

Auch hier drängt sich mir wieder ein Beispiel auf. Da gab es in England einen Bull Terrier-Rüden, der im Exterieur den Wunschvorstellungen, ja dem Traum einer vollendeten Anatomie entsprach. Aber, – dieser Hund war wesensschwach. Solche Feststellungen werden oft voreilig getroffen. Es bedarf bei der Beurteilung einer sorgfältigen Abgrenzung zwischen ererbter Nervenschwäche und umweltbedingten Ausfällen. Daß gerade dieser Rüde aber an erheblicher Nervenschwäche litt, war unschwer zu erkennen. Beim Spitzenwettbewerb des Jahres wurden die 10 besten Hündinnen im Lande eingeladen, sie standen im Wettbewerb um die begehrteste züchterische Trophäe. Unter diesen Spitzenhündinnen standen 5 Töchter dieses Rüden, ein Beweis, wie sehr er seine anatomischen Vorzüge weitergab. Das Traurige daran war aber, daß man ganz ohne Ausstellungskatalog alle 5 Töchter daran erkennen konnte, daß sie mit eingeklemmten Ruten zitternd im Ring standen. Der zweite, aber sehr unerfreuliche Beweis der Erbkraft des scheuen Vaterrüden!

Über diese Hündinnen wurde – der Schönheitszucht wegen – das Erbe des scheuen Vatertieres weitergetragen. Obwohl der Züchter den Rüden seiner Wesensveranlagung wegen aus der Zucht zurückzog, nahm die Entwicklung ihren bösen Lauf. Zehn Jahre später treten in der Rasse gravierende Wesensmängel auf, selbst wenn dieser Rüde erst in der vierten oder fünften Ahnenreihe zu finden ist, jetzt aber aufgrund von Inzuchten gleich viermal, sechsmal oder noch häufiger! Jeder Genetiker weiß, daß die Erbfaktoren für Scheu und extreme Aggressivität eng mit einander verbunden sind. Eine stattliche Anzahl von Kindeskindern dieses Ahnherren mußte die Schuld des Züchters, der einen solchen Hund mühselig »für die Zucht aufbaute«, mit ihrem Leben bezahlen, Sie wurden wegen extremer Aggressivität eingeschläfert.

Noch eine Anmerkung über den Einfluß großer Zwinger auf die Zucht. Durch die Vielzahl ihrer guten Zuchttiere haben sie eine ganz besondere Chance, eine Hunderasse nachhaltig nach ihren züchterischen Vorstellungen zu formen. Nur, – Zuchthund in einem solchen Zwinger möchte ich sicherlich nicht sein. Die Vielzahl der Tiere bringt es zwangsläufig mit sich, daß sich der Züchter in aller Regel zu wenig um das Einzeltier kümmern kann. Das Verhältnis Züchter/Hund ist – vorsichtig ausgedrückt – bestimmt sehr viel weniger eng als bei den in die Familie voll intergrierten Einzelhunden. Das wirkt sich zwangsläufig in der Richtung aus, daß Zwingertiere ihre Veranlagung als Partner des Menschen viel weniger entfalten können, die Züchter können zumindest nicht wissen, ob ihre Zuchttiere über das gesamte Verhaltensinventar verfügen, das für eine optimale Integration des Hundes in die menschliche Umwelt notwendig ist. Es besteht immer die Gefahr, daß in großen Zwingern Zwingerhunde, Ausstellungshunde, nicht Haushunde gezüchtet werden.

An dieser Stelle muß ich eine Lanze für die zahlreichen kleinen Privatzüchter brechen. Trotz des unbestreitbaren großen Einflusses der großen Zwinger sind die kleinen das Rückgrat einer gesunden Hunderasse. Es ist meine feste Überzeugung, daß unsere Haushunde nur in enger Gemeinschaft mit dem Menschen all ihre Eigenschaften entfalten und verwirklichen können, die Eigenschaften, auf die es uns ankommt. Erst im Familienbesitz erweist es sich, ob ein Hund wirklich alle die Eigenschaften hat, die bei der Zucht der Rasse angestrebt werden. In Zwingern mit etwa 3–4 Zuchttieren, besser mit noch kleinerem Bestand, finden wir jene Zuchttiere, die tagtäglich unter Beweis stellen, ob sie in ihrer geistigen Entwicklung dem Rasseziel entsprechen.

Über unser Ausstellungswesen ist die Rassehundezucht immer wieder zu einer Überbetonung anatomischer Merkmale, zu einer Vernachlässigung der psychischen Qualitäten unserer Hunde gekommen. Tatsache ist, daß die überwiegende Mehrzahl psychischer Mängel von keinem Richter auf einer Hundeausstellung gesehen werden können. Hier liegen deutliche Mängel in der Ausrichtung der Zucht, solange Ausstellungsprädikate den Vorrang gegenüber einer klaren Wesensbestimmung haben. Jeder Züchter möge sich immer vor Augen halten, daß er seine Hunde für Menschen, für ein Leben in unserer heutigen Umwelt züchtet, nicht für den Ausstellungsrichter!

Während in England der Einfluß der Großzwinger auf die Hundezucht überwiegt, ist im übrigen Europa der Liebhaberzüchter mit seinen Tieren die Basis der Hundezucht. Von seinem Wissen, seiner Einsatzbereitschaft für die Rasse ist der züchterische Fortschritt, die Gesundheit der Rasse abhängig. Bei ihm werden meist die Zuchttiere artgerecht, das heißt als Haushunde in menschlicher Gemeinschaft gehalten. Diesen Züchtern ist letztendlich auch dieses ganze Buch gewidmet.

Es liegt – leider – in der menschlichen Natur, daß man viel lieber über Erfolge als über Fehlschläge berichtet. Es ist wohl auch allzu menschlich, daß man Fehlschläge und Enttäuschungen der Konkurrenten mit einer gewissen Schadenfreude sieht, im

Vergleich hierzu wächst ja das persönliche Ansehen. In der Hundezucht – und sicherlich nicht nur da – hat dieses Menschlich allzu Menschliche sich sehr negativ ausgewirkt.

In allen Zuchten gibt es immer wieder Fehlschläge, Mißerfolge. In bestimmten Zuchtlinien treten gehäuft Erbfehler auf, die dringendst züchterisch bekämpft werden müssen. Und solche Erbfehler werden – fast immer – sorgfältig totgeschwiegen. Der Züchter scheut den Rückschlag, die Schadenfreude seiner Konkurrenten, den schlechten Ruf, den seine Zuchtprodukte durch das Bekanntwerden solcher Rückschläge erleiden könnten.

Wieder ein Beispiel: Über Jahre fielen in Deutschland bei Stafford Bull Terriern sehr kleine Würfe. Für mich als Zuchtleiter der Rasse war es erstaunlich, daß im Mutterland der Rasse England die Würfe durchschnittlich sehr viel größer ausfielen. – Die Aufklärung dieses Rätsels erfolgte durch den Anruf einer Züchterin, die gerade neu in die Rasse gekommen war. In ihrem Wurf lagen unter sechs Welpen drei Jungtiere mit Spaltrachen, sie waren damit von Geburt an zum Tode verurteilt. Als diese Züchterin anderen Züchtern erzählte, daß sie über diese Mißbildungen die Zuchtleitung informiert hatte,, erntete sie schwerste Vorwürfe. Bei den Meldungen an den Club seien solche Welpen entweder überhaupt nicht geboren oder allenfalls bei der Geburt verstorben. Keinesfalls melde man solche Erbfehler, das schade dem Ansehen der Rasse. Ich könnte an dieser Stelle mühelos zehn weitere Fälle aufzählen, bei denen Mißbildungen vorsätzlich verschwiegen wurden. Züchter wissen darum, daß in ihren Würfen taube Welpen liegen, tun alles, damit der Zuchtwart bei der Wurfabnahme diesen Mangel nicht erkennt und verkaufen dann noch diese Tiere an gutgläubige Käufer! Nichts sehen, nichts hören, nichts sagen! Das ist das Motto eines üblen Spiels zu Lasten der Hunderassen.

Es gibt sogar Hundezuchtvereine, in deren Satzung verankert ist, daß sie eine Hunderasse fördern sollen. Diese nehmen es seit Jahrzehnten hin, daß über 50% aller Geburten der Rasse durch Kaiserschnitte auf die Welt kommen. An solche Fehlentwicklungen hat man sich so gewöhnt, daß viele Hundeclubs nicht einmal bei der Wurfabnahme danach fragen, wie der Ablauf der Hundegeburt wohl gewesen sei. Eberhard Trumler bezeichnet Züchter, die in ihrer Hundezucht ständig Kaiserschnitte hinnehmen, ganz einfach als »Tierschinder«!

Um es ganz deutlich zu machen: Züchter, die in ihren Würfen auftretende Erbmängel verschweigen, sind die Totengräber einer Hunderasse. Vereine, die sich über Jahre um solche Erbmängel, um fehlende Muttereigenschaften der Zuchthündinnen, um Deckunlust der Rüden nicht kümmern, sollten aus den kynologischen Dachverbänden ausgeschlossen werden.

Jeder Genetiker unterstreicht, daß Erbmängel durch planmäßige Zucht ausgemerzt werden können. Hierzu bedarf es der Opferbereitschaft der Züchter. Grundvoraussetzung ist aber die bedingungslose Wahrhaftigkeit aller ihrer Aufzeichnungen. Mängel, die man erkannt hat, lassen sich bekämpfen, verschwiegene Fehler sind ein Krebsgeschwür in jeder Tierzucht! Züchter, die aus egoistischen Motiven oder in falsch verstandener Kollegialität (etwa dem Deckrüdenbesitzer gegenüber) Fehler verschweigen, sollten aus einer Zucht ausgeschlossen werden.

Ich weiß, wie weh es gerade unserem kleinen Liebhaberzüchter tut, wenn seine geliebte Hündin aus der Zucht muß, – hier gibt es aber im Interesse der Gesundheit einer Rasse keine Alternative. Die geforderte Ehrlichkeit bedingt züchterische Konsequenzen. Und Deckrüden, seien sie Weltsieger, Internationaler Champion oder was auch immer, bringen sie bei der Paarung mit verschiedenen Hündinnen schwerwiegende Mängel oder schlechtes Wesen, dann müssen sie aus der Zucht. Ein verantwortungsbewußter Rüdenbesitzer wird einen solchen Rüden in Eigeninitiative aus der Zucht nehmen.

Hier liegt ein weites, weites Feld, das es zu beackern gilt!

»Keine Frau kann so viel Geld verdienen, wie ich mit meinen Welpen!« Dieser Ausspruch einer biederen, leicht dümmlichen Züchterin in breitem, badischen Dialekt klingt mir noch immer in den Ohren. Was sie betrieb, mit Zucht hatte es wenig zu tun. Sieben Tage alte Welpen, deren Mutter die Kleinen nicht alle säugen konnte, da sie einen Zehnerwurf ohne menschliche Hilfe großziehen sollte, hatte die »Züchterin« der Einfachheit halber einer anderen Hündin zu deren vier Wochen alten Welpen mit zugegeben. Sie meinte, dann hätte sie doch nicht die lästige Arbeit mit der Flaschenaufzucht. Die Großen verdrängten natürlich die Kleinen von den Zitzen, die Kleinen befanden sich in einem erbärmlichen Zustand. Daß die Muttermilch nach vier Wochen Säugezeit eine ganz andere Zusammensetzung hatte, für die eine Woche alten Kleinen ungeeignet war, das hörte die Geschäftsfrau von mir zum ersten Mal. Wenn man über eine Reihe von Jahren die Aufgabe hatte, Züchter zu kontrollieren, dann könnte man über dieses Thema ein eigenes Buch schreiben!

Unser Buch soll sich aber mit Hundezucht, nicht mit »Dogs for Profit« – wie dies der Engländer bezeichnet – befassen. Und deshalb muß ich dieser Frau vom Grundsatz her widersprechen. In aller Regel wird der ernsthafte Züchter für sein Hobby Geld mitbringen, keinen Profit ziehen. Gute Zuchttiere kosten viel Geld, in der Anschaffung wie im laufenden Unterhalt. Deckrüden, die zu der Zuchthündin passen, wohnen in aller Regel nicht im Nachbarhaus, oft führt der Weg zum richtigen Zuchtpartner sogar in andere europäische Länder. Tierärzte sind nicht gerade billig, gutes Hundefutter auch nicht. Um einen Zuchtrüden aufzubauen, um eine Spitzenhündin bekannt zu machen, bedarf es vieler weiter Reisen zu wichtigen internationalen Ausstellungen. Richtig gerechnet bleibt dem guten Züchter im günstigsten Fall eine Deckung seiner echten Kosten. Dabei ist der Zeitaufwand reines Hobby!

Interessanterweise hat sogar der Bundesfinanzhof mit höchstrichterlichem Urteil anerkannt, daß die Liebhaberzucht steuerfrei ist, da nach der allgemeinen Lebenserfahrung die Aufwendungen für die Hundezucht höher liegen als die Einnahmen.

Ob ich noch nie von Verkaufspreisen für Spitzenhunde von über 100.000,– DM gehört habe, von Welpenpreisen über 3.000,– DM und ähnlichem? Nun, zum einen, es werden eine Unzahl von Bildern gehandelt, darunter auch einmal ein Rembrandt für viel Geld. Nur, man kann extreme Sonderfälle nicht verallgemeinern. Spekulationen gibt es viele im Leben, große Lottogewinne ganz selten. Zum anderen sind schon wertvolle Hunderassen daran zugrunde gegangen, daß überhöhte Welpenpreise die falschen Menschen als Züchter angezogen haben.

Ich bestreite nicht, daß eine ganze Reihe von Menschen schon in der Zucht Geld verdient haben, – die Regel ist aber, daß der Züchter seinem Hobby einiges opfern muß. Und das ist gut so, – für unsere Hundezucht!

Wir züchten nun 25 Jahre lang eine recht komplizierte Hunderasse. Bull Terrier sind meist problematische Mütter, die ersten zwölf Tage muß der Wurf ständig überwacht werden, manche Hündinnen drücken ihre Welpen zu Tode, andere werden zeitenweise aggressiv gegenüber dem eigenen Nachwuchs, – ein sehr lästiges Überbleibsel aus der alten Kampfhundezucht. Viele Anfänger können sich schwerlich vorstellen, wieviel Zeit und Geduld eine solche Vorsichtsmaßnahme erfordert. Das sieht in der Praxis so aus, daß wenn der Wachdienst einmal »muß«, er zuerst einen anderen ruft, der ihn bei den Welpen vertritt. Über diese Zeitspanne tritt das im Hundezwinger aufgeschlagene Pritschenbett an die Stelle des behaglichen Ehebetts. Viele Neuankömmlinge in der Rasse haben es nicht geglaubt, tote Welpen haben sie eines besseren belehrt.

Mehrfach haben wir große Würfe mit der Hand aufgezogen. Einmal wurde eine unserer Hündinnen kurz nach dem Wurf durch einen rasenden Autofahrer schwerstens verletzt, eine andere Hündin hatte einen bildschönen Zehnerwurf, brauchte nachhaltige Hilfe bei der Aufzucht. Wieder andere hatten eine miserable Milch- und Pflegeleistung, die Arbeit fiel an den Züchter. Wer einmal einen Zehnerwurf mit Flaschenfütterung von Beginn an großgezogen hat, weiß, daß solche Welpenpflege unendlich viel Arbeit erfordert. Regelmäßig alle zwei Stunden füttern, Tag und Nacht. Wenn der letzte fertig ist, bleibt gerade noch etwa eine halbe Stunde, dann geht es mit dem ersten wieder von neuem los. Nur diejenigen, die bereit sind, eine solche persönliche Belastung klaglos, besser gesagt freudig auf sich zu nehmen, deren Herz beim Füttern der kleinen Welpen höherschlägt, trotz Müdigkeit, – sie eignen sich für die Aufgabe des Liebhaberzüchters. Empfindlichkeit beim Entfernen von Kot und Urin, fehlender Sinn für hygienische Hundehaltung, auch dies wären ernsthafte Hindernisse für eine erfolgreiche Züchterlaufbahn.

Und hier ein ganz dickes Lob, große Anerkennung all den Tausenden von Liebhaberzüchtern, die bei aller Schwere der Aufgaben in der Hundezucht ihre Erfüllung finden. Dies ist schon ein ganz besonderer Menschenschlag, viele haben sich auch nach Jahren noch nicht daran gewöhnt, daß sie eines Tages diesen liebevoll aufgezogenen Welpen einem Dritten in den Arm drücken müssen, daß er sich aus ihrem Leben verabschiedet.

Ich weiß, Hundezucht richtig betrieben, ist eine große Freude, ein wichtiger Bestandteil des Lebens eines Züchters. Und wieviele Freude erwächst aus dem Wiedersehen mit den Welpen im späteren Leben? Keiner unserer Welpen, auch wenn wir sie erst nach Jahren wiedersahen, erinnerte sich nicht der ersten sieben Wochen seines Lebens. Mancher Besitzer wurde eifersüchtig, wenn er erkannte, daß sein Hund auf einmal wieder unser Hund geworden war. Nur jene, die wissen, was echte Welpenprägung für das Leben eines Hundes bedeutet, verstanden ihren Hund.

Ich muß sagen, diese Wiederbegegnung mit gesunden, lebenstüchtigen Hunden, denen man anmerkt, daß sie ein erfülltes Hundeleben führen, war uns immer reicher Lohn für alle unsere Mühen. Und sehr viel wichtiger als so mancher selbstgezüchtete Bundessieger, Clubsieger, Weltjugendsieger oder Internationaler Champion.

4. Der Zwinger

Zwinger, – ein Begriff, der bei der Mehrzahl der Hundefreunde im ersten Augenblick zwiespältige Gefühle auslöst. Man verbindet Zwinger mit Eingesperrtsein, Zwingerhaltung mit räumlicher Trennung des Hundes vom Menschen. Hier übertragen wir zu Unrecht unbewußt menschliche Empfindungen auf unseren Hund. Der Zwinger kann, – je nach Handhabung – für unsere Hunde Gefängnis, aber auch geliebter eigener Freiraum, behaglicher Wohnbereich sein. Das werden wir noch sehen.

Jeder passionierte Züchter läßt sich heute seinen »Zwingernamen« schützen, ist stolz darauf, daß die von ihm gezüchteten Hunde seinen Zwingernamen tragen. Dies gilt auch dann, wenn seine Welpen nie einen wirklichen Zwinger kennengelernt haben, sondern in einem eigenen Zimmer in der Wohnung groß wurden. In diesem Kapitel wollen wir den Begriff Zwinger in erster Linie so verstehen, daß er für die Räumlichkeiten steht, die wir für unsere Hundezucht nun einmal brauchen.

Naturgemäß differieren die räumlichen Ansprüche der einzelnen Hunderassen beträchtlich, je nach Größe und Temperament der Hunde. Zwerghunde finden meist den notwendigen Raum auch mit ihrer Kinderstube in der menschlichen Wohnung, große Rassen wie Bernhardiner, Doggen oder große Windhunderassen haben beträchtlich mehr Raumbedarf, brauchen zu ihrem Wohlbefinden viel freien Raum, würden sich alleine auf die Wohnung angewiesen eingesperrt fühlen.

Es gibt »Züchter«, die sehen dies alles ganz anders. Ich erinnere mich da wieder an meine Kontrollfunktion bei der Wurfüberwachung. Da kam ich doch tatsächlich in eine Vierzimmerwohnung, fünfter Stock einer riesigen Mietskaserne. Hier liefen sechs sieben Wochen alte Welpen unkontrolliert durch die gesamte Wohnung. Auf dem gestrichenen Holzboden und den Teppichen hatten die aufgeweckten Welpen deutlich ihre nassen und klebrigen Spuren hinterlassen. Der Geruch der ganzen Behausung war von den lieben Tieren bestimmt. Ich ließ mir sagen, daß der Urin sogar die Decke zu der darunterliegenden Wohnung durchdrang, hier massive Beschwerden gekommen sind. Das war wohl wohlgemerkt eine mittelgroße Hunderasse, die Zuchtstätte gehörte sogar einem angesehenen Vorstandsmitglied des Zuchtclubs!

Wen wundert es, daß es im ganzen Hause nur so von Hundegegnern wimmelte? Sie schätzten nicht einmal die forschen Terrierstimmen in frühen Morgenstunden!

Eigentlich wollte ich mit diesem Beispiel nur andeuten, daß der Züchter bei aller persönlichen Passion rechtzeitig an die Räumlichkeiten denken muß, in denen seine Welpen aufwachsen sollen. Junge Hunde brauchen Licht, Wärme und Platz. Der geschilderte Wurf war zwar nahezu vorbildlich auf den Menschen geprägt, wann die Käufer diese Hunde aber stubenrein erzogen hatten, das konnte ich nicht ermitteln.

Befassen wir uns nun mit einem vernünftig gestalteten Zwinger, in dem die Hundezucht für Zwei- und Vierbeiner angenehm, erfolgreich und arbeitssparend betrieben werden kann. Gehen wir dabei ruhig zunächst einmal von einer Wunschvorstellung aus, Abstriche, zu denen uns Finanzen und räumliche Umstände zwingen, können wir dann immer noch vornehmen.

Ideal für die Hundezucht ist sicherlich ein innerhalb des Wohngebäudes gelegener Zwingerraum, ein großes Hundezimmer. Ausreichend Tageslicht über hochangebrachte Fenster, Anschluß an die Zentralheizung und Versorgung mit fließendem Warm- und Kaltwasser, das kommt dem Ideal ziemlich nahe. Der Boden wird auf Gußasphalt oder Holzboden mit wärmedämmendem Kunststoffboden (zum Beispiel Novilon) ausgelegt. Achten Sie dabei aber darauf, daß die Oberfläche geprägt, nicht zu glatt ist, sonst kommen Ihre Welpen leicht ins Rutschen.

Je nach Hundebestand wird dieser Zwingerraum in geräumige Einzelboxen, Arbeitsraum und Vorratsraum aufgeteilt. Die Größe der Einzelbox richtet sich nach der Hunderasse. Für mittelgroße Hunde wären etwa 6 Quadratmeter je Box optimal! Die Abtrennung der Boxen untereinander erfolgt durch festgeschlossene Zwischenwände, etwa 180 cm hoch, aus Holz oder Metall. Direkter Sicht- und Schnupperkontakt ist damit unterbunden.

Ganz ideal wäre es nun, wenn jede dieser Boxen durch eine selbstschließende Schwingklappe mit getrennten Außenausläufen verbunden wäre. Sehr gute Erfahrungen haben wir hier mit Metallschwingklappen gemacht, obwohl die Hunde sich erst daran gewöhnen müssen, daß die Schwingklappe etwas massiv zurückfällt. Aber alle anderen Verschlüsse aus Plastik, Gummi, Holz oder Stoff werden immer wieder den Zähnen der Zwingerbewohner zum Opfer fallen. Ein Schieber, durch den der Ausschlupf fest durch Menschenhand geschlossen werden kann, ist zusätzlich sehr zu empfehlen.

In einer so aufgebauten Zwingeranlage halten wir nunmehr über mehr als 10 Jahre ständig drei Zuchttiere, wohlgemerkt Zuchtrüde und Zuchthündinnen in einem gemeinsamen Zwinger, ohne daß es je zu Komplikationen gekommen wäre. Einige Fotos (Abb. 2 bis 10) demonstrieren die Anlage.

Nun zu den Ausläufen. Zweckmäßigerweise unterscheidet man zwischen Groß- und Kleinauslauf. Haben Sie ausreichend Fläche, dann empfiehlt sich eine Einzäunung mit zwei Meter hohem Wildzaun. Aufpassen, dieser sollte zunächst einmal etwa 15 cm in die Erde eingegraben werden, Kröpfung stets nach innen, damit die Hunde beim Buddeln auf den eingegrabenen Zaun stoßen. Sehr gute Erfahrungen haben wir mit im unteren Bereich engem Maschengeflecht – man nennt dies kaninchendicht – gemacht. Im oberen Bereich wählen wir eine Drahtstärke, die von Fachleuten als schwarzwildfest bezeichnet wird. Ist der Zaun durch das Eingraben und Kröpfen unten niedriger als zwei Meter geworden, läßt sich dem durch einige Überspanndrähte abhelfen. Die Pfähle sollten etwa 30 cm tief im Boden, dann etwa 220 cm über der Erde sein. Damit gewinnt das Ganze eine hohe Ausbruchssicherheit. Es sieht übrigens viel besser aus, wenn der Zaun von außen durch einen Tannenhecke oder ähnliches verblendet wird (Abb. 19).

Ist die für den Hundeauslauf zur Verfügung stehende Bodenfläche klein, haben wir mit vorgefertigten Gitterfeldern etwa in der Größe von 175×125 cm gute Erfahrungen. Bei sprungfreudigen Rassen bitte wieder einige quergespannte Drähte als Verlängerung nach oben! Solche Zwingerfelder sind leicht montiert, sehr beständig, alle zwei Felder ein Stahlzwischenpfosten bringt die notwendige

Abb. 2: Zwingerausstattung. Hundezimmer, hoch eingebautes Kippfenster, Zentralheizung, Steckdosen mit Kindersicherung.

Abb. 3: Versorgung mit fließendem Warm- und Kaltwasser; Spüle, Kunststoffbodenbelag.

Abb. 4: Geräumige Einzelboxen mit 2 Meter hoher Holztrennwand, Zentralheizung.

Abb. 5: Schlafkiste, Ausschlupf, Zentralheizung, Kippfenster hoch angebracht.

Abb. 6: Schwingklappe mit zusätzlichem Stahlschieber, Wand 60 cm hoch gekachelt.

Abb. 7: Zwingertüren, ⅔ hoch Vollwand, oberes Drittel Wellengitter, Zwischenwände aus Holz, 2 m hoch.

Abb. 8: Kippfenster, zugfrei geöffnet, Milchglas.

Abb. 9: Schwingklappe Ausschlupf, außen durch Kette festgestellt.

Abb. 10: Zwingerhaus, durch kleine Schwingklappe mit Außenauslauf verbunden.
Abb. 12: Freiauslauf, teils gepflastert, teils Grasfläche; Abschrägung für Welpen.

Abb. 11: Vor dem Ausschlupf abgeschrägt, damit Welpen nicht Treppen steigen müssen.

Abb. 13: Übergang vom Pflaster zur Grasfläche

Abb. 14: Schutz vor Nässe und Kälte von unten. Palette mit aufgelegter Hartgummimatte.

Abb. 15: Die Sonnenpalette mit Gummimatte als bevorzugter Aufenthaltsort der kurzhaarigen Hunde.

Abb. 16: Leichte Montage von Zwingerfeldern mit Stahlzwischenpfosten.

Abb. 17: Sicherheitsstellung für Tierklinken: SENKRECHT!

Abb. 18: Federtürverschluß. Gesichert gegen Selbstöffnen der Hunde.

Abb. 19: Einzäunung mit Wildzaun, zwei Me-ter hoch.

Abb. 20: Einzäunung mit Zwingerfeldern, Ma-schendichte unten muß enger sein als oben. Bei Bedarf mit Spanndraht erhöhen.

Abb. 21: Leichte und sichere Montage von Türe und Zwingerfeldern.

Abb. 22: Komplettes Zwingerhaus für Außenmontage mit 6 qm Auslauf. Höhe des Hundehauses 2 Meter, Gitterfelder 175 cm.

Abb. 23: Größere Komplettzwingeranlage am Hang mit Sonnenschutzsegeln.

Abb. 24: Welpenauslauf mit Türfeld und Vollwandfeld für Wetterschutz.

Abb. 25: Welpentüre geschlossen.

Abb. 26: Welpentüre offen.

Abb. 27: Wurfkiste geschlossen. Bitte Zinkbeschläge rundum   *Abb. 28: Wurfkiste geöffnet.*
beachten!

Abb. 29: Welpen auch bei widrigen Witterungsverhältnissen im Freien abhärten! Fünf Wochen alte
Welpen im Spiel auf Schneefläche.

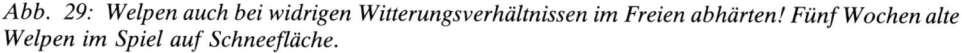

Stabilität. Achten Sie unbedingt darauf, daß die Drahtfelder im unteren Bereich so engmaschig geflochten sind, daß die Hunde nicht mit ihren Zähnen dazwischenfassen können. Für kleine Anlagen sind die häufig angebotenen Stahlmatten mit breiten Maschen absolut ungeeignet. Je nach Größe der Rasse hängen die Hunde mit ihren Zähnen, zuweilen sogar mit den ganzen Köpfen dazwischen, was gar nicht ungefährlich ist. Ein weiterer Nachteil besteht darin, daß mit solchen Geflechten Hunde nicht voneinander getrennt werden können.

Nach unserer Erfahrung geht einfach nichts über Felder mit umlaufendem Winkelstahlrahmen und eingeschweißten Wellengittern. Die fertigen Stücke werden feuerverzinkt. Solche Gitterfelder haben eine Lebensdauer von 15–20 Jahren, sie amortisieren ihren etwas höheren Anschaffungspreis dadurch, daß sie praktisch keinerlei Pflege oder Reparaturen brauchen (Abb. 20).

Noch ein weiterer Hinweis. In einem solchen Baukastensystem gibt es in aller Regel auch Zwingervollwandflächen. An die Stelle des eingeschweißten Wellengitters tritt eine feuerverzinkte Metallwand. Hier haben Sie die perfekte Raumtrennung gegenüber Nachbarhunden, gleichzeitig Sichtschutz gegenüber Nachbargrundstücken, Wind- und Wetterschutz für Ihre Hunde im Auslauf.

Je nach Hunderasse empfiehlt sich eine Teilüberdachung der Ausläufe. Diese läßt sich heute unschwer durch eine Stahlkonstruktion mit aufgelegtem Kunststoffdach (mit Gefälle und Wasserableitung!) durch örtliche Handwerker anbringen. Bei den Gitterfeldern sind dagegen meist aus der Großfertigung stammende Angebote von Spezialfirmen qualitativ besser und auch preiswerter.

Achten Sie auf leichte Selbstmontage, insbesondere aber auch auf hundegerechte Türkonstruktionen. Hunde sind im Öffnen von Türen sehr erfinderisch, Fachfirmen haben ihre Türverschlüsse, die ein solches Öffnen unmöglich machen (vergleiche Abbildungen 17 und 18).

Nun zu der Bodengestaltung in den Ausläufen. Hier müssen eine ganze Reihe verschiedener Gesichtspunkte berücksichtigt werden, die sich zumTeil widersprechen. Weicher Boden im Auslauf ist bei nassem Wetter und starker Benutzung in aller Regel matschig. Kleine Bodenflächen werden sehr leicht durch Urin und Kot bald keinen einzigen Grashalm mehr zeigen. Die Krallen unserer Hunde brauchen Steinboden, sonst nutzen sie sich nicht genügend ab. Steinboden ist pflegeleicht, läßt sich leicht säubern, mit dem Schlauch abspritzen, ist aber als Liegefläche für Hunde nicht ungefährlich (Vorsicht: Nierenerkrankungen!). Eine gute Kompromißlösung liegt darin, etwa ⅔ des Auslaufes mit Steinplatten zu belegen, in diesem Bereich bauen wir eine leicht erhöhte Holzliegefläche, da solche erhöhten Lagerstätten von Hunden gerne angenommen werden. Eine gute Grundlage für eine solche Liegefläche ist eine solide Holzpalette. Das verbleibende Drittel ist in unseren Anlagen Gras, für die Hunde die ideale Lösefläche, zumindest für den Urin. Achtet man auf tägliche, strikte Beseitigung des Kots, dann läßt sich hier – je nach Größe von Hund und Fläche – meist auch dichtes Gras halten (Abb. 11 – 15).

Als Bodenbelag für den Zwingerauslauf wird auch ein Kiesbett empfohlen, ein Gemisch von Sand und Kiesel. Dies halte ich deshalb für nicht ideal, weil die Kieselsteine gerne den Hunden zwischen die Pfoten geraten. Kieselsteine sind nicht förderlich für die von vielen Rassestandards geforderten »Katzenpfoten«.

Bei der Planung von Außenanlagen muß unbedingt der Einfluß von Wind, Regen und Sonne mit in die Überlegungen einbezogen werden. Schutz gegen ein Übermaß von Sonnenschein, Wind und Regen ist ein zwingendes Gebot. Neben den bereits erwähnten Dachkonstruktionen und Vollwandfeldern haben sich auch Segelstoffe bewährt, mit denen man die Wetterseite von Zwingeranlagen recht wirksam abschotten kann (Abb. 23). Im übrigen gilt es, alle bereits natürlich auf dem Grundstück vorhandenen Bäume, Sträucher, Mauern und ähnliches mit in die Planung einzubeziehen. Dies gilt ganz besonders für solche Fälle, wo kein in das Gebäude einbezogener Raum genutzt werden kann, vielmehr Zwinger und Wohnhaus getrennt auf dem Grundstück angelegt werden müssen. Völlig abzulehnen für jede Hundehaltung, umso mehr für eine sinnvolle Hundezucht, sind offene Zwingeranlagen, bei denen schlicht und einfach eine wetterisolierte Hundehütte in die Ecke eines Gatters gestellt wird. Der Gipfel des Komforts solcher Anlagen besteht in einer Holzpritsche vor der Hütte. Bei solcher Unterbringung ist jede vernünftige Kontrolle, jedes eventuell notwendige Eingreifen des Menschen ausgeschlossen.

Muß eine Außenanlage getrennt vom Haus errichtet werden, so warne ich ausdrücklich vor jenen »Dreiviertel-Hundehäusern«, mit einer Höhe vorn von so etwa 170 cm, hinten 150 cm, in denen man sich als Mensch nur kriechend bewegen kann. Zwar sind Wurf- und Schlafraum separat vom größeren, überdachten Auslauf, alle Arbeiten in solchen »Zwergenhäusern« jedoch eine Zumutung. Um als Züchter in einer solchen Zwingeranlage effektiv arbeiten zu können, muß das Zwingerhaus ringsum eine Höhe von zumindest 2 m aufweisen, besser vorn 205 cm, hinten 200 cm mit gutem Dachgefälle und ordnungsgemäß installiertem Regenablauf. Die Grundfläche eines solchen Züchterhauses sollte das Maß von 125 cm mal 250 cm nicht unterschreiten. Bei dieser Größe lassen sich ein gemütlicher Schlafraum und ein überdachter Vorraum ausbauen, der Ausschlupf zum Freiraum erfolgt durch eine in der Türe angebrachte Schwingklappe. Nicht vergessen! Auch ein solcher Raum braucht Licht, entweder im Türbereich oder über das Dach. Optimal wäre eine elektrische Installation, sowohl für die Beleuchtung als auch für eine Heizung durch Wärmestrahlung.

Nicht nur ausgewachsene Zuchthunde, sondern auch eine Hündin mit ihren Welpen mit einem Alter so ab drei Wochen finden in diesem Haus eine vernünftige Unterbringung. Die ersten drei Wochen ihres Lebens müssen die Welpen allerdings bei einer solchen Anlage innerhalb der menschlichen Wohnung heranwachsen.

Zumeist werden Hundehäuser aus Holz angeboten. Holz ist ein natürliches, gesundes Material, aber leider alles andere als pflegeleicht. Immer wieder Außenanstrich, Probleme mit Säuberung von Boden und Wänden, Einsickern von Urin in den Boden, dies alles ist zu bedenken. In jüngerer Zeit werden Zwingeranlagen und kleine Gartenhäuser auch aus Materialien angeboten, die wesentlich leichter zu pflegen sind, mit herausnehmbaren Kunststoffböden, Wänden aus modernen, gut wärmegedämmten Materialien, die keiner weiteren Pflege bedürfen (Abb. 22). Hier wird der Mehrpreis zumeist durch Pflegeleichtigkeit und lange Haltbarkeit mehr als kompensiert.

Eine räumliche Trennung von Aufzuchtzwinger und Wohnung ist bedingungslos abzulehnen. Ich denke dabei an »Schrebergarten-Züchter«, die es ja auch heute noch in einigen Gegenden geben soll. Eine solche Zucht könnte gerade noch angehen, wenn ein Rentner für acht Wochen ganz in sein Gartenhaus umzieht, dort mit und für seine Hunde lebt. Unmöglich ist es, heranwachsende Welpen auf Stunden und Tage in solchen Gartenanlagen sich selbst zu überlassen. Die Gefahren für die Jungtiere durch die eigene Mutterhündin, durch Witterungseinflüsse, unter Umständen sogar durch Hundegegner ist viel zu mannigfaltig. Das wichtigste Argument gegen solche Haltung ist jedoch die Tatsache, daß die Welpen für ihr künftiges Leben bei solchen Aufzuchtverhältnissen viel zu wenig auf Menschen und Umwelteinflüsse geprägt sind.

Der Züchter muß sich völlig darüber klar sein, daß die Betreuung der Welpen sehr zeitraubend ist. Englische Autoren schreiben, Welpen seien »terrible time waster«. Wenn berufliche oder familiäre Bindungen uns nicht erlauben, die notwendige Zeit für die Hundezucht aufzubringen, dann wird ein verantwortungsbewußter Züchter auf eigene Zucht verzichten. Nur wenn einwandfreie Unterbringung und laufende Betreuung sichergestellt sind, kann man Hunde züchten. Auch hier gibt es abstoßende Berichte über berufstätige Züchter, die morgens vor der Arbeit und abends bei ihrer Rückkehr Mutter und Welpen das Futter vorwerfen, dann die acht Wochen alten Welpen völlig unzureichend auf den Menschen geprägt den Käufern für gutes Geld in den Arm drücken. Bei solchen Züchtern sollte man nie kaufen.

Alles bisher Gesagte betrifft die Errichtung einer funktionstüchtigen, arbeitssparenden Zwingeranlage, unabhängig davon, ob gerade Würfe da sind oder nicht. Nun noch einige gezielte Anmerkungen zur Schaffung der »Wochenstube«. In der für die Zuchthündin vorgesehenen Box ist stets soviel Platz erforderlich, daß Welpen und Mutterhündin in einem Raum so untergebracht werden, daß sich die Hündin zeitenweise ihren Welpen entziehen kann. Die Einzelheiten der Gestaltung der Wurfkiste selbst werden wir in dem Kapitel über Geburtsvorbereitungen schildern. Sind die Welpen erst einmal älter als drei Wochen, dann braucht die Mutter außerhalb der Wurfkiste einen zweiten Lagerplatz, wohin ihr die Welpen nicht folgen können. Sehr zweckmäßig hierfür ist eine erhöhte Liegefläche, die von Hunden generell bevorzugt angenommen wird. Unter Umständen kann der Deckel der Wurfkiste mit entsprechender Auflage eine solche Liegefläche bieten (Abb. 27 und 28).

Für den Auslauf der Welpen gibt es sehr praktische Gitterabtrennungen, eine Art »Laufstall für Hundekinder«, seit langem sehr bewährt! Dieser Laufstall besteht in der Regel aus vier Gitterfeldern, zweimal ein Meter, so daß dem Wurf 4 qm Auslauf einschließlich Wurflager zugewiesen sind. Es gibt auch spezielle Welpentüren für solche Ausläufe, dabei öffnet die Türe erst in 30 cm Gitterhöhe (Abb. 26). Dadurch kann die Hündin leicht über die erhöhte »Klöntüre« rausspringen, ihre Welpen können ihr aber durch das stehenbleibende untere Gitterteil nicht folgen. Ein solcher Laufstall ist auch für den Aufenthalt der Welpen im Freien außerordentlich hilfreich (Abb. 24). An witterungsgeschützter Stelle können die Tiere im Garten untergebracht werden, ohne daß dabei gepflegte Gartenanlagen Schaden nehmen, die Welpen sich in irgendwelchen Ecken verkriechen.

Auch von Frauenhand lassen sich die einzelnen Gitterfelder transportieren und zusammensetzen. Nach Gebrauch des Laufstalls im Garten, nach der endgültigen Welpenabgabe lagern solche Welpengitter auf kleinstem Raum. All den Züchtern, die einmal Welpengitter in Gebrauch hatten, wurden sie nahezu unentbehrlich (siehe Abb. 24 – 26).

Damit kommen wir zu den Züchtern kleinerer Hunderassen, die teils der Hunde wegen, teils aus Raummangel ihre Hundezucht in der menschlichen Wohnung selbst betreiben. In der Regel geschieht dies in einem eigenen »Hundezimmer«. Natürlich fehlt der Ausschlupf, der unbeschränkte Zugang zu einer Freianlage, den wir bei der Zwingeranlage vorstellten, sonst aber sind an solche Zimmer weitgehend dieselben Forderungen zu stellen wie an die Zwingeranlage. Auch hier empfehle ich die Möglichkeit der Gitterabtrennung. Vielleicht ist über die Beschaffenheit der Welpengitter noch nachzutragen, daß die Maschenweite des Wellengitters nach Möglichkeit so eng sein sollte, daß die Zähne nicht dazwischengreifen können. Dieses Problem kann auch durch eine Metallplatte auf dem Gitterrahmen gelöst werden, dadurch wird ein Überklettern des Feldes praktisch unmöglich, die Abtrennung zum Nachbarhund komplett. Der Nachteil liegt aber darin, daß den Tieren gleichzeitig die Sicht genommen wird. Als Trennung zu Nachbarhunden Vollblechwand, im übrigen Wellengitter, das dürfte die richtige Lösung sein.

In diesem Laufstall richten wir den Schlafplatz des Hundes ein, zu gegebener Zeit die Wurfkiste. Alles, was wir zuvor bei den großen Boxen gesagt haben, gilt sinngemäß für die Zimmer-Kleinausläufe. Für mittelgroße Hunde wird man innerhalb der Wohnung eine Grundfläche von zwei mal zwei Metern, also 4 qm brauchen, bei Kleinhunden und Zwergen ist der Raumbedarf etwas, aber nicht viel geringer. Als Boden empfehle ich wieder für solche Zimmerräume grundsätzlich geprägten Kunststoffbelag. Das hilft bei der Sauberhaltung sehr viel! Daß halbwüchsige und erwachsene Hunde völlig regelmäßig Gelegenheit haben müssen, draußen in der freien Natur sich auszulaufen, ihre Bedürfnisse zu erledigen, erscheint eine Selbstverständlichkeit. Bei der Welpenaufzucht in der Wohnung ist es unerläßlich, kleine Seen und größere Geschäftchen sehr schnell zu beseitigen.

Ich kenne solche »Zimmer-Zwinger«, in denen bis zu 20 Zwerghunde sehr gut untergebracht sind. Eigene Abteilungen für Erwachsene, Heranwachsende und Welpen erleichtern das Sortieren. Oft besteht Zentralheizung und Anschluß an warmes und kaltes Wasser, meist ist auch ein Liegebett für den Züchter vorhanden. In solchen Anlagen sind schon sehr viele gute Hunde gezüchtet worden, etwas mehr Mühe als bei kombinierten Freianlagen ist aber unvermeidlich.

Zur Kleinhundezucht noch eine wichtige Anmerkung. Ich möchte nachdrücklich davor warnen, Kleinhunde und Zwerge in eine Art Glaskasten zu setzen. Auch und gerade unsere Kleinen müssen lebenstüchtige Hunde werden, auch widrigen Umwelteinflüssen gewachsen sein. Es ist ratsam, sie von klein an auch etwas raueren Witterungseinflüssen auszusetzen, sie für ihr Leben abzuhärten. Weder Kleinhunde noch Zwerghunde sollten in erster Linie den Tierärzten durch lange Rechnungen Freude bereiten. Die meisten Hundefreunde ahnen gar nicht, wie gesundheitsfördernd Sonne, Wind und Wetter auch für kleine Hunde sind!

Ich habe keine Bedenken, eine solche Kleinanlage auch all den Erstlingszüchtern zu empfehlen, die naturgemäß zunächst einmal mit einer einzelnen Zuchthündin mit der Hundezucht beginnen. Dies ist mit wenig Aufwendungen verbunden, zur Not kann man auch für einen Wurf pro Jahr vorübergehend das Gästezimmer stillegen. Nach meinen Beobachtungen haben eigentlich die meisten Züchter zunächst mit einer Zuchthündin angefangen. Bis auf Großrassen sollte der »Zimmer-Zwinger« dafür ausreichen. Aber, – ich warne davor, so etwas ohne klare Abgrenzungen etwa in der Küche zu beginnen! Dabei artet das Ganze in sehr viel Arbeit und sehr mangelhafte Hygiene aus.

Abschließend zu diesem Zwingerkapitel noch einige grundsätzliche Anmerkungen zur Zwingerhaltung. Hunde sind ihrer Veranlagung nach Meutetiere. Es gehört zu den größten Tierquälereien, einen Einzelhund alleine im Zwinger zu halten, selbst wenn man zweimal am Tage mit ihm eine halbe Stunde spazieren geht oder arbeitet. Der Hund braucht ständigen sozialen Kontakt, alle seine seelischen Veranlagungen verkümmern, wenn ihm der Kontakt mit Mensch, Hunden, anderen Tieren und einer erlebnisreichen Umwelt verweigert wird.

Es sieht schon völlig anders aus, wenn mehrere Hunde gemeinsam gehalten werden. Diese bilden untereinander eine Meute, einen sozialen Verbund. Bei geräumigen Zwingeranlagen und guter Pflege fühlen sie sich sicherlich wohl, nur, das sind dann keine Haushunde, sondern Zwingerhunde! Ihr soziales Verhalten ist auf ihre Meute ausgerichtet, nicht auf den Menschen. Das offensichtliche Wohlbefinden solcher Tiere als Zwingerhunde besagt nichts über die Frage, ob sie und ihre Nachzuchten überhaupt die Veranlagung haben, sich harmonisch in die »gemischte Meute« Mensch/Hund einzufügen.

Verhaltensforscher stimmen darin überein, daß ein optimales Verhältnis Hund/Mensch nur dann zustande kommt, wenn in der entscheidenden Prägephase der Welpe möglichst viel Körperkontakt zum Menschen hat. Darüber Näheres im Kapitel Welpenaufzucht. Unstreitig wird das weitere Leben des Hundes, sein Verhältnis zum Menschen umso besser, je intensiver der Kontakt gestaltet wird. Schon deshalb sollte man in der Meute lebende Hunde mehrfach täglich einzeln herausnehmen, sich unmittelbar und ausschließlich mit dem Einzeltier befassen. Nur dann erreichen wir die angestrebte enge Bindung des Hundes an uns.

In der Praxis hat es sich als Ideallösung erwiesen, in den Zeiten, da wir uns ohnedies unseren Hunden nicht widmen können, – der eine oder andere hat ja noch einen Beruf, – den Hunden in guten Zwingeranlagen freien Auslauf, möglichst fröhliches Spiel untereinander zu ermöglichen. Dadurch wird der Zwinger zum vollkommenen eigenen Lebensraum, in dem man sich so richtig ausarbeiten kann – besonders in den Ausläufen. Vielleicht sollte man es so formulieren: In den Zeiten, in denen wir uns ohnedies nicht um unsere Hunde kümmern können, ist für sie die zweitbeste Lösung die freie Unterbringung in Zwinger und Auslauf.

Das darf nur nicht zur Bequemlichkeitslösung ausarten! Sind wir zu Hause, haben wir Zeit, dann gehört der Hund nicht ausgesperrt, sondern an unsere Seite. Und tagtäglich brauchen wir für jeden einzelnen Hund zumindest etwa eine halbe Stunde, in der wir uns ausschließlich um ihn, – allein um ihn kümmern.

5. Die Zuchthündin

Die Bedeutung der Zuchthündin für den Erfolg einer Hundezucht kann überhaupt nicht hoch genug eingeschätzt werden. Die Zuchthündin ist das Fundament eines guten Zwingers, ein auserlesener Stamm erstklassiger Zuchthündinnen der Schlüssel zum züchterischen Erfolg.

Immer wieder beobachtet man traurig, wie mittelmäßige Hündinnen von Ausstellung zu Ausstellung geschleppt werden. Es muß doch gelingen, dank der Trotteligkeit oder Gutmütigkeit des einen oder anderen Richters, endlich die für eine »Zuchtzulassung« notwendigen Formwertnoten zu erringen, damit man – endlich – mit ihr züchten kann! Man stößt auf so törichte Anmerkungen wie: »Für eine Ausstellungskarriere hat sie ja wohl doch nicht alles mitbekommen, – aber in der Zucht, – da kann sie mit einem guten Rüden doch eine Menge bringen!«

Nachdenklich sollte stimmen, daß in der Vollblutzucht – und da geht es um sehr viel Geld – die Qualität eines Zuchttieres vorrangig nach der Ahnenreihe der Mutter beurteilt wird. Bruce Low, der bekannte englische Züchter, übertrug diese Zuchterfahrungen aus der Pferdezucht auf die Hundezucht. Er sah den Wert eines Zuchttieres stets in der Ahnenreihe seiner Mutter. Diese Theorie läßt sich genetisch heute nicht absichern, richtig aber bleibt, daß es grober Leichtsinn wäre, der Hündin geringere Qualitäten abzufordern als dem Rüden. So sind Zuchtbestimmungen, die an Hündinnen geringere Anforderungen stellen als an Rüden, nur Dokumente fehlenden Wissens in den Vereinen, die solche Beschlüsse gefaßt haben.

Eric F. Daglish unterstreicht in seinem lesenswerten Buch »Hundezucht aufgrund der Vererbungslehre«: »Es kann gar nicht genug betont werden, daß ein Zwinger, der mit minderwertigen Hündinnen züchtet, sehr benachteiligt ist . . .«. Ich möchte es eigentlich härter fassen: Der Einsatz zweitklassiger Hündinnen ist keine Zucht, sondern reine Vermehrung.

Ein Blick nach England mit seiner nahezu professionellen Hundezucht bestätigt diese Tatsache. Zucht und Vermehrung liegen häufig im gleichen Zwinger nebeneinander. Kaufen Sie in einem englischen Zwinger, dann werden Sie feststellen, daß von derselben Zucht zwei völlig verschiedene Welpen angeboten werden, nämlich »Pets« und »Show Dogs«. »Pets«, das sind ganz schlicht Familienhunde, meist recht preiswert zu erwerben. »Show Dogs« kosten Geld, sind potentielle Zuchthunde, manche kosten sogar sehr viel Geld. Versuchen Sie einmal in einem englischen Zwinger Welpen einer anerkannten Spitzenhündin zu kaufen. In aller Regel sind solche Welpen für einige Würfe im voraus bestellt, – und sie kosten ein Mehrfaches des allgemeinen Welpenpreises. Sagte ich, daß Engländer eine ganze Menge von der Zucht verstehen, bei Pferden wie bei Hunden?

Gute Zuchthündinnen sind teuer, schlechte Zuchthündinnen sind aber nicht billig, sondern am Ende noch viel teurer! Sie können nämlich deren Welpen schlecht verkaufen, haben Sie Käufer gefunden, verderben Sie sich in aller Regel durch solche Welpenverkäufe Ihren Ruf als Züchter. Sie können es drehen und wenden wie immer Sie wollen, ohne erstklassige Hündinnen ist Ihre Zucht zum Scheitern verurteilt.

Woran erkennt man die gute Zuchthündin? Zum einen sicherlich an ihrer Abstammung. Ich kann und will kein Buch über Genetik schreiben, hier aber soviel: Was eine Hündin in der Zucht bringen wird, das sehen Sie weniger an ihrer äußeren Erscheinung, am sogenannten »Phänotyp«, als an ihrer Abstammung, dem sogenannten »genetischen Schatten«. Auf dieses Thema werde ich in dem Kapitel über die Anforderungen an einen Zuchtrüden noch näher eingehen.

Die Ahnentafel ist für die Beurteilung des Wertes einer Zuchthündin von entscheidender Bedeutung, hier sind Sie als Neuling in einer Rasse auf die Ehrlichkeit und das Wissen eines guten Fachmannes dringend angewiesen. Er muß aber nicht nur einige der in dieser Ahnentafel aufgeführten Vorfahren der Hündin kennen, sondern möglichst alle, Bescheid wissen über Vorzüge und Fehler. Nur dann ist mit einiger Wahrscheinlichkeit vorauszusagen, wie sich eine solche Hündin vererben wird.

Beim Kauf einer Zuchthündin sollten Sie sich weniger auf Ihr Gefühl, auf einzelne Ausstellungsergebnisse verlassen, als auf fundierten fachmännischen Rat. Es liegt in der menschlichen Natur, daß gerade jene, die zwei oder drei Jahre eine Rasse züchten, recht großzügig ihre Ratschläge anbieten. Etwas mehr Erfahrung, insbesondere aber erwiesene Erfolge in der eigenen Zucht sind eine bessere Empfehlung.

Natürlich, gute Beurteilungen im Ausstellungsring sind von Bedeutung. Leider aber hat sich das Auswahlkriterium Ausstellung als einseitige Auslese nach anatomischen Gesichtspunkten erwiesen. Hier kommt es manchmal zu sehr einseitigen Ausrichtungen der Hundezucht, wenn etwa die Richter den Wert eines Hundes am besonders rassetypischen Kopf, an fehlenden oder vorhandenen Prämolaren, an der Rutenhaltung oder an bestimmten Farbverteilungen messen. Aber selbst wenn die Wertung des anatomischen Aufbaus korrekt erfolgt, sind züchterische Schlußfolgerungen daraus dennoch einseitig, zumindest voreilig.

Ich lasse mich einfach nicht von der Idee abbringen, daß es die Aufgabe des Züchters ist, gesunde, intelligente, leistungsfähige und schöne Hunde zu züchten. Die Reihenfolge dieser Eigenschaftsworte ist ganz bewußt und vorsätzlich gewählt: GESUNDHEIT, INTELLIGENZ, LEISTUNGSFÄHIGKEIT und SCHÖNHEIT. Das Ausstellungswesen stellt diese Reihung auf den Kopf, beurteilt den Hund einseitig nur nach seiner Schönheit. Und selbst diese Beurteilung ist problematisch, handelt es sich dabei doch um »Schönheit« im Sinne von durch Menschen geschaffenen Rassestandards.

Der deutsche Gesetzgeber hat ein Tierschutzgesetz erlassen, das am 1. Januar 1987 in Kraft trat. Dieses Gesetz verbietet »Qualzuchten«. Wissen Sie eigentlich, daß in einer ganzen Reihe heute gültiger Rassestandards Bestimmungen verankert sind, gegen die verantwortungsbewußte Tierärzte und Kynologen seit Jahren Sturm laufen, weil diese Standards anatomische Merkmale verlangen, die der Grundforderung nach gesunden Hunden entgegenstehen? Seit Jahren arbeiten in England und auf dem Kontinent kynologische Fachausschüsse der Hundezuchtverbände an der Frage, welche Standardbestimmungen gestrichen, welche wesentlich geändert werden müssen, wie man »Krankzuchten« vermeiden könnte. – Ein Berg kreißt seit Jahren, und gebirt . . .? – Wann? – Was?

Vielleicht untermauern diese Tatsachen, daß die von mir gewählte Rangordnung, meine Prioritätenliste dann den Vorzug verdient, wenn man wirklich für die Menschen Hunde züchtet.

Noch eine Anregung zum Nachdenken! Ich zitiere aus den Forschungsergebnissen von Eberhard Trumler: »Die allergrößte Leistung, die ein Lebewesen bieten kann, ist Nachkommen auszutragen und ohne Schwierigkeiten gesund auf die Welt zu bringen.« – Und ich ergänze sicherlich in seinem Sinne: ». . . und diese Nachkommen natürlich aufzuziehen, ohne Komplikationen!« Dieses Buch wird in seinen weiteren Kapiteln aufzeigen, was eine solche Forderung wirklich bedeutet, wie weit oft Zielsetzung und Wirklichkeit auseinanderklaffen.

Haben Sie je solche Forderungen in einem Rassestandard gefunden? Dort geht es um reine Haarfarben, Struktur des Haares, Rutenhaltung, Zähne, zuweilen glücklicherweise auch noch um das Wesensbild. Wo bleibt aber die Einsicht, daß jede Hündin zunächst und als allererste Voraussetzung auch ein »gebärfreudiges Becken« haben muß?

Da schreibt doch die Wissenschaftlerin M. J. Freak 1962: »In der Vergangenheit war eine Hündin, welche nicht gebären konnte, zum Tode verurteilt, und ebenso ihr Nachwuchs, – eine harte, effektvolle Methode der natürlichen Selektion. Das heutige tierärztliche Können, die Vornahme von Kaiserschnitten, mag jedoch sehr wohl dazu beigetragen haben, daß Körperbautypen erzüchtet wurden, die einem normalen Geburtsverlauf entgegenstehen. Daher ruht sicherlich eine große Verantwortung auf den Schultern des tierärztlichen Berufstandes, dafür Sorge zu tragen, daß Tierärzte und Züchter diese Zusammenhänge klar erkennen und das Gebärvermögen in den Rang eines der wichtigsten Selektionsmerkmale erheben.« – „Der einsame Rufer in der Wüste“ schrieb diese Mahnung 1962, der streitbare Tierarzt und Forscher Professor Dr. Wilhelm Wegner nahm diese Mahnung in seine »Kleine Kynologie« 1975 auf. Gehen Sie einmal in eine moderne Kleintierpraxis und fragen Sie, ob sich irgendetwas gebessert hat! – Sind Sie noch immer der Meinung, daß Ausstellungsprädikate der alleinige Wertmaßstab für Zuchthündinnen sein sollten?

Freak demonstriert, daß die Natur selbst ein gnadenloses Ausleseprinzip betreibt, Hündinnen, die nicht gebären können, scheiden mit ihren Nachkommen durch ihren Tod aus der Fortpflanzung aus. Kann eine solche natürliche Auslese durch heutige Ausstellungskriterien, durch die in unseren Rassestandards festgelegten Bestimmungen ersetzt werden?

Mein guter Rat: Kaufen Sie keinesfalls Ihre Zuchthündin, wenn deren Mutter durch Kaiserschnitt entbunden hat. Forschen Sie sorgfältig, ob in der Linie der Mutter Geburtsschwierigkeiten liegen. Vergessen Sie dabei nicht eine parallele Untersuchung der Vaterlinie (!), denn auch Rüden vererben Geburtsschwächen. Ich denke dabei auch an die immer häufiger auftretende erbliche Wehenschwäche von Zuchthündinnen. Näheres hierzu in unserem Kapitel über die Geburt.

Da gibt es eine Theorie, die offensichtlich unter den sogenannten Züchtern nicht auszurotten ist. Danach läßt man eine Hündin, die nervlich unsicher, scheu oder ängstlich ist, am besten decken, dann bessert sich das! Das wahre Ergebnis sieht völlig anders aus. Das schlechte Wesen der Hündin ändert sich überhaupt nicht, vielmehr überträgt es sich mit größter Sicherheit auf ihre Nachkommen, schädigt die Rasse. Diese Übertragung erfolgt zum einen über genetische Vererbung, zum anderen aber auch noch über das »Tradieren«. Im Rahmen der Welpenprägung überträgt sich nämlich als reiner Umwelteinfluß die Scheu der Hündin auf die Welpen, die Welpen tradieren, schauen das Verhalten der Mutter ab. Auch deshalb die unerbittliche Forderung, nur von wesensstarken Hündinnen zu züchten! Sie sollten vor dem Kauf Ihrer Zuchthündin klar nachforschen, wie ihr Nervenkostüm und das ihrer Vorfahren ist.

Wie kommen Sie aber nun eigentlich an eine gute Zuchthündin, auf der Sie Ihre Zucht aufbauen können? Ich bin ein strikter Gegner des Verkaufs erwachsener Hunde. Dies wurzelt zunächst in dem Wissen, daß jedes Verpflanzen eines erwachsenen Hundes, das Herausreißen aus seiner Umwelt, in der er sich wohlfühlt, ein tief greifender Einschnitt ist. Bei uns sind nun einmal unsere Hunde Familienmitglieder, ohne zwingende Not verstößt man keine Kinder.

Aus einer Reihe von Gründen, insbesondere unsinnige Zuchtbestimmungen, war ich über Jahre beim Aufbau des eigenen Zwingers gezwungen, möglichst Zuchttiere erst dann aus England zu importieren, wenn der Gebißwechsel abgeschlossen war. Hinsichtlich Vollständigkeit und Stellung des Gebisses herrschte in England eine weitgehende Toleranz, in Deutschland ausgeprägte Kleinzügigkeit. Hunde mit fehlerhafter Zahnstellung oder fehlenden Prämolaren waren weitgehend aus der deutschen Zucht verbannt, gleich, welche sonstigen Vorzüge sie mitbrachten.

Da macht man dann die wertvolle Erfahrung, daß erstklassige Jungtiere aus sehr guter Abstammung praktisch nie zum Verkauf stehen. Der Züchter, der sie für sich selbst ausgewählt und aufgezogen hat, er würde seine eigene Zucht schädigen, wenn er Spitzenjungtiere verkaufen würde. Zugegeben, für sehr viel Geld ist zuweilen – glücklicherweise nicht immer – doch etwas zu machen. Solches »sehr viel Geld« hatten dann aber in der Regel die Amerikaner, – ich nicht. Trotzdem kaufte ich einige sehr interessante Zuchttiere, zu gar nicht niedrigen Preisen.

Eine bildschöne, acht Monate alte Junghündin aus einem Spitzenzwinger stand zum Verkauf. Drei recht erfahrene Züchter wählten gemeinsam mit mir diese Hündin aus, wir alle waren von ihr begeistert, versprachen uns viel für die Zucht. Leider, sie war in England Zwingerhund, offensichtlich nicht ausreichend auf Menschen geprägt. Im englischen Zwinger ein aufgeweckter, temperamentvoller Junghund, nach der Verpflanzung blieb sie in ihrer körperlichen Entwicklung ganz einfach stehen, erreichte nie eine standardgerechte Reife. Und seelisch hatte sie einen lebenslänglichen Knacks erlitten, erholte sich trotz – oder gerade wegen (?) – des vollen Familienanschlusses nie ganz vom Umstellungsschock.

Ein äußerst vielversprechender zwölf Monate alter Jungrüde, bei der ersten Besichtigung korrektes, komplettes Scherengebiß, sehr gute Abstammung, vorzügliche Anatomie. Ausgerechnet er begann noch im Alter von zwölf Monaten mit dem Unterkiefer zu schieben, hatte einen Monat später einen ausgeprägten Vorbiß, eine Entwicklung, die auch in England sehr selten auftritt, – keine Chancen in der deutschen Zucht, trotz aller seiner Vorzüge.

Dann ein Glücksfall, eine zweijährige Hündin, die ich schon mehrfach auf englischen Ausstellungen bewundert hatte, nur zu gern nach Deutschland holen wollte. – Sie wurde – Scheidungswaise, ihre Besitzerin mußte sich aus finanziellen Gründen von ihr trennen, sie kam zu uns und wurde zu einer der erfolgreichsten Zuchthündinnen, die wir je besaßen.

Vielleicht muß ich aber wirklich nochmals unterstreichen: Ein Glücksfall für uns! Und so etwas ist sehr, sehr selten. In aller Regel kaufen Sie bei erwachsenen Hunden eben solche, die den Erwartungen ihrer Besitzer nicht gerecht wurden. Da hören Sie dann eine Fülle von Erklärungen, 98% davon sind falsch, Schutzbehauptungen, um den Hund gut zu verkaufen. Sie können Glück haben, zuweilen, das Risiko und der finanzielle Einsatz ist aber ein Vielfaches gegenüber einem vernünftigen Welpenkauf aus einem Spitzenwurf.

»Gut Ding will Weil haben!« Dies ist ein altes Sprichwort, es gibt kein treffenderes für Ihre Lage, wenn Sie sich eine gute Zuchthündin als Welpen kaufen wollen. Ahnentafeln studieren, Würfe besichtigen, der Versuchung widerstehen, gleich bei der ersten Besichtigung solch einen süßen Welpen mit nach Hause zu nehmen. Hier muß der züchterische Verstand unbedingt stärker sein als das Herz! Hundezucht erfordert kühlen Kopf, klare Planung und häufig – guten Rat durch den Kenner.

In jeder Rasse gibt es eine Anzahl von Spitzenhündinnen. Diese sollten Sie einzeln unter die Lupe nehmen. Prüfen Sie in allererster Linie, ob »Phänotyp« – die Hündin in ihrer anatomischen Erscheinung und in ihrem Wesensbild – und »Genotyp« miteinander übereinstimmen. Hier gibt es negative und positive Abweichungen. Den Genotyp ersehen Sie aus ihrer Abstammung, ihren Wurfgeschwistern und – falls vorhanden – insbesondere aus ihren Nachkommen. Lassen Sie sich hier vom Fachmann beraten. Nicht weniger wichtig ist aber unsere Rangordnung: Gesundheit, Intelligenz, Leistungsfähigkeit und Schönheit. Lassen Sie sich keinesfalls durch Championtitel oder Ausstellungssiege in die Irre führen. Die aufgezeigte Rangordnung setzt die richtigen Prioritäten. Prüfen Sie kritisch Züchter, den vorgesehenen Deckrüden für die Hündin nach den aufgezeigten Prioritäten und die Aufzuchtbedingungen im Zwinger.

Es gibt nichts Vollkommenes auf unserer Erde, weder bei Hunden, noch bei Menschen. Wenn Sie aber nach obigem Muster vorgehen, dann finden Sie mit hoher Wahrscheinlichkeit einige Paarungen, aus denen interessante Welpen zu erwarten sind. Wollen Sie ganz sicher gehen, daß Sie zwei Jahre später zumindest eine gute Zuchthündin im Zwinger haben, dann kaufen Sie am besten zwei aus verschiedenen ausgewählten Paarungen. Nach diesem Muster ist es mir mehrfach gelungen, sehr gute Zuchthündinnen schon im Welpenalter zu kaufen. Das hat den gar nicht hoch genug einzuschätzenden weiteren Vorteil, daß der Welpe von klein an in seine Familie, in seinen Lebensraum hineinwächst, für die volle Entfaltung seiner psychischen und physischen Eigenschaften von hohem Wert! Hunde, die als Welpen in die Familie kommen, sind in aller Regel sehr angenehme Lebensgefährten!

Ja, Geduld brauchen Sie, viel Geduld und einigen Sachverstand. Außerdem sollten sie den Mut zur richtigen Rangordnung der Werte in der Hundezucht aufbringen. Leider ist bei den Organisationen in der Hundezucht dieser Weg zur dringend notwendigen Neuordnung lang und steinig. Es bedarf eines völligen Umdenkens. Das fällt den Menschen leider nicht leicht, – Funktionäre sind auch nur Menschen. Aber wie sagte mir doch kürzlich ein Spitzenfunktionär eines sehr großen Hundezuchtverbandes? »Auch der XV-Verein ist lernfähig!« – Lassen Sie uns das Beste hoffen! Gerade wenn man selbst so an die zwanzig Jahre Vereinsfunktionär war, dann weiß man um all das leere Stroh, das immer wieder gedroschen wird, kennt man das Beharrungsvermögen und den Einfluß der Ewig-Gestrigen. Setzen wir auf die Lernfähigkeit der kynologischen Vereine!

Sie haben also Ihre Zuchthündin als Welpen gekauft, sie ist gut herangewachsen, entspricht Ihren Erwartungen und hat die Zuchtzulassung des zuständigen Clubs. Wie geht es weiter? Beachten Sie stets, Zuchtzulassung bedeutet Zulassung, nicht Empfehlung. Damit erlaubt der Verein die Zuchtverwendung, mehr nicht. Wir sind uns einig, daß der Züchter in seinen Ansprüchen an eine Zuchthündin wesentlich höhere Maßstäbe anlegen muß, wenn seine Zucht erfolgreich sein soll. Wir stimmen weiterhin überein, daß außer den Voraussetzungen einer Ausstellungszucht die wichtigen Tatbestände Gesundheit, Intelligenz und Leistungsfähigkeit gegeben sein müssen. Denn der gute Züchter züchtet seine Hunde in erster Linie für Hundefreunde, nicht für die Hundeausstellung.

Körperliche Zuchtfähigkeit (erste Hitze) und Zuchtreife sind bei unseren Hunden nicht identisch, – beim Menschen übrigens auch nicht. Der verantwortungsbewußte Züchter kleiner und mittlerer Hunderassen wird seine Hündin deshalb frühestens bei der zweiten Hitze, aber nicht vor einem Alter von 14 Monaten decken lassen. Größere Hunderassen, die für ihre körperliche Reife mehr Zeit brauchen, sollten je nach Reife der Hündin nicht vor 18–24 Monaten erstmals gedeckt werden.

Das dient in erster Linie dem Schutz der Zuchthündin! Es ist wissenschaftlich nachgewiesen, daß mit der Schwangerschaft die weitere körperliche Entwicklung sich entweder verzögert oder auch vielfach endgültig abgebrochen wird. Die Welpen, – das werden wir noch ausführlich besprechen – nehmen sich alles, was sie für ihre Entwicklung brauchen, aus dem Körper der Mutter. Trächtigkeit und gleichzeitiges Ausreifen der Hündin schließen sich gegenseitig aus.

Je nach Rassezuchtverein ist es vielfach erlaubt, auch zwei aufeinanderfolgende Hitzen der Hündin jeweils zu nutzen. Nach meiner Auffassung sind solche Zuchtbestimmungen falsch. Daß unser Haushund zweimal jährlich heiß wird, ist eindeutig eine Domestikationserscheinung, Wildhunde sind nur einmal im Jahr paarungsbereit. Wer sich einmal eine fünfjährige Hündin ansieht, die schon ihre sechs Würfe hinter sich hat, erkennt, daß der Preis einer solchen Ausnutzung Verschleiß und vorzeitiges Altern ist. Außer wirtschaftlichen Gesichtspunkten vermag ich keine Argumente zu erkennen, die eine solche Ausnutzung eines Tieres rechtfertigen. So trete ich kompromißlos dafür ein, daß bei regelmäßigem Auftreten der Hitze alle sechs Monate jede zweite Hitze überschlagen wird. Bei abweichendem Zyklus der Hündin sollte die Grundregel gelten, daß zwischen zwei Würfen ein Mindestabstand von zehn Monaten liegen muß.

Eine erste züchterische Verwendung einer Hündin ab einem Alter von vier

Jahren ist bedenklich, kann für die Hündin beträchtliche Geburtsschwierigkeiten mit sich bringen. Hier gibt es ähnliche Probleme wie bei einer Frau über vierzig. Leider habe ich auch schon Fälle miterlebt, wo Deckrüdenbesitzer bedenkenlos ihren Rüden für eine siebenjährige Erstlingshündin zum Decken freigaben. Solche »Züchter« interessieren sich eben mehr für erzielbare Decktaxen als für die Gesundheit einer Hündin.

Ab einem Alter von acht Jahren hat eine gute Zuchthündin bestimmt einen geruhsamen Lebensabend verdient, bis dahin kann sie sechs gesunde Würfe großgezogen haben. Es gibt keine sinnvolle Entschuldigung, einer achtjährigen Hündin erneut eine Trächtigkeit zuzumuten, sie hat das Ihre getan, um die Zucht vorwärtszubringen. Da gibt es zwar das Argument von der Altersfrische, ein erstrebenswertes Zuchtziel für jede Hunderasse. Die Altersfrische muß aber nicht dadurch unter Beweis gestellt werden, daß eine achtjährige Zuchthündin noch weiter für die Zucht ausgenützt wird! Man sollte sich stets vor Augen halten, daß das Austragen, die Geburt und die Aufzucht der Welpen eine gewaltige körperliche und seelische Leistung der Hündin erfordern. Eine solche Belastung sollte man ihr ab einem gewissen Alter ersparen. Diese Schonung kann der Hündin dann durchaus eins bis zwei zusätzliche, verdiente Lebensjahre schenken. Bei Rüden sehe ich diese Frage anders. Hierzu Näheres im Kapitel Zuchtrüden.

Nun noch einige Hinweise zur sachgerechten Haltung der Zuchthündin. Muß sie wegen des hohen Hundebestandes vorwiegend im Zwinger gehalten werden, so sollte gewährleistet sein, daß der Kontakt zum Züchter dennoch möglichst eng ist. Der gesamte Ablauf von Paarung, Geburt und Aufzucht bedingt ein enges Vertrauensverhältnis zum Züchter. Dies gewinnt man stets nur im engen körperlichen Kontakt mit der Hündin. Zumindest ein Spaziergang von etwa einer Stunde täglich, bei größeren Rassen auch einmal eine halbe Stunde neben dem Fahrrad, das hilft viel. Und Bewegung, genügend freier Auslauf, das ist eine Grundvoraussetzung für die Gesundheit einer Zuchthündin. Gute Kondition, eher etwas zu schlank, keinesfalls dick und kurzatmig, umso weniger Komplikationen sind in der Zucht zu erwarten.

Gute, nährstoffreiche Nahrung, rohes Fleisch, Zeralien, Gemüse und Obst, Joghurt, Quark, Eier, kurz ein abwechslungsreicher Speiseplan hält Ihre Hündin fit. Nie zu viel, eher etwas zu wenig füttern. Nach fünf Minuten muß die Schüssel sauber leergeleckt sein, sonst war die Futtermenge zu groß. Unsere Hündinnen erhalten nie so viel, wie sie eigentlich wollen. Wir haben keine Futtermäkler und eine geradezu herausragende Fruchtbarkeit unserer Zuchthunde.

Ja, es geht auch mit Fertigfutter. Die Experten der Futtermittelindustrie gewährleisten eine Futterzusammensetzung, die das Auftreten von Mangelerscheinungen unterbindet, so etwa lautet die Definition der entsprechenden Futtermittelverordnung. Unsere Hunde bevorzugen die tägliche Abwechslung, daher gibt es tagtäglich etwas anderes, allerdings durchaus unter sinnvoller Einbeziehung der Erzeugnisse der Industrie. Eine Mahlzeit täglich ist für den Hund artgerecht, wird dann gereicht, wenn anschließend die Ruhephase der Hunde beginnt. Wir füttern vor dem Schlafengehen, haben damit sehr gute Erfahrungen.

Der eine oder andere Züchter mag nach der Lektüre dieses Kapitels Zweifel empfinden, ob seine Hündin, die er nun einmal bereits im Haus hat, den qualitativen Anforderungen an eine gute Zuchthündin genügt. Sie sollten bei einer solchen Prüfung kritisch vorgehen, gerade der gute Züchter zeichnet sich nun einmal dadurch aus, daß er seine eigenen Hunde zumindest ebenso kritisch und objektiv sieht wie die seiner Konkurrenten. Verbleiben Ihnen Zweifel, dann sollten Sie Ihrer Hündin das angenehme Leben eines geliebten Familienhundes einräumen, von einer Zucht mit ihr Abstand nehmen. Selbst wenn Ihre Hündin Ausstellungssiege errungen hat, als vorzügliche Vertreterin ihrer Rasse gilt, sollten bei ihr die Anforderungen an Gesundheit, Intelligenz und Leistungsfähigkeit nicht erfüllt sein, dann tun Sie gut daran, nützen der Hunderasse, indem Sie auf eine Zucht verzichten.

Ich weiß nur zu gut, was ich Ihnen da zumute. Ein Jahrzehnt stand ich als Richter im Ausstellungsring und kenne alle menschlichen Empfindsamkeiten. Und der Hundebesitzer ist, wenn es um den eigenen Hund geht, ganz besonders empfindlich. Aber Empfindsamkeit ist nicht der Schlüssel zur erfolgreichen Zucht, hilft nicht, eine Hunderasse zu verbessern, hier muß ich einfach an den klaren Verstand appellieren.

Prägen Sie sich bitte ein: Der Erfolg des Hundezüchters basiert auf der Qualität seiner Zuchthündinnen. Zwinger mit zweitklassigen Hündinnen sind zum Mißerfolg verurteilt, und – noch etwas besonders Wichtiges – es werden viel zu viele Hunde gezüchtet! – Seien Sie kritisch, verantwortungsbewußt und wählerisch, wenn es um Ihre Zuchthündin geht.

6. Der Zuchtrüde

Über Jahrhunderte war es in der Tierzucht herrschende Meinung, daß das Vatertier allein für die Qualität der Jungtiere entscheidend sei. Der Rüde führt den Samen, dieser enthält das Jungtier, die Hündin ist nur der Nährboden, auf dem sich der Embryo entwickelt, danach die Milchquelle, die den Welpen ernährt. Die Vererbungswissenschaftler, ausgehend vom Augustinerabt Gregor Johann Mendel (1822 – 1884), haben diesen Irrglauben seit über 100 Jahren widerlegt. Es gibt keine ernsthaften wissenschaftlichen Meinungsverschiedenheiten in der Frage, daß Rüde wie Hündin zu gleichen Teilen die Qualität der Welpen bestimmen. Entscheidend für den Grad der Beeinflussung ist nicht das Geschlecht des Elterntieres, sondern vielmehr seine Erbstärke. Diese wiederum ist durch den Inzuchtgrad des Einzeltieres im wesentlichen bestimmt, hart ingezüchtete Tiere, Tiere aus Inzest-Verbindungen sind wesentlich erbstärker als wenig ingezüchtete Tiere. – Und schon wieder habe ich mich auf das Gebiet der Genetiker verlaufen. Näheres dazu finden Sie in den Büchern über die Genetik der Hundezucht.

Zurück zu unserem Deckrüden. Hier gibt es ein einziges, gewichtiges Argument, wonach der Einfluß des Rüden auf die Hundezucht wesentlich größer ist als der einer Hündin. Aus einem einzigen Rüden können je nach Rassepopulation jährlich 50, ja 150 und mehr Würfe entstehen, im Extremfall könnten also in einem Jahr von einem einzigen Rüden bis zu 1000 Welpen geboren werden, von einer Einzelhündin kaum 20. Hier liegt der einzige, sicherlich aber sehr beachtliche Unterschied. Und es ist wahr, in sehr vielen Hunderassen gab es Zuchtrüden, die ganz allein aufgrund ihrer Qualitäten und intensiver Zuchtverwendung Rassen ihren unverwechselbaren Stempel aufgedrückt haben. Daglish schreibt hierzu: »Die meisten erfahrenen Züchter sind sich der Tatsache bewußt, daß von Zeit zu Zeit ein Rüde vorkommt, der offenbar imstande ist, sein Erscheinungsbild, unabhängig von den Hündinnen, mit denen er gepaart wird, seinen Nachkommen einzuprägen.«

Und in diesem völlig richtigen Satz stecken zwei Probleme. Zum einen gilt diese Einflußmöglichkeit auch in der negativen Richtung, ein einziger Rüde kann – grob gesagt – eine ganze Rasse züchterisch um Generationen zurückwerfen. Zum anderen wird eine solche Feststellung nur zu leicht als Entschuldigung mißbraucht, wenn man einem solchen Superstar auch schlechte Hündinnen zuführt. Der Genetiker müßte allerdings solche »Züchter« belehren, daß die miesen Eigenschaften ihrer Hündin in solchen Fällen zwar nicht in der ersten Generation, umso sicherer aber in der zweiten und den darauffolgenden Generationen in Erscheinung treten.

Wir sehen, der Zuchtrüde hat für das Wohl und Wehe einer Rasse zuweilen eine entscheidende Bedeutung. Dies führt zu einer anderen Überlegung. Erinnern wir uns, wir haben nachgewiesen, daß Ausstellungserfolge eines Rüden zwar etwas über seine Anatomie aussagen, über Schönheit und Übereinstimmung mit dem Rassestandard, nichts aber über Gesundheit, Intelligenz und Leistungsvermögen.

Welch einen katastrophalen Einfluß ein allseits bewunderter Multi-Champion auf eine Rasse ausüben kann, ein Rüde, zu dem alle Hündinnen seiner Ausstellungserfolge wegen gebracht werden, der aber eine beschränkte Intelligenz, eine echte Wesensmacke hat, das läßt sich unschwer begreifen.

Das heißt nicht mehr und nicht weniger, als daß wir bei der Auswahl von Zuchtrüden noch kritischer vorgehen müssen. Zuchtrüden müssen auf Herz und Nieren, auf Gesundheit, Intelligenz und Leistungsvermögen eingehend geprüft werden, wenn man unverwünschte Entwicklungen in einer Rasse vermeiden will. Schauen wir auf die Zulassungskriterien, denen ein junger Hengst unterworfen wird, ehe ihm eine Körkommission bestätigt, daß er nicht zum Wallach werden muß! Ich empfehle sehr viel mehr Sorgfalt bei der Auswahl von Zuchtrüden, eine ganze Reihe von mittelmäßigen Würfen könnte dadurch verhindert werden.

Die aussagefähigste Empfehlung für ein Zuchttier sind seine eigenen Nachkommen. Aber da stoßen wir schon wieder auf eine Barriere menschlicher Vorurteile. Onanierende Kinder, so sagten die weisen Erzieher, gefährden ihre Gesundheit, Welpen von zu früh deckenden Rüden, so sagten »alte Weiber«, kommen mit offenen Schädeldecken zur Welt. Beides blühender Unsinn! Und doch gibt es noch heute eine Anzahl von Zuchtvorschriften in Vereinen, die es untersagen, Rüden vor einem Alter von 15 oder gar 18 Monaten decken zu lassen.

Werfen wir wieder einen Blick nach England. Ein vielversprechender Jungrüde erhält seine Chance so früh wie überhaupt möglich, sobald er kann, sei dies mit 6 oder erst mit 9 Monaten. Es ist reiner Aberglaube, daß beim ersten Deckakt eines Rüden er noch keine befruchtungsfähigen Spermien habe. Gerade der frühe Einsatz des züchterisch interessanten Rüden ermöglicht über seinen Erbwert klare Aussagen, wenn er dann etwa 18 Monate alt ist. Seine beste Empfehlung ist der eigene Nachwuchs.

Einmal hatte ich das Glück, einen 7 Monate alten, speziell für eine bestimmte Hündin gezüchteten Rüden zu importieren, erreichte auch tatsächlich nach beträchtlichem Bemühen eine Sondergenehmigung eines vernünftigen Zuchtausschusses, den Rüden bereits in diesem Alter einzusetzen. Noch über Jahre wurde mir von anderen Züchtern angehängt, den armen Junghund viel zu früh für die Zucht mißbraucht zu haben. Vorurteile, Nichtwissen um biologische Tatbestände sind eben sehr hohe Hürden auf dem Weg zur vernünftigen Rassehundezucht, aufgestellt durch biologisch unvernünftige Zuchtrichtlinien der Vereine. Wohlgemerkt, ich trete keinesfalls dafür ein, Jungrüden vor dem Abschluß ihrer körperlichen Entwicklung – je nach Rasse 12 – 24 Monate – excessiv für die Zucht heranzuziehen. Sind Jungrüden aber biologisch zeugungsfähig, so nimmt ihre weitere körperliche Entwicklung sicherlich daran keinen Schaden, daß sie ein bis zweimal monatlich eine Hündin decken. Selbstverständlich, der Einsatz eines sehr jungen – und eines sehr alten – Rüden bedeutet für den Züchter immer ein Risiko, nämlich daß seine Hündin leer bleibt. Dies muß jeder Züchter selbst tragen. Der Jungrüde aber ist in seiner weiteren Entwicklung keinesfalls durch gelegentlichen Zuchteinsatz beeinträchtigt, er gewinnt vielmehr erste, sehr wertvolle Erfahrungen.

Das in vielen Zuchtbestimmungen verankerte Mindestzuchtalter für Rüden wird dadurch zur Groteske, daß erfahrene Züchter stets raten, einen künftigen Zuchtrüden möglichst früh sexuelle Erfahrungen machen zu lassen. Es ist nachweislich gar nicht selten, daß eine sehr enge Bindung Mensch/Hund beim Rüden mangelndes Interesse an seinen Artgenossen auslöst. Darauf komme ich noch zurück. Erfahrene Züchter lassen dann ihre eigenen Rüden mit etwa 9 Monaten irgendwelche Bastardhündinnen bespringen, er lernt und – der Zuchtordnung ist Genüge getan. War da nicht schon die Rede davon, daß auch Hundeclubs lernfähig seien?

Noch ein zweiter Blick nach England. Nach Möglichkeit wird der vielversprechende Jungrüde nicht mit irgendeiner Hündin gepaart, sondern mit seiner Mutter, seiner Schwester, notfalls Halbschwester. Inzestzucht ist der sicherste Weg, Qualität und Mängel einer Zuchtlinie aufzudecken. Warum das so ist, das erklären die Genetiker. Der Jungrüde, dessen Zuchtwert durch einen Inzestwurf unter Beweis gestellt ist, wird sicherlich ein interessanter Zuchtpartner für viele Hündinnen sein.

Im Kapitel über die Zuchthündinnen habe ich angekündigt, die Frage Phänotyp und Genotyp hier noch eingehender zu behandeln. Kein Zweifel, der oben dargestellte Inzestzucht-Testwurf zielt massiv darauf, den Genotyp eines Zuchttieres zu erforschen, unter Beweis zu stellen. Und die Vererbungslehre sagt, daß der Genotyp einer Zuchttieres weitgehendst von seinen Vorfahren abhängt. Hinter jedem Zuchttier steht der sogenannte »genetische Schatten«.

Und dieser genetische Schatten ist sogar aufgezeichnet, denn jeder Rassehund besitzt eine Ahnentafel, vielfach sogar über fünf Generationen. Je intensiver man sich mit den Zuchtlinien der letzten 30 Jahre befaßt hat, je mehr Zuchttiere man selbst kennt, gut kennt, – nicht nur einmal auf einem Bild gesehen hat, – desto mehr kann man aus einer solchen Ahnentafel lesen. Machen wir uns aber keine Illusionen, auf einer Ahnentafel über drei Generationen finden wir 14 Vorfahren, über vier Generationen schon 30, bei fünf Generationen sind es dann bereits 62! Und wer kennt schon gerade 62 Vorfahren – oder auch nur die Hälfte davon?

Hier an dieser Stelle klafft die große Lücke. Außer den Namen der Vorfahren sind deren Zuchtbuchnummern aufgeführt, die wiederum zu deren Eltern führen, ab und zu finden wir noch einen Siegertitel, einige Abrichtekennzeichen, – und wenn es hoch kommt vielleicht auch noch Farbe und Haarart. Ist das alles? Reicht es aus, um sich ein klares Bild über den »genetischen Schatten« hinter unserem Rüden zu verschaffen? Seit Jahrzehnten fordern engagierte Züchter eine sogenannte Bilderahnentafel für unsere Hunde. Das wäre dann so eine Art Ahnengalerie über fünf Generationen. Wenn man dies realisieren könnte, für einen echten Züchter wäre es ein geradezu gigantischer Fortschritt! – Und warum sollte dies eigentlich unmöglich sein? In einer ganzen Reihe von Hunderassen könnte man heute wahrscheinlich sogar so eine Bildergalerie aufstellen, – mit Röntgenbildern der Hüften der Vorfahren fünf Generationen zurück. Ist aber die Abbildung aller dieser Hüftgelenke ausreichend für eine Beurteilung der Vorfahren, gibt es nicht noch Wichtigeres?

Ich möchte mich keinesfalls über die bei einer Reihe von Hunderassen sicherlich angebrachten Reihenuntersuchungen lustig machen, dadurch wird glücklicherweise eine bedrohliche Erberkrankung aktiv züchterisch bekämpft. Das ist begrüßenswert! Ich verstehe nur nicht, warum man solche Unterlagen nur über die Hüftgelenke der einzelnen Hunde erarbeitet, nicht über den ganzen Hund! Es wäre zu schön mit einer solchen Bilderahnentafel. Zugegeben, der einzelne Hundebesitzer ist mit der bisherigen Form der Ahnentafel schon zufrieden, er zählt die Championtitel oder die Prüfungsergebnisse der Vorfahren, aber der Züchter? Er müßte sicherlich noch einiges mehr wissen!

Da gab es doch so um 1948 herum eine höchst interessante Initiative, die zum Ziel hatte, nicht nur jeden Zuchthund in Exterieur, Wesen und Leistung zu erfassen, nein, man wollte dieses Wissen in den Ahnentafeln der Hunde ein für alle mal verankern, so speichern, daß jeder Leser der Ahnentafel eben nicht nur Zuchtbuchnummern serviert bekommt, sondern ein klares Bild über jeden Hund. Wahrscheinlich lag der Fehler darin, daß die Initiative vom Schäferhundzuchtclub der DDR in Merseburg ausging, danach das System in der DDR sehr viel Anerkennung und Verbreitung fand. Hierzu gibt es das äußerst lesenswerte Buch von Dr. F. K. Dorn »Hund und Umwelt«. Interessierte Leser finden mannigfache, wertvolle Anregungen.

Hier nur so viel: Es gab vier Kategorien: A = Typ, B = Rassebild, C = Körperbau, D = Wesen. Mit Wertzahlen zwischen 0 und 9 wurde versucht, das Wesentliche über diese vier Punkte auszudrücken. Es entstand die sogenannte »Wertmeßzahl«, eine vierstellige Zahl, jede Stelle eine Aussage über A – D. Es war gar nicht einfach, in zehn Zahlen Aussagen zu den vier Überschriften zusammenzufassen. Vielleicht klärt ein Beispiel: Eine 0 in der Wesenswertmeßzahl D bedeutet »nervös, schreckhaft«, eine 3 »zurückhaltend, vorsichtig, wenig Selbstvertrauen«, eine 8 »gleichgültig, nervenfest, wenig Schärfe«. Stand in der ersten Ziffer A = Typ eine 1, so war dies »zu leicht im Typ«, eine 8 besagte »zu schwer und plump«. Beim Rassebild Wertmeßziffer B bedeutet 0 »Mängel in der Pigmentierung«, 5 »vorzüglich in Form, Linienführung und Harmonie«. Nehmen wir nun an, hinter dem Namen eines Hundes ständen die Ziffern 2 4 8 5 in der Ahnentafel, dann liest man daraus: »Leichter Schlag; Rassebild gut; zu steile Vorhand; hart, schneidig, selbstsicher, gutartig, ausgeprägter Kampftrieb.« Die Zielsetzung der Merseburger Wertmeßziffern war es, gutes Zuchtmaterial kenntlich zu machen. Auf allen Ahnentafeln sollten Kennziffern erscheinen, jeder Vorfahre eines Hundes sollte durch die vierstellige Zahl in Erscheinungsbild, Verhaltensweise und Eigenschaften klar umrissen werden.

Stellen Sie sich einmal vor, so etwas gelänge wirklich! Meines Wissens hat das ganze System aufgrund zahlreicher Schwächen sowohl im System selbst als auch im Ewig Menschlichen bei der Anwendungsweise nie zufriedenstellend funktioniert. Es wäre aber mehr als angebracht, Überlegungen darüber anzustellen, wie wir die Ahnentafeln unserer Hunde aussagekräftiger machen könnten. Dr. Dorn behauptete: »Wenn die gesamte Ahnenschaft in einem Abstammungsnachweis die Wertmeßzahl trägt, erhält man eine klare begriffliche Vorstellung des Erbgutes, der gesamten »Blutlinie« eines Hundes.«

In unserem Buch ist nicht der Platz, die enormen Möglichkeiten zu diskutieren, die bei aussagekräftigen Schlüsselzahlen durch die moderne Computertechnik für die Hundezucht erwachsen würden. Das gehört mehr in den Bereich der Genetik. Für unsere Überlegungen halten wir aber fest, daß exaktes Wissen um die

Vorfahren unserer Zuchthunde von entscheidender Bedeutung wäre, aus dem heutigen Inhalt der Zuchtbuchaufzeichnungen aber nicht zu gewinnen ist. Zur Stunde bleiben uns nur zwei Wege: Zum einen die beschriebene Inzestprobeverpaarung, zum anderen das Wissen Weniger um die Vielzahl der Ahnen unseres Hundes.

So lange Siegertitel – nur errungen nach Phänotyp und Schönheit – mehr zählen als die sachliche Ermittlung der für eine Hundezucht wichtigen Eigenschaften Gesundheit, Intelligenz und Leistungsvermögen, so lange wird kaum der für die Zucht wertvollste Vererber beim Einsatz als Zuchtrüde an erster Stelle stehen. Eine zusätzliche Hilfestellung bietet neben der intensiven Ahnenforschung die züchterische Analyse der Geschwister des Zuchtrüden, insbesondere aber seiner Nachkommenschaft. Bei diesen Prüfungen darf nicht das Ausstellungsgeschehen im Vordergrund sein, Gesundheit, Intelligenz und Leistungsvermögen sind vorrangig. Ich betone dies völlig bewußt erneut! Im Interesse unserer Hunde, im Interesse der Hundekäufer müssen wir uns von der schädlichen Überbewertung der Schönheitsideale nach Rassestandards lösen.

Ein Blick über den Gartenzaun erweitert den Horizont. Deshalb wieder eine Lehrstunde aus der Pferdezucht, – auch zahlreiche Beispiele aus der landwirtschaftlichen Nutzviehzucht könnten mit hinzugezogen werden. In allen diesen Tierzuchten wird ein Vatertier erst dann als wertvolles Zuchttier herausgestellt, wenn seine Nachzuchten eine klare Aussage über seinen Erbwert erlauben. Nachzuchtwettbewerbe sind bei unseren Zuchtveranstaltungen zur Stunde noch sehr selten. Ihr Stellenwert für die richtige Einschätzung von Deckrüden ist noch kaum erkannt. Wohlgemerkt, in der Nutzviehzucht steht nicht die Schönheit, sondern die Leistungsfähigkeit bei diesen Nachzuchtauslesen im Vordergrund.

In vielen Hunderassen gibt es in England jährliche Wettbewerbe um den besten Vererber einer Rasse. Maßstab hierfür ist einzig und allein die Qualität der Nachzuchten. Daß dieses System aus unserer Warte sehr verbesserungsbedürftig ist, besagt schon die Tatsache, daß alleine die Ausstellungsbewertungen der Nachkommen zählen. Das ist aber nur dann richtig, wenn man Hunde für Ausstellungen züchtet, falsch, wenn man Hunde für die menschlichen Familien züchten will.

Ich möchte hier nochmals festhalten, das stärkste Argument für einen Rüden ist die Qualität seiner Nachkommen. Umso wichtiger ist es, daß die Zuchtbestimmungen es erlauben, seinen Zuchtwert so früh wie möglich zu erproben.

Hieran anschließend gleich ein paar Worte zu der Frage, wie lange ein Rüde zur Zucht verwendet werden soll. Die meisten Käufer möchten einen vierbeinigen Lebensgefährten erwerben, der für viele Jahre ihr Begleiter ist. Wir züchten unsere Hunde für die Menschen, darum ist es sicher richtig, wenn wir uns eine möglichst hohe Lebenserwartung der Hunde zum Ziel setzen. Heute gibt es Hunderassen mit einer mittleren Lebenserwartung von vier oder sechs Jahren, selten von zehn Jahren und mehr. Krankzuchten haben sich ausgedehnt, weil der Faktor Gesundheit mißachtet wurde. Hier ist dringend Umkehr geboten!

Wollen wir Hunderassen mit hohem Lebensalter züchten, dann ist die Altersfrische unserer Hunde von entscheidender Bedeutung. Und solche Altersfrische dokumentiert eigentlich nichts besser, als die Fruchtbarkeit und Vitalität der

Rüden bis ins hohe Alter, also auch noch mit zehn oder gar zwölf Jahren. Können Sie sich vorstellen, daß in den Versuchsanlagen der Gesellschaft für Haustierforschung e. V. ein zwölfjähriger Salukirüde Chef und Stammvater eines gemischten Rudels war, dieser Rüde mit seiner Familie über sein ganzes Leben nur im Freien gehalten wurde? Wissen Sie, wie bedeutsam es ist, daß dieser Hund auch im Alter von zwölf Jahren noch Rudelführer, gesund und zeugungsfähig war? Altersfrische, das dokumentieren ältere Rüden durch unveränderte Paarungsbereitschaft und Fruchtbarkeit. Für jede Hunderasse ist eine hohe Lebenserwartung ernsthaftes Zuchtziel, Altersfrische der Rüden ein Beweis, daß dieses Ziel erreicht wurde.

Selbstverständlich plädiere ich nicht dafür, Rüden im Alter von zehn Jahren und mehr jährlich noch 20 – 50 Hündinnen decken zu lassen. Ganz bestimmt muß hier die Grenze zwischen dem natürlichen Sexualverhalten eines älteren Hundes und züchterischem Ausnutzen gesehen werden. Keine Argumente gibt es aber für die heute noch gehandhabten starren Altersbegrenzungen für die Zuchtverwendung eines Rüden. Natürlich muß sich der Hündinnenbesitzer des Risikos bewußt sein, daß es bei älteren Rüden einmal mit der Zeugungsfähigkeit zu Ende geht.

Auf dem Kontinent stehen Zuchtrüden meist in Privathand, sind Liebhaberhunde. Und das ist gut so. Bei einer Reihe von Hunderassen treffen wir in England ganze Deckstationen, – ähnlich der Hengsthaltung in großen Gestüten. So kann ein Spitzenzwinger durch seine Zuchtrüden die Entwicklung einer Hunderasse recht nachdrücklich beeinflussen. Im Bull Terrier-Zwinger Ormandy von Raymond Oppenheimer traf man stets etwa vier bis sechs ausgewachsene Spitzenrüden an. Viele Züchter fuhren grundsätzlich mit ihrer heißen Hündin voll Gottvertrauen in diesen Zwinger. Hier herrschte ja der international anerkannte »Bull Terrier-Papst«, er sollte wissen, welcher seiner Rüden speziell zu dieser Hündin paßte. Und der große Meister hatte sein Team sogar so aufgebaut, daß gleichzeitig die wichtigsten und erprobtesten Linien durch verschiedene Spitzenrüden vertreten waren, wirklich für nahezu jede Hündin ein geeigneter Zuchtpartner bereitstand. Der Chef dieses Zwingers war der profilierteste Kenner der Rasse, sein Rüdenbestand, sein züchterisches Wissen und das Vertrauen der Hündinnenbesitzer haben die Bull Terrier-Zucht maßgebend geprägt. Wen wundert es, daß Spitzenrüden seines Zwingers Jahr für Jahr zum »Stud Dog of the Year«, – zum Zuchtrüden des Jahres, zum besten Vererber gekürt wurden? Und daß sicherlich ein Drittel bis gar 50 % aller Deckakte eines Jahres im Lande bei seinen Rüden stattfanden?

Wir sehen, nicht nur über einen erstklassigen Hündinnenzuchtstamm, auch über ein sorgfältig ausgewähltes Team an Deckrüden, selbstgezüchtet oder angekauft, läßt sich eine Hunderasse ganz maßgebend beeinflussen.

Der prägende Einfluß von Spitzenrüden wird durch unser Beispiel geradezu dokumentiert! – Ganz wohl war mir bei meinen Besuchen in diesem Zwinger nie. Bei aller Anerkennung des Erreichten, der bildschönen Tiere, der gepflegten Anlagen war das Leben dieser Spitzenhunde doch sehr einseitig, sie wurden zu Werkzeugen für die Zucht von Ausstellungssiegern. Vier bis sechs Champions, weitere vier Nachwuchsrüden, – jeder davon in Zwinger-Einzelhaft! Ja natürlich, bestens gepflegt, schöne Boxen, täglich einmal spazierengeführt, großer Auslauf, aber – zwangsläufig – viel zu wenig Sozialkontakt!

Wie man zu einem eigenen Deckrüden kommt? Da ist guter Rat wirklich nicht leicht. Wahrscheinlich sieht dies zunächst ähnlich aus wie der Versuch des Pferdeliebhabers, sich einen Deckhengst heranzuziehen. Ich erwähnte die Zahl wohl schon, grob geschätzt werden 95 % der männlichen Jungtiere zu Wallachen. In der Pferdezucht sind die Auslesekriterien sehr hart, zum Nutzen der Zucht.

Grundsätzlich gibt es gegenüber unserer ausführlichen Darstellung, welcher Weg zur guten Zuchthündin führt, keine wesentlichen Unterschiede. Erstklassige Elterntiere, sehr gute Abstammung, nach Möglichkeit bereits erprobte Verbindung, guter Züchter, optimale Aufzuchtverhältnisse, – und – das einfach notwendige kleine Quentchen Glück!

Aber versteifen Sie sich bitte nicht auf die Idee, ausgerechnet Ihr Rüde müsse zum großen Zuchtrüden werden. Es gibt so viele Beziehungen Hund/Mensch, so viel wechselseitiges Geben und Nehmen, – da darf einfach die Frage, ob der Lebensgefährte Hund auch zum Spitzendeckrüden wird, nicht an erster Stelle stehen. Haben Sie aber das Glück, einen erstklassigen Rüden gefunden zu haben, dann erwächst hieraus auch eine Verantwortlichkeit der Rasse gegenüber. Geben Sie ihm alle Chancen der Entfaltung, sorgsame Aufzucht, richtige Ernährung, täglich viel Bewegung, freies Spiel ohne Leine. Entwickeln Sie nicht nur seine Ausstellungsqualitäten, fördern Sie insbesondere seine Intelligenz, geben Sie ihm die Chance, sein Leistungsvermögen zu entfalten. Schön, aber dumm, das ist etwas wenig, nicht nur bei Frauen. Übrigens ist es ein Aberglaube, – besser gesagt eine faule Ausrede, wenn immer wieder behauptet wird, daß Spitzenanatomie und Leistungsvermögen sich gegenseitig ausschließen. Das beste Gegenbeispiel ist die Vollblutzucht in aller Welt! Es gibt auch viele sehr schöne Hunde, die gleichzeitig durch Gesundheit, Intelligenz und Leistung bestechen. Es wäre völlig falsche Bescheidenheit – oder züchterisches Unvermögen – sich in seiner eigenen Hundezucht nur mit einem Ziel zu begnügen.

Sind Sie bereits ein erfolgreicher Züchter, haben Sie einen sorgfältig aufgebauten Hündinnenstamm? Kaufen Sie sich – keinen Zuchtrüden! Immer wieder habe ich es erlebt, Züchter können der Versuchung nicht widerstehen, den eigenen Rüden immer und immer wieder für die eigenen Hündinnen einzusetzen. Oft steht damit der eigene Zuchtrüde dem Erfolg des Züchters im Wege, er sollte nämlich seine Hündin dem Rüden zuführen, der in allen Teilen optimal zu ihr paßt. Natürlich weiß ich, es ist nur zu verführerisch, sich lange Wege zu ersparen, das Risiko, am falschen Tage zu fahren; es ist wirklich bequemer, den eigenen Rüden einzusetzen. Dazu kommt noch, daß bei gemeinsamer Haltung von Rüden und Hündinnen oft sogar eine ausgeprägte Symphatie – Liebe – zwischen den Tieren besteht. Darf man – soll man – aus züchterischen Gründen der Selbstbestimmung seiner Hunde widerstehen?

Über 20 Jahre haben wir stets unsere Zuchthündinnen gemeinsam mit einem guten Deckrüden gehalten. Unseren Rüden wurde mangelnde Deckfähigkeit angedichtet, nur weil wir aus züchterischen Erwägungen unsere Hündinnen anderen Rüden zuführten!

Da gab es einen Züchter, der hatte eine drittklassige Hündin und einen sehr guten Rüden. Meinen Rat, diese Hündin nicht zur Zucht zu verwenden, lehnte er

entrüstet ab. »Da setz' ich meinen Rüden drauf, mal sehen, was da raus kommt!«
So lautete seine Entscheidung! Ich konnte ihm sagen, was da heraus kam,
mittelmäßige bis schlechte Welpen! Er überschätzte ganz einfach die Qualität seines
Rüden, die Zuneigung zu beiden Tieren hatte ihn auf beiden Augen geblendet.

Und hier liegt eine ganz große Gefahr für gute Rüden. Aus Unwissen – zuweilen
durchaus auch aus Erwerbssinn – wird der Rüde für schlechte Hündinnen zur
Zucht freigegeben. Wie beweist man aber später, daß die miesen Welpen, die von
dem Rüden herumlaufen, nicht das Ergebnis schlechter Vererbung gerade des
Zuchtrüden sind? Wir wissen eindeutig, daß der Genotyp eines Zuchttieres nur aus
der Qualität oder Fehlerhaftigkeit seiner Nachzuchten ersichtlich ist. Fahrlässigkeit bei der Freigabe eines guten Deckrüden für schlechte Hündinnen hat schon
manchen guten Ruf zerstört!

Da gibt es noch etwas besonders Mieses! Die Ausrede, die schlechte Hündin
wäre so oder so gedeckt worden, wenn nicht vom eigenen Rüden, dann von dem
des Konkurrenten. Und wenn diese Hündin doch nicht aus der Zucht herausgehal-
ten werden könne, dann sei es doch allemal besser, wenn der eigene Rüde sie
decke. – Besser für wen? Für den Geldbeutel des Rüdenbesitzers? Das muß ich
zugeben. Für den eigenen Rüden? Da muß man wohl unterscheiden zwischen
dessen Lustgewinn, den kann ich nicht bestreiten, – und dem Ruf des Rüden, – der
wird durch schlechte Nachkommen leicht ruiniert. Eine schlechte Hündin mit ihren
schlechten Nachkommen kann es mit sich bringen, daß dem Rüden fünf andere
Hündinnen gar nicht erst zugeführt werden. Am Ende stimmt es dann nicht einmal
mehr mit den Einnahmen. – Und für die Zucht? In der Zucht haben schlechte
Hündinnen ebenso wenig zu suchen wie schlechte Rüden. Es muß einfach allen
Rüdenbesitzern diese faule Ausrede genommen werden, das Konkurrenzalibi.
Jedem sollte sein Rüde für eine mittelmäßige Hündin – trotz der »Zuchtzulassung«
– zu schade sein, damit würde dann der Zucht wirklich geholfen. Wenn Ihnen das
große Glück beschieden ist, einen guten Zuchtrüden zu haben, genießen Sie es. Es
macht sehr viel Freude, wenn man auf Ausstellungen, auf Leistungsprüfungen gute
Nachzuchten des eigenen Rüden bewundern kann. Unsere Hundezucht braucht
Zuchtrüden, wenige, aber ganz besonders gute. Jeder Rüdenbesitzer trägt die
Verantwortung, daß sein Rüde sinnvoll eingesetzt wird. Fundiertes Wissen um das
natürliche Paarungsverhalten ist die zweite Voraussetzung, wenn Sie Ihren Rüden
in der Zucht einsetzen. Das nächste Kapitel um die Paarung unserer Haushunde
sollte Ihnen viele wertvolle Informationen vermitteln.

7. Die Paarung

Nur zu leicht neigen wir Menschen dazu, Vorgänge in unserer Umwelt nach uns selbst, unserem Handeln, unseren Gefühlen, unseren antomischen und psychischen Gegebenheiten zu beurteilen. Der Mensch sieht sich nur zu leicht als »Maß aller Dinge«. Die »Vermenschlichung« unserer Hunde ist die häufigste Wurzel des Mißverstehens. Dabei befähigt sein Intellekt den Menschen durchaus, klare Unterschiede herauszuarbeiten, um das »Anderssein« zu verstehen. Er ist viel besser dran als das Tier, dem nun einmal der Intelligenzgrad abgeht, sich etwa in die Vorstellungs- und Gemütswelt des Menschen zu versetzen.

In vielen Bereichen weicht die Paarung unserer Hunde wesentlich vom menschlichen Paarungsverhalten ab. Ohne genaue Kenntnisse von Anatomie, körperlichen Reifungsvorgängen und psychischem Verhalten unserer Hunde werden Züchter und Rüdenbesitzer immer wieder bei der Paarung ihrer Hunde schwerwiegende Fehler machen, die letztendlich zum Mißerfolg von Paarung und Zucht führen. Die sogenannte »Zwangspaarung« wird dann als natürliche Gegebenheit angesehen, dabei ist sie nichts als krasse Tierquälerei, bleibt häufig deshalb erfolglos, weil wichtige, den Zuchterfolg bestimmende Faktoren übersehen werden.

So kann ich nur jedem Hundeliebhaber empfehlen, dieses ganze Kapitel über das Paarungsverhalten unserer Haushunde intensiv zu studieren, auch wenn naturgemäß der Stoff etwas schwieriger zu erfassen ist. Das Wissen um die Anatomie der Hunde, natürliches Paarungsverhalten und auftretende Paarungsschwierigkeiten ist ein großer Schritt auf dem Weg zu einer erfolgreichen, gesunden Hundezucht.

a) Anatomie der Hündin und ihr Sexualzyklus

In unserem Kapitel über die Zuchthündin haben wir schon gehört, daß man im Altertum die Funktion des weiblichen Wesens nur als Nährboden oder Milchquelle des Nachwuchses sah. Man leugnete, daß Vater und Mutter zu gleichen Teilen über ihre Gene den gemeinsamen Nachwuchs bestimmen. Nach der Überwindung dieser Irrlehre nähert man sich heute dem anderen Extrem, vor lauter Genplanung und Studium der Vererbungsgesetze vergißt man den »Nährboden« für die Welpen, den Körper der Hündin, insbesondere aber auch ihre Psyche. Das Wissen um das Zusammenwirken von Körper und Seele beim Paarungsverhalten unserer Hunde muß sich der Hundeliebhaber erarbeiten. Hier beginnen wir mit der Beschreibung der Anatomie der Hündin und stellen ihren Sexualrhythmus vor.

Unsere Zeichnung »Hündin-Genitale« (Abb. 30) ist uns mit vielen anderen auf unsere Bitte von Herrn Eberhard Trumler eigens für dieses Buch zur Verfügung gestellt worden, herzlichen Dank! Alle diese Zeichnungen und grafischen Darstellungen dienen nicht der Dekoration des Buches, jeder Züchter sollte sie vielmehr genau studieren. Sie zeigen anatomische Einzelheiten und dokumentie-

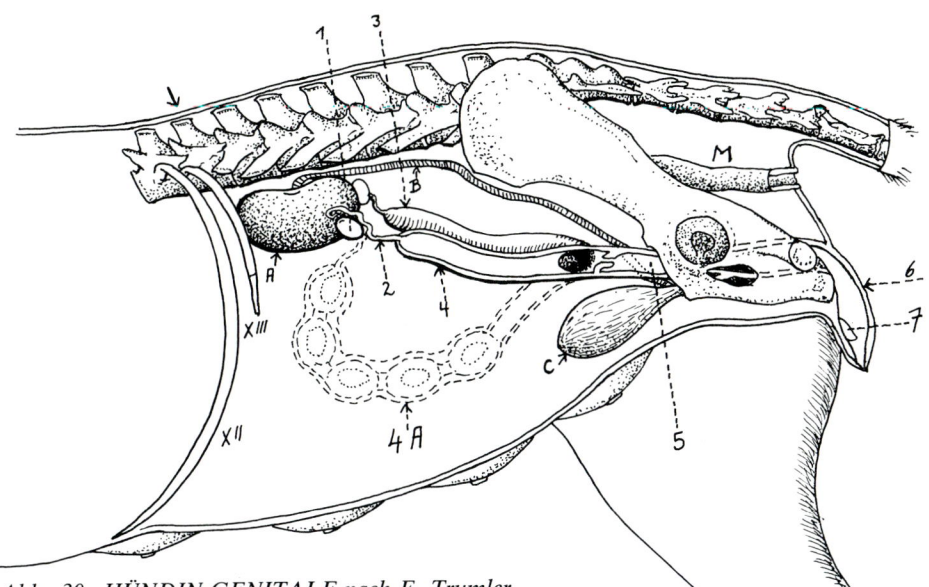

Abb. 30: HÜNDIN-GENITALE nach E. Trumler
Der Hinterleib von der linken Seite mit den beiden letzten Brustwirbeln (Pfeil = 13. Brustwirbel),
den sechs Lendenwirbeln, dem Kreuzbein und den ersten fünf Schwanzwirbeln, den Rippen XII
und XIII, sowie der Seitenansicht des Beckens. – A = linke Niere, B = Harnleiter, C= Harnblase
(deren Mündung in die Scheide ist durch die ovale Öffnung des Beckenknochens zu sehen), M =
Mastdarm mit After; 1 = Eierstock, 2 = Eileiter, 3 = rechter Uterus mit Eierstock und Eileiter, 4 =
Schnitt durch den linken Uterus mit der Einmündung des rechten Horns, danach der Muttermund;
5 = Scheide; 6 = rechte Schamlippe mit 7 = dem äußeren Endteil des Kitzlers. 4 A = Die
veränderte Lage des linken Gebärmutterhorns (Uterus) in der vierten Woche der Trächtigkeit mit 5
Keimlingen.

ren hormonelle Prozesse, die für das Verständnis des Paarungsverhaltens unserer Hunde unerläßlich sind.

Zurück zu unserer Abbildung »Hündin-Genitale«. Es wäre gar nicht verkehrt, wenn man einmal in Gedanken die Genitalien der Frau mit denen der Hündin vergleicht. Bei allen Gemeinsamkeiten der »Säugetiere« untereinander fallen uns sicher wesentliche Unterschiede auf. So besteht die Gebärmutter der Hündin nicht aus einem Körper, sondern aus zwei paarweise gelagerten Gebärmutterhörnern, in denen die Föten heranwachsen. Auffallend ist der weite Weg zwischen Vagina und Eileiter. Diese Distanz müssen die Spermien überwinden, um ihren Weg zu den befruchtungsfähigen Eiern zu finden. Die Kopulationstechnik der Hunde ist darauf eingerichtet. Beim Paarungsvorgang wird darüber näher zu sprechen sein.

Die medizinische Fachsprache ist weitgehend vom Lateinischen geprägt. Um keine Mißverständnisse aufkommen zu lassen, nachstehend die latein-deutsche Namenserklärung der Genitalien unserer Hündin:

Nomenklatur – Geschlechtsorgane der Hündin

Labien:	Schamlippen, Nuß, Wurf;
Introitus vaginae:	Schamspalte;

Vestibulum:	Vorhof;
Hymen:	ringförmige Einengung am Übergang vom Vorhof in die Scheide;
Vagina:	Scheide;
Cervix uteri:	Gebärmutterhals;
Uterus:	Gebärmutter;
Salpinx:	Eileiter;
Ovarium:	Eierstock;
Mamma:	Brustdrüse.

Der Geschlechtszyklus unserer Haushunde weicht von dem der Wildhunde ab. Wolf und Schakal haben im Jahr nur eine Brunstzeit, in den ersten Monaten des Jahres, so daß ihre Welpen im zeitigen Frühjahr geboren werden. Unter den Wissenschaftlern besteht Übereinstimmung, daß die zweimalige Brunst des Hundes eine Domestikationsfolge ist. Sicherlich wissen viele nicht, daß bei Wölfen und Schakalen auch die Rüden in ihrem Sexualverhalten an die Brunstzeit gebunden, außerhalb dieser Zeit nicht deckfähig sind. Demgegenüber wandert unser Haushund ganzjährig »auf Freiers Füßen« und dokumentiert dies durch stetes Markieren.

Zurück zu unserer Hündin. Die in der Regel alle sechs Monate auftretende Brunst ist in folgende vier Phasen eines Sexualzyklus eingebunden:

I   Ruhepause (Anöstrus) – etwa 90 Tage
II Vorbrunst (Proöstrus) – etwa 10 Tage
III Brunst (Östrus) – etwa 12 Tage
IV Rückbildung (Metöstrus) – etwa 60 Tage.

Hier eine ganz wichtige Anmerkung! Ich zögere immer, Zahlen über die zeitliche Dauer der einzelnen Phasen niederzuschreiben, sie werden nur zu leicht mißverstanden, führen zu falschen Annahmen. Obige Zahlen bedeuten grobe Durchschnittsangaben, die Streuung von Rasse zu Rasse, aber auch innerhalb derselben Rasse von Tier zu Tier ist beträchtlich! Unsere die Technik beherrschende Mathematik ist bei Lebewesen in vieler Hinsicht ausgeschaltet. Dies gilt ganz besonders für das Sexualverhalten unserer Hunde. Ich warne ausdrücklich vor einem Zahlendenken; an seine Stelle tritt die exakte Beobachtung des Verhaltens unserer Hunde, nur diese ermöglicht die notwendigen Rückschlüsse.

Zugegeben, das ist sehr lästig, plant man doch zu gerne »Hochzeitsreisen« im voraus, stimmt sich mit dem Rüdenbesitzer terminlich ab, nimmt Urlaub und vieles andere mehr. Wir haben es aber in der Hundezucht mit Lebewesen zu tun, die mannigfaltigen äußeren und inneren Einflüssen ausgesetzt sind. Weibliche Wesen sind keine funktionierende Maschinen, – auch nicht bei unseren Haushunden! Trotzdem haben wir in unserer Abb. 31 den Zyklus der Hündin schematisch nach Naaktgeboren dargestellt.

Der Sexualzyklus der Hündin wird innerlich über Hypophysenhormone (Hirnanhangdrüse) gesteuert. Naaktgeboren vermutet sicherlich zu Recht eine enge

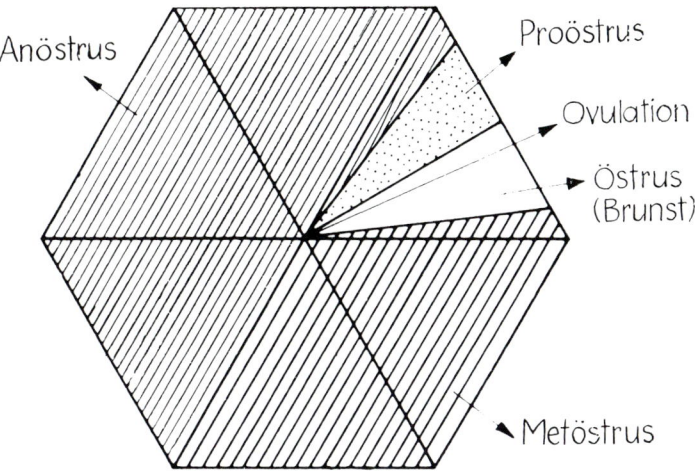

Anöstrus

Proöstrus

Ovulation

Östrus
(Brunst)

Metöstrus

*Abb. 31: Schematische Darstellung des Zyklus der Hündin nach NAAKTGEBOREN.
Das Sechseck stellt einen Zeitablauf von etwa sechs Monaten, die verschieden schraffierten Sektoren
die einzelnen Phasen dar.*

Wechselwirkung zwischen Umwelteinflüssen und der Freigabe der Hypophysen-hormone. Dies gilt für Temperatur, Länge des einzelnen Tages, Feuchtigkeit und viele andere noch nicht klar analysierte Fakten und bewirkt zeitliche Schwankun-gen, – Verzögerungen wie Beschleunigung der einzelnen Phasen. Viele Hundehal-ter haben schon festgestellt, daß bei langen, kalten Wintern ihre Hündin erst mit Verspätung heiß wird, andere beobachten, daß bei gemeinsam gehaltenen Hündin-nen oft die Hitzen gleichzeitig oder zeitlich nur wenig verschoben auftreten. Das zweite Beispiel beweist den Einfluß haltungsbedingter Umweltfaktoren.

Der Eintritt der Vorbrunst kündigt sich schon einige Tage vor dem ersten Blutstropfen durch ein Anschwellen der Labien an. Als Beginn der Hitze rechnet man den ersten Tage der Blutung. Viel zu viele Hundebesitzer übersehen diesen Tag, weil die Hündin sich ja in der Regel durch Lecken säubert. Da aber für jede Planung des voraussichtlichen Decktages das Festhalten des ersten Hitzetages von Bedeutung ist, empfiehlt es sich, bei Erwarten der Läufigkeit vorsorglich einige weiße Tücher im Lager der Hündin auszubreiten, dadurch gewinnt man meist ein klares Bild. Weitere Anzeichen für die bevorstehende oder bereits eingetretene Hitze ist das häufige Markieren der Hündin. Sie uriniert nicht wie zuvor in einem großen Bach, sondern verteilt sorgsam kleine Spritzer, manchmal sogar mit erhobenem Hinterlauf, setzt damit erste Duftmarken für die Rüden. Dadurch zieht die Hündin die Aufmerksamkeit vieler Rüden auf sich, die auch erste Paarungsver-suche unternehmen. In der Vorbrunst ist die Hündin jedoch nicht paarungsbereit, beißt ihre Liebhaber ab, setzt sich oder wirft sich auf den Rücken. Erfahrene Rüden wissen dies, negieren die Hündin bis zur Hochbrunst (Östrus).

Die Vorbrunst ist auch dadurch zu erkennen, daß die Blutung zunächst dunkel-rot einsetzt, langsam erst verblaßt, die Labien und die Vagina sind stark ange-schwollen, wesentlich vergrößert und prall. Eine Foto zweier nebeneinanderste-

Abb. 32: Zwei Hündinnen, links Normalzustand, rechts läufige Hündin.   *Foto: Hendriksen*

hender Hündinnen der gleichen Rasse zeigt deutlich die äußere Veränderung bei der heißen Hündin (Abb. 32).

Für den Züchter ist die genaue Bestimmung der Hochbrunst, des richtigen Decktages der Hündin, von entscheidender Bedeutung. Die Hochbrunst fällt stets mit der Ovulation, – der Abgabe befruchtungsfähiger Eier aus dem Eierstock (Ovarium) der Hündin in die Eileiter (Salpinx) zeitlich zusammen. Eine Paarung zu diesem Zeitpunkt ist für die Befruchtung optimal, treffen doch dabei die Spermien des Rüden auf die befruchtungsfähigen Eier, die sich zu diesem Zeitpunkt noch im Eileiter befinden. Haben wir die Möglichkeit, ein Hundepaar über die gesamte Periode zusammenzuhalten, dann bedeutet dies eine Wahrscheinlichkeit von nahezu 100 %, daß sich die beiden durch die inneren Vorgänge in der Hündin und das dadurch im Rüden wie in der Hündin ausgelöste natürliche Verhalten zum richtigen Zeitpunkt paaren, meist nicht nur einmal, sondern mehrfach. Der Tag, die Stunde, zu der das klappt, das ist der richtige Zeitpunkt. Wir treffen häufig auf die Vermutung, die Straßenhunde seien viel vitaler als Rassehunde, sie bedürften keinerlei menschlicher Hilfe und seien eben nicht degeneriert. Dem ist entgegenzuhalten, daß auch die überwältigende Mehrheit unserer Rassehunde über Vitalität und richtige Instinkte verfügt, nur versucht zumeist der Mensch vorzuschreiben, wann der Zeitpunkt der Paarung sein soll. Wir Menschen wiederum besitzen aber nicht die Sinnesorgane, die unseren Hunden zum richtigen Zeitpunkt die natürlichen Signale vermitteln.

So will ich nun zunächst wiedergeben, was Sie wohl in nahezu allen Fachbüchern lesen werden, nämlich daß der »richtige Decktag« so zwischen dem 10. und 13. Tag nach Einsetzen der Blutung liege. Dies ist wohl auch für die Mehrheit der Hunde richtig, Mehrheit im Sinne von über 50 %. Hätten Sie nun aber zufällig einen Bull Terrier, so müßte ich gleich korrigieren, Ihnen raten, so etwa am 15. Tage zum Rüden zu fahren, und dieser Rat basiert auf mehr als 25jähriger Erfahrung mit der Zucht speziell dieser Rasse, als Halter sehr erfolgreicher Deckrüden, die eine Erfolgsquote von über 80 % aller Deckakte im selben Zeitraum aufweisen.

Hier liegt eine Verschiebung gegenüber den Normalwerten für eine gesamte Hunderasse vor, Einzelwerte streuen noch viel weiter. Unsere Rüden haben Hündinnen erfolgreich am 8. Tag und am 23. Tage nach dem Beginn der Blutung gedeckt, es gibt Berichte, die so etwa zwischen dem 5. und dem 27. Tage variieren, wo Paarungen zu diesem Zeitpunkt Würfe hervorbrachten.

Äußeres Anzeichen für eine Annäherung an den richtigen Tag ist, daß die Blutung nahezu stoppt, der Ausfluß hellrosa bis nahezu farblos geworden ist, insbesondere aber, daß die zuvor prallen Labien und die Vagina etwas weicher und kleiner geworden sind. Da gibt es dann die alte Züchterregel, – Kraulen der Hündin etwa in Höhe der Schwanzwurzel oder leichtes Streicheln im Bereich der Labien. Steht die Hündin nahe dem Höhepunkt der Brunst, dreht sie deutlich die Rute weg, diese ist recht charakteristisch seitlich gebogen, bestimmt ein gutes Zeichen. Nur Vorsicht, das reicht nicht ganz! Diese Reaktion zeigen nämlich viele Hündinnen auch schon nach 7 oder 8 Tagen der Läufigkeit, häufig auch noch nach dem 18. Tag. Von entscheidender Bedeutung ist, daß bei diesen äußeren Berührungsreizen die Scheide aktiv deutlich von unten nach oben angehoben wird, als wenn die Hündin mit der Scheidenöffnung der Bewegung des Gliedes des Rüden entgegenkomme. Ein solches Spiel der Scheide der Hündin ist nur bei Hochbrunst zu beobachten.

Vielfach wird empfohlen, die Hündin ganz einfach durch einen »Testrüden« zu prüfen, dabei darauf zu achten, daß eben nichts passiert. Hier rate ich sehr zur Vorsicht, denn bei einem geübten Rüden könnte dabei wirklich etwas passieren! Grundsätzlich ist aber darauf hinzuweisen, daß ein solcher Test am Rüden einen hohen Aussagewert hat.

Dabei ist noch etwas zu bedenken. Immer wieder reizt eine Hündin aus sicherem Abstand, etwa hinter dem Gartenzaun, man hat dabei den Eindruck, sie wäre unmittelbar zur Paarung bereit. Wir hatten Hündinnen, die buchstäblich ihr Hinterteil den Nachbarrüden hinter dem Zaun präsentierten. – Kommt der Rüde dann aber wirklich in Körperkontakt, versucht er aufzureiten, zu klammern, ist aber die Hochbrunst noch nicht eingetreten, wird er abgebissen, oder die Hündin setzt sich auf ihren Allerwertesten. Da gibt es ja den bekannten Unterschied zwischen Locken und tatsächlich Gewährenlassen, das soll bei weiblichen Wesen sogar recht verbreitet sein.

Und noch etwas Wichtiges! Wir haben schon viele Hündinnen erlebt, ich würde den Anteil derartiger Hündinnen sogar auf etwa 10 % schätzen, die über volle 8 – 12 Tage stets paarungsbereit sind. Bei solchen Hündinnen sind natürlich nicht über den gesamten Zeitraum der Paarungsbereitschaft auch gleichzeitig befruchtungsfähige Eier vorhanden.

Wir haben schon erwähnt, daß der Sexualzyklus einer Hündin hormonell gesteuert wird, hier wirken sich verschiedene Mengen östrogener Hormone und des Hormons Progesteron aus. Hierzu vielleicht noch eine wichtige Klarstellung. Die Menstruation beim Menschen hat eine völlig verschiedenartige Funktion gegenüber der Blutung unserer Hündin. Die Menstruation erfolgt beim Menschen 14 Tage nach dem Follikelsprung (Eisprung), während die Blutung der Hündin etwa 10–12 Tage vor dem Follikelsprung einsetzt. Die Blutung bei Menschen und die Blutung der Hündin haben also völlig verschiedenartige Funktionen, das muß man auseinanderhalten.

Gesucht wird der richtige Decktag! Was liegt näher, als daß der Hündinnenbesitzer seinen Tierarzt um Rat fragt, insbesondere, wenn er keinen »Testrüden« weiß. Das haben wir gleich, – der Tierarzt macht einen Scheidenabstrich bei der heißen Hündin und schickt dann den Hündinnenbesitzer nach der Auswertung auf die weite Reise. Offen gesagt, als Rüdenbesitzer kann ich ein Lied über diese Methoden singen! Dutzende von Hündinnen kamen nachweislich deshalb bei uns am falschen Tag an, weil der Tierarzt sein Handwerk nicht beherrschte, falsche Schlüsse aus einem Einzelabstrich zog.

Hier einiges an Grundwissen, das solche Abstriche erst lesbar macht. Ein langes Wattestäbchen wird durch die Labien so tief wie möglich in die Vulva eingeführt, wobei der Tierarzt darauf achten muß, die Hündin keinesfalls zu verletzen. Die gewonnene Flüssigkeit wird auf einer Glasplatte ausgestrichen, nach dem Antrocknen stabilisiert und zur Auswertung unter das Mikroskop gelegt. Das Mikroskop vergrößert etwa 250-fach, unsere Abbildung 33 zeigt den Abstrich einer Hündin nach dem Höhepunkt der Hitze, der Ovulation.

Wir sprachen davon, daß das zyklische Geschehen hormonell gesteuert wird. Die Veränderungen in der Zusammensetzung des Scheidenabstriches spiegeln, wie weit die Hündin im Zyklus bereits gekommen ist, dadurch läßt sich der Decktag bestimmen. Unsere nachfolgende Darstellung folgt weitgehend einem Aufsatz von Eugene Witiak.

Zu Beginn der Blutung (Proöstrus) dominieren rote Blutkörperchen und kernlose Oberflächenzellen. Nur wenige weiße Blutkörperchen sind vorhanden. Die für diese Zeit charakteristischen, kernlosen Zellen sind von runder Gestalt und dunkelroter Farbe. Im weiteren Verlauf des Proöstrus wandeln sich die Zellen, sie vergrößern sich beträchtlich, werden flach und vieleckig, der Zellkern wird sichtbar. Zur Halbzeit des Proöstrus zeigen viele Zellen den Zellkern oder stehen in der Umwandlung. Die roten Blutkörperchen sind wesentlich weniger geworden.

Eingehende Untersuchungen sehen den Beginn des Östrus mit dem nahezu völligen Verschwinden der kernlosen Zellen und der roten Blutkörperchen. Als Faustregel für den frühesten Zeitpunkt einer Paarung gilt:
1. Der Anteil von Zellen mit Zellkern muß mindestens 75 % betragen.
2. Keine weißen Blutkörperchen.
3. Geringe Anzahl von roten Blutkörperchen.

Das Wiederauftreten weißer Blutkörperchen zeigt an, daß die Ovulation etwa 24 – 36 Stunden zurückliegt. Der Östrus, also der Höhepunkt der Hitze, endet meist 36 – 48 Stunden nach dem ersten Auftreten weißer Blutkörperchen im Scheidenabstrich.

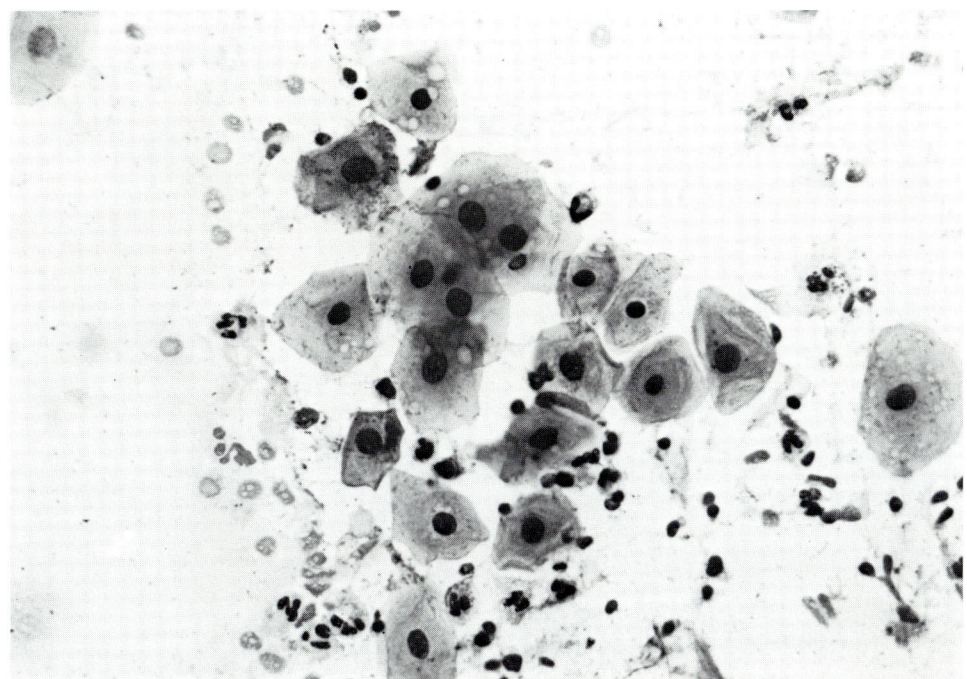

Abb. 33: Scheidenabstrich einer Hündin nach der Ovulation; weiße Blutkörperchen, Kerne teilweise wieder in den Zellen. *Foto: Hendrikse.*

Die Metöstrus-Periode ist durch ein schnelles Anwachsen der Anzahl weißer Blutkörperchen, Verschwinden der sichtbaren Zellkerne, die Rückkehr kernloser Zellen charakterisiert.

Unsere Abb. 34 »Schematische Darstellung der Scheidenabstriche über einen Östrus-Zyklus« ist recht übersichtlich und aussagekräftig. Der dargestellte Index zur Bestimmung des Eisprungs errechnet sich aus dem Anteil der Zellen mit Zellkern im Verhältnis zu den kernlosen Zellen. Die eingezeichnete untere Linie dokumentiert grafisch in ihrem Höhepunkt den Eisprung, das ist der Zeitpunkt, auf den die Paarung abgestimmt sein muß.

Die Wissenschaft geht davon aus, daß eine Empfängnis der Hündin möglich ist, wenn der Decktag höchstens drei Tage vor, spätestens 2,5 Tage nach der Ovulation erfolgt. Ich selbst rate hier zur Vorsicht, denn der Zeitraum, in dem der männliche Samen befruchtungsfähig bleibt, ist nicht unumstritten! Fest steht, je näher wir mit dem Decktermin an den genauen Zeitpunkt der Ovulation herankommen, desto wahrscheinlicher ist ein großer Wurf, desto besser auch – und das halte ich für ganz wichtig – das Paarungsverhalten der Hunde.

Wenn man sich den raschen Wandel der Abstrichergebnisse vor Augen hält, dann wird klar, daß der Decktermin sich umso besser einplanen läßt, je exakter man über mehrere Abstriche die Vorgänge innerhalb der Hündin erkennt. Hier wiederhole ich meine Warnung vor einem Rechnen mit Tagen! Professor Dr. Hendrikse, jahrzehntelang an dem Institut für künstliche Besamung der Universi-

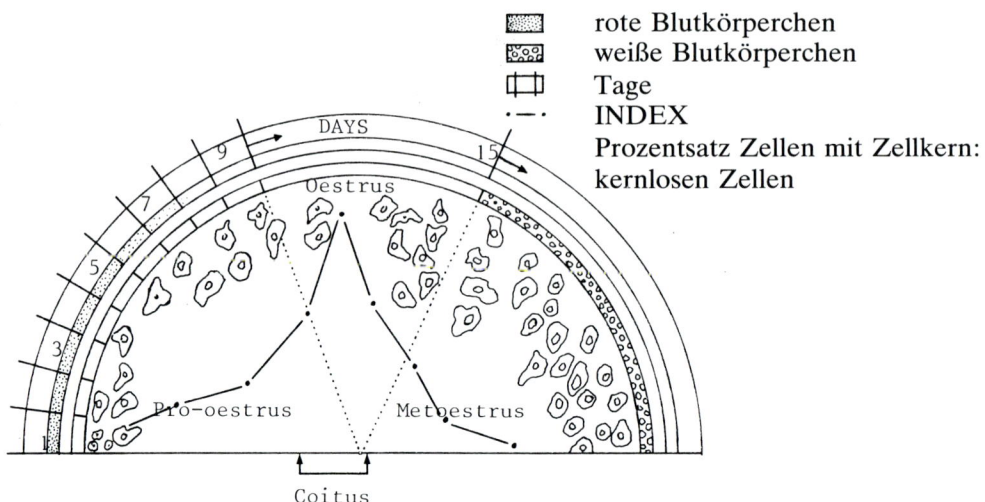

rote Blutkörperchen
weiße Blutkörperchen
Tage
INDEX
Prozentsatz Zellen mit Zellkern:
kernlosen Zellen

Abb. 34: Schematische Darstellung der Scheidenabstriche über einen Oestrus-Zyklus nach A. P. Schutte.
Hier werden die bei Scheidenabstrichen festgestellten Zellarten in den verschiedenen Stadien der Läufigkeit aufgezeigt.

tät Utrecht tätig, schreibt, daß die Pro-Östrus-Periode zwischen 5 und 15 Tagen variieren, in einzelnen Fällen auch noch länger dauern kann! Schon das dokumentiert, daß die Abstrichmethode eigentlich nur dann erfolgreich angewandt werden kann, wenn man so etwa ab dem 6. Tag der Blutung in regelmäßigen Abständen von maximal 48 Stunden solche Abstriche auswertet. Für die Periode des Östrus wird eine tägliche Auswertung dringend empfohlen.

Hier haben wir jetzt die Ursache der Frustration vieler Rüdenbesitzer gefunden. Ein einmaliger Abstrich ist eine Momentaufnahme, sagt über den zurückliegenden und kommenden Verlauf des Zyklus nur wenig aus. Nur das Ende, die Zeit, da nichts mehr geht, das verrät das massive Auftreten der weißen Blutkörperchen dann eindeutig. Aber uns interessiert ja weniger das Ende, sondern der Höhepunkt!

Eine Ergänzung scheint angezeigt. Moderne Kliniken haben durch Tests des Progesterons im Blutbild bedeutende Fortschritte bei der richtigen Bestimmung der Ovulation erreicht. Progesteron ist das Gelbkörperhormon im Eierstock. Die Kontrolle erfolgt dreimal wöchentlich. Steigt der Progesteronwert über eine bestimmte Höhe, muß die Paarung innerhalb von 24 – 48 Stunden erfolgen. Dieses System hat sich als wesentlich sicherer erwiesen als der Scheidenabstrich, es ist aber auch sehr viel aufwendiger und komplizierter. Zur Auswertung der Blutentnahme bedarf es eines Speziallabors mit sehr teuren Geräten, das Progesteronergebnis liegt bei der Auswertung durch die Geräte erst nach 6 Stunden vor. So ist dieses Verfahren zwar hochinteressant, für den Züchter aber in der Regel nicht anwendbar.

Ich hoffe, daß alle Leser nun erkannt haben, daß zur Bestimmung des richtigen Decktages einer Hündin einiges mehr gehört als das Zählen auf 10 oder 12. Lassen Sie mich wiederholen, besser als all die von Menschen erdachten Apparate arbeitet der Instinkt unserer Hunde. So rate ich sehr, die Methode des »Testrüden« gegenüber den Möglichkeiten der tierärztlichen Abstrichkontrolle nicht zu vergessen.

Das Allerwichtigste, was Sie jedoch allen diesen Darlegungen entnehmen können, ist die Tatsache, daß es in der Hundezucht biologische Vorgänge gibt, die außerhalb der Einflußnahme des Menschen ablaufen. Dem hat der erfolgreiche Züchter eigentlich nur eines entgegenzusetzen, – Geduld, Geduld und nochmals Geduld. Lebewesen sind keine Maschinen, – und das macht die Hundezucht auch wieder so reich an Überraschungen. Geduld, Wissen und Zeit, – das muß der Züchter schon mitbringen, wenn er erfolgreich züchten will.

b) Anatomie des Rüden – Spermienbeurteilung

Beginnen wir beim Rüden direkt mit der Beschreibung der Geschlechtsorgane. Unsere Abb. 35 »Rüde-Genitale« gibt einen Überblick über die anatomischen Gegebenheiten. Die Hoden des Rüden lagern im zwischen den Schenkeln liegenden Hodensack. Jedem der zwei Hoden liegt je ein Nebenhoden dicht an, in dem die männlichen Geschlechtszellen so lange gespeichert sind, bis sie im Hoden zur Entwicklung und Reife kommen. Die Spermien werden dann vom Hoden über den Samenleiter zur Vorsteherdrüse (Prostata) geleitet, bei der Ejaculation wird den Spermien Prostatasekret beigemischt. Von der Prostata an führt eine gemeinsame Leitung (Harn-Samen-Röhre) einmal Urin, das andere Mal Sperma durch den Penis zur Penisspitze. Im Penis befindet sich der Penisknochen (Os penis).

Dieser Penisknochen ist die erste gravierende Abweichung von den menschlichen männlichen Genitalien, die zweite sind die sogenannten Schwellkörper (Corpora cavernosa). Die Erektion des Penis entsteht durch Änderung des Blutdruckes in den Kavernen, eine Folge erhöhter Blutzufuhr. Dabei erweitern sich die Penisarterien, gleichzeitig wird der Blutrückfluß gedrosselt.

Das erektierte Glied wird in die Scheide der Hündin eingeführt. Nach der ersten Ejakulation treten die paarigen Schwellkörper in Aktion. David Cavill beschreibt diesen Vorgang anschaulich: »An der Wurzel des Penis des Rüden ist ein dicker Ring von verschlungenem Zellgewebe. Hat der Rüde seinen Penis erst in die Hündin hineingeschoben, schwillt dieser Ring direkt an der Innenseite des Scheidenmuskels der Hündin stark an. Das führt wiederum zu einer Kontraktion der Scheidenmuskulatur, welche die Wurzel des Penis umklammert, damit einen Rückfluß des Blutes aus dem Penis verhindert. Bis dieser Muskel der Hündin erschlafft, kann der Rüde von der Hündin nicht mehr loskommen, das ist der Zeitabschnitt, den man als ›Hängen‹ bezeichnet.« – Ich bin mir völlig klar, daß man die Funktion der Schwellkörper wesentlich fachgerechter beschreiben kann, meine aber, daß die Darstellung von David Cavill für den Hundebesitzer sehr anschaulich, leicht verständlich ist.

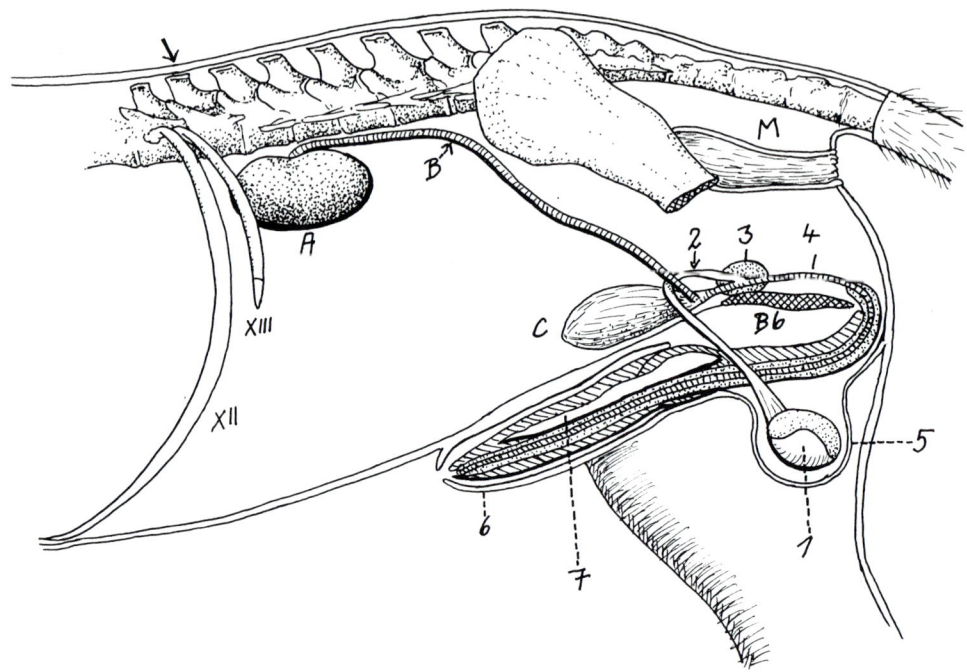

Abb. 35: RÜDEN-GENITALE nach E. Trumler
Der Hinterleib von der linken Seite mit den beiden letzten Brustwirbeln (Pfeil = 13. Brustwirbel),
den sechs Lendenwirbeln (Seitenfortsätze nicht eingezeichnet), dem Kreuzbein, den ersten
Schwanzwirbeln und den Rippen XII und XIII; das Becken ist teilweise entfernt, der Beckenboden
im Schnitt gezeigt (Bb). A = linke Niere, B = Harnleiter, C = Harnblase, M = Mastdarm (im
Längsschnitt); 1 = linker Hoden mit aufgelagertem Nebenhoden, 2 = Samenleiter, 3 = Vorsteher-
drüse (Prostata), aufgeschnitten, um die Einmündung des Samenleiters in die Harnröhre zu zeigen;
5 = Hodensack, 6 = Vorhaut, 7 = Penisknochen; die Harnröhre ist vom hinteren Rand des
Beckenbodens bis zur Mündung vom Inneren Schwellkörper umgeben (punktiert), darauf folgt im
Bereich des Penis der Äußere Schwellkörper; nach einer Auftreibung um den hinteren Teil des
Penis (Bulbus glandis) setzt sich ein Hinterer Schwellkörper bis zum Beckenboden fort.

Wir sprachen schon bei der Beschreibung der Hündin davon, daß deren anatomischer Aufbau weite Wege für die Spermien zur Folge hat. Das »Hängen« der
Hunde bei der Paarung ist sicherlich die Brücke, die sich die Natur selbst gebaut
hat. Denn die Koppelung der Hunde verhindert mit größter Zuverlässigkeit einen
Rückfluß der Ejakulate, frühen Verlust an Samenflüssigkeit. Wir werden auf die
weiteren Funktionen des »Hängens« noch bei dem Paarungsvorgang selbst zu
sprechen kommen. Hier nur noch so viel. Die Dauer bis zur Erschlaffung der
Scheidenmuskalatur liegt im allgemeinen irgendwo zwischen 5 und 40 Minuten.
Extreme liegen einerseits bei 2–3 Minuten, auf der anderen Seite bei 60 Minuten
und mehr.

Zum besseren Verständnis der Fachsprache nachstehend wiederum ein Namens-
verzeichnis latein-deutsch, auf die Geschlechtsorgane des Rüden bezogen.

Nomenklatur – Geschlechtsorgane des Rüden

Penis:	männliches Begattungsorgan, Rute, Glied;
Präputium:	Vorhaut, Vorhautschlauch;
Glans penis:	Eichel;
Bulbus glandis:	Eichelknollen;
Pars longa glandis:	vorderster Abschnitt der Eichel;
Os penis oder Os priapi:	Penisknochen;
Corpora cavernosa:	die Schwellkörper;
Scrotum:	Hodensack;
Testes:	die Hoden;
Epididymis:	Nebenhoden;
Prostata:	Vorsteherdrüse;
Ductus deferens:	Samenleiter;
Accessorische Geschlechtsdrüsen:	Geschlechtsanhangdrüsen, z. B. Prostata

Die Samenzellen und ihre Funktion wurden bereits im 17. Jahrhundert von A. Leeuwenhoeck entdeckt. Sie sind durch einen langen Schwanz und schlängelnde Bewegungen gekennzeichnet, ihr Entdecker nannte sie »Samentierchen« (Spermatoza), da er sie für Tierchen hielt. Durch die schlängelnden Bewegungen können sich die Spermien aktiv in Richtung der Eileiter der Hündin bewegen, wo sie dann – den richtigen Zeitpunkt vorausgesetzt – auf reife Eizellen treffen.

Gehen wir aber erst nochmals einen Schritt zurück und befassen uns mit der Frage, was vom Rüden zu welchem Zeitpunkt ejakuliert wird. Der auf der Hündin aufsitzende Rüde führt mit stoßenden Bewegungen seinen Penis in die Vagina ein. Bereits zu dieser Zeit ejakuliert er eine kleine Menge klarer Flüssigkeit. Diese bezeichnet man als erstes Ejakulat. Es ist von wasserheller Farbe, mengenmäßig variiert es zwischen einigen wenigen Tropfen bis zu einigen Millilitern. Diese Flüssigkeit ist ein Sekret, das von der Vorsteherdrüse stammt. Hat der Rüde den Penis voll eingeführt, hört er mit dem Stoßen auf, dann wird das zweite Ejakultat, reich an Spermien, ausgestoßen. Gleichzeitig vergrößern sich die Schwellkörper, das »Hängen« beginnt. Dieses zweite Ejakulat ist eine milchige Flüssigkeit von hoher Viskosität (Zähflüssigkeit). Je weißer und zähflüssiger, desto größer der Anteil an Spermien. Je nach Größe des Rüden variiert diese Ejakulatsmenge zwischen 0,5 und 2,5 Milliliter. Ist das zweite Ejakulat anstatt milchig glasig, so enthält es deutlich zu wenig Keimzellen.

Im weiteren Verlauf des »Hängens« kommt es zu einem dritten Ejakulat. Dieses ist eine klare Flüssigkeit, sie stammt aus der Prostata. Im Volumen kann die Menge bis zu 15 Milliliter betragen. Es ist die Aufgabe des dritten Ejakulats, die zweite Ausschüttung sozusagen in die Hündin hineinzuspülen. Das kleine Volumen des zweiten Ejakulats reicht nicht aus, um aus eigener Bewegung heraus an die entscheidenden Stellen der Hündin vorzudringen. Durch das volumenmäßig große dritte Ejakulat, das während des ganzen »Hängens« in die Hündin fließt, werden die Spermien aus der Vagina in die Gebärmutterhörner und bis zu den Eileitern weitergetragen, wo dann die Befruchtung stattfindet.

Ich schildere diese Einzelheiten ganz bewußt, da ich in Gesprächen mit vielen Züchtern feststellen mußte, daß sich kaum jeder zehnte über dieses Geschehen Gedanken gemacht hat, die Einzelheiten kennt. Hieraus resultieren dann so irrige Vorstellungen, daß ohne »Hängen« nichts passieren könne. Um es ganz klar zum Ausdruck zu bringen, die zweite Ejakulation erfolgt vor dem starken Anschwellen der Schwellkörper. Trennen sich also die Hunde vorher, obwohl der Rüde tief eingefahren war, mit dem Stoßen schon aufhörte, dann ist mit Sicherheit die entscheidende zweite Ejakulation erfolgt. Reißen sich die Hunde in diesem Stadium auseinander, dann fehlt das »Nachwemmen«, die Spermien sind aber in der Hündin, müssen dann aus eigener Kraft ihren weiteren Weg suchen.

Wir haben erfolgreiche Deckakte in unserem Zwinger gehabt, obwohl Rüde und Hündin sich bereits nach einer halben Minute voneinander lösten, aus einer solchen Paarung entstanden 10 gesunde Welpen. Ein anderer Hündinnenbesitzer fuhr nach einer solchen Paarung einige Stunden später zu einem zweiten Rüden, – er wollte »sichergehen« – und hatte dann Welpen von zwei verschiedenen Vätern im Wurf.

Es gibt interessante Untersuchungen der Rüden-Ejakulate, durchgeführt von den Herren J. Hendrikse und H. W. Antonisse von der Veterinärmedizinischen Universität in Utrecht.

In dem »Institut für künstliche Besamung« wurden insgesamt 2025 Rüden-Ejakulate untersucht, es lohnt sich, die Auswertung näher anzusehen. Unser Dank gilt Herrn Professor J. Hendrikse für die Genehmigung, sein Zahlenmaterial hier zu veröffentlichen.

Diese Untersuchungen befassen sich mit der Qualität des Samens, diese ist bestimmt durch individuelle Beweglichkeit, morphologische Abweichungen unter den Spermien des Ejakulats und die Anzahl der Samenzellen (in 100 Millionen).

Was versteht man unter Qualität des Spermas? Entscheidend sind gesunde Spermien von guter Beweglichkeit. In unseren Abb. 36–38 »Physiologisches Ejakulat« erkennt man solche gesunden Spermien. Deutlich ist die klare Form und der lange, bewegliche »Schwanz«. Die Größenunterschiede der Abbildungen sind durch unterschiedliche mikroskopische Vergrößerungen bedingt. Ganz anders sieht dies auf unseren Abb. 39–41 »Morphologische Abweichungen« aus. Bei einem solchen Ejakulat treten gehäuft Spermien mit eingerolltem »Schwanz« auf, verkümmerte Spermien. Wenn man sich vor Augen hält, daß die Beweglichkeit der Spermien primär gerade durch ihre langschwänzige Form bedingt ist, kann man sich unschwer vorstellen, daß Schwanzverkrümmungen oder auch andere Deformationen eine Befruchtungsfähigkeit weitgehend ausschließen. Bei den Utrechter Auswertungen wurden Ejakulate mit über 40% Anteil morphologischer Veränderungen aus der Beurteilung und Statistik ausgeschaltet.

Naturgemäß ist die Gesamtmenge an Spermien von großer Wichtigkeit. Aus den Utrechter Untersuchungen wurden wiederum alle Ejakulate mit zu kleiner Spermienzahl ausgeschaltet, dies waren Ejakulate mit weniger als 100 Millionen Spermien je ml. Diese Zahl vermittelt sicherlich eine gute Vorstellung, mit welchem Überfluß die Natur arbeitet. Man bedenke dabei, daß nur die 6–15 aktivsten Spermien je eine Eizelle erreichen! Zwischen der Größe eines Hundes

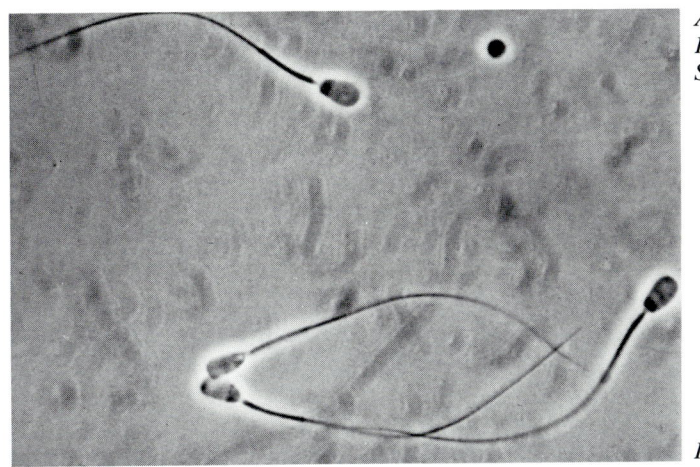

Abb. 36–38:
PHYSIOLOGISCH GE-
SUNDES EJAKULAT

I

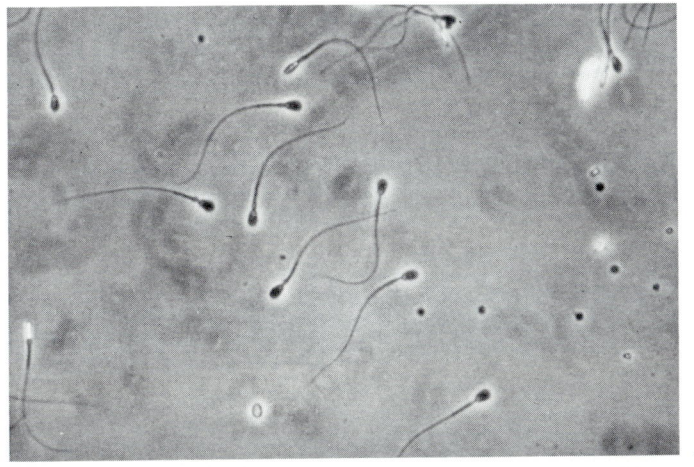

II

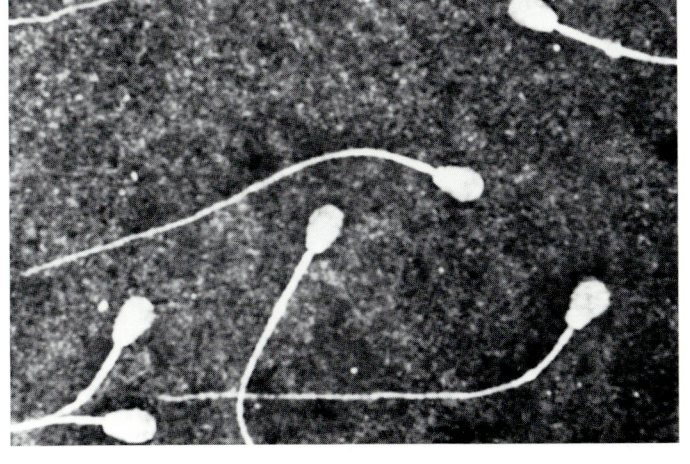

III

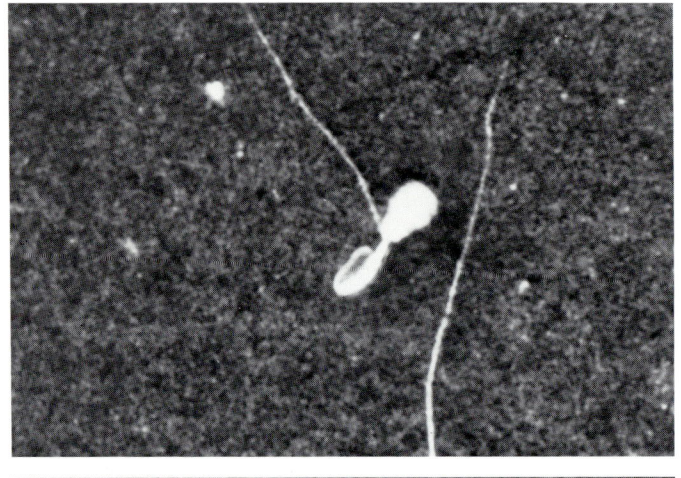

Abb. 39–41:
MORPHOLOGISCHE
ABWEICHUNGEN.

Abb. 39:
Eingerollter Schwanz

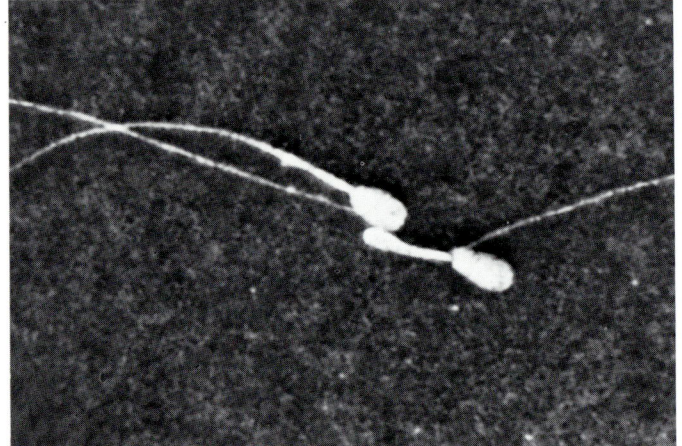

Abb. 40:
1 × gesund
1 ×eingerollter Schwanz.

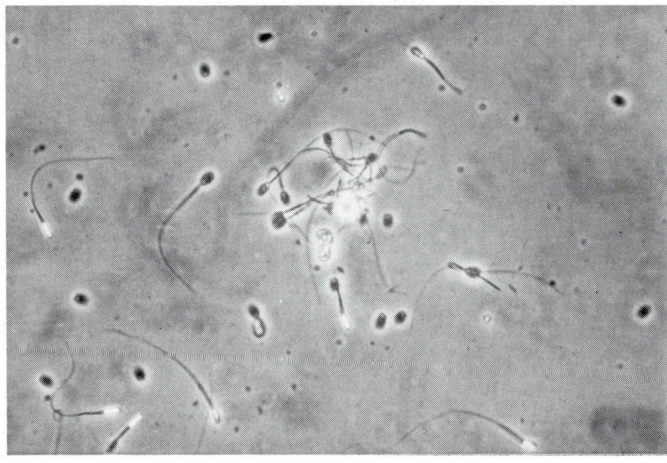

Abb. 41:
Präparat weniger vergrö-
ßert. Übersicht.

und der absoluten Spermienmenge besteht eine eindeutige Abhängigkeit, davon später mehr.

Neben der korrekten Form der einzelnen Spermie ist ihre Beweglichkeit von entscheidender Bedeutung. Auch dies wird mikroskopisch geprüft, bewertet und ausgezählt. Ejakulate, deren Beweglichkeit unter der Norm von ++ und unter einem Anteil solcher beweglichen Zellen von 50% lagen, wurden gleichfalls aus der Untersuchung ausgeschaltet. Je höher in den nachfolgenden Tabellen die Wertzahl der Beweglichkeit, je höher der Anteil der vollbeweglichen Spermien, desto besser der Wert.

Die Utrechter Untersuchung befaßt sich zunächst mit der Frage, wie die Qualität des Ejakulats vom Alter eines Rüden beeinflußt wird. Unsere Tabelle 1 »Einfluß des Lebensalters des Rüden« gibt eindeutige Antworten.

Tabelle 1: Einfluß des Lebensalters des Rüden.

Lebensalter Rüde	Anzahl untersuchter Ejakulate	Individuelle Beweglichkeit		Morphologische Abweichungen %	Anzahl der Spermien × 10⁶
		++ – ++++	%		
1–2	597	3,18	72,00	13,45	672,4
3–4	604	3,19	71,99	13,58	713,9
5–6	405	3,16	71,17	14,72	673,8
7–8	293	3,08	70,14	14,28	560,6
9–älter	125	3,09	69,12	16,85	423,2
Gesamt	2024	3,15	71,38	14,07	653,5

Bis zu einem Lebensalter von 6 Jahren sind eigentlich keine gewichtigen Veränderungen festzustellen. Vielleicht sollte man aber doch beachten, daß die Spermien der 5–6jährigen bereits stärkere morphologische Abweichungen zeigen. Bei den 7–8jährigen ist eine verminderte Spermienzahl deutlich zu erkennen, die Werte der 9jährigen und älteren fallen weiter ab. Dies besagt aber sicherlich nicht, daß von Rüden dieses Alters keine gesunden Welpen gezeugt werden könnten. Aber das Risiko in höherem Alter ist deutlich größer.

Interessant ist der Einfluß der Größe des Rüden auf das Ejakulat. Dies zeigt deutlich unsere Tabelle 2 »Einfluß der Größe des Rüden«.

Tabelle 2: Einfluß der Größe des Rüden.

Größe des Rüden	Anzahl untersuchter Ejakulate	Individuelle Beweglichkeit		Morphologische Abweichungen %	Anzahl der Spermien × 10⁶
		++ – ++++	%		
sehr groß	831	3,14	70,60	15,03	898,4
groß	409	3,14	71,42	14,12	645,9
mittel	381	3,19	72,20	13,47	464,7
klein	404	3,19	72,19	12,61	312,6
Gesamt	2025	3,15	71,38	14,07	592,8

Die Tabelle zeigt eine klare Abweichung der Anzahl der Spermien von der Größe des Rüden. Wohl schon volumenbedingt bringen große Rüden mehr Spermien. Hervorzuheben in diesem Zusammenhang ist, daß bei den Kleinen die Beweglichkeit der Spermien zunimmt, morphologische Abweichungen deutlich weniger auftreten. Dies könnte man als einen naturbedingten Ausgleich für die kleinere Quantität interpretieren.

Zuweilen wird die Behauptung aufgestellt, die Häufigkeit des Zuchteinsatzes eines Rüden habe eine negative Auswirkung auf seine Fruchtbarkeit, mindere die Samenqualität. In Utrecht wurde dies in der Versuchsreihe dadurch geprüft, daß man Volumen und Qualität der Spermien bei im Abstand von 1 und 2 Tagen durchgeführten Wiederholungspaarungen untersuchte. Dabei ergaben sich keine nennenswerten Qualitätsunterschiede.

In der nachstehenden Rassetabelle wurden bewußt 10 sehr große Rassen, 6 große, 6 mittelgroße und 6 kleine Rassen untersucht. In die Tabelle wurde das Durchschnittsalter der Rüden mit aufgenommen.

Tabelle 3: Ergebnisse einzelner Hunderassen.

Rasse	Anzahl unters. Ejakulate	$\emptyset$-Alter der Rüden	Individuelle Beweglichkeit ++-++++	Individuelle Beweglichkeit %	Morphologische Abweichungen %	Anzahl der Spermien $\times 10^6$
Afghane	79	3,9	3,1	69,4	15,2	595,4
Bouvier	84	3,6	3,2	70,4	16,2	867,8
Greyhound	146	4,3	3,2	72,6	12,3	734,8
Holl. und Belg. Schäferhund	45	5,0	3,1	71,6	11,2	757,3
Dt. Schäferhund	65	4,4	3,2	73,1	13,6	976,2
Setter	25	5,0	3,2	70,2	19,3	789,0
Irischer Wolfshund	28	2,2	3,0	66,3	19,8	1170,6
Leonberger	27	3,4	3,3	71,7	16,2	1829,3
Neufundländer	158	4,8	3,1	70,8	13,1	773,0
Rottweiler	81	4,2	3,2	72,3	15,6	964,8
Bobtail	25	2,6	3,4	74,4	17,2	620,9
Collie	45	2,8	3,3	72,4	14,7	734,8
Dt. Vorstehhund	27	6,0	3,1	70,4	16,7	416,6
Golden Retriever	129	5,0	3,1	70,8	14,5	732,6
Labrador Retriever	43	5,1	3,1	71,1	14,7	630,3
Samojede	29	6,0	3,1	70,7	14,0	650,4
Basset	75	3,2	3,1	71,4	16,6	580,6
Engl. Bulldog	37	3,8	3,2	70,3	15,6	770,6
Franz. Bulldog	35	2,5	3,3	74,9	9,2	304,5
Bull Terrier	52	3,5	3,1	70,0	14,5	545,3
Dachshund	69	4,0	3,2	72,9	14,9	359,6
Whippet	31	5,9	3,1	71,1	11,1	316,4
Corgi	33	5,5	3,0	71,6	14,8	477,5
Lhasa Apso	52	2,7	3,3	72,6	10,4	457,0

Rasse	Anzahl unters. Ejakulate	Ø-Alter der Rüden	Individuelle Beweglichkeit ++:++++	%	Morphologische Abweichungen %	Anzahl der Spermien × 10⁶
Pekinese	56	2,6	3,2	73,3	12,4	212,5
Shi Tzu	36	3,0	3,2	72,3	14,1	231,1
Boston Terrier	125	6,8	3,3	74,0	10,5	330,7
Cairn Terrier	38	4,5	3,1	70,0	12,8	269,2

Die Auswertung obiger Tabelle bestätigt das zuvor Gesagte. Bei den großen Hunden ist die Samenquantität bedeutend größer als bei kleinen. Parallel hierzu liegt bei den Großen ein höherer Anteil an morphologischen Abweichungen.

Vielleicht noch eine Anmerkung, die für unser Kapitel über künstliche Besamung von Interesse sein wird. Die Anzahl der untersuchten Ejakulate steht sicher in ursächlichem Zusammenhang mit der Aufgabenstellung des »Instituts für künstliche Besamung (K. I.)« der Universität Utrecht. Wir werden deshalb auf diese Tabelle zurückkommen. Von Wichtigkeit ist die Anzahl der untersuchten Ejakulate bei den einzelnen Rassen, ist dies doch ein Indiz dafür, daß diese der Hilfe des Institutes in besonderem Maße bedurften. Das Zahlenmaterial stammt übrigens aus dem Jahre 1984.

c) Der Paarungsvorgang

In diesem Kapitel möchte ich gerne aufzeigen, wie Züchter und Rüdenbesitzer durch ihr Handeln dazu beitragen können, dem Hundepaar möglichst optimale Paarungsbedingungen zu bieten. Lassen Sie mich aber zunächst schildern, wie heute tatsächlich die große Mehrzahl aller Paarungen abläuft.

Von entscheidender Bedeutung für das Auftreten des Paarungstriebes ist sicherlich die erste Begegnung der Partner. In Zuchtzwingern, in denen sogenannte »Profis« das Sagen haben, macht man da nicht viel Federlesen, das meiste ist Routine, für Rüden wie Besitzer. Kommt die Hündin nach langer Fahrt an, so empfiehlt man ihrem Besitzer einen kleinen Spaziergang, damit die Hündin sich lösen kann. Auch der Rüde wird ausgeführt, auch er soll sich noch erleichtern.

Dann werden die Halsbänder vorsorglich etwas enger geschnallt, beide Hunde angeleint. Traut man dem Hündinnenbesitzer zu, seine Hündin gut kontrollieren zu können, ist seine Hilfe willkommen. Anderenfalls schickt man ihn eine Tasse Kaffee trinken, wählt lieber einen erfahrenen Helfer aus.

Im günstigsten Fall darf die Hündin ihren Liebhaber erst einmal an der Leine begrüßen. Nach dem Beschnuppern geht es dann aber gleich zur Sache. Der Hündinnenbesitzer erhält Anweisung, sich vor seiner Hündin zu postieren, sie fest am Halsband zu halten, keinesfalls nach vorne oder seitlich entweichen zu lassen. Nun führt der Rüdenbesitzer seinen Rüden von hinten an die Hündin heran, dieser darf kurz schnuppern oder lecken, steigt auf, klammert und arbeitet sich nach vorne. Findet er seinen Weg nicht, – was sehr häufig bei Erstlingsrüden der Fall ist – so kriecht der Rüdenbesitzer selbst unter die Hunde, stützt die Hündin ab, damit sie nicht einknickt. Dann manipuliert er die Scheide so, daß der Rüde im Vorwärtsstoßen sein Ziel findet. Routinierte Rüden sind an eine solche Hilfestellung gewöhnt, sie stoßen nach vorne durch. Und jetzt umfaßt der geübte Rüdenbesitzer von hinten beide Partner, je nach Größe der Hunde verschränkt er beide Hände unter dem Bauch der Hündin, drückt gleichzeitig mit beiden Knieinnenseiten gegen die Hinterschenkel des Rüden. Dies ist eine Umklammerung, die technisch so geschickt ist, daß dem »glücklichen Paar« eigentlich gar keine andere Wahl bleibt, als so zusammengepreßt zu verharren.

Allerdings ist hier eine Kontrolle angezeigt. Übereifrige Rüden stoßen in der Erregung auch dann, wenn sie ihr Ziel gar nicht gefunden haben. So manches Mal führt die Reibung an den Schenkeln der Hündin zum Ausschachten des Rüden und der ganze Segen tropft auf die Erde. Erfahrene Rüdenbesitzer kontrollieren deshalb tastend, ob auch alles seinen richtigen Sitz hat, der Penis fest in der Vagina verschwunden ist.

Wir wissen bereits, daß mit dem Aufhören der Stoßbewegungen des Rüden die zweite Ejakulation einsetzt, begleitet von gleichzeitig starker Ausdehnung der Schwellkörper. Dieser Druck ist für die Hündin zunächst unangenehm, sie versucht auszuweichen, sich loszureißen. Hier muß der Hündinnenbesitzer sehr gut aufpassen, seine Hündin beruhigen, festhalten. Nach meiner Erfahrung gelingt es in diesem Stadium zumindest bei etwa 20% der Paarungen, daß sich die Tiere auseinanderreißen. Das ist – wohlgemerkt – das Stadium, in dem die Schwellkörper sich gerade stark ausdehnen. Bewirkt die beschriebene Technik der Menschen, daß die Hunde in den ersten 2–3 Minuten nicht auseinander können, dann tritt der bereits beschriebene Effekt ein, der Scheidenmuskel umfaßt die Schwellkörper an der Peniswurzel so stark, daß ein Loskommen erst nach Lockerung des Scheidenmuskels möglich ist, – und das dauert meist eine ganze Weile, – nach meiner Erfahrung im Normalfall so etwa zwischen 10 und 40 Minuten.

Es wird empfohlen, die gekoppelten Hunde zu beruhigen, darauf einzuwirken, daß sie in dieser Stellung weder reißen noch zerren. Durch die Scheidenmuskelkontraktion und das Anschwellen der Schwellkörper ergibt sich ein solch starker Druck auf den Penis, daß der Rüde versucht, von der Hündin abzusteigen. Erst werden die Vorderläufe seitlich gesetzt, dann kommt auch noch der Hinterlauf über den Rücken der Hündin auf den Boden, so daß letztendlich beide Hunde Po an Po, Rute neben Rute in einem Winkel von etwa 180 Grad zueinander stehen. Dieses Drehen des Rüden wird wiederum durch gezielte menschliche Hilfe erleichtert, besonders kompliziert ist die Bewegung des Hinterlaufs über den Rücken. Damit dieses Umsteigen des Rüden ohne Zerren und Reißen verläuft, hilft hier der erfahrene Rüdenbesitzer mit den Händen nach.

Die Stellung Po zu Po ist die typische, natürliche Paarungsstellung der Caniden. Aber auch nachdem die Tiere diese Stellung eingenommen haben, gilt der Rat, Rüden wie Hündin an den Halsbändern festzuhalten, sie zu beruhigen, damit sie sich in dieser Stellung ruhig verhalten. Wir wissen aus dem vorangegangenen Kapitel, daß während des Hängens die dritte, recht voluminöse Ejakulation erfolgt, das Einschwemmen des zweiten Ejakulates in die Hündin. Es ist interessant zu beobachten, wie in dieser Paarungsstellung beide Tiere immer wieder mit der eigenen Zunge spielen. Über den Körper der Hündin laufen wellenartige Bewegungen, man hat den Eindruck, als melke sie durch ihren Scheidenmuskeldruck den Rüden richtiggehend aus.

In den ersten Minuten kann es durchaus vorkommen, daß sich die Hündin dem inneren Druck dadurch zu entziehen versucht, daß sie nach unten abweicht, die Hinterläufe einknicken. Hier sollte der Betreuer durch vernünftiges Eingreifen dazu beitragen, daß der Rüde nicht allzusehr gezerrt wird.

An dieser Stelle muß ich noch einmal zurückblenden. Ich erwähnte schon, daß zu Beginn des Hängens eine Art kritischer Punkt liegt, da der Scheidenmuskelring und die Schwellkörper noch nicht unlösbar verbunden sind. Die meisten Züchter und Rüdenbesitzer haben vor dieser Situation eine panische Angst. Hier spielt die Überzeugung, eine Befruchtung sei überhaupt nur durch längeres Hängen möglich, eine wichtige Rolle. Dies sieht dann in der Praxis so aus, daß der die Hunde umklammernde Rüdenbesitzer – um ganz sicher zu gehen – bis zum Ende des Hängens seine Umklammerung nicht löst.

Ich erinnere mich sehr gut. Wir waren mitten im Hochwinter mit einer unserer Hündinnen zum Decken, der schlechten Witterung wegen fand diese Paarung in der guten Stube auf alten Teppichen statt. Meine Hündin wog gute 30 kg, der Rüde etwa 35 kg. Der Rüdenbesitzer verharrte im Klammergriff, meine Frau hielt die Hündin vorne am Halsband fest, ich selbst lag unter den Hunden, da sich meine Hündin es in den Kopf gesetzt hatte, mit den Hinterläufen einzuknicken, so stützte ich von unten. Es war eines der eindrucksvollsten Bilder von Gruppensex, die ich je erlebt habe! Das Lustigste aber war das Verhalten meiner Hündin. Während dem Rüdenbesitzer vor lauter Festhalten die Schweißperlen über das Gesicht und wohl auch den ganzen Körper rollten, auf mir so etwa 60 kg Hundekörper lasteten, genoß meine Hündin mit großer Aufmerksamkeit etwa 40 Minuten eine unterhaltsame Fernsehsendung. Man sah an Ohren- und Mienenspiel, wie sehr sie das Geschehen auf dem Fernsehschirm beeindruckte!

Bei einer anderen Hundehochzeit, bei der uns mein Fahrer behilflich war, den Part des Rüdenbesitzers übernahm, meinte er: »Wenn das bei Menschen auch so schwierig wäre, ginge ich ins Kloster!«

Diese ganze Zeremonie, wie ich sie bisher geschildert habe, ist tatsächlich ein Teil der »Technik der Hundezucht«, so wie sie sich tagtäglich überall in der ganzen Welt abspielt. Diese Technik zu schildern, zu erklären, das ist letztendlich Inhalt meines Buches.

Zurück zum Augenblick, da die Scheidenmuskulatur erschlafft, den Rüden freigibt. Dieses Ereignis kündigt sich dadurch an, daß die beiden Tiere merklich unruhiger werden, wieder beginnen, auseinanderzustreben. Unverändert ist es ratsam, weiter beruhigend auf die Tiere einzureden, mit einem Mal sind sie auseinander, oft begleitet von einem japsenden Laut des Rüden.

Und auch jetzt gibt es wieder Techniken, die ich einfach einmal beschreibe, weil das Buch ja solche Techniken erklären soll. Beim Lösen der Hunde voneinander fließt in aller Regel ein Flüssigkeitsschwall aus der Scheide der Hündin, tropft auf den Boden. Züchter, die dieses Buch nicht gelesen haben, befürchten, damit läge ein Teil der erwarteten Welpen tot im Gras. Sie, liebe Leser, wissen dagegen, daß diese Flüssigkeit aus dem dritten Ejakulat stammt, praktisch keine Samen mehr enthält.

Und nun gibt es einen Streit unter den Gelehrten und auch unter den Züchtern. Die einen empfehlen, die Hündin sich jetzt frei bewegen zu lassen, oft kann man bei ihr eine Art »Bewegungsstau« feststellen. Läßt man sie gewähren, artet es leicht in einen wilden Galopp zum Abreagieren der aufgestauten Spannungen aus. Bei Pferden ist es übrigens üblich, Stuten nach dem Decken einige Zeit tüchtig auslaufen zu lassen. Der Haken an dieser Geschichte bei Hunden ist, darin besteht unter den Gelehrten völlige Übereinstimmung, man muß unter allen Umständen unterbinden, daß die Hündin nach dem Decken uriniert. Die Leser, welche sich im vorausgegangenen Kapitel eingehend mit der Anatomie der Hündin vertrautgemacht haben, wissen, daß auch die Blase ihren Ausgang durch die Scheide hat, so würden beim Urinieren Samen ausgespült, die sonst von der Scheide aus weiter in die Genitalien der Hündin wandern würden. Also, – Urinieren verboten!

Andere Züchter wiederum haben vor Augen, daß das dritte Ejakulat ja gerade dazu dient, die Spermien nach oben in die Genitalien der Hündin weiterzuleiten. Sofort nach dem Loslassen von Rüden und Hündin packen sie ihre Hündin, legen sie auf den Rücken, nehmen sie auf den Schoß, lagern dabei das Hinterteil höher als den übrigen Körper, beruhigen die Hündin, streicheln sie am Bäuchlein und hoffen darauf, daß auf diese Art sich die Spermien weiterhin in Richtung der Eileiter bewegen. Sie halten ihre Hündin in dieser Stellung so etwa 5–10 Minuten. Danach wird sie direkt ins Auto oder in eine Hundebox gebracht, sorgfältig darauf geachtet, daß sie auf dem Weg dahin nicht uriniert und danach zunächst einmal einige Zeit ruhig schläft.

Ich halte eine längere Ruhepause, das Vermeiden des Urinierens für sehr sinnvoll, die beschriebene Prozedur auf dem Schoß nach normalem Hängen für übertriebene Vorsicht. Denken wir doch an die geradezu verschwenderische Vergeudung, an die vielen Hundertmillionen Spermien, davon müssen und können nur einige ganz wenige zum Ziel gelangen. Und was nach so 10–20 Minuten Hängen in die Hündin hineingeschwemmt wurde, das sollte wohl ausreichen!

Sehr vernünftig ist das Ruhenlassen der Hündin. Einige Deckakte haben mich mehrere Paare zernagte Damenschuhe, zerrissene Autopolster, zerstörte Kleider gekostet. Da hatten wir die ziemlich erregte Hündin ganz einfach nach dem Decken in das Auto gesetzt. Und irgendwie mußte sie dann wohl ihr großes Erlebnis abreagieren! Im festen Autokäfig kann sie heute zwar genußvoll ihre eigenen Tücher zerkleinern, graben und scharren, darauf sind wir vorbereitet, aber nichts Wertvolles fällt dabei ihrer Zerstörungswut zum Opfer.

Etwas ganz Wichtiges! Wir Menschen haben nie Zeit. Was liegt näher, als direkt nach dem Deckakt noch eine schnelle Zigarette, und ab geht es, es liegen ja noch so etwa 100 km Heimweg vor uns. – Tun Sie es bitte nicht, lassen Sie Ihre Hündin nach dem Deckakt ungestört etwa zwei Stunden schlafen, ihr Körper braucht das. Auch hier müssen Sie sich die Vorgänge im Inneren Ihrer Hündin vor Augen halten. Mit dem Auseinandergehen der Hunde ist der Wanderprozeß zu den Eileitern, der Wettlauf der Spermien noch nicht abgeschlossen. Die Voraussetzungen für diese weiteren Bewegungen sind bei einer ruhenden Hündin geradezu optimal.

Ein sehr erfahrener Züchter mit großem, eigenen Hündinnenbestand versicherte mir glaubwürdig, daß die ständig leicht stoßende Bewegung des Autos – selbst auf glatter Straße – sich recht negativ auf die Hündin auswirke. Dieser Züchter war gleichzeitig Zuchtleiter sehr großer Rassehundeclubs und betonte, daß er selbst bei gezielten Versuchen festgestellt habe, daß Hündinnnen, die sofort nach dem Deckakt Auto fahren müssen, viel häufiger leer bleiben. Ich konnte und wollte dies nicht durch eigene Versuche testen, Sinn machen aber diese Bedenken schon.

Und nun habe ich den armen Rüden mit noch ausgeschachtetem Penis so lange alleine stehen lassen, mich nur um die Hündinnen gekümmert! Leider machen die meisten Züchter es ebenso. Das ist falsch! Nach dem Trennen der Hunde hat der Rüde einige Mühe, seinen Penis wieder in den Schaft zurückzuziehen, das Glied ist durch die Schwellkörper noch ganz wesentlich vergrößert. Je kürzer das Hängen, desto größer die Schwierigkeiten. Es ist Sache des Rüdenbesitzers, nach dem Lösen der Hunde sich liebevoll und ausschließlich um seinen eigenen Hund zu kümmern. Das fängt damit an, daß er ihm versichert, daß er ein ganz tüchtiger Hund ist, seine Sache hervorragend gemacht hat. Das Gleiche haben hoffentlich Rüden- und Hündinnenbesitzer auch während der ganzen Paarung ihren Hunden immer wieder gesagt. Die Hunde müssen das Gefühl gewinnen, was sie tun, ist richtig, – das ist für den Ablauf künftiger Paarungen von entscheidender Bedeutung! Unser Rüde versucht nun, seinen Penis wieder einzuziehen, charakteristisch sind langsames Rückwärtsgehen, Schritt für Schritt, oft setzt er sich, versucht durch Lecken das Einfahren zu erleichtern. Beruhigung, Loben und leichtes Kraulen des Rüden im Rückenbereich, besonders auf der Kruppe über der Schwanzwurzel und beidseitiges, festes Streichen mit den Händen entlang seiner Flanken von vorne nach hinten, erleichtern dem Rüden diese Prozedur. Danach, wenn alles wieder an Ort und Stelle ist, dann sollte auch der Rüde ruhiggestellt werden, möglichst eine Stunde Schlaf genießen.

Offen gesagt, so ganz wohl ist mir nicht, bei all der gut funktionierenden Technik, die ich Ihnen jetzt ausführlich geschildert habe. Zugegeben, das ist allgemeine Praxis, spiegelt das Geschehen der überwiegenden Anzahl von Hundepaarungen. Muß das aber so sein? Eigentlich sollte es doch auch einen Weg geben, auf dem die Hunde auf völlig natürliche Art und aus dem eigenen Liebesspiel heraus sich ohne menschliche Hilfe paaren!

Gehen wir wieder zurück zu der ersten Begegnung unseres Liebespaares. Es wäre optimal, wenn sich die beiden Hunde schon zuvor – außerhalb der Hitze – kennengelernt, dabei zu einem normalen Sozialkontakt gefunden hätten, wenn sie sich bereits mögen. Dies wäre eine ideale Voraussetzung, leider ist es meist nur ein Wunschtraum.

Kommt zu uns eine heiße Hündin, die mit unserem Zuchtrüden vertraut werden soll, dann kommt der Rüde in einen Auslauf, die Hündin in den daran angrenzenden (Abb. 42 + 43). Hier haben die Zwei Gelegenheit, in Anwesenheit der ihnen vertrauten Menschen erste Kontakte aufzunehmen, beide ohne Leine, aber mit Halsbändern ausgestattet. Durch die Gittertrennung werden erste unliebsame Reibereien unterbunden, die Hunde haben Gelegenheit über erste Schnupperkontakte sich aneinander zu gewöhnen. Die Hündin löst sich in ihrem Auslauf, setzt

Abb. 42: Vorbereitung zum Liebesspiel, Kennenlernen in Nachbarzwingern.

Abb. 43: Paarungszwinger mit zwei getrennten Ausläufen. Großer Auslauf etwa 20 qm.

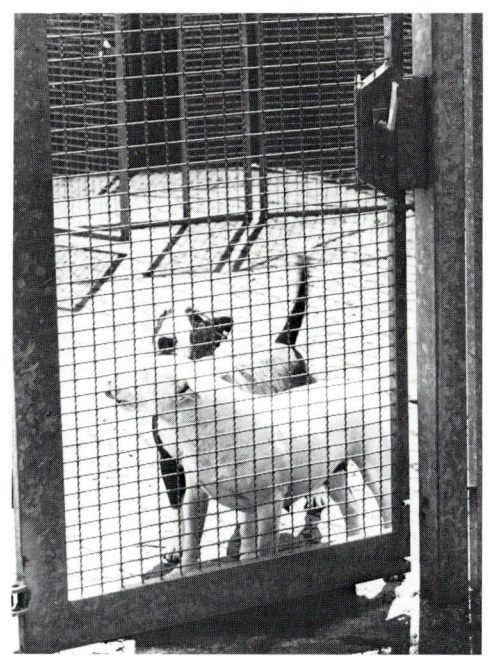

Abb. 44: Erste Sympathie.

Abb. 45: Vereint in einem Zwinger.

damit die für den Rüden so wichtigen Duftmarken! An der Leine, den Besitzer im Rücken, gebärden sich viele Hündinnen wild. Hier – Gitter an Gitter – lösen sich nahezu alle Verkrampfungen. Ist der richtige Zeitpunkt getroffen, dann erkennt man erste Sympathiezeichen, steigendes Interesse der beiden aneinander. Oft setzt jetzt bereits ein gegenseitiges Werben ein, der Rüde – sonst als wesensstarker Hund auf sein Heimrecht bedacht – wird zusehens interessierter, freundlicher. Die Hündin zeigt durch ihr Verhalten, daß er ihr gar nicht gleichgültig ist, – oft präsentiert sie sich ihm sogar mit keß zur Seite gelegter Rute von ihrer interessanten Seite.

Wir züchten Bull Terrier, eine Hunderasse, deren Sozialverhalten durch das leidige Kampfhundeerbe gestört ist, die in aller Regel auf ihrem Territorium keine anderen Hunde dulden. Und wir halten seit über 25 Jahren laufend Deckrüden. Mit dieser so einfachen Methode der ersten ruhigen Kontakte ist es uns gelungen, mehr als 80% aller Deckakte aus dem freien Liebesspiel der Hunde heraus zu entwickeln.

Allerdings bedarf es dabei auch des vernünftigen Handelns des Hündinnenbesitzers. Zeigt sich seine Hündin dem Rüden gegenüber aggressiv, dann muß er ihr klarmachen, welch ein Prachtkerl ihr Bräutigam ist, und daß sie jede Aggression zu unterlassen hat! – Ein besonderes Problem bringen jene Hündinnen mit sich, die zu verzärtelt, zu schüchtern, kontaktarm sind. Sie bedürfen der Aufmunterung, des Gefühls, daß dies ein ganz netter Rüde ist, mit dem sie spielen dürfen. Steht die Hündin unter Druck ihres Besitzers, ist sie zu intensiv menschengeprägt, dann empfiehlt es sich, den Hündinnenhalter eine Tasse Kaffee trinken zu lassen, ihn durch einen anderen Helfer zu ersetzen.

Sind Aggressionen nicht zu unterbinden, dann liegt dies meist am falschen Tag, wird ein neuer Termin vereinbart. Läßt sich die Aggression weder erzieherisch, noch durch Terminverschiebung lösen, dann fällt die Hochzeit aus. In unserem Zwinger wurde noch nie eine Hündin mit Maulkorb oder zugebundenem Fang gedeckt, – besser sagt man da wohl – vergewaltigt. Da soll es ja in gewissen »Gruselzwingern« sogar »Deckgestelle« geben, auf die die armen Hündinnen aufgeschnallt werden. Dies hat mit Zucht überhaupt nichts zu tun, nur mit gewissenloser Tierquälerei!

Kehren wir zurück zu unserem Hundepaar, das ausgiebig Gelegenheit hatte, sich durch ein Zwischengitter getrennt erst einmal kennenzulernen. Diese Schnupperzeit sollte sicherlich zumindest 10 Minuten dauern, bei Bedarf aber auch bis auf ein oder zwei Stunden ausgedehnt werden. Erkennt man an dem Verhalten, daß gegenseitiges Interesse besteht, zumindest die Hündin vor dem Rüden keine Scheu mehr hat, dann öffnen wir einfach dem Rüden den Weg in den Auslauf der Hündin. Sehr oft schon habe ich diese Zwischentüre gegen große Bedenken des Hündinnenbesitzers geöffnet, der mir schilderte, wie schwierig der letzte Deckakt gewesen sei, daß seine Hündin bestimmt entweder aggressiv oder ängstlich werde. Oft wurde mir dann »auf eigene Verantwortung« gestattet, die Türe zu öffnen, und bis heute ist eigentlich alles gut gegangen. Gerade die Befreiung von der Leine, die ruhige Umgebung, die Gewöhnung an die neue Situation haben die Tiere entkrampft, bereit gemacht, sich aufeinander einzustellen.

Wer je eine solche »Liebeshochzeit« beobachtet hat, vergißt nur zu gerne die zuvor geschilderte mehr oder weniger freiwillige Paarung. Andächtig prüft der Rüde die Markierungen seiner Braut, sie beschnüffelt ihn an Ohren und Hals, auch am Penis. Besonders auffällig am weiteren Ablauf ist, daß in aller Regel das Liebeswerben gar nicht einseitig vom Rüden ausgeht. Haben wir bei der Hündin den richtigen Tag erwischt, dann tut sie das ihre, um den Rüden zu verführen. Es ist Teil des normalen Liebesspiels, daß die sexuell erregte und aktive Hündin durchaus auch beim Rüden aufreitet, etwa wenn er sich zuviel Zeit läßt, erst allen Geruchsspuren sorgfältig nachgeht.

Natürlich, wir können nicht erwarten, daß es in den ersten Minuten des Beisammenseins gleich so abläuft, wie wir das früher geschildert haben. Ich sagte schon mehrfach, – Hunde sind keine Maschinen! Es kommt durchaus auch einmal zu einem Knurren, zum spielerischen Abbeißen. Auch kann es sein, daß die Hündin sich bereitwillig dem Rüden präsentiert, Rute vorbildlich zur Seite gelegt, Scheide deutlich hochwippend, – und – der Rüde studiert weiter interessiert die Duftmarken. Die freie Paarung erfordert Geduld, für mich ist es immer wieder interessant, das Wechselspiel der sich gegenseitig Umwerbenden zu beobachten. Solange keine ernsthaften Differenzen auftreten, sollte man die Hunde ihrem Spiel überlassen. Dazu aber noch eine wichtige Anmerkung. Dieser Spielplatz sollte nicht zu groß sein, etwa 20 qm sind optimal. Läßt man den Hunden zu viel freien Raum, dann kann es leicht vorkommen, daß sie im vollen Galopp im Garten in den entferntesten Winkel abpreschen, in den Büschen verschwinden, um ganz ungestört zu sein. Das ist bei erfahrenen Hunden beileibe kein Übel, entzieht uns aber die Möglichkeit, bei Bedarf zu helfen.

In aller Regel führt das Liebesspiel die Hunde genau dahin, wo wir sie haben möchten, zum von der Hündin willig geduldeten Aufreiten des Rüden und zur zwanglosen Paarung. – Und hier muß ich etwas eingestehen, was sicherlich die gestandenen Verhaltensforscher ärgerlich macht, – jetzt gehe ich auf das vereinte Paar zu, leiste Hilfestellung ziemlich so, wie ich es am Anfang des Kapitels geschildert habe: Zusammenhalten der gekoppelten Hunde für die ersten zwei bis drei Minuten, dann Hilfestellung beim Absteigen des Rüden, Festhalten der Po gegen Po stehenden Hunde und Beruhigen. – Ja, es ist inkonsequent, einmal für die freiwillige Paarung einzutreten, dann einzugreifen. Ich habe aber zahlreiche Fälle erlebt, wo eben das »Liebespaar« ohne menschliche Hilfe nicht koppelte, die Hündin im entscheidenden Augenblick des inneren Drucks wegen vorne wegpreschte, und der arme Rüde dastand und jetzt wirklich all den wertvollen Saft auf den Boden tropfen ließ. Und da taten mir eigentlich Rüde wie Hündin leid, die sich durch eigene Ungeschicklichkeit um einen wesentlichen Bestandteil ihres Vergnügens gebracht haben. Auch der Züchter, der seine Welpen im Boden versickern sah, war alles andere als glücklich.

Ich kann Ihnen beim besten Willen nicht erklären, warum bei einem sehr hohen Prozentsatz dieser freiwilligen Paarungen die Koppelung nicht funktioniert. Viel spricht dafür, daß dies ein Anzeichen dafür ist, daß doch nicht der exakt richtige Tag getroffen wurde. Es mag auch durchaus sein, daß wir es hier mit einer echten Degenerationserscheinung zu tun haben, da bereits über viele Hundegenerationen menschliche Hilfe in dieser Situation für die Hunde zum Normalfall geworden ist. Zur Ehrenrettung unserer Haushunde! Wir haben in unserer Praxis auch ein paar Dutzend perfekter Koppelungen erlebt, bei denen ohne jegliche menschliche Hilfe das Hängen und anschließende Lösen klappte. Dies gilt insbesondere für die Paarungen unserer eigenen Rüden mit eigenen Hündinnen. Aber da stimmte dann wohl auch alles, gegenseitige Sympathie, Liebesspiel und – der richtige Tag.

Bei der Diskussion dieses Problems muß man sich einfach vor Augen halten, daß der Zuchtverkehr in der Rassehundezucht unter für die Tiere recht ungünstigen äußeren Umständen leidet. In der freien Natur paaren sich nach ihren Instinkten untereinander bestens vertraute Rudelgefährten, maßgebend ist ihr innerer Zeitplan. Wir Hundezüchter reisen über hunderte von Kilometern, bringen Hunde zusammen, die sich völlig fremd sind, und wir haben überhaupt keine Zeit, – und fast immer wenig Geduld. Haben Sie es schon einmal nachgeprüft? Die größte Häufigkeit der Hundehochzeiten liegt ausgerechnet auf den Tagen Samstag und Sonntag! Warum wohl? Ich kann einfach nicht glauben, daß sich die hormonelle Steuerung des Sexualzyklus unserer Hündinnen nach dem menschlichen Kalender umprogrammieren läßt. Wen wundert es dann wirklich, daß unsere Hundehochzeiten tatsächlich zuweilen ziemlich kompliziert ablaufen?

Ich hoffe, Sie vergeben mir meine Inkonsequenz, daß ich den Hochzeitern im Zeitpunkt der Koppelung helfe. Ich hätte hier ja auch etwas anderes hinschreiben können, um mit den Verhaltensforschern weiter auf einer Ebene zu liegen. – Sie, liebe Leser, hätten sich dann aber bestimmt gewundert, warum bei meinen freien Paarungen sich die Hunde nicht losreißen, sondern nur Ihre Hunde! Und ich möchte Ihnen mit diesem Buch aus meinen Erfahrungen helfen.

Völlig zu Recht beobachtet der Verhaltensforscher an Wildhundkreuzungen das ursprüngliche Rudelverhalten unserer Haushunde. Hier sind die hundlichen Instinkte noch weitgehend intakt. Das gilt natürlich auch für das Paarungsverhalten. Ich verdanke Eberhard Trumler und der Gesellschaft für Haustierforschung neun interessante Fotos zum Paarungsverhalten, die ich gerne in dieses Buch aufgenommen habe. Diese Bilder demonstrieren das natürliche Paarungsverhalten aus dem Liebesspiel einschließlich Abwehrverhalten und Aufreiten der Hündin und das Hängen. Daß es im Rudel neugierige vierbeinige Zuschauer gibt, – beim Menschen wohl »Spanner« genannt, – von denen sich aber das Liebespaar überhaupt nicht stören läßt, sei der Vollständigkeit halber erwähnt. Die ersten 7 Fotos stammen von einer Paarung, die letzten 2 von einer anderen. Das letzte Foto zeigt besonders eindringlich, daß auch das Wegsacken der gekoppelten Hündin vom Rüden geduldig hingenommen wird, beide machen sogar in dieser Stellung einen ganz zufriedenen Eindruck.

Zurück zu unserer Haushundepaarung. Was tun wir eigentlich, wenn es nicht zum gelösten Liebesspiel, zur Paarung kommt? Oft stellt man fest, daß sich die Hündin bei der Annäherung des Rüden setzt, manchmal auf den Rücken wirft oder auf dem Bauch rutscht. Diagnose: Falscher Zeitpunkt. Rezept: Zumindest 6 Stunden Pause, dann neu versuchen. Grundsätzlich ist es auch möglich, daß sich der Rüde uninteressiert zeigt, obwohl die Hündin ihn anreizt. Hier habe ich über die Jahre gelernt, meinen Rüden mehr zu glauben als dem Hündinnenbesitzer oder

Abb. 46: Natürliche Paarung. Erste Schnupperkontakte.   Foto: E. Trumler

Abb. 47: Natürliche Paarung. Gegenseitiges Beschnuppern im Genitalbereich.   Foto: E. Trumler

Abb. 48: Natürliche Paarung. Spielerische Zurückweisung durch die Hündin in der Anfangsphase.
Foto: E. Trumler

Abb. 49: Natürliche Paarung. Beschnuppern im Genitalbereich. Typische Rutenhaltung der paarungsbereiten Hündin.
Foto: E. Trumler

Abb. 50: Natürliche Paarung. Aufreiten der Hündin als zusätzlicher Anreiz für den Rüden.

Foto: E. Trumler

Abb. 51: Natürliche Paarung. Der Rüde mit eregiertem Penis, aber noch an der falschen Stelle.

Foto: E. Trumler

Abb. 52: Natürliche Paarung. Das Hängen.

Foto: E. Trumler

Abb. 53: Natürliche Paarung. Koppelung von Rüden und Hündin.   *Foto: E. Trumler*

Abb. 54: Natürliche Paarung. Auch das Wegsacken der Beine der Hündin wird von beiden Partnern offensichtlich als völlig normal empfunden.   *Foto: E. Trumler*

dem Abstrich des Tierarztes. Diagnose: Falscher Zeitpunkt. Rezept: Geduld. – Grundsätzlich trennen wir das Paar längstens nach 20 Minuten, wenn es zu keiner Paarung kommt. Der nächste Versuch erfolgt frühestens nach 6 Stunden. Man bekommt natürlich auch hier Erfahrungen, so ist die Verweigerung der Partner oft so eindeutig, daß eine Pause von zumindest 12 oder gar 24 Stunden angezeigt erscheint.

Ich warne davor, die Hunde zu sehr zu strapazieren. Unsere eigene Ungeduld überträgt sich auf die Tiere, macht sie unsicher, damit wird ein schneller Erfolg noch unwahrscheinlicher. Ja, ich weiß genau, wie frustrierend dieses Warten sein kann. Da gab es eine sehr gute Hündin, sie war von einem im Ausland stehenden Rüden zweimal erfolglos gedeckt worden, in der ersten Hitze am 12. und 13. Tag, bei der nächsten am 14. und 15. Tag. Es ist zu notieren, diese Paarungen erfolgten nach dem von mir einleitend geschilderten Rezept, Hunde angeleint, dann mit mehr oder weniger Hilfe den Rüden decken lassen. – Die Hündin kam erstmals am 16. Tag zu unserem Rüden, der Rüde war nicht interessiert, dann am 18. Tag, wieder kein Interesse. Die Hündin wurde problemlos am 20., 22. und 23. Tag der Hitze gedeckt und brachte einen gesunden Wurf von 8 Welpen. Und der Wohnort des Hündinnenbesitzers lag immerhin etwa 200 km von dem unseren entfernt, – so waren es 5 verschiedene Reisen, die aber endlich zum Erfolg führten und auch dem Züchter den Weg wiesen, künftig erfolgreich mit der Hündin zu züchten. Aber auch an dieser Stelle muß ich etwas Wasser in den Wein schütten: Es ist zwar wahrscheinlich, keinesfalls aber sicher, daß der Östrus-Zyklus einer Hündin immer gleichmäßig verläuft. Auch hier haben wir die Erfahrung gemacht, daß eine Hündin, die einmal am 16. Tag den richtigen Decktermin hatte, durchaus bei darauffolgenden Hitzen hiervon nach vorne oder hinten abweichen konnte. Eine generelle Aussage ist insoweit möglich, daß der richtige Termin auf Grund des Verhaltens in der vorausgegangenen Periode voraussichtlich zwischen dem 9.–12. Tag oder etwa dem 16.–21. Tag liegen wird.

Und um dieses Thema gleich noch einmal von einer anderen Seite zu beleuchten. Unsere Stammhündin wurde von einem Jungrüden am 15. Tag gedeckt, alles klappte prima, und wir waren voller Zuversicht. Auch bei früheren Paarungen war dies bei ihr nachweislich der richtige Tag. Fünf Tage später, also am 20. Tag der Blutung, schlug unser eigener Zuchtrüde Alarm. Er zeigte deutlich an, daß er jetzt den richtigen Zeitpunkt als gekommen ansah. Da ich schon gelernt hatte, mich nicht schlauer zu dünken als meine Rüden, machte ich mich erneut auf eine 900 km weite Reise. Auch dieser Deckakt klappte prima, Wurftag und Wurfstärke dokumentieren eindeutig, daß erst der am 20. Tag der Blutung vorgenommene Deckakt zum Erfolg führte.

Eigentlich sollte man intelligente Rüden, die ihre Instinkte gebrauchen, hoch einschätzen. Wir besaßen zwei recht erfolgreiche Rüden dieser Art, die tatsächlich nur an den richtigen Tagen deckten. Es gibt aber Rüden, die decken praktisch alles, was ihnen unterkommt, und das zu jeder Zeit! Bei diesen könnte man vermuten, daß ihr übersteigerter Sexualtrieb praktisch die eigenen Instinkte überdeckt. Nun gibt es aber auch Hündinnen, die sich außerhalb der Hochbrunst – aber natürlich während der Hitze – so zwischen dem 5. und 16. Tag der Läufigkeit stets decken lassen. Kluge Rüden decken solche Hündinnen nur zur Hochbrunst, was natürlich für eine wirkliche Befruchtung von großer Wichtigkeit ist.

Hier noch eine weitere Beobachtung. Es gibt zwischen Hunden ausgesprochene Sympathien, aber auch Ablehnungen. So wurde unserem sehr erfahrenen Rüden mehrfach eine bildschöne Hündin zugeführt, die er ohne jeden erkennbaren Grund strikt ablehnte. Für ihn roch sie schlecht. Befand sie sich in Hochbrunst, versuchte sie ihn zu animieren, dann biß er sie energisch ab, war keinesfalls zur Paarung bereit. Und diese Hündin wurde am selben Tag von einem anderen Rüden erfolgreich gedeckt! – Es gibt auch Hündinnen, die mit einem Rüden zusammenleben, sich ausschließlich von diesem decken lassen.

Zum Schluß verweise ich noch auf Rüden und Hündinnen, die sehr früh intensiv auf Menschen geprägt, ungenügend zur richtigen Zeit mit Hunden sozialisiert wurden. Diese sehen im Menschen den alleinigen Partner, sind freiwillig zu keiner Paarung mit Hunden bereit.

Mußte ein Paarungsversuch abgebrochen werden, weil beide Hunde oder einer von beiden die Zeit als nicht reif empfanden, dann führt der zweite oder dritte Versuch, jeweils mit etwa 12–24 Stunden Abstand, zumeist über natürliche Paarung zum vollen Erfolg. Es kann aber auch einmal zu spät, die Hochbrunst überschritten sein, die biologischen Gründe hierfür habe ich bereits eingehend dargestellt. Da hilft dann nichts als Geduld, – bis zur nächsten Hitze. Allerdings möchte ich aus meiner Erfahrung anfügen, daß bei etwa 200 erfolgreichen Deckakten mit 8 eigenen Rüden nur etwa 10 Hündinnen ungedeckt nach Hause fuhren. Es gab aber mehrfach zeitliche Verzögerungen.

Grundsätzlich trete ich für mehrmaliges Decken ein, sicherlich wurden 90% aller bei uns gedeckten Hündinnen zumindest zweimal belegt. Den Hunden macht es in aller Regel Freude, die Wahrscheinlichkeit des Erfolges wird wesentlich erhöht. Das ist ganz einfach aus den biologischen Gegebenheiten zu erklären. Wir haben gesehen, daß der Zeitpunkt der Ovulation entscheidend ist, da nur dann befruchtungsfähige Eier vorhanden sind. Berücksichtigt man die Lebensdauer der Spermien und führt man zwei Deckakte mit einem Abstand von 36–48 Stunden durch, dann kann man davon ausgehen, daß über einen Zeitraum von 60–70 Stunden in den Genitalien der Hündin aktive, gesunde Spermien zur Befruchtung bereitstehen. Durch das zweimalige Decken wird die Schwierigkeit der exakten Bestimmung der Ovulation weitgehend kompensiert. Wir konnten allerdings zuweilen feststellen, daß unsere Rüden den zweiten Sprung verweigerten, wenn die Hitze bei der Hündin bereits abklang. Interessanterweise trugen trotzdem alle diese Hündinnen, da naturgemäß der Sprung 48 Stunden zuvor bei befruchtungsfähigen Eiern voll ausreichte.

Ich habe versucht, Ihnen in diesem Kapitel das natürliche Paarungsverhalten unserer Hunde vorzustellen, und das, was die Menschen daraus gemacht haben. Ich würde mich freuen, wenn möglichst viele Hundebesitzer dazu übergingen, bei der Paarung mehr dem gesunden Instinkt ihrer Tiere zu folgen als der eingefahrenen Routine. Der unbestreitbare Vorzug der natürlichen Paarung liegt nicht zuletzt darin, daß sie in aller Regel am richtigen Tag erfolgt, wodurch natürlich die Wahrscheinlichkeit eines Erfolges wesentlich steigt.

Und wenn trotzdem Ihre Hündin leer bleibt? Dann liegt mit allergrößter Wahrscheinlichkeit eine Erkrankung eines der Tiere vor. Beim Rüden ist die Kontrolle recht einfach. Man braucht nur einen darin wirklich erfahrenen Tierarzt, der Samen entnimmt, diesen fachmännisch untersucht. Daß dies doch nicht ganz so einfach ist, das sehen wir noch in dem nachfolgenden Kapitel über künstliche Besamung. Dennoch sind diese Untersuchungen wesentlich weniger kompliziert als die bei unseren Hündinnen.

Und welche Ursachen gibt es bei den Hündinnen? Ich darf hier nur ein einziges Beispiel aus der eigenen Erfahrung anführen. Wir hatten eine Hündin, die bei zwei Deckakten hintereinander mit als fruchtbar bekannten Rüden leer blieb. Da erhielten wir als »Geheimtip« aus England die Information, daß erfahrene englische Züchter in solchen Fällen ihrer Hündin etwa 12–24 Stunden vor dem Deckakt ein Langzeitantibiotikum spritzen ließen, damit sei das Problem gelöst. Das war Anfang der 60er Jahre. Etwas zögernd folgte ein Tierarzt dieser Empfehlung. Und siehe da, die Hündin brachte einen schönen Wurf. In der recht stattlichen Kleintierpraxis in Köln wurde dies das Rezept, mit dem ⅔ der gleichfalls leerbleibenden Hündinnen geheilt wurden. Trotzdem fuhren wir später in Wien von Tierarzt zu Tierarzt, die alle nie etwas davon gehört hatten, sich weigerten, »grundlos« Antibiotika zu spritzen. Wir haben aber dennoch einen gefunden und erhielten einen schönen Wurf aus dieser Paarung.

Heute gehört es zu den Routineuntersuchungen guter Kliniken, beim Abstrich gleichzeitig die Vagina auf bakterielle Infektionen zu untersuchen. Nicht selten wird dabei ein hoher Keimbefall festgestellt. Durch diesen Keimbefall wird das Scheidenmilieu verändert, der in die Scheide ejakulierte Samen geschädigt. Und diese Verkeimung der Genitalien wird durch Antibiotika in hoher Dosis beseitigt. Gestatten Sie mir an dieser Stelle eine Klarstellung: Diese Behandlung erfolgt vor der Paarung! Ich muß ausdrücklich darauf hinweisen, daß hohe Dosen von Antibiotika während der Schwangerschaft einer Hündin leicht zu Mißbildungen führen!

Neben dem Keimbefall in der Scheide können unter anderem folgende Störungen der Befruchtungsfähigkeit einer Hündin vorliegen:
a) mangelnde Hormonproduktion
b) übermäßige Hormonproduktion
c) Hemmung des Eisprungs.

Die Universitätsklinik für Geburtshilfe, Gynäkologie und Anthrologie an der Veterinärmedizinischen Universität Wien unter dem Vorstand von Professor Dr. K. Arbeiter hat seit Anfang der 70er Jahre einen eigenen »Züchterdienst« entwickelt, durch den Zuchthündinnen systematisch untersucht und betreut werden. Dieser Züchterdienst umfaßt:

1. Eine vorbereitende Untersuchung direkt zu Beginn der Läufigkeit.

2. Bestimmung des richtigen Decktermins. Scheidenabstriche ab dem 5. Tag nach der Blutung in ein- bis zweitägigem Abstand. Hierbei wird auch der Hormonspiegel kontrolliert.

3. Laufende Kontrolluntersuchungen nach der Paarung bis etwa zum 28. Tag nach dem Decktermin. Zu diesem Zeitpunkt ist in der Regel eine klare Aussage über die Trächtigkeit möglich.

Viele Leser werden bedauernd feststellen, daß Wien doch recht weit ist, der Hundebesitzer auch schwerlich für 4–5 Wochen seinen Wohnsitz nach Wien verlegen kann, um seiner Hündin einen solchen optimalen Service angedeihen zu lassen.

Nun, zunächst halte ich dieses Kontrollsystem nur dann für angezeigt, wenn Schwierigkeiten vorhanden sind. Und ich möchte optimistisch behaupten, daß höchstens jede zehnte Hündin einer solchen Betreuung bedarf. Für komplizierte Fälle stellt es aber selbstverständlich einen Idealservice dar!

Im übrigen gibt es sehr viele gute Tierärzte und Tierkliniken, die zu fachkundiger Betreuung gleichfalls bereitstehen. Allerdings darf man sicherlich sagen, daß der praktische Tierarzt in der Regel über diese Serviceleistung nicht verfügt, zumal ihm meist die notwendigen technischen Einrichtungen fehlen. Der Hundehalter ist gut beraten, zum einen zu wissen, was medizinisch möglich und notwendig ist, zum anderen, stets seinen Tierarzt sorgfältig auszuwählen.

d) Künstliche Besamung

Wir kommen nun zu einem recht umstrittenen Thema. Es gibt viele Züchter, die erwarten aus dem Einsatz der künstlichen Besamung epochemachende Fortschritte für die Hunderassen, wäre es doch dadurch möglich, die Samen der ausgewählten Spitzenvererber weltweit einzusetzen. Andere wiederum lehnen die künstliche Besamung ausnahmslos ab, da durch sie Tiere sich fortpflanzen können, die aus gutem Grunde sonst von der Natur aus der Vererbung ausgeschlossen sind. Ziemlich unklar ist die Haltung der Zuchtvereine, die teilweise die Möglichkeit der künstlichen Besamung in ihren Zuchtordnungen noch völlig ignorieren.

Wie alles im Leben, so hat auch die künstliche Besamung mehrere Seiten, positive wie negative. Untersuchen wir doch einfach die möglichen Anwendungsgebiete, prüfen, ob diese sinnvoll erscheinen, und behandeln dann die heutige technische Ausführung.

Die Universität Wien sieht folgende Anwendungsgebiete für die künstliche Besamung:

1. Überwindung anatomischer Deckhindernisse.
2. Deckunwilligkeit des Rüden – Paarungsverweigerung der Hündin.
3. Besamung mit Gefriersperma.

Es ist unbestritten, daß eine ganze Reihe der großen Hunderassen aufgrund ihrer übertriebenen Gewichte Paarungsschwierigkeiten haben. Andere Rassen wiederum weisen inzwischen eine so schwache Hinterhand auf, daß vielen Rüden anatomisch einfach das Besteigen der Hündin unmöglich ist. Bei solchen Gegebenheiten meine ich, daß der Einsatz der künstlichen Besamung ein Vergehen an der Gesundheit unserer Hunderassen ist. Der Züchter hat die Verantwortung, gesunde Tiere zu züchten. Gesunde Tiere sind paarungsfähig. Leider hat der Spieltrieb des Menschen, die Neigung zu züchterischen Übertreibungen, Krüppelzüchtungen hervorgebracht. Ein verantwortungsbewußter Tierarzt sollte sein Wissen nicht zur Verfügung stellen, um solchen züchterischen Entartungen über die künstliche

Besamung eine Fortpflanzung zu ermöglichen. Eine ganz rigorose Haltung ist hier angezeigt, sie sollte in den Zuchtbestimmungen der entsprechenden Rassen klar niedergelegt werden.

Wo viel Schatten ist, da gibt es auch Licht. Ich kenne eine einzige Ausnahme bei der Ablehnung der künstlichen Besamung bei anatomischen Defekten: Das ist der wertvolle Vererber, der durch einen nachgewiesenen Unfall verkrüppelt ist. Ich denke an einen Zuchtrüden, der ein Bein verliert, aber einer Hunderasse viel zu geben hätte. Dies würde sicherlich eine Ausnahmeregelung rechtfertigen, da ein durch Unfall verlorener Lauf sich sicherlich nicht vererbt.

Weniger eindeutig liegen Pro und Contra bei der zweiten Indikation, Deckunwilligkeit bzw. Paarungsverweigerung. Ich bin durchaus bereit, im Grundsatz zu empfehlen, Tieren, denen der Paarungswillen fehlt, gleichfalls das Hilfsmittel der künstlichen Besamung zu verweigern. Der Grundsatz, daß solche Tiere in aller Regel eine Zucht nur belasten, nicht fördern, ist absolut richtig. Fortpflanzungswille und Fortpflanzungsfähigkeit sind wichtige Bestandteile des natürlichen Verhaltensinventars eines jeden Lebewesens. Von der Natur werden solche Instinktausfälle von der Fortpflanzung ausgeschlossen, – der Mensch sollte sich dieser Weisheit anschließen, der Natur nicht ins Handwerk pfuschen.

Hier gibt es interessante Grenzfälle, das möchte ich an einem Beispiel erläutern. Wir hatten einen 10 Monate alten Jungrüden, der bereits unsere eigene weiße Zuchthündin problemlos und erfolgreich gedeckt hatte, – ein echtes Naturtalent. Die zweite Hündin, die ihm zugeführt wurde, war in einer früheren Hitze bereits durch einen unserer Rüden gedeckt worden, sollte jetzt ihm zugeführt werden. Recht erwartungsvoll begegnete er seiner neuen Braut, und – es wurde eine fürchterliche Beißerei! Was wir da noch nicht wußten, diese Hündin, selbst gestromt, »stand auf weiß«, machte auch künftig farbigen Bull Terriern gegenüber Terror, und unser Jungrüde war ihr erstes Opfer. Ich sprach schon von gestörtem Sozialverhalten von Kampfhunderassen, der Rüde blieb trotz seiner Jugend seiner »Braut« nichts schuldig. Die zwei kollerten einen dicht bewachsenen Rosenhang hinunter; es dauerte etwa 5 Minuten, bis ich mich durch das Dornengestrüpp zu den noch immer kämpfenden Hunden durchgearbeitet hatte, sie trennen konnte. Von da an war der Rüde sehr schwierig. Friedliche Hündinnen wollte er wohl decken, aber das erste Knurren konnte sofort wieder einen erbitterten Kampf auslösen. Und um unsere Nerven und die der Hündinnenbesitzer zu schonen, paarten wir von da an diesen Rüden grundsätzlich nur noch durch künstliche Besamung.

Ich habe bereits gesagt, dies war ein Grenzfall, ein Zugeständnis an erstklassige Abstammung, sehr gutes Wesen und gute Anatomie. Ich akzeptiere heute durchaus auch eine Meinung, die besagt, daß Hunde – ganze Hunderassen –, bei denen selbst in der Hochbrunst der Kampftrieb den Sexualtrieb auslöscht, sich vielleicht besser nicht fortpflanzen sollten. Es wird immer von Fall zu Fall zu entscheiden sein, unter Abwägung aller Vorteile und Nachteile.

Zusammenfassend möchte ich sagen, daß in aller Regel psychische Probleme ebenso wenig eine künstliche Besamung rechtfertigen wie physische. Es muß Gewähr gegeben sein, daß über die künstliche Besamung die Hunderasse nicht geschädigt wird, Krüppel und wesensgestörte Hunde aus der Zucht ausgeschaltet bleiben. Meines Erachtens liegt bei den Instituten und den Tierärzten hier eine ganz große Verantwortung.

Es bleibt eigentlich nur noch die dritte der von Wien aufgezeigten Indikationen, das ist der Einsatz von tiefgefrorenem Sperma zur Nutzung wertvoller Deckrüden über mehrere Länder. Diesem Einsatz möchte ich von ganzem Herzen zustimmen, wenn einwandfrei nachgewiesen ist, daß der samenspendende Zuchtrüde im Regelfall einwandfrei deckt, also natürlichen, guten Paarungstrieb besitzt.

Denken Sie einmal an Quarantänegesetze, die den Zuchtverkehr mit einer Reihe von für die Hundezucht wichtigen Ländern blockieren, denken Sie an Entfernungen von Kontinent zu Kontinent. Da ist es sicher einfacher, tiefgefrorenes Sperma in Kühlbehältern zu transportieren als unsere Hunde. Ich bin davon überzeugt, daß der wissenschaftliche Fortschritt bei der künstlichen Besamung zahlreichen Hunderassen entscheidend weiterhelfen könnte. Diese Technik ist heute so abgesichert, daß nach den bisherigen Ergebnissen mit tiefgefrorenem Sperma (Erfolgsquote ca. 50%) nahezu die gleiche Wahrscheinlichkeit eines Wurfes besteht wie bei der direkten Paarung. Daß ein solcher Zuchtverkehr mit Sperma sorgfältiger Kontrolle bedarf, erscheint mir selbstverständlich. Es muß die absolute Gewähr gegeben sein, daß der tatsächlich in einem anderen Lande stehende, in der Ahnentafel ausgewiesene Rüde der Vater der Jungtiere ist. Betrügereien wären hier sonst noch leichter als im normalen Zuchtverkehr. Es gibt umfassende Erfahrungen mit künstlicher Besamung bei anderen Tierarten, auf die man sicherlich zur Abstammungssicherung zurückgreifen kann. Glücklicherweise haben die Wissenschaftler über die Gentechnologie Kontrollmöglichkeiten geschaffen, die Fälschungen wesentlich erschweren, Abstammungskontrollen ermöglichen.

Aus der Sicht des Fortschrittes in der Hundezucht, der Überwindung von Zeit und Raum, hat die künstliche Besamung einen hohen Stellenwert. Nicht zuletzt aus diesem Grunde will ich nachstehend auf die Technik der künstlichen Besamung ausführlich eingehen.

Die künstliche Entnahme von Spermien bei Rüden ist sehr viel komplizierter als beim Menschen. Gut erinnere ich mich eigener Erfahrungen. So kauften wir Mitte der 60er Jahre einen »Zuchtrüden« aus England, der schon mehrere Würfe gezeugt haben sollte. Wir besaßen sogar bildschöne Fotos »seiner Nachkommen«. Nur bei uns, – da klappte es einfach nicht. Er war recht deckunwillig, hatte er doch einmal gedeckt, gab es keine Welpen. Wir fuhren in eine recht renommierte Universitätsklinik, hier wollte man dem Rüden Sperma entnehmen. Kam da doch ein junger Tierarzt, brachte einen Riesenapparat, den man »künstliche Scheide« nannte, damit wollte er Sperma entnehmen. Etwas Unerotischeres konnte ich mir eigentlich nicht vorstellen, mein Rüde auch nicht! Der arme Kerl wurde einen halben Tag mit dem Instrument geplagt, Sperma gab er aber nicht ab. Man führte ihm am nächsten Tag eine heiße Hündin zu, diese Probepaarung brachte das Ejakulat. Diese und spätere Untersuchungen in zwei weiteren Instituten ergaben dann, daß er mit absoluter Sicherheit nie befruchtungsfähige Spermien hatte. »Seine Kinder« waren ihm in einem größeren Zwinger offensichtlich unterschoben worden, um ihn als Deckrüden verkaufen zu können.

Gleich noch ein zweites Beispiel zum gleichen Problemkreis. Einer unserer

Rüden setzte nach etwa 20 Würfen aus, drei Hündinnen nacheinander blieben trotz einwandfreiem Deckakt leer. Also, – Untersuchung des Spermas. Wir fuhren zu einem wohlbekannten Kleintierspezialisten, waren eigens der Sicherheit wegen etwa 200 km gereist. Telefonisch war uns zugesichert, daß Spermauntersuchungen zur Routinearbeit der Tierklinik gehörten. Da wurde der Rüde in einem kleinen Behandlungszimmer auf den Tisch gestellt, der Assistenzarzt versuchte, durch Manipulation Samen zu gewinnen. Dieses Sprechzimmer hatte aber offensichtlich gleichzeitig eine Funktion als Durchgangszimmer, so etwa jede Minute kam eine andere Mitarbeiterin herein, um etwas zu holen oder zu fragen. Auch dies war für unseren Rüden wenig erotisierend, so behielt er lieber seine Spermien für sich.

Eine ganz eindeutige Aussage! Die Samenentnahme beim Rüden erfordert den Spezialisten, es bedarf der Routine, – wenn man die hat, dann geht es wirklich leicht. Man muß aber unbedingt die Psyche der Tiere berücksichtigen, die Hunde erotisieren und die Technik beherrschen. So darf ich die Prozedur aus persönlicher Anschauung am »Institut für künstliche Besamung (K. I.)« der Universität Utrecht schildern. Hier wird grundsätzlich verlangt, daß zur Stimulierung des Rüden eine hochheiße Hündin zur Verfügung steht, bei der Durchführung der künstlichen Besamung direkt vom Rüden zur Hündin eine Selbstverständlichkeit. Nun versucht man, die Hündin den Rüden stimulieren zu lassen, Schnupperkontakt an den Genitalien der Hündin ist optimal, gleichzeitig massiert der Fachmann den Penis des Rüden langsam bis zum Ausschachten (vergleiche Abb. 55 »Spermienentnahme«). Dabei wird zunächst die den Penisschaft umschließende Haut langsam zurückgeschoben, ganz bis hinter die zwiebelförmigen Schwellkörper am Ende des Penisschafts. In dieser Stellung wird der Penis oberhalb der Schwellkörper zwischen Daumen und Zeigefinger fixiert. Dabei drückt der Daumen auf den Penisschaft, die Venen werden zugedrückt, der Handkörper preßt gegen die Schwellkörper. Gleichzeitig wird der Penisschaft im Bereich der Harnröhre unten mit den übrigen Fingern leicht massiert. Dadurch tritt eine volle Erektion des Penis ein, die Ejakulation erfolgt.

Nun wird mit einer flachen Glasschale das Sperma aufgefangen (vergleiche Abb. 56 »Auffangen des Ejakulats«). Dabei tippt und reibt die Penisspitze wiederholt gegen das Glas, was offensichtlich die Ejakulation fördert. In aller Regel werden so etwa 0,5–1 ccm des zweiten Ejakulats aufgefangen.

Nun erfolgt die Beurteilung des Ejakulats, einmal nach Volumen, Farbe und Konsistenz, dann unter dem Mikroskop nach Beweglichkeit, Dichte und abweichenden pathologischen Formen. Nachstehend eine Übersicht der »Normalwerte beim Rüden – Hauptsekret« nach den Unterlagen der Universität Wien:

Tabelle Nr. 4: Normalwerte beim Rüden.

Volumen ml.	Farbe	Hauptsekret		Dichte $\times 10^6/mm^3$	Path. Formen %
		Konsistenz	Mobilität %		
0,5–1	grauweiß	milchig m/w	> 70	> 100.000	< 25

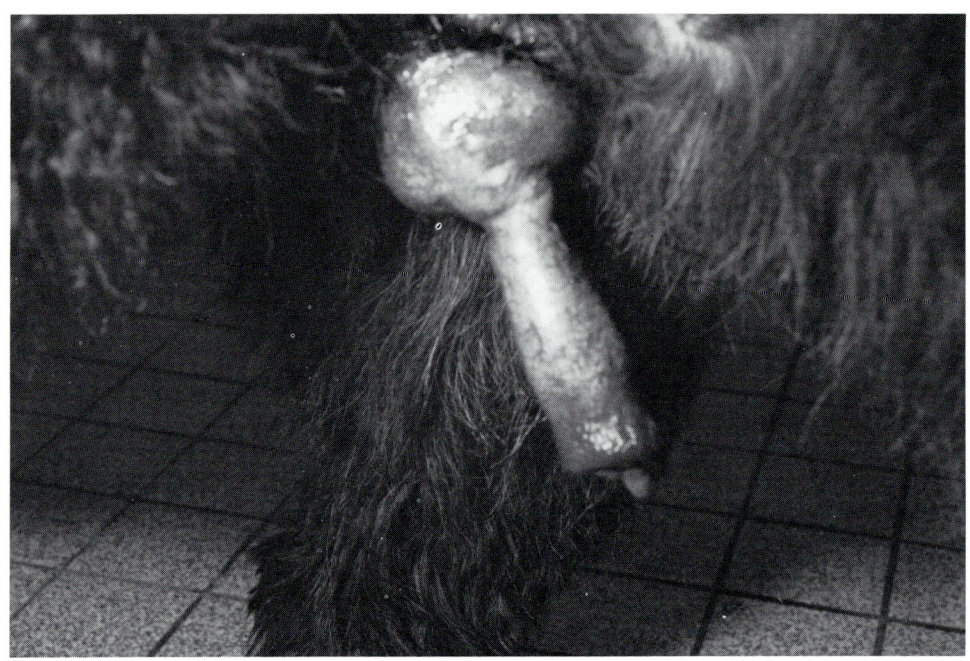

Abb. 55: Künstliche Besamung. Spermienentnahme.

Abb. 56: Künstliche Besamung. Auffangen des Ejakulats.

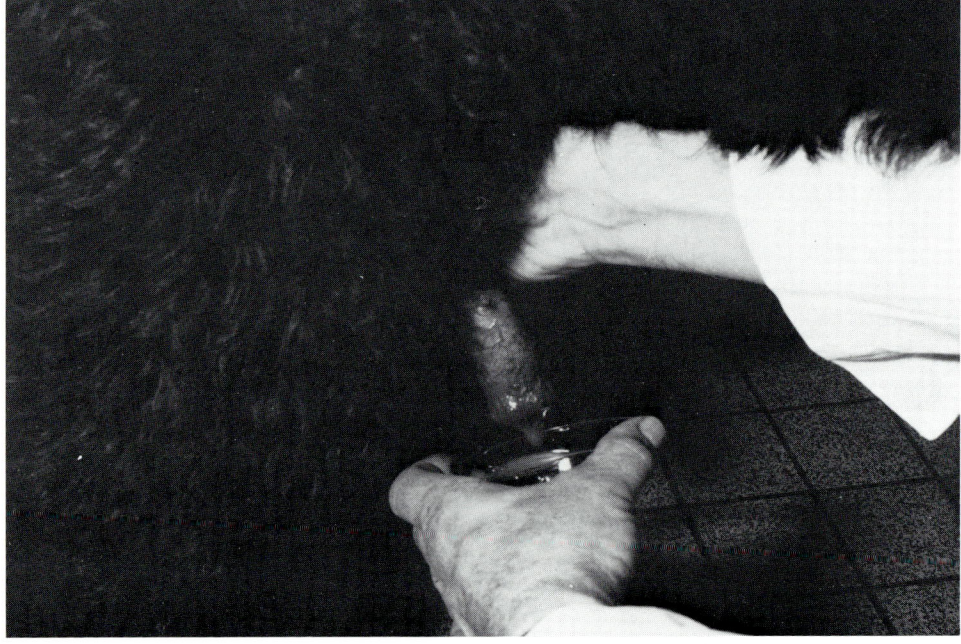

Wir kennen dies bereits aus unserer Besprechung der Spermienbeurteilung bei der Anatomie des Rüden. Fällt die Qualitätsprüfung des Samens positiv aus, wird das Ejakulat verdünnt, hier gibt es verschiedene, auf Milch und Eidotter basierende Substanzen. Die sonst aus dem dritten Ejakulat stammende Flüssigkeitsmenge muß hierdurch ersetzt werden, damit die Spermien über die größere Flüssigkeitsmenge bis hinauf in Gebärmutterhörner und Eileiter gelangen. Diese Samenflüssigkeit wird nun mit Instrumenten in die Genitalien der Hündin eingeführt, sie kann aber auch durch Schockfrosten konserviert, in diesem Zustand transportiert und dann an anderer Stelle zur Besamung einer Hündin verwendet werden.

Gehen wir einmal davon aus, daß die Hündin, die wir unserem Rüden schon als Stimulanz präsentiert haben, auch mit dem gewonnenen Samen künstlich befruchtet werden soll. Jeder vernünftige Tierarzt führt erst einen Abstrich durch, um zu wissen, in welchem Stadium des Östrus die Hündin steht, gleichzeitig prüft er die Vagina auf eventuellen Keimbefall. Ist dies alles für gut befunden, erfolgt die Besamung.

Die notwendigen technischen Gerätschaften zeigt unsere Abb. 57. Zum einen den flachen Glasbehälter, mit dem wir das Ejakulat des Rüden aufgefangen haben, zum anderen eine Pipette, – je nach Hündinnengröße 25–40 cm lang. Diese Pipette ist am Ende mit einer Injektionsspritze von 10 ml Fassungsvermögen über ein gebogenes Verbindungsstück gekoppelt. Die Form des Instruments ist auf unseren Abbildungen gut zu erkennen.

Das verdünnte Sperma – zumindest 100 Millionen bewegliche Samenzellen enthaltend – wird in der Spritze über die Pipette aufgezogen. Das freie Ende der Pipette macht man durch ein neutrales Gleitmittel geschmeidig. Der Hündinnenbesitzer hält die normal auf allen vier Läufen stehende Hündin fest, der Tierarzt führt vorsichtig durch die Labien die Pipette in die Vagina ein und schiebt sie möglichst weit nach oben (Abb. 58). Hierzu bedarf es exakter anatomischer Kenntnisse. Zum einem muß die Pipette vorsichtig an der Clitoris vorbeigeführt werden, zum anderen darf man auf dem Weg zum Uterus sich keinesfalls in die Blasenöffnung verirren. Ist in der Vagina etwas Raum, dann hilft der tastend mit eingeführte Finger, den richtigen Weg bis möglichst nahe zum Gebärmutterhals zu finden. Optimal ist es, wenn die Pipette bis zum Uterus durchkommt, das ist bei dieser Methode aber nicht immer möglich. Hat man die Pipette richtig plaziert, wird ein kleiner Teil der Spermienflüssigkeit langsam eingespritzt, dann versucht man erneut, ob man mit der Pipette noch etwas weiter vordringen kann, danach drückt man den Rest der Flüssigkeit über die Spritze langsam in die Genitalien der Hündin.

Ist die gesamte Samenflüssigkeit in der Hündin, zieht man langsam die Pipette wieder heraus. Die Hündin wird hinten angehoben, ohne dabei auf den Bauch zu drücken. Möglichst schnell verschließt man die Scheide der Hündin mit einem möglichst tief in sie eingeführten Finger. Kraulen an der Schwanzwurzel mit der einen Hand, leichte Massage an der Clitoris mit den freien Fingern der eingeführten Hand stimulieren die Hündin. Ziel der ganzen Prozedur ist letztendlich die Imitation des »Hängens«. Durch die Manipulation entstehen in den Genitalien der Hündin Reflexe, durchaus den beim »Hängen« beobachteten wellenförmigen

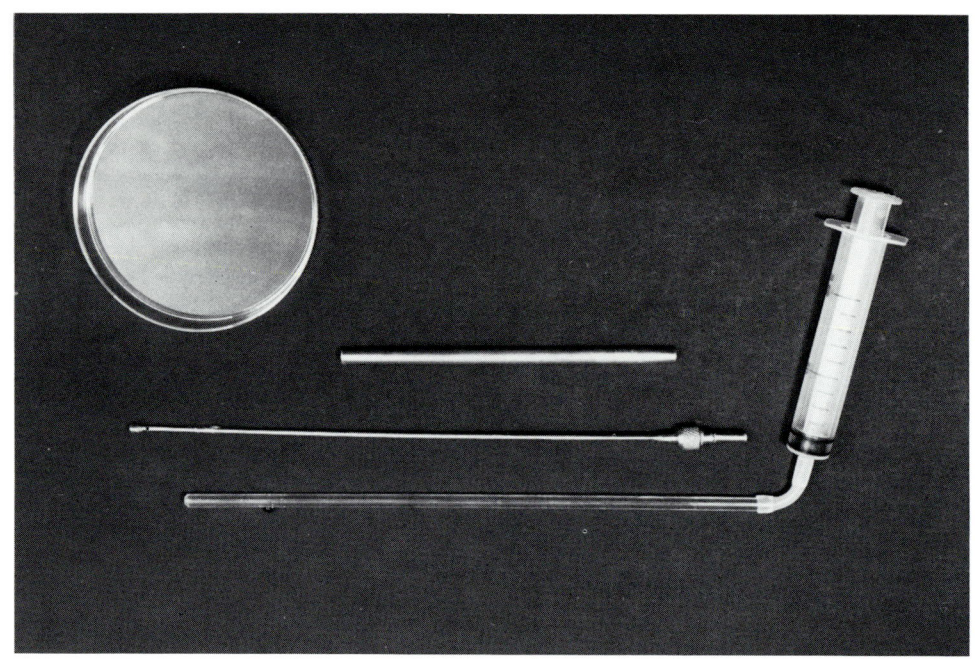

Abb. 57: Künstliche Besamung. Technische Gerätschaften.

Abb. 58: Künstliche Besamung. Einführung der Samenflüssigkeit mit Pipette.

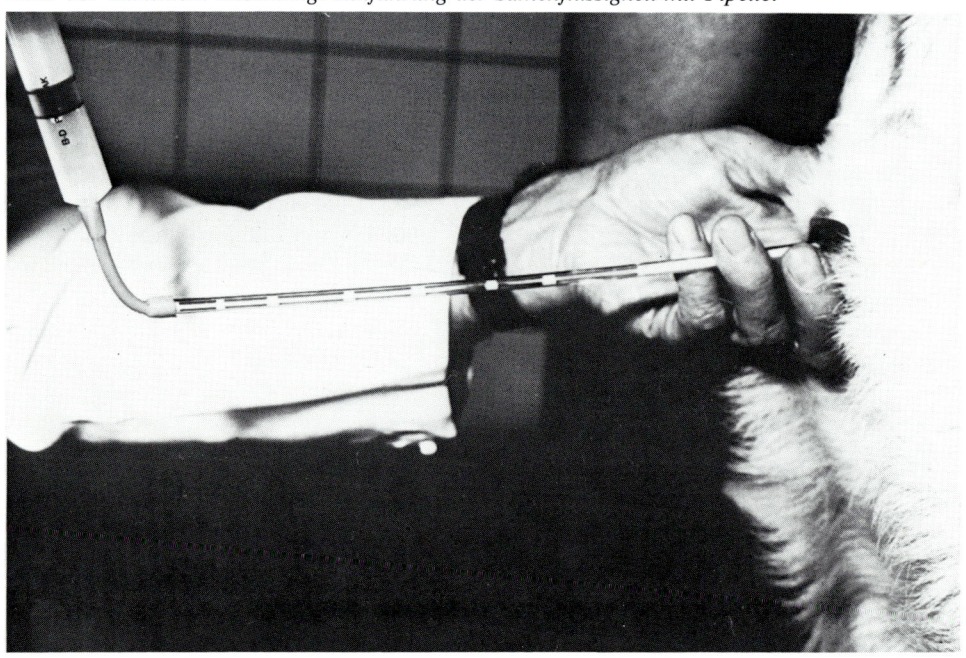

Bewegungen vergleichbar. Hierdurch wird die Wanderung der Spermien in Richtung auf die Eileiter aktiv stimuliert. – Wie erfolgreich dies der Fachmann mit geschickten Händen vermag, ist an der Reaktion der Hündin nach dem langsamen und vorsichtigen Zurückziehen der stimulierenden und abschließenden Hand zu erkennen. Ich habe bei einzelnen Hündinnen beobachtet, daß diese sich genauso erregt zeigten wie nach dem echten »Hängen«, sich ins Auto zurückgebracht mit einiger Zerstörungslust abreagierten.

In den letzten Jahren wurde dieses Verfahren noch dahingehend verbessert, daß es heute möglich ist, über einen Vaginaltubus eine Inseminette so tief in die Hündin einzuführen, daß durch dieses Gerät die Samenflüssigkeit durch den Gebärmutterhals (Cervix) direkt in die Gebärmutter (Uterus) gelangt, was die Erfolgschance nochmals erhöht. Aber bereits mit der von uns dargestellten Pipette werden bei der künstlichen Besamung Erfolgsziffern von etwa 60% erreicht. Dabei ist es – je nach Stand des Östrus – sehr ratsam, auch die künstliche Besamung nach Möglichkeit mit einem Abstand von 24–48 Stunden zu wiederholen. Die Erfolgsaussichten werden hierdurch erhöht.

Bei der Berechnung der Erfolgsquoten dieser künstlichen Besamung in Utrecht ist unbedingt zu berücksichtigen, daß in allererster Linie nur solche Paare überhaupt in das Institut gebracht werden, bei denen mehr oder weniger große Probleme vorliegen. Im Hinblick darauf ist die Aussage von Professor Hendrikse beachtlich, daß in allen den Fällen, in denen Abstrich und Samenqualität einwandfrei waren, immerhin eine Erfolgsquote von 60% erreicht wurde. Im normalen Zuchtverkehr gilt eine Erfolgsquote von 60–70% als normal.

Nun ist aber bei einem solchen Institut, das übrigens über Jahre für die Züchter nahezu kostenlos seine Dienste anbot, auch der Faktor Mensch bei der Errechnung von Erfolgszahlen zu berücksichtigen. So ergaben die Abstriche, daß etwa 25% der Hündinnen am falschen Tag kamen. Eine nicht kleine Zahl von Züchtern war nur bereit, am Wochenende anzureisen, kehrte auch dann nicht zu einer Wiederholungsbesamung zurück, wenn sich dies aus dem Abstrich der Hündin dringend empfahl.

In einem Jahr kamen insgesamt 2.776 Paare nach Utrecht, aus der hier durchgeführten künstlichen Besamung entstanden 1.155 Würfe, das ist eine Erfolgsquote von 41,6%. Trotz des guten und preiswerten Services in Utrecht blieben von einer ganzen Reihe von Züchtern die vereinbarten Erfolgs- oder Mißerfolgsmeldungen aus. Fehlende Meldungen werden als ergebnislose Paarungen gewertet, hier liegt aber eine weitere Dunkelziffer.

Ich habe mir von Professor Hendrikse auch einmal die Erfolgsauswertungen auf einzelne Rassen bezogen erbeten, daraus entstand nachstehendes Bild:

Tabelle Nr. 5: Erfolgsquoten der künstlichen Besamung nach einzelnen Hunderassen.

Hunderasse	Erfolgsquote %	Hunderasse	Erfolgsquote %
Stafford Bull Terrier	66,0	Boston Terrier	55,8
Whippet	57,0	Huskie	55,0

Hunderasse	Erfolgsquote %	Hunderasse	Erfolgsquote %
Shi Tzu	53,0	Bull Terrier	39,7
Teckel	52,3	Boxer	36,8
Basset	50,7	Bobtail	35,0
Spaniel	50,0	Airedale	31,8
Sheltie	50,0	Bernhardiner	30,0
Yorkshire	48,0	Bouvier	28,0
West Highland	43,0	Samojede	20,8
Schnauzer	40,0	Afghane	19,0

So mancher Züchter, vielleicht auch mancher Zuchtverein, stellt wahrscheinlich beim Lesen dieser Zahlen erstmals fest, daß es in seiner Rasse so etwas wie künstliche Besamung gibt. Dabei möchte ich anmerken, daß obige Übersicht nicht vollständig ist, sondern hier nur Hunderassen aufgeführt sind, die eben mit einer gewissen Häufigkeit in Utrecht künstlich besamt werden.

In diesem Zusammenhang möchte ich aber gerne noch einmal auf unser Tabelle 3 zurückkommen, die wir aus unserer Besprechung der Sperma-Kontrolle ja bereits kennen. Diese enthielt eine Übersicht über die Samenqualität verschiedener getesteter Hunderassen. Aus den in der alten Tabelle enthaltenen 28 Hunderassen möchte ich hier nur 10 herausgreifen, von denen für die Untersuchungen die meisten Ejakulate zur Verfügung standen. Sicher ist der Schluß zutreffend, daß gerade bei diesen Hunderassen die künstliche Besamung eine relativ gewichtige Rolle spielt.

Tabelle Nr. 6: Hunderassen, bei denen die künstliche Besamung von größerer Bedeutung ist.

Rasse	Anzahl der untersuchten Ejakulate	Rasse	Anzahl der untersuchten Ejakulate
Neufundländer	158	Rottweiler	81
Greyhound	146	Afghane	79
Golden Retriever	129	Basset	75
Boston Terrier	125	Dachshund	69
Bouvier	84	Deutscher Schäferhund	65

Diese Zahlen wurden im Jahre 1984 veröffentlicht. Für mich war eine Aussage von Professor Hendrikse erschreckend, wonach beispielsweise bei Neufundländern ein weitgehendes Versagen der Rüden beim Besteigen der Hündin die künstliche Besamung häufig erforderlich macht. Sicherlich muß man sich auch die Tatsache vor Augen halten, daß in dieser Klinik die künstliche Besamung praktisch ausschließlich von Rüde zu Hündin direkt erfolgt, das von mir aufgezeigte breite Feld der künstlichen Besamung mit in anderen Ländern entnommenen Spermien bei diesem Zahlenmaterial praktisch überhaupt keine Rolle spielt.

Ich muß es noch deutlicher sagen: Die höchst anerkennenswerte Forschungsarbeit konzentriert sich auf die Einsatzgebiete, bei denen anatomische oder psychische Störungen vorliegen. In meinem Kapitel 5 über die Zuchthündin habe ich die englische Wissenschaftlerin M. J. Freak aus dem Jahre 1962 zitiert, die Tierärzten und Züchtern die Mitverantwortung zuweist, daß so viele Hündinnen heute nicht mehr in der Lage sind, Welpen ohne Kaiserschnitt zu gebären. Das Gebärvermögen müsse für die Rassehundezucht eines der wichtigsten Selektionsmerkmale sein. Vielleicht darf ich diese Formulierung ergänzen. Nach meiner Überzeugung hat das Vermögen, sich ohne instrumentale Hilfe fortzupflanzen, zumindest den gleich hohen Stellenwert!

Ja zur künstlichen Besamung, um große Entfernungen zwischen den Kontinenten zu überwinden, oder wenn Quarantänebestimmungen einem sinnvollen Zuchtaustausch im Wege stehen. Hier geht man bei der Übertragung von tiefgefrorenem Sperma heute von einer Erfolgsquote von etwa 50% aus. Mit der besprochenen generellen Anwendung von Vaginaltubus und Inseminette könnte sich dieser Wert durchaus um weitere 10% anheben.

Im Interesse der Gesunderhaltung unserer Rassehunde ein striktes Nein zu all den Samenübertragungen, die sich aus anatomischer oder psychischer Unfähigkeit zur Fortpflanzung ergeben, es sei denn, es besteht die Gewähr, daß sich die vorliegenden Behinderungen nicht vererben. Hunderassen, bei denen die künstliche Besamung in größerem Umfang zum Fortbestand der Rasse notwendig ist, stehen im Widerspruch zu dem obersten Zuchtziel: Der Zucht gesunder Rassehunde!

8. Die Tragezeit

Unser Hundepaar haben wir verlassen, nachdem sich die Koppelung gelöst hatte, beide sich zu einem ruhigen Stündchen Schlaf zurückzogen. Seinen Teil für die Nachkommenschaft hat unser Rüde nun geleistet, ihn treffen wir frühestens wieder bei der Erziehung der heranwachsenden Welpen. Was aber geschieht in den nun folgenden neun Wochen in den Genitalien der Hündin?

Es gibt Untersuchungen, danach treffen die ersten Samenzellen bereits 25 Sekunden nach der Ejakulation am obersten Ende der Gebärmutterhörner in der Eileitermündung ein. Wir wissen um das Zusammenwirken von Spermieneigenbewegung, Kontraktionen der Gebärmuttermuskulatur und dem Einspüleffekt des dritten Ejakulats. Im Eileiter treffen Spermien und Ei aufeinander. Das Spermium dringt in die Eizelle ein, – nur jeweils der Kopf einer einzigen Samenzelle durchbohrt die Eihaut. Dabei wird der Spermienschwanz abgestoßen, er diente ja ausschließlich der nun nicht mehr notwendigen Fortbewegung.

Aus der Vereinigung von Eizelle mit Samenzelle entsteht eine Zygote, in der die Erbanlagen beider Elterntiere sich vereinigt haben. Durch Teilung der Zygote entsteht die Plastozyste, die Keimblase. Durch Zellteilung vergrößert sich nun der Keimling laufend. In einem Zeitraum von etwa 8 Tagen wandert der Winzling durch den Eileiter zur Gebärmutter herunter, bei seiner Ankunft hat er die Gestalt einer winzigen Maulbeere, daher seine Bezeichnung Morula. Um kein Mißverständnis aufkommen zu lassen, die Morula ist zwar das Ergebnis zahlreicher Zellteilungen, dieser kompakte Zellhaufen ist aber noch kaum größer geworden als die ursprüngliche Winzigkeit des unbefruchteten Eies, und dieses hatte einen Durchmesser von einem Hundertachtzigtausendstel Millimeter! Hier bleibt dem Laien eigentlich nur ein achtungsvolles Staunen, in welchem Umfange es den Wissenschaftlern gelungen ist, alle diese Einzelvorgänge aufzuklären und zu verfolgen!

Mit ihrer Ankunft in der Gebärmutter verwandelt sich die Morula in die Blastula. Die Blastula nistet sich in der Gebärmutterschleimhaut ein, das nennt man die Nidation. Sie ist etwa am 18. Tag nach der Befruchtung abgeschlossen, damit beginnt das Stadium der eigentlichen Trächtigkeit.

Bis zum Eintritt in die Gebärmutter ernährt sich die Morula aus den Sekreten des Eileiterepithels, mit der Nidation in der Gebärmutter hat die Blastula direkten Anschluß an den mütterlichen Blutkreislauf. In den paarigen Uterushörnern liegen nach der Nidation die Embryonen einer neben dem anderen. Im Frühstadium der Tragezeit ähnelt die Gebärmutter einer Perlenkette, die Embryonen liegen in ihren einzelnen Fruchtkammern voneinander getrennt. Mit zunehmendem Wachstum der Föten gegen das Ende der Tragezeit hin verschwinden die Einschnürungen, schließlich berühren sich die einzelnen Fruchtblasen nahezu untereinander. Unsere Abb. 59 aus dem Lehrbuch von O. Zietschmann und O. Krölling vermittelt einen aufschlußreichen Einblick in die Fruchtkammer, in der ein Welpe heranwächst. Unsere Abbildung zeigt die anfänglich noch runde Form der Fruchtkam-

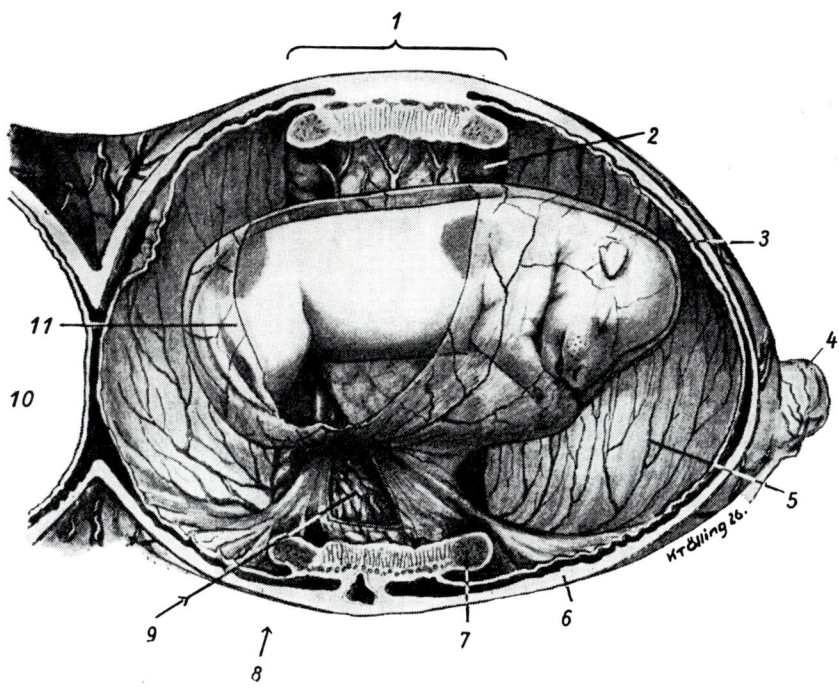

Abb. 59: Fruchtkammer des Hundes und Fruchthüllen (nach Zietschmann und Krölling, 1958);
1 Plazentagürtel, 2 Randhämatom des Plazentagürtels, 3 Allantochorion, 4 Ovarium, 5 Allanto-
isgefäße, 6 Uteruswand, 7 Randhämatom, 8 Nabelstrang mit Blutgefäßen, 9 Nabelblase,
10 Nachbarfruchtblase, 11 Allantoamnion.

mer, mit der Fortdauer der Tragezeit verändert diese ihre Form in eine langge-
streckte Ellipse.

Der einzelne Fötus ist von vier Embryonalfruchthüllen umgeben. Das Amnion
umhüllt den Welpen direkt, an der Außenseite liegt das Chorion, dazwischen
Allantois und Dottersack. Über die Allantois werden die Ausscheidungen des
Embryos zur Blase, über den Dottersack zum Darm der Mutter weitergeleitet.

Vom Chorion gehen kleine Zotten, Villi genannt, aus. Diese dringen tief in die
Uterusschleimhaut ein, bilden eine Gürtelplazenta, damit die Verbindungsstelle
zum mütterlichen Blutkreislauf, aus dem unser Embryo ernährt wird. Mit dieser
Nidation in die Gebärmutterschleimhaut ist der Embryo nicht nur mit dem
Blutkreislauf der Mutter, sondern gleichzeitig auch mit Blase und Darm ver-
bunden.

Mit zunehmendem Wachstum der Föten füllt sich die innere Hülle, – das
Amnion – mit einer Flüssigkeit, in der unser Embryo »schwimmt«. Die über die
Allantois gehenden Harnausscheidungen bilden ein zweites Flüssigkeitspolster,

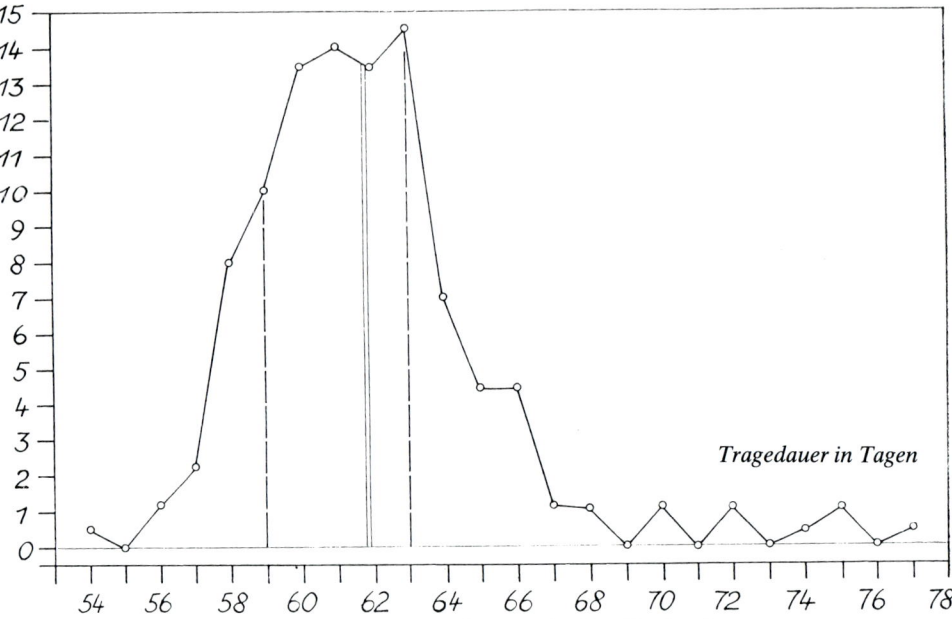

Abb. 60: Die Dauer der Tragezeit bei 184 Geburten. Quelle: Naaktgeboren.

dadurch ist der Fötus sehr gut gegen mechanische Einflüsse von außen abge-schirmt.

Die Dauer der Tragezeit wird in der gesamten Fachliteratur zunächst einmal beim Hund mit 63 Tagen angegeben. Dabei schwankt sie in breiten Grenzen, sowohl innerhalb der Rassen, als auch bei derselben Hündin von Wurf zu Wurf. Der Forscher Naaktgeboren hat 184 Geburten verschiedener Rassen ausgewertet, die Tragedauer schwankt dabei zwischen 54 und 77 Tagen (vergleiche Abb. 60).

Die überwiegende Mehrzahl der Geburten erfolgte zwischen dem 60. und 63. Tag. Schwerpunkt ist der 63. Tag. Unsere Tabelle Nr. 7 »Trächtigkeitskalender« ist auf 63 Tage Tragezeit errechnet, obwohl der von Naaktgeboren errechnete statistische Mittelwert der Tragedauer 61,95 Tage beträgt.

Die von Naaktgeboren aufgestellte Auswertung der 184 Hundegeburten auf Tragedauer und Wurfstärke (Tabelle 8) zeigt eine eindeutige Abhängigkeit dieser beiden Faktoren untereinander. Kleine Würfe kommen später, große früher. Naaktgeboren sieht Tragezeiten unter 58 Tagen und über 67 Tagen als nicht mehr normal an. Seine Untersuchungen und Schlußfolgerungen decken sich weitgehend mit denen von Dr. E. Hauck, Wien.

Aus dem Zahlenmaterial ist noch eine andere Schlußfolgerung zu ziehen, nämlich daß große Würfe mit 10 Welpen und mehr, in aller Regel vor dem 60. Tage geboren, sehr kleine Würfe meist länger als 63 Tage ausgetragen werden. Bedenklich ist die sehr lange Dauer der Tragezeit bei einfrüchtigen Würfen von über 70 Tagen. Darauf werden wir im Zusammenhang mit Geburtsschwierigkeiten noch sehr ausführlich zurückkommen.

Tabelle 7: Trächtigkeitskalender, berechnet auf 63 Tage Tragzeit.

Jan.	März	Febr.	April	März	Mai	April	Juni	Mai	Juli	Juni	Aug.	Juli	Sept.	Aug.	Okt.	Sept.	Nov.	Okt.	Dez.	Nov.	Jan.	Dez.	Febr.
Belegd.	Wurfd.	Belegd.	Wurfd.	Belegd.	Wurfd.	Belegd.	Wurfd.	Belegd.	Wurfd.	Belegd.	Wurfd.	Belegd.	Wurfd.	Belegd.	Wurfd.	Belegd.	Wurfd.	Belegd.	Wurfd.	Belegd.	Wurfd.	Belegd.	Wurfd.
1	5	1	5	1	3	1	3	1	3	1	3	1	2	1	3	1	3	1	3	1	3	1	2
2	6	2	6	2	4	2	4	2	4	2	4	2	3	2	4	2	4	2	4	2	4	2	3
3	7	3	7	3	5	3	5	3	5	3	5	3	4	3	5	3	5	3	5	3	5	3	4
4	8	4	8	4	6	4	6	4	6	4	6	4	5	4	6	4	6	4	6	4	6	4	5
5	9	5	9	5	7	5	7	5	7	5	7	5	6	5	7	5	7	5	7	5	7	5	6
6	10	6	10	6	8	6	8	6	8	6	8	6	7	6	8	6	8	6	8	6	8	6	7
7	11	7	11	7	9	7	9	7	9	7	9	7	8	7	9	7	9	7	9	7	9	7	8
8	12	8	12	8	10	8	10	8	10	8	10	8	9	8	10	8	10	8	10	8	10	8	9
9	13	9	13	9	11	9	11	9	11	9	11	9	10	9	11	9	11	9	11	9	11	9	10
10	14	10	14	10	12	10	12	10	12	10	12	10	11	10	12	10	12	10	12	10	12	10	11
11	15	11	15	11	13	11	13	11	13	11	13	11	12	11	13	11	13	11	13	11	13	11	12
12	16	12	16	12	14	12	14	12	14	12	14	12	13	12	14	12	14	12	14	12	14	12	13
13	17	13	17	13	15	13	15	13	15	13	15	13	14	13	15	13	15	13	15	13	15	13	14
14	18	14	18	14	16	14	16	14	16	14	16	14	15	14	16	14	16	14	16	14	16	14	15
15	19	15	19	15	17	15	17	15	17	15	17	15	16	15	17	15	17	15	17	15	17	15	16
16	20	16	20	16	18	16	18	16	18	16	18	16	17	16	18	16	18	16	18	16	18	16	17
17	21	17	21	17	19	17	19	17	19	17	19	17	18	17	19	17	19	17	19	17	19	17	18
18	22	18	22	18	20	18	20	18	20	18	20	18	19	18	20	18	20	18	20	18	20	18	19
19	23	19	23	19	21	19	21	19	21	19	21	19	20	19	21	19	21	19	21	19	21	19	20
20	24	20	24	20	22	20	22	20	22	20	22	20	21	20	22	20	22	20	22	20	22	20	21
21	25	21	25	21	23	21	23	21	23	21	23	21	22	21	23	21	23	21	23	21	23	21	22
22	26	22	26	22	24	22	24	22	24	22	24	22	23	22	24	22	24	22	24	22	24	22	23
23	27	23	27	23	25	23	25	23	25	23	25	23	24	23	25	23	25	23	25	23	25	23	24
24	28	24	28	24	26	24	26	24	26	24	26	24	25	24	26	24	26	24	26	24	26	24	25
25	29	25	29	25	27	25	27	25	27	25	27	25	26	25	27	25	27	25	27	25	27	25	26
26	30	26	30	26	28	26	28	26	28	26	28	26	27	26	28	26	28	26	28	26	28	26	27
27	31	27	1 (Mai)	27	29	27	29	27	29	27	29	27	28	27	29	27	29	27	29	27	29	27	28
28	1 (Apr.)	28	2	28	30	28	30	28	30	28	30	28	29	28	30	28	30	28	30	28	30	28	1 (Mrz.)
29	2			29	31	29	1 (Juli)	29	31	29	31	29	30	29	31	29	1 (Dez.)	29	31	29	31	29	2
30	3			30	1 (Juni)	30	2	30	1 (Aug.)	30	1 (Sept.)	30	1 (Okt.)	30	1 (Nov.)	30	2	30	1 (Jan.)	30	1 (Feb.)	30	3
31	4			31	2			31	2			31	2	31	2			31	2			31	4

Wie große Schwankungen der Tragezeit auch bei einem Einzeltier auftreten, das dokumentiert Naaktgeboren mit der Aufzeichnung von 6 Würfen einer Chow Chow-Hündin. Es fällt gerade bei dieser Aufstellung schwer, irgendwelche Gesetzmäßigkeiten festzustellen. Und auf die Gefahr, mich zu wiederholen, hierfür gibt

Tabelle 8: Die Abhängigkeit der Tragedauer von der Wurfgröße bei 184 Hundegeburten. Quelle: Naaktgeboren.

Welpenzahl im Wurf	Mittlere Tragezeit in Tagen	Welpenzahl im Wurf	Mittlere Tragezeit in Tagen
1	70,4	9	60,6
2	65,8	10	59,6
3	63,3	11	60,8
4	62,5	12	57,7
5	61,8	13	59,0
6	61,7	14	58,1
7	61,1	15	59,1
8	60,9		

es nur eine Erklärung: Tiere sind keine Maschinen! Gerade um dies wieder einmal
zu dokumentieren, habe ich unsere Tabelle 9 »Tragezeitschwankungen« in dieses
Buch mit aufgenommen.

Tabelle 9: Tragezeitschwankungen bei einer Chow Chow-Hündin. Quelle: Naaktgeboren

Wurfnummer	Zahl der Jungen	Dauer der Tragezeit in Tagen
1	4	67
2	4	62
3	4	65
4	1	66
5	3	65
6	4	60

Mit der Vorstellung Schwangerschaft verbindet der fürsorgende Mensch das
Gefühl, er müsse alles tun, um die werdende Mutter möglichst zu schonen,
reichlich zu ernähren. Keinesfalls sollten die Welpen in ihrer optimalen Entwicklung gefährdet werden, alles bekommen, was gut für sie ist.

Darf ich Sie an meine Darstellung der Vorgänge im Inneren unserer Hündin
erinnern? Sicherlich hat sich Ihnen eingeprägt, daß die Föten in den ersten
Wochen der Schwangerschaft nur ganz wenig wachsen. Bestimmt erinnern Sie sich
auch des »schwimmenden Embryos«, der durch zwei ihn umgebende, mit Flüssigkeit angefüllte Embryonalhüllen gut gegen äußere Einflüsse geschützt ist.

Um diesen Winzling brauchen Sie sich bestimmt in den ersten vier Wochen der
Tragezeit wenig Sorgen zu machen, geben Sie Ihrer Hündin weiterhin reichlich
Auslauf, viel Bewegung und steigern Sie keinesfalls die gewohnte Nahrungsmenge!
Schwangerschaft ist keine Krankheit, auch in der freien Natur geht der tägliche
Kampf ums Leben unverändert weiter.

Erste positive Anzeichen, daß unsere Hündin tragend sein könnte, liegen in
einem gesteigerten Schlafbedürfnis. Vielfach bevorzugt sie ein ausgiebiges Sonnen-

Abb. 61: Hündin, 5½ Wochen tragend.   *Foto: E. Trumler*

bad. Etwa ab der 3. Woche tritt Brechreiz auf, oft auch eine gewisse Futtermäkeligkeit bis zur Verweigerung der Nahrungsaufnahme evtl. über mehrere Tage. Und wieder erinnern wir uns, zeitlich fällt diese Erscheinung Brechreiz und Appetitlosigkeit mit der Nidation der Eizellen in der Gebärmutter zusammen. Man könnte sich vorstellen, daß sich in dieser Zeit der gesamte Stoffwechsel der Hündin auf die veränderten Ansprüche einstellt. Auch bei den menschlichen Leidensgenossen treten ja im parallelen Entwicklungsstadium des Fötus Übelkeit und Erbrechen auf.

An eine gewisse Schonung der Hündin denken wir erst mit deutlich erkennbarer, größerer Leibesfülle. Anfangsrundungen zeigen sich übrigens weniger unten am Bauch als vielmehr unmittelbar hinter den letzten Rippenbögen. Unsere Abb. 61 zeigt erste deutliche Schwangerschaftssymptome bei einer 5 ½ Wochen tragenden Hündin. Beachten Sie die Rundungen hinter den Rippenbögen und die deutlich erkennbare Rundung des gesamten Leibes, auch die Milchzitzen sind verstärkt. Sind solche Anzeichen der Trächtigkeit offensichtlich, sollten weitere intensive körperliche Beanspruchungen der Hündin vermieden werden. Dabei denke ich an längeren Trab neben dem Fahrrad, Einsatz als Jagdhund oder Hürdensprung und Mannarbeit im Hundesport.

Für uns war über Jahre das sicherste Anzeichen einer Trächtigkeit das Auftreten eines ganz leichten Scheidenausflusses, zähflüssig und glasig. Dieser tritt erstmals etwa drei Wochen nach dem Decktermin auf und hält bis zum Ende der Tragezeit an. Geringfügiger Ausfluß, zähflüssig und glasig, das ist ein sehr gutes Zeichen.

Wir haben nie erlebt, daß scheinschwangere Hündinnen einen analogen Ausfluß haben. Wird der Scheidenausfluß jedoch weißlich oder gar gelblich, so ist dies ein eindeutiges Alarmsignal, davon später mehr.

Wie ernähren wir nun unsere tragende Hündin? Ich warne ausdrücklich davor, die Hündin stark zu füttern. Etwas weniger ist gesünder, dies gilt übrigens ganz genauso vor und während der Hitze! Fette Hündinnen nehmen schlecht auf, haben in der Tragezeit und bei der Geburt in aller Regel Schwierigkeiten. Die Hündin ist dann in der richtigen Verfassung, wenn die einzelnen Wirbel des Rückgrates, die einzelnen Bögen des Brustkorbes gerade noch leicht sichtbar sind. Eine so trocken gefütterte Hündin kommt körperlich optimal über Tragezeit und Geburt.

Zur Höhe des Futterbedarfs einige grundsätzliche Anmerkungen. Gesunde Hunde haben ein natürliches Empfinden für ihren Nahrungsbedarf. Bei richtiger Erziehung und guter Futterqualität ist der Futternapf unserer Hunde in wenigen Minuten leergeputzt. Sie bekommen aber auch nie so viel, wie sie wollen, immer etwas weniger. Dies ist sicherlich der Grund dafür, daß wir keine Futtermäkeleien kennen. Disziplin in der Fütterung sind für Hund und Herr außerordentlich nervenschonend! Verfallen sie keinesfalls der Vorstellung, sie müßten ihre tragende Hündin verwöhnen! Füttern Sie nach dem Decken völlig normal weiter, möglichst stets etwas weniger, als die Hündin möchte, und es entstehen keine Futterprobleme. Lassen Sie sich nicht erweichen, auch wenn durch die besprochene innere Umstellung die Hündin einmal einige Tage schlechter frißt. Das am Vortag stehengelassene Futter gibt es am nächsten Tag wieder, vorausgesetzt, daß es qualitativ einwandfrei geblieben ist. Über die Jahre habe ich so viele Ängste von besorgten Hündinnenbesitzern erlebt, die aus lauter Sorge um das Wohlergehen ihrer Hündin beste Fleischsorten brieten, Puddinge kochten, sozusagen die Hündin anflehten, doch zu fressen! Dies ist ein ganz grober Unfug, kann für die Hündin schädlich sein. Verzichtet die Hündin gerade in den ersten Wochen der Tragezeit zuweilen darauf, ihre gewohnte Mahlzeit anzunehmen, dann gibt es Gründe, die eben in der Schwangerschaft wurzeln. Der Züchter sollte dies mit Gleichmut hinnehmen.

Nur eines würde ich für das Verwöhnen zugestehen, etwas mehr Abwechslung in der Fütterung! Völlig zu recht betont zwar die Futtermittelindustrie, jeder Hund erhalte durch ihre Vollnahrung alle notwendigen Ernährungsstoffe. In langjähriger Praxis haben wir aber immer wieder festgestellt, daß täglicher Wechsel des Futterangebotes von unseren Hunden sehr geschätzt wird. Hier unterscheiden sich Mensch und Hund kaum, Abwechslung regt den Appetit an! Frisches Fleisch, Cerealien (Getreideflocken), Milchprodukte, Obst und Gemüse, Eier, Traubenzucker, Honig, Fisch, Lebertran, – unsere Hunde lieben die Abwechslung sehr!

Durch eine gezielt vitaminreichere Nahrung berücksichtigen wir die Schwangerschaft unserer Hündin, ohne jedoch die Futtermengen selbst zu steigern. Ab vier Wochen Tragezeit erhält sie Futterzusätze an Kalzium, Phosphor, Spurenelemente, Vitamine. Mit reinem Dorschlebertran ohne jegliche Zusätze erfolgt eine Anreicherung des Vitaminhaushaltes, insbesondere Vitamin D. Da das Buch für Züchter aller Hunderassen geschrieben ist, kann ich an dieser Stelle mit dem besten Willen keine Angaben über notwendige Zusatzmengen machen. Ich empfehle dringend, gerade bei den Ergänzungsstoffen für tragende Hündinnen die Anweisungen der fachkundigen Hersteller genau zu beachten. Halten Sie sich stets vor Augen, daß sowohl ein zuwenig an Zusatzstoffen wie auch ein zuviel schwere dauernde Schäden verursachen kann. Der Züchter muß wissen, ob das von ihm eingesetzte Grundfutter bereits seitens der Futtermittelindustrie Zusätze enthält, er braucht auch eine grobe Vorstellung über die Zusammensetzung des Futters nach pflanzlichem und tierischem Eiweiß, Kohlehydraten, Fetten, Mineralstoffen, Vitaminen und Spurenelementen. Allerdings möchte ich betonen, daß man diese Dinge auch zu kompliziert sehen kann. Schon lange vor der Publikation umfassender Tabellen mit Nährstoffanalysen, Energiekalkulationen und ähnlichem haben wir Futtermittelzusammenstellungen getroffen, die sich über Jahrzehnte als erfolgreich erwiesen. Mangelerscheinungen haben wir nie gehabt, weder bei Welpen, noch bei Zuchthündinnen, noch bei unseren erwachsenen Tieren. Die Grundzusammensetzung unserer Fütterung besteht aus einem Grundanteil von 30–40% rohem Fleisch, ergänzt durch Cerealien, Gemüse und Obst. Zwischendurch haben wir Futtertage mit Molkereiprodukten (Joghurt, Quark) als Grundstoff, ergänzt mit Getreideflocken, Ei, Traubenzucker und Honig. Und das ist nunmehr unseren Hunden über weit mehr als 30 Jahren gut bekommen, – auch unseren tragenden und säugenden Hündinnen!

Aus dem Blickwinkel der Gesunderhaltung Ihrer Hündin in der Tragezeit habe ich keine Bedenken, wenn Sie die Fütterung auf die von der Futtermittelindustrie angebotene Vollnahrung ausrichten. Sie bieten sicherlich damit Ihrem Hund ein voll ausreichendes, sorgfältig zusammengesetztes Futter. Auch spricht die Bequemlichkeit für eine Konzentration auf diese industriell hergestellte Vollnahrung.

Wann soll der Züchter nun das Futterangebot steigern, wann braucht die Hündin Zusatzfutter, um ihre Welpen gut auszutragen? Erinnern wir uns nochmals an den Weg unserer befruchteten Eizelle bis zur Nidation in der Gebärmutter, an die Zeitdauer dieses Weges und an das sehr geringe Wachstum des Fötus in den ersten Wochen. Es ist wissenschaftlich nachgewiesen, daß bis zum 30. Trächtigkeitstag erst 10% des abschließenden Geburtsgewichts im Fötus gebildet sind, die restlichen 90% wachsen erst in der zweiten Hälfte der Tragezeit. Für die Hündin ist es kein Problem, bei völlig unveränderter Nahrungsmenge bis 30 Tage nach dem Decktag auch die Föten eines großen Wurfes völlig ausreichend zu ernähren.

Ab dem 30. Trächtigkeitstag geht die Futterindustrie von einem etwa gleichbleibenden Zusatzbedarf an Futter für die Hündin aus. Dieser ist in unserer Tabelle 10 aufgeschlüsselt.

Zu dieser Tabelle noch einige Erläuterungen. Die Wissenschaft hat als Maß für den Energiebedarf/Futterbedarf eines Hundes den Begriff Kilojoule eingeführt, alle Nahrungsmittel haben eine gewisse Menge solcher Kilojoule, man kann also exakt ausrechnen, wieviel Energie wir über die einzelnen Futtermittel unserem Hunde zuführen. Bis vor wenigen Jahren rechneten wir übrigens mit dem Kalorienbedarf. Sie sollten dies alles aber wiederum nicht zu kompliziert sehen. Für unsere Zwecke besagt die Tabelle in erster Linie, in welchem Umfang wir unsere Futtermenge steigern müssen, wenn wir neben dem Erhaltungsbedarf der Hündin nun den Zusatzbedarf eines normalen Wurfes ab dem 30. Trächtigkeitstag ermit-

Tabelle 10: Zusätzlicher Futterbedarf der tragenden Hündin

Körpergewicht der Hündin in kg	Erhaltungsbedarf der Hündin pro Tag in kJ	Zusatzbedarf der Hündin pro Tag ab 30. Trächtigkeitstag in kJ	Zusatzbedarf im Verhältnis zum Erhaltungsbedarf in %
2	920	300	32,6
5	1825	750	41,1
10	3100	1500	48,4
20	5200	3000	57,7
30	7050	4500	63,8
40	8800	6000	68,2

Quelle: EFFEM-Züchterberatungsdienst

teln wollen. Auffallend ist, daß bei kleinen Hunden der Zusatzbedarf für den Wurf wesentlich geringer ist als bei den großen. Eine Hündin von 2 kg Gewicht bekommt nur 1/3 ihrer Grundnahrung zusätzlich, die 10 kg Hündin schon fast die Hälfte mehr als normal, und bei großen Rassen von über 40 kg Körpergewicht müssen wir der Hündin zur Futtermenge einen Zuschlag von 2/3 gewähren.

Vergessen wir nicht, daß wir mit dem Zusatzfutter nicht nur den Energiebedarf abdecken müssen, sondern die für den Aufbau unseres Embryos notwendigen Aufbaustoffe. So steigt in der zweiten Hälfte der Trächtigkeit der Kalzium- und Phosphorbedarf unserer Hündin auf das Doppelte, auch der Bedarf an Magnesium, Natrium und Kalium liegt wesentlich höher. Hinzu kommt der erhöhte Vitaminbedarf, den wir der Hündin im Futter anbieten müssen. Auf die Wichtigkeit speziell der Vitamine E und D haben wir schon verwiesen. Vorsicht, eine zu hohe Dosierung von Vitamin D kann zu gefährlichen Kalkablagerungen in den Herzkranzgefäßen führen! Ich kann hier nur meinen Rat wiederholen, bei dem Einsatz von Spezialpräparaten die Packungsanweisungen strikt zu beachten, nicht zu viel des Guten zu tun.

Was die Fütterungszeiten für unsere tragende Hündin angeht, bleiben wir über die ersten vier Wochen bei dem Futterrhythmus, den wir auch vor der Hitze eingeführt hatten, also in der Regel bei der einmaligen Fütterung am Tage. Ab vier Wochen Tragezeit geben wir die in der Tabelle aufgezeigte Zusatzfuttermenge in Form einer zweiten Mahlzeit. Mit dem größer werdenden Volumen der Gebärmutter (vergleiche Abb. 62) empfiehlt es sich, spätestens ab 7 Wochen Trächtigkeit die Futtermenge auf 3 – 4 Einzelfütterungen zu verteilen. Gerade bei mehreren Mahlzeiten täglich bietet es sich an, jeweils etwas anderes zu füttern, zusätzliche Geschmacksreize zu geben. Damit bieten wir ein umfassendes und ausgewogenes Gesamtangebot aller notwendigen Aufbaustoffe.

Ich halte es für richtig, die oben gegebene pauschale Anweisung für eine trächtige Hündin noch dahingehend zu variieren, daß es natürlich gerade im fortgeschrittenen Stadium nicht unerheblich ist, ob der zu erwartende Wurf groß oder klein ausfällt. Ist unsere Hündin noch nach 6 Wochen schlank und rank, so daß man befürchten muß, daß nur ein kleiner Wurf oder überhaupt keiner zu erwarten ist, dann sollte man selbstverständlich die Futtermenge nur leicht stei-

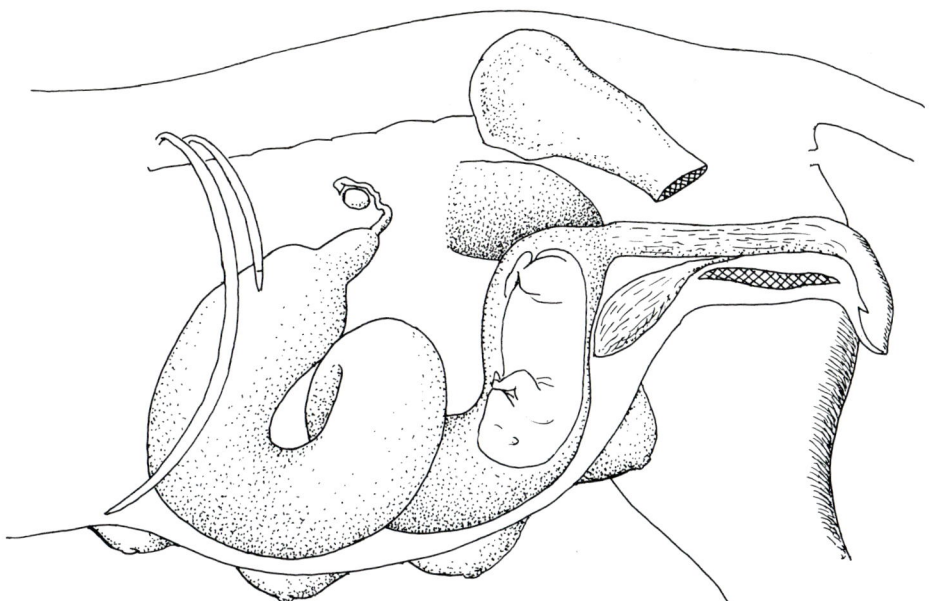

Abb. 62: Schematische Darstellung tragende Hündin nach E. Trumler.
Ungefähre Lage des linken Gebärmutterhorns bei einer Tragezeit von 50 Tagen. Vom rechten Horn
ist nur der zum Geburtsweg führende Teil dargestellt. Ein Fötus ist eingezeichnet.

gern, nach meiner Auffassung höchstens um 20 %. Einfrüchtige Geburten haben
bei Hunden ihre ganz besonderen Probleme. Das ohnedies überproportionale
Wachstum einzelner Welpen sollte nicht noch durch besonders reiche Fütterung
verstärkt werden. Zeigt sich umgekehrt durch den rasch wachsenden Umfang
unserer Hündin, daß wir mit einem sehr großen Wurf zu rechnen haben, dann
können die angegebenen Mehrfuttermengen auch noch leicht erhöht werden.
Meine Erfahrung geht dahin, daß die Futtermenge in den letzten 3 – 4 Tagen vor
der Geburt besser wieder leicht reduziert wird, viele Hündinnen – ganz besonders
die schwer tragenden – vermindern in dieser Woche bereits aus eigenem Entschluß
die aufgenommene Futtermenge. Das sollte man bei besonders großen Würfen
durch eine Qualitätssteigerung des Futters kompensieren.

So wichtig eine fachgerechte Fütterung während der gesamten Tragezeit auch
ist, glauben Sie mir, nicht weniger wichtig bleibt die richtige Ausgewogenheit
zwischen Nahrung und Bewegung der Hündin. Für die bevorstehende Geburt ist es
von entscheidender Bedeutung, daß unsere Hündin körperlich fit ist. Sie braucht
ein gesundes Herz, kräftige Lungen, trainierte Muskeln. Ein faules Herumliegen in
den letzten Wochen der Tragezeit ist schädlich für sie. Lassen Sie Ihrer Hündin in
der Tragezeit sehr viel freien Auslauf, schöne ruhige Spaziergänge ohne übermäßige Belastungen sind bis in die letzte Woche der Tragezeit hinein die beste
Vorbereitung für eine problemlose Geburt. Auch wenn uns in der letzten Woche
so mancher anklagende Blick unserer »Dicken« trifft, wir sollten dennoch auf
ausreichender freier Bewegung bestehen.

Und nun kommen wir zu der immer wieder neuen »Gretchenfrage«! Trägt sie oder trägt sie nicht? Dies ist bestimmt eine der am häufigsten gestellten Fragen in der Hundezucht, und ich muß Ihnen offen sagen, daß auch nach jahrzehntelanger Erfahrung solche Fragen manchmal sehr schwierig zu beantworten sind.

Für den Anfänger ist dies bestimmt recht einfach, er meint, so etwas müsse man bei seiner Hündin ja wirklich merken. In der Praxis sieht das manchmal ganz anders aus. So erinnere ich mich gut, wir hatten eine recht wertvolle Zuchthündin, neu importiert, zweimal war sie beim Vorbesitzer leer geblieben. Sollte es wieder nicht geklappt haben? Wir schrieben den 62. Tag der Tragezeit, der erfahrene Zuchtwart besuchte uns, er kannte die Hündin seit ihrer Ankunft, schon lange vor dem Decken. Klare Diagnose: »Die Hündin ist leer!« – Auf meinen zaghaften Widerspruch die noch eindeutigere Antwort: »Wenn diese Hündin trägt, dann heiße ich Willi!« – Am nächsten Tag hatten wir 5 gesunde Welpen, aus dem »Frieder« war ein »Willi« geworden. – Ich muß zugeben, Bull Terrier sind recht breit gebaute Hunde, unter der starken Aufwölbung der Rippen kann man viel verstecken. Dazu kommt, daß gerade schwere, besonders muskulöse Hunde es selbst dem Tierarzt nahezu unmöglich machen, durch Palpation, das ist Abtasten des Leibes der Hündin, die Fruchtkammern festzustellen.

Was liegt näher, als zur Frühbestimmung der Trächtigkeit das Röntgenbild einzusetzen, wenn man schon nicht warten kann oder will? Dem steht entgegen, daß die Lebewesen auf dieser Erde schon genügend Strahlenbelastung ausgesetzt sind. Und ich muß zugeben, eine medizinische Indikation zum Einsatz der Röntgenstrahlen ist nur bei der Befürchtung einer Einfrüchtigkeit gegeben. Würfe mit nur einem Welpen erfolgen in aller Regel heute über die Entbindung mit Kaiserschnitt, hier ist es wichtig, durch eine Röntgenaufnahme klar zu sehen, wie der Welpe gelagert ist. Auf dieses Thema werde ich noch im Rahmen der Geburtsschwierigkeiten eingehend zu sprechen kommen.

Nun gibt es aber sicherlich auch im persönlichen Bereich eine Reihe von Gesichtspunkten, die es sehr wünschenswert machen, zu wissen, ob die Hündin trägt. Letztendlich bringt ein bevorstehender Wurf eine Fülle von zeitlichen Dispositionen für den Züchter mit sich. Hat er dann so nach 5 – 6 Wochen Tragezeit die Befürchtung, seine Hündin sei leer geblieben, dann ist es sicher verständlich, daß er sich Gewißheit verschaffen möchte, damit er seinen Zeitplan gegebenenfalls umstellen kann. Was die Strahlenbelastung angeht, kann man sicherlich sagen, daß moderne Röntgengeräte heute nur noch eine recht kleine Strahlendosis abgeben und uns dennoch mit größtmöglicher Zuverlässigkeit ein klares Bild vermitteln, ob unsere Hündin trägt oder nicht.

Das Skelett des Fötus – Voraussetzung für eine Röntgendiagnose – bildet sich so zwischen dem 40. und 55. Tag der Trächtigkeit völlig aus. Unsere Abb. 63 zeigt eine Röntgenaufnahme im Frühstadium der Skelettbildung der Welpen. Diese Aufnahme wurde am 45. Tag der Trächtigkeit gemacht. In der unteren Bildmitte in den sich abzeichnenden Gebärmutterhörnern sind erste Anzeichen einer Knochenbildung der Föten als weiße Schatten erkennbar. In diesem Stadium ist über die Röntgendiagnose keine Aussage über die tatsächliche Welpenzahl möglich, nur ob eine Schwangerschaft besteht oder nicht.

110

Betrachten wir uns Abb. 64, eine Röntgenaufnahme vom 55. Trächtigkeitstag einer Teckelhündin. Dies ist eine gute Demonstration der Leistungsfähigkeit der Röntgendiagnose. Beachten Sie wiederum in der unteren Bildmitte die weißen Aufhellungen. Für den Fachmann lassen sich bei einer Auswertung 5 fötale Skelette abgrenzen, der Laie sieht zumindest die Köpfe und Skelettknochen.

Unsere Abb. 65 vom 60. Tag der Tragezeit einer Boxerhündin vermittelt einen Eindruck, wie es vor einem großen Wurf im Inneren unserer Hündin aussieht. Die überladenen Gebärmutterhörner nehmen jetzt nahezu die gesamte Bauchhöhle ein, drücken auf die anderen Organe. Bei dieser sogenannten »Superfekundation« – Überladung – zählt der Röntgenfachmann 11 reife Früchte aus.

Als »Kontrastprogramm« zeige ich Ihnen noch in unserer Abb. 66 die für eine Geburt so gefährliche »Einfrüchtigkeit«. Eine 18 Monate alte Pudelhündin trägt einen einzigen Welpen. Das Röntgenfoto zeigt dem Tierarzt und Laien eine absolut zu große Frucht am 58. Tag der Trächtigkeit. Auch der Laie kann hier das gesamte Skelett klar erkennen. Für den Tierarzt ist eine solche Aufnahme eine klare Indikation für einen unvermeidlichen Kaiserschnitt.

Sieht man sich nochmals alle vier Röntgenaufnahmen vergleichend nebeneinander an, dann erkennt man, was diese Röntgentechnik zu leisten vermag. Sie ist in der modernen Kleintierpraxis heute absolut unentbehrlich. Mein besonderer Dank gilt Herrn Dr. Köppel von der Tierärztlichen Universität in Wien dafür, daß er uns dieses hervorragende Demonstrationsmaterial zur Verfügung gestellt hat.

Und da streifen meine Gedanken wieder einmal zurück zum eigenen Erlebnis. Wir besaßen eine vierjährige Hündin, sie war 59 Tage gedeckt, und aus ihrem Äußeren war nicht viel auf eine bevorstehende Geburt zu schließen. Unser Tierarzt fuhr in den verdienten Urlaub. Vorsichtshalber sollte die Hündin aber geröntgt werden, während der Ferien war nur eine Vertreterin verfügbar, da wollte mein Tierarzt ganz sichergehen. Unsere Hündin wurde geröntgt, bedauerndes Achselzucken des Tierarztes, leider, – die Hündin ist leer.

Am 65. Tag der Tragezeit saß unsere Hündin abends in ihrem Ohrensessel, es war so richtig gemütlich, plötzlich fing sie an zu hecheln. Das konnte doch wohl nicht wahr sein! Und sie hechelte weiter, eine Stunde, zwei Stunden. – Viele Leser wissen, daß sich Eröffnungswehen einer Hündin durch anhaltendes Hecheln anzeigen, – warum aber hechelt eine Hündin, die leer ist?

Die Vertreterin unseres Tierarztes wurde nachts noch aus dem Bett geklingelt. Wir saßen neben unserer hechelnden Hündin und konnten uns beide das Verhalten nicht erklären. Sollte sie doch, – . . . Vielleicht einen Welpen?! Die Tierärztin blieb sehr zurückhaltend. »Stellen Sie sich vor, diese Hündin ist vom Chef persönlich geröntgt, – wenn ich jetzt die Hündin in die Praxis mitnehme, sie aufmache und es ist nichts drin, – der ›Alte‹ schlägt mich tot!« So eine Stunde nach Mitternacht legte sich unser »Bullerle« schlafen, – Entwarnung, war doch wohl nichts!

Am nächsten Abend, jetzt aber schon um 19.00 Uhr, begann der ganze Zauber von neuem. Und wieder versammelten wir uns fachkundig um »Bullerle«, beratschlagten, was wohl zu tun sei. – Und jetzt wollte ich es wissen. Ein befreundeter Tierarzt, sonst Betreuer unseres Pferdes, wurde angerufen, im Reitstall gesucht

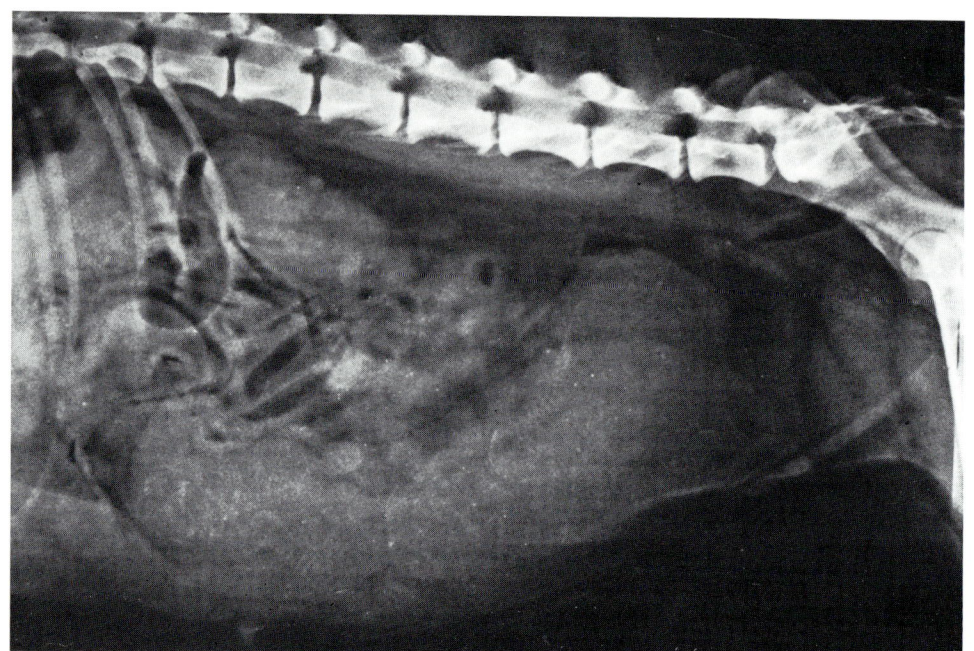

Abb. 63: Schäferhündin, 3 Jahre alt, 45 Tage Tragezeit, Vielfrüchtigkeit.   *Foto: Dr. Köppel*

Abb. 64: Teckelhündin, 3 Jahre alt, 55 Tage Tragezeit, 5 Welpen abgrenzbar.   *Foto: Dr. Köppel*

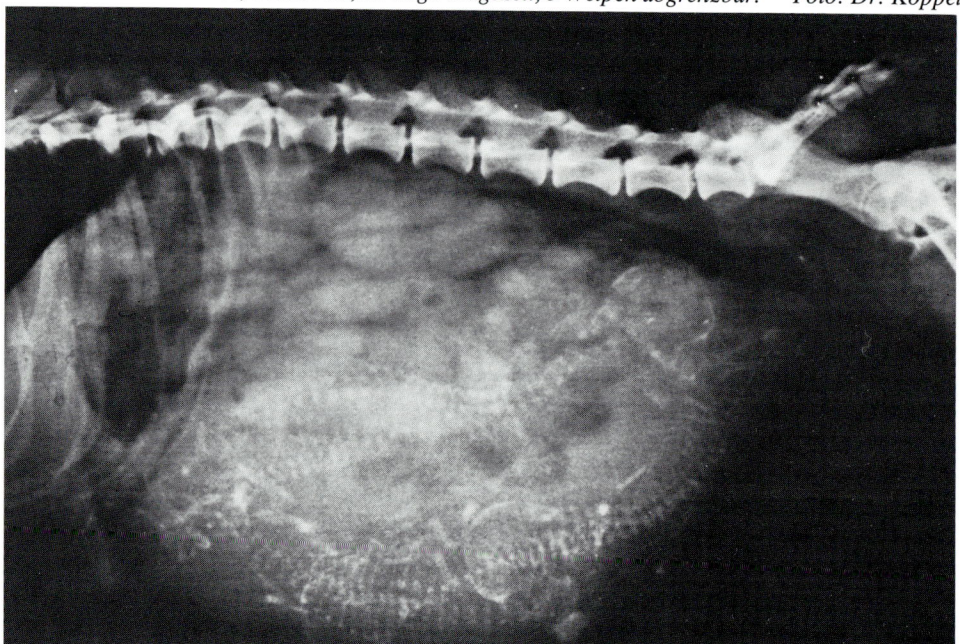

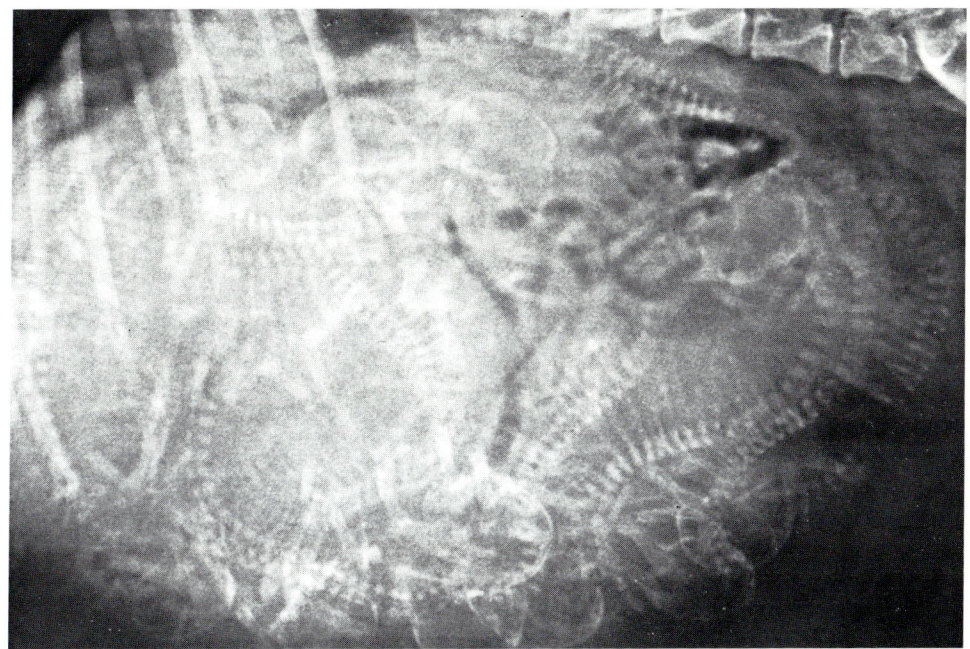

Abb. 65: Boxerhündin, 5 Jahre alt, 60 Tage Tragezeit, Superfekundation.   *Foto: Dr. Köppel*

Abb. 66: Pudelhündin, 18 Monate alt, 58 Tage Tragezeit, Einfrüchtigkeit.   *Foto: Dr. Köppel*

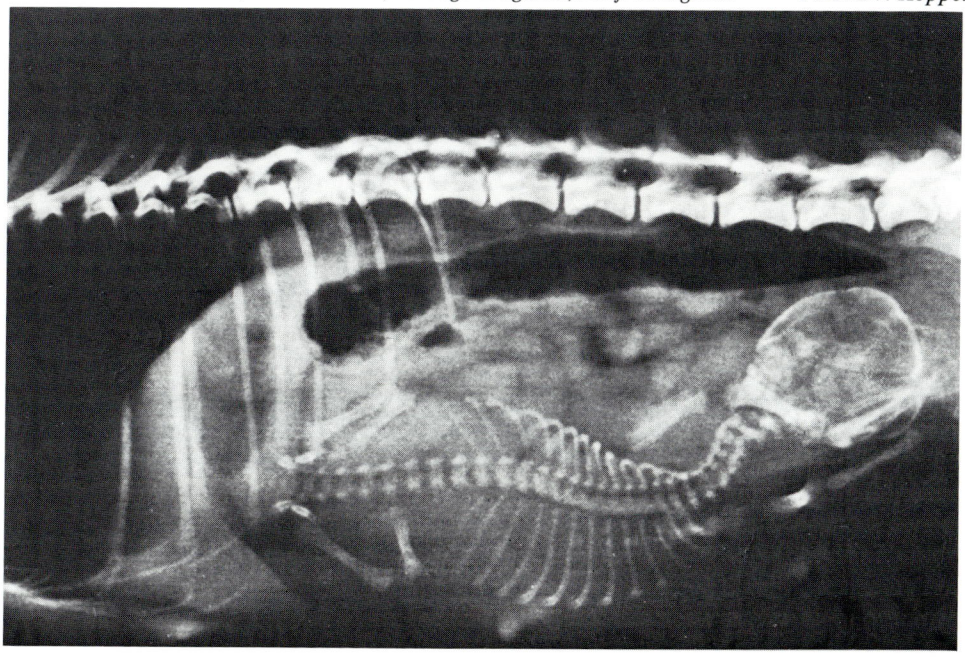

und tatsächlich gefunden. Nach über einer Stunde kam er geräuschvoll und in großer Begleitung von einem Reiterfest, ziemlich schwankend war sein Gang. Er bückte sich tief auf unser »Bullerle« herab, betastete fachkundig ihren Bauch, was man palpieren nennt, und erklärte: »Da sind zwei drin, soll ich sie Ihnen rausholen?« – Dankend verzichteten wir auf diesen angebotenen zusätzlichen Dienst, packten aber unsere Hündin ins Auto, fuhren mit der Ärztin in die Tierklinik. Im Kaiserschnitt wurden zwei gesunde Welpen geboren, eine davon wurde später sogar Bundessiegerin! Und dabei waren die zwei doch auf völlig rätselhafte Art den forschenden Röntgenstrahlen verborgen geblieben!

Mit diesem Beispiel wollte ich eigentlich nur an eine menschliche Grundregel erinnern: Daß eben ab und zu wir Menschen und hier und da auch unsere technischen Apparate versagen können. Die Wahrscheinlichkeit ist zwar bestimmt kleiner als 1 %. Dennoch, man sollte auch bei ganz sicher gestellten Diagnosen gewisse Unwägbarkeiten einkalkulieren, insbesondere auch bei negativer Diagnose das Verhalten der Hunde weiter beobachten.

Auch im Jahre 1986 wurde mir eine andere Geburt sehr glaubhaft geschildert, sechs Welpen waren geboren, die Hündin legte sich zur Ruhe. Sorgfältig untersuchte der Tierarzt und kam zu dem Ergebnis, alles da. – Eine zufällig anwesende erfahrene Züchterin hatte starke Zweifel. Sie bestand darauf, daß die Hündin geröntgt wurde. Ergebnis: Keine Welpen mehr in der Hündin! – Niemand weiß es, wo sie dann doch noch her kamen! Zwei Tage später hochgradiges Fieber der Hündin, zwei tote Welpen werden mit Kaiserschnitt aus der Hündin herausgeschnitten, und das zwei Tage nach einer vorangegangenen natürlichen Geburt.

Sollte ich vielleicht doch noch anmerken, daß auch zur exakten Röntgendiagnose eine gehörige Portion eigener praktischer Erfahrung gehört, – und daß sich eben doch einmal bei unseren hochtechnisierten Apparaten Bedienungsfehler einschleichen können?

Lassen Sie mich an dieser Stelle einige Worte zur Palpation, dem Abtasten des Hündinnenleibes nach den Fruchtkammern in der schon geschilderten »Gebärmutterperlenkette« sagen. Unser Beispiel zeigte, daß der erfahrene Tierarzt durch solches Palpieren durchaus Welpen lokalisieren kann. Die Fachliteratur besagt, daß man ab dem 18. – 21. Tag der Trächtigkeit durch Abtasten des Unterleibes die kleinen Fruchtkammern erfühlen kann. Es wird sogar hervorgehoben, daß diese Art der Diagnose besonders so zwischen dem 24. und 32. Tage möglich ist, danach mit zunehmender Leibesfülle der Hündin schwieriger werde. In der einschlägigen Literatur finde ich stets den Hinweis, daß die Palpation große Erfahrung und Fachkenntnis zur Voraussetzung hat. Naaktgeboren warnt nachdrücklich: »Es ist dem Laien dringend abzuraten, nach den Föten zu fühlen. Es ist besser, sich zwei Monate zu gedulden, als durch unkundiges Palpieren nie wieder gutzumachenden Schaden an Welpen oder gar an der Hündin anzurichten.« Mit anderen Worten für Züchter und Laien: Hände weg vom Unterleib der tragenden Zuchthündin! Welche erstaunlichen Ergebnisse der Fachmann mit sachkundiger Palpation erzielen kann, darüber berichte ich noch einiges im Zusammenhang mit der Ultraschalldiagnose.

Gerade beim Menschen wird das Stethoskop eingesetzt, um die Herztöne des noch ungeborenen Embryos zu überwachen. Läßt sich dieses Gerät auch für die Schwangerschaftsdiagnose beim Hund verwenden? Ab der letzten Trächtigkeitswoche ist es möglich, Herztöne der Welpen mit dem Stethoskop aufzufangen. Bei unserem vielfrüchtigen Hund bereitet dies allerdings einige Schwierigkeiten, insbesondere kann man mit diesem Gerät die Anzahl der Welpen praktisch überhaupt nicht bestimmen. Es ist aber ein vorzügliches Mittel, um Schwangerschaft von Scheinschwangerschaft zu unterscheiden, denn naturgemäß können bei Scheinschwangerschaften keine Herztöne vernommen werden.

Da gibt es aber doch die von vielen Züchtern immer wieder festgestellten Strampelbewegungen der erwarteten Welpen! Lassen sich hieraus nicht Hinweise über die Trächtigkeit gewinnen? Bei großen Würfen wird der aufmerksame Beobachter sicherlich Erfolg haben. Von der achten Woche an sind tatsächlich bei ruhigem Handauflegen und viel Geduld zuckende Bewegungen der Welpen spürbar. Nun gibt es nach meiner Erfahrung sehr glaubensstarke Menschen unter den Züchtern. Ohne Übertreibung, ich könnte aus meiner Beratung vieler Züchter zumindest zehn namentlich aufführen, die darauf geschworen hätten, selbst solche Bewegungen gefühlt zu haben. Das wäre auch kein Meineid gewesen, aber im Inneren einer Hündin bewegt sich so manches, – und der Mensch hat eine gewaltige Einbildungskraft, wenn er sich etwas so besonders stark wünscht. Tatsache ist, daß in den erwähnten zehn Fällen keine der Hündinnen einen Welpen trug. So scheidet auch die Diagnose über Strampelbewegungen als sicheres Anzeichen aus.

Naaktgeboren führt noch eine weitere Methode an, die sich aus der Gewichtsentwicklung der Hündin über die Schwangerschaft ergibt. Aus den Gewichtsveränderungen während der Tragezeit schließt er auf die zu erwartende Wurfgröße. In den Fällen, wo nur ein oder zwei Welpen ausgetragen werden, bringt aber auch diese Methode keine verwertbare Aussage. So errechnet Naaktgeboren bei der Zwillingsgeburt einer Hündin eine Gewichtszunahme von insgesamt 5 %. Dieses Mehrgewicht kann sicher aber eine sorgfältig gepflegte und ernährte Hündin ohne jegliche Schwierigkeiten über die Schwangerschaftszeit zusätzlich aufpacken, dafür braucht sie keine Welpen! Bei großen Würfen wiederum bedarf es solcher Wiegeprozeduren nicht, so daß ich dieser Methode skeptisch gegenüberstehe.

Und doch gibt es einen zuverlässigen Weg einer sehr korrekten Frühdiagnose. Diesen verdanken wir zum einem dem Fingerspitzengefühl erfahrener Praktiker bei der Palpation, zum anderen der – Fledermaus. Dieses putzige Tierchen ist nämlich das Wappentier der Ultraschalldiagnose, und diese Wissenschaft hat in den letzten Jahren die medizinische Welt beträchtlich verändert.

Ich habe schon dargestellt, daß die Palpation – von Laien und wenig erfahrenen Tierärzten ausgeübt – in der Regel für die Schwangerschaftsdiagnose bei Hunden wenig bringt. Das sieht aber in der Hand des speziell ausgebildeten Fachmanns ganz anders aus, hier haben wir eine interessante Parallele zu dem schon behandelten Thema der Spermaentnahme und der künstlichen Besamung.

Mir liegt eine hochinteressante Untersuchung – wiederum der holländischen Universität Utrecht – vor, die erst im Oktober 1985 veröffentlicht wurde. Darin werden Schwangerschaftsuntersuchungen zum einen mit der Palpation, zum anderen mit dem Ultraschallsystem dargestellt. Die Ergebnisse lassen aufhorchen!

1983 untersuchte man in Utrecht palpatorisch 116 Hündinnen aus 42 verschiedenen Rassen. Die Untersuchungen erfolgten überwiegend zwischen dem 25. und 35. Tag nach der Paarung, also nach einer Tragezeit von etwa 4 Wochen. Eine bestehende Schwangerschaft wurde bei diesen Untersuchungen mit einer Treffsicherheit von 94,6 %, ein Leersein der Hündin mit einer Sicherheit von 82,8 % festgestellt.

Die Technik der Untersuchung sieht so aus, daß man die Hündin auf einen Tisch stellt, mit beiden Händen wird gleichzeitig der Unterleib abgetastet, eine Hand flach, die andere leicht nach innen stoßend. Die Föten ertastet man als kleine runde oder ovale Verdickungen.

Warum wohl hatten die negativen Beurteilungen eine etwas niedriger liegende Trefferquote als die Schwangerschaftsbestätigung? Aus dem statistischen Material ergibt sich, daß es sich hierbei um ganz kleine Würfe handelte, oft auch um einen sehr frühen Untersuchungstag, also so um den 25. Schwangerschaftstag. Und es leuchtet ein, daß diese kleinen Kügelchen eben doch gar nicht so leicht zu ertasten sind.

Dennoch, vorstehende Ergebnisse sind ein überzeugender Beweis der Leistungsfähigkeit der Palpation als Untersuchungsmethode für eine Schwangerschaftsfrühdiagnose.

Eine weitere Verbesserung der Untersuchungstechnik bringt nun die schon erwähnte »Fledermaustechnik«, die Ultraschalluntersuchung unserer Hündin. Diese Technik besteht darin, daß das Ultraschallgerät aus einem Schallkopf Schallwellen in einer von uns nicht wahrnehmbaren Frequenz aussendet. Diese Schallwellen durchdringen das Körpergewebe. Die einzelnen Gewebearten innerhalb des Körpers sind von unterschiedlicher Dichte. Gemessen werden durch das Ultraschallgerät die Reflexionen (Rückstrahlungen), diese fallen je nach Gewebedichte unterschiedlich aus. Diese Reflexionen werden aufgefangen, die Wellen in Bilder umgewandelt und dann mit einem Film dokumentiert.

Für die Ultraschalluntersuchung muß unserer Hündin zuvor das gesamte Haar im Bereich zwischen den Zitzen abrasiert werden, dann wird der Schallkopf auf die mit einem Gel gleitfähig gemachte haarlose Haut aufgesetzt, die Schallwellen durchdringen das Gewebe. Das Angenehme bei dieser Untersuchungsmethode ist, daß die Hündin keinesfalls zuvor in Narkose gelegt werden braucht, auch Beruhigungsmittel sind in aller Regel überflüssig. Eine nervenfeste Hündin steht eine solche Untersuchung mit aller Gelassenheit durch.

Auf unserer Abb. 67 – Ultraschalluntersuchung einer dreijährigen Beagle-Hündin – zeigen sich drei Fruchtkammern als schwarze Flecken (a) ab. Die Bauchwand der Hündin ist mit (b) bezeichnet. Diese Ultraschalluntersuchung erfolgte am 32. Tag nach der Paarung, ergibt die eindeutige Diagnose von drei Fruchtkammern.

Solche Untersuchungen wurden in Utrecht in größerem Umfang durchgeführt, 1983 an 135 Hündinnen, 1984 an 97 Hündinnen. Hierbei wurde eine Vorhersagegenauigkeit bei der Trächtigkeitsbestätigung von 97 %, bei der Diagnose, die Hündin sei leer, von 89 % erreicht. Diese Utrechter Untersuchungen erfolgten nach einer Tragezeit zwischen 25 und 35 Tagen, die Treffsicherheit der Untersu-

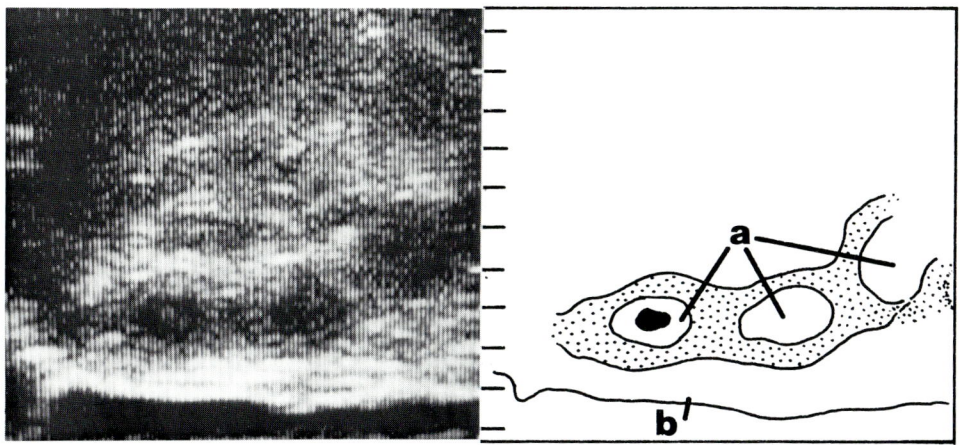

BEAGLE 32 DAYS P.C.

Abb. 67: Ultraschalluntersuchung, Beagle Hündin, 32 Tage nach der Paarung; a) drei Frucht-kammern; b) Bauchwand

chungen zwischen 30 und 35 Tagen lag wesentlich höher als zwischen 25 und 30 Tagen. Das Interessante an dieser Ultraschalluntersuchung ist die Tatsache, daß uns diese in einem Stadium, da Röntgen nicht weiterhilft, ziemlich klare und verläßliche Voraussagen ermöglicht. Nicht vergessen werden darf, daß die Ultraschalluntersuchung ohne jegliche gesundheitliche Risiken für die Hündin ist, also auch hier ein Fortschritt gegenüber der Röntgendiagnose. Aus Skandinavien liegen Untersuchungen an 135 Hündinnen vor, die alle am 28. Tag der Tragezeit durchgeführt wurden. Dabei kam man zu einer Treffsicherheit von 98,7 %! Dies ist wirklich eine hochinteressante Entwicklung.

Abschließend können wir sagen, daß die Ultraschalluntersuchung im Frühstadium einer Schwangerschaft gegenüber der Palpation noch eine höhere Treffsicherheit bietet. Von großer Bedeutung ist die Tatsache, daß parallel zur Verbesserung der Geräte auch eine starke Verbilligung eingetreten ist. Eine treffsichere Schwangerschaftsbestimmung ist in Spezialkliniken durch Palpation und ergänzende Ultraschalluntersuchung ohne allzu großen Aufwand möglich.

Allerdings sollte man sich mit dieser Feststellung nicht zufriedengeben. Wir haben bereits dargelegt, daß in der Beherrschung der Palpationsmethode für die Kleintierpraxis noch enorme Reserven stecken. Hier handelt es sich schlichtweg um eine Frage der fachgerechten Ausbildung, die man von Kleintierspezialisten erwarten sollte. Wir haben hier immerhin eine Genauigkeit der Diagnose von über 90%. Auf der anderen Seite ist festzustellen, daß die Investition eines guten Ultraschallgerätes für einen Kleintierspezialisten mit großer Praxis heute auch keine wirtschaftlichen Risiken mehr enthält. So darf der Züchter hoffen und erwarten, daß der tierärztliche Service in der Schwangerschaftsdiagnose sich in den nächsten Jahren wesentlich verbessert.

Lassen Sie mich zum Abschluß dieses Kapitels auf Störungen während der

Schwangerschaft eingehen. Eines vorab wiederholt: Schwangerschaft ist keine Krankheit, sondern ein absolut natürlicher Zustand. Je weniger wir Menschen Aufhebens machen, desto natürlicher und einfacher verlaufen diese 9 Wochen. Nur eines, wir sollten uns in dieser Zeit intensiver um unsere Hündin kümmern, sie aufmerksam beobachten. Und fällt uns dabei etwas auf, dann könnte es ein Hinweis sein, daß eine der nachstehend geschilderten Störungen vorliegt.

Die weit verbreitete Vorstellung, daß mit dem Decktag auch gleichzeitig die Blutung endet, ist völlig irrig. Wir haben stets beobachtet, daß zumindest 4 – 8 Tage über das Decken hinaus die Blutung anhält, erst dann langsam abklingt. Aus der Blutung, sei sie mehr oder weniger stark, sind keine Rückschlüsse möglich, ob die Hündin trägt oder nicht.

Für die Entwicklung der Föten ist die hormonelle Umstellung im Inneren der Hündin von entscheidender Bedeutung. Die am Decktag noch vorhandene Östrogendominanz wird unmittelbar nach dem Decken durch ein kräftiges Ansteigen des Progesteronspiegels abgelöst. Im weiteren Zeitablauf – so etwa eine Woche nach dem Decken – nähern sich unsere Plastocysten dem Uterus, sie nisten sich nach ihrem Abstieg aus den Eileitern in die Gebärmutterschleimhaut ein. Dies hat jedoch zur Voraussetzung, daß der Uterus der Hündin durch hormonelle Steuerung sich auf die Gravidität eingestellt hat.

Mein hier ausgesprochener Rat gilt ausschließlich für Hündinnen, die mehrfach leergeblieben sind. Bei ihnen könnten Kontrolluntersuchungen am 3. und 8. Tag nach dem Decken in einem Fachinstitut, wie die Tierärztliche Universitätsklinik Wien, weiterhelfen. Vaginaluntersuchungen und Hormontest geben einen klaren Befund, durch hormonelle Anwendungen sind hier auftretende Störungen zu behandeln. Besonders denke ich dabei an wertvolle Zuchthündinnen, deren Würfe der Züchter ganz einfach dringend braucht, die die Rasse tatsächlich fördern würden, das rechtfertigt meines Erachtens derartige Kontrollen und Behandlungen. Aber man sollte für 98 % aller Hündinnen davon ausgehen, daß auch ein Versagen im Hormonhaushalt in der Regel erblich bedingt ist, deshalb auch weiter vererbt wird. Vergessen wir es keinesfalls, die Natur ist meist die Klügere, man sollte sich damit abfinden, sich ihrer natürlichen Auslese fügen.

In Wien wird noch eine dritte Nachuntersuchung empfohlen, so zwischen dem 18. und 28. Tag der Schwangerschaft. Wie wir ja bereits besprochen haben, lassen sich durch fachkundige Palpation so ab dem 25. Tage die perlschnurartig aufgereihten Fruchtkammern nachweisen. Sie sind zu diesem Zeitpunkt – je nach Hunderasse – etwa in der Größe einer Haselnuß bis zum Tischtennisball zu ertasten. Dem Fachmann erlaubt die Inspektion der Vagina und der Schleimhaut weitere Rückschlüsse. Werden bei diesen Untersuchungen Abweichungen vom Normalbefund festgestellt, etwa kleinere oder ungleich große Fruchtkammern als es der Normalentwicklung innerhalb der Tragezeit entspricht, tritt stark verflüssigter Cervixschleim auf, so bezeichnet der Fachmann dies als Hypoluteinismus, eine Anomalie, bei der mit einem Abgang der Früchte gerechnet werden muß. Auch hier ergeben sich fachkundige Behandlungsmöglichkeiten, auf die aber sicherlich das im vorangegangenen Abschnitt Gesagte gleichfalls zutrifft, daß es nämlich kaum ratsam sein kann, hier rettend einzugreifen.

118

Und hier muß ich etwas ganz Wichtiges erwähnen! Aus ureigener Erfahrung warne ich vor jedem Einsatz von Antibiotika bei der trächtigen Hündin. Viele Leser haben wohl eine Vorstellung, was Contergankinder sind. Der Einsatz von Antibiotika während der Schwangerschaft macht Mißbildungen sehr wahrscheinlich. In einem 11er Wurf hatter wir 3 schwergeschädigte, lebensunfähige Welpen. Manchmal muß man allerdings ein solches Risiko eingehen, so erkrankte diese Hündin nach drei Wochen an einer Pyometra, einer Gebärmutterentzündung. Unverkennbar war der starke, eitrige Ausfluß, begleitet von Fieber. Und wir hatten großes Glück, nur in den wenigsten Fällen ist die Pyometra durch hohe Dosen von Antibiotika unter Kontrolle zu bekommen. In aller Regel empfiehlt der Tierarzt die sogenannte Totaloperation, da es der allgemeinen Erfahrung entspricht, daß eine solche Entzündung sich wiederholt.

Die Symptome der Pyometra sind nicht immer eindeutig. In der Regel ist die Hündin recht durstig, manchmal erbricht sie sich auch, sie erscheint gedrückt, kennzeichnend ist das Auftreten von hohem Fieber. Es ist gut, wenn der eitrige Ausfluß sofort auftritt, es gibt nämlich auch Fälle, bei denen die Gebärmutter verschlossen ist, sich langsam immer mehr mit Eiter anfüllt. Das führt dazu, daß toxische Stoffe in den Blutkreislauf gelangen, die Hündin durch die Bakterien in ihrer Gebärmutter sich selbst vergiftet. Hier sei angemerkt, daß bakterielle Entzündungen der Gebärmutter bei Hündinnen in jedem Alter auftreten können, auch bei jungfräulichen Hündinnen. Nach meiner Erfahrung ist es selten, daß nach einer Pyometra der Wurf einer schwangeren Hündin überhaupt gerettet werden kann, mit unseren 8 gesunden und nur 3 geschädigten Welpen hatten wir großes Glück!

Ein anderes, leider sehr häufig auftretendes Problem ist die Scheinschwangerschaft. Das Tückische an der Scheinschwangerschaft ist, daß sie der echten Schwangerschaft zum Verwechseln ähnlich sieht. Kaum ein Züchter, kaum ein Tierarzt, der sich hier nicht schon einmal narren ließ. Unsere Scheinschwangere zeigt alle die Symptome, auf die der Züchter bei seiner gedeckten Hündin geradezu lauert. Müdigkeit, großes Schlafbedürfnis, Erbrechen und – auch das Bäuchlein rundet sich zusehends. Die Milchleiste zeichnet sich ab, die einzelnen Nippelchen röten sich, gesunder, kräftiger Appetit, der zur weiteren Rundung unserer Hündin führt.

Hier muß ich ganz offen bekennen, daß es mir mehr als einmal passiert ist, daß wir Wurfzwinger, Wurfkisten, alles für die Geburt Erforderliche vorbereitet haben, die Waage stand bereit, ja, wir schoben sogar Nachtwache bei unserer »werdenden Mutter« und mußten dann feststellen, daß alles vergeblich war. Und das passierte uns nicht nur am Anfang unserer Hundezucht.

Die Häufung von Scheinschwangerschaften ist eigentlich exakt der Grund dafür, daß einer richtigen Frühdiagnose der echten Schwangerschaft ein so hoher Stellenwert beizumessen ist. Ich erwähnte schon, daß wir auch bei Scheinschwangeren eine deutliche Steigerung des Volumens der Bauchpartie festgestellt haben, selbst Milch schießt ein, ich neige sogar aus eigener Erfahrung mit unseren Hündinnen dazu, bei denen Milch schon so um den 56. – 58. Tag auftrat, gerade darin eher ein Anzeichen für eine Scheinschwangerschaft zu sehen als echte Schwangerschaft. An dieser Stelle nochmals eine Wiederholung des früheren Hinweises, wonach für mich der ab der 3. Trächtigkeitswoche in kleinen Mengen auftretende zähflüssige, glasige Schleim das sicherste Indiz für eine echte Schwangerschaft ist. Bei Scheinschwangeren habe ich diese Erscheinung noch nie beobachtet. Hier muß man allerdings recht genau hinsehen, unter Umständen auch einmal fühlen, vor allem bei den Hündinnen, deren äußere Genitalien rosa bis weiß sind.

Es ist völlig normal, daß scheinschwangere Hündinnen kurz vor dem errechneten Wurftermin große Löcher buddeln, Nester bauen. Die Hündin steht unter einem inneren Zwang, der ihren Körper steuert, sie veranlaßt, sich exakt wie eine Schwangere zu verhalten. Erst mit dem imaginären Wurftag löst sich dieser Zwang, die Fehlsteuerung, Organe und Gewebe bilden sich zurück, die Laktation schwindet und unsere Hündin findet wieder in ein völlig normales Leben zurück.

Der große Tierschriftsteller Paul Eipper hat in seinem Buch »Die gelbe Dogge Senta« diese Erscheinung einer achtjährigen Hündin so ausdrucksstark geschildert, daß ich ihn zitieren möchte: »Fast unablässig stöhnte die Dogge; sie bellte nie, jammerte nur. Der Kopf war heiß, von den Ohrspitzen bis zur fieberglühenden Nase. Der Blick ihrer Augen zeigte hilflose Angst. Doppelt schlimm waren die Nächte! Fünf–, sechs–, siebenmal holte uns ihr Schrei hinunter ins Erdgeschoß; da saß die Dogge, hatte aus dem Kissen, aus Vorhang, Decken, Polster und Matratze viele kleine Stücke herausgebissen, scharrte die Fetzen in einer Ecke ihres Lagers zusammen, baute so ein Nest für die noch nicht geborene Brut. Besinnungslos mahlten die Kräfte der Zerstörung; fast meine ich, Senta erkenne uns Menschen nicht. Da fällt sie jäh auf die Seite, erschöpft und mit rasselndem Atem. . . .Am anderen Morgen sickert Milch aus dem Gesäuge, während Senta still auf ihrem Lager ruht, plötzlich schütteln wilde Preßzuckungen den Leib der Hündin. . . .Im Laufe des Tages ebbten die Wehen ab, kamen wieder, doch nicht mit so grausamer Gewalt. . . .Mitten in meinem Schlaf klopfte ein Wirbelklang. Ich schrak hoch, – 7.00 Uhr! Ein Sprung nur, ich stand an der Tür, öffnete, und herein kam Senta, tänzelte schweifwedelnd auf mich zu, war fröhlich bereit, sogleich an mir emporzusteigen. Ich faßte mit beiden Händen um den Doggenleib: er ist ohne die geringste Schwellung; durch einen liebevoll herausfordernden Stoß kann sich mein Kinn im gleichen Augenblick von der gesunden, kühlen Feuchtigkeit der Nase überzeugen.« Diese von Paul Eipper geschilderte völlige Verwandlung seiner Doggenhündin geschah exakt 63 Tage nach dem Höhepunkt der Hitze, an dem sie mit einem schwarzem Schäferhund ausgerückt war.

Der Verhaltensforscher Eberhard Trumler sieht die ursprüngliche biologische Funktion der Scheinschwangerschaft als ein Regulativ, wodurch eine Wildhündin nach der Bedeckung die Keimlinge in ihrem Körper wieder auflöst. Das komme in der freien Wildbahn dann vor, wenn extrem schlechte Witterungsverhältnisse oder eine Hungersnot das Austragen der Früchte erschwert.

Eine solche fötale Resorption ist tatsächlich medizinisch nachgewiesen. Im Frühstadium einer Schwangerschaft können vorhandene Föten absterben, innerhalb des Genitalbereiches der Hündin werden sie dann langsam aufgelöst, absorbiert, ohne daß es zum bemerkbaren Abortus, zu einer Fehlgeburt kommt. Fötale Absorptionen sind bis zur Mitte der Tragezeit möglich. Solche Absorptionen finden auch dann statt, wenn die Hündin einen völlig normalen Wurf austrägt. Professor Seiferle schätzt, daß etwa 12 % der befruchteten Keimzellen im Frühstadium ihrer Entwicklung absterben und von der Hündin absorbiert werden.

Ich muß nochmals kurz auf die Scheinschwangerschaft zurückkommen. Wenn diese bei einer Hündin vereinzelt einmal auftritt, kann sie tatsächlich als ererbtes Regulativ angesehen werden, bedeutet dies keinen Grund zu einer Beunruhigung. Zu Recht weist aber Eberhard Trumler darauf hin, daß heute in der Hundezucht solche Übersteigerungen recht massiv auftreten, viele Hündinnen auch ohne vorherige Bedeckung immer nach dem Östrus scheinschwanger werden. Der Forscher rät dringend dazu, solche Hündinnen aus der Zucht zu nehmen. Selbst dann, wenn es gelänge, sie tragend zu bekommen, bestehe die hohe Wahrscheinlichkeit, daß sich diese Übersteigerung vererbt. Geradezu grotesk muten Ratschläge von Tierärzten an, in Fällen wiederholter Scheinschwangerschaft solche Hündinnen decken zu lassen. Dies bedeutet keinerlei Lösung des Problems! Die einzige sinnvolle Lösung bestände darin, bei der Hündin eine Totaloperation durchzuführen. Damit ist gewährleistet, daß sie diese Übersteigerung nicht vererbt und für den Rest ihres Lebens für sie und ihren Besitzer keine derartigen Störungen mehr auftreten.

Lassen Sie mich abschließend noch einige Worte zur Fehlgeburt einer Hündin sagen. Fehlgeburten können bei starker äußerlicher Einwirkung, harten Stößen, Springen von einer Kletterwand, Sturz in einen tiefen Graben oder ähnlichem auftreten. Ein weiterer Faktor kann eine Infektion sein, beispielsweise durch das Bakterium Brucella canis. Diese Infektion befällt zuweilen ganze Hundemeuten, ohne daß sie leicht zu diagnostizieren ist. Wird eine in der Meute stehende Hündin gedeckt, dann führt diese bakterielle Infektion dazu, daß so zwischen dem 30. und 50. Tag der Tragezeit die Fehlgeburt eintritt. Eine tückische Krankheit, die sorgfältiger Beobachtung und Behandlung bedarf.

9. Die Geburt

Zu Recht sieht Eberhard Trumler in der Geburt »das wichtigste Thema, das es im Bereich der Erhaltung unserer Hunde gibt«. Allen Züchtern und ihren Helfern möchte ich geradezu einhämmern: Die Geburt ist ein völlig natürlicher Vorgang! Die Natur hat unseren Hunden nahezu ideale Voraussetzungen mitgegeben, um problemlos ihre Welpen zu gebären. Trotz unbestreitbarer Degenerationserscheinungen, für die wir Züchter verantwortlich zeichnen, können wir feststellen, daß die ganz überwiegende Mehrzahl aller Geburten problemlos verläuft.

Als ernsthafte Gefährdung des normalen Ablaufes einer Geburt sehe ich den gutwilligen, aber unwissenden, helfenwollenden Menschen! Aus jahrzehntelanger Erfahrung darf ich behaupten, daß alljährlich bedeutend mehr Welpen dem Unwissen und der Ungeschicklichkeit des Menschen zum Opfer fallen als den in den Hunderassen auftretenden Degenerationserscheinungen. Aus dieser Erkenntnis heraus entstand in mir der Zwang, dieses Buch zu schreiben.

Geburten bei Züchtern, die sich umfassend über die »Technik der Hundezucht« informiert haben, sollten in 90 % der Fälle problemlos verlaufen. Dennoch auftretende Schwierigkeiten, wurzelnd in anatomischen oder psychischen Unzulänglichkeiten unserer Hunde, sind in der überwiegenden Mehrzahl durch Wissen, durch richtiges Handeln zu überwinden. In der Zucht eines erfahrenen Züchters sollten am Ende kaum 3 % aller geborenen Welpen ausfallen.

An dieser Stelle ein besorgtes Wort über unsere tierärztlichen Helfer. Einen wesentlichen Teil meines Lebens habe ich auf dem Lande gelebt, war auf die Hilfe der in diesen Gebieten niedergelassenen Ärzte angewiesen. Und nicht zuletzt diese Tatsache hat mich gezwungen, mich über die Jahre umfassend selbst zu informieren, um meine Tiere vor Fehlbehandlungen schützen zu können.

Ich sage dies in vollem Bewußtsein, auch auf die Gefahr hin, einmal wieder voll in eines der vielen Fettnäpfchen zu treten. Es ist Tatsache, daß der ländliche Tierarzt sich nicht allzuviel um unsere Hunde bemüht, schon seine Ausbildung ist etwas einseitig auf die Nutzviehhaltung ausgerichtet, in der ja auch ganz andere volkswirtschaftliche Werte betreut werden.

Hut ab vor all den großartigen Tierärzten, die in den letzten 40 Jahren meinen Hunden geholfen haben, denen ich viel, sehr viel meines eigenen Wissens verdanke. Ich kann aber und ich will nicht verschweigen, daß nach meiner Überzeugung das berühmte Einser-Abitur wohl meist nicht das ideale Auswahlkriterium für die Zulassung zu dem Beruf eines Tierarztes sein dürfte. Über Jahre bin ich selbst als freiwilliger Helfer auf dem Soziussitz eines kleinen Motorrades mit »meinem Tierarzt« in die ländliche Praxis gefahren. Ich weiß genau, was dieser Beruf an Idealismus und Einsatzwillen abfordert. Und ich danke an dieser Stelle all den Ärzten, die ihr Leben, ihre berufliche Leidenschaft ganz unseren Hunden widmen. – Aber ohne eine solche Passion geht es nun einmal in diesem Beruf nicht, das mag der Grund sein, daß doch so mancher Züchter noch nicht den für seine Hunde passionierten und kundigen Tierarzt gefunden hat.

Allen Züchtern möchte ich mit meinem Buch, mit nachstehender Darstellung der Hundegeburt und ihrer Probleme zur Seite stehen. Klares Wissen des Züchters kann entscheidend dafür sein, daß in der Mehrzahl der Geburten unsere Welpen völlig problemlos geboren werden. Braucht der Züchter aber tierärztliche Hilfe, dann verfügt er selbst über das notwendige Wissen, um gemeinsam mit seinem fachkundigen Tierarzt den richtigen Weg einzuschlagen.

a) Normalgeburt

Für einen guten Ablauf der Geburt ist das absolute Vertrauen des Hundes zum Menschen von entscheidender Bedeutung. Für mich sind und bleiben Aggressionen der Hündin gegen den eigenen Herrn (Frauchen) ein eindeutiges Indiz für ein völlig gestörtes Vertrauensverhältnis. Leider gibt es sehr viele Berichte, wonach die Hündin in den ersten Tagen nach der Geburt jede menschliche Annäherung durch Aggression abwehrt, solche Berichte sind Dokumente eines groben Versagens des Menschen.

Nicht einmal die Berufung auf einen Rückfall der Hündin auf das Verhaltensinventar ihrer wilden Ahnen wäre überzeugend. In der Forschungsstation der Gesellschaft für Haustierforschung gibt es über die Jahre zahllose Geburten von Wölfen, Schakalen, Dingos und wild lebenden Haushunden, stets war die Hündin bereit, den ihr vertrauten Menschen an der Geburt teilhaben zu lassen. Hinzu kommen zahlreiche Darstellungen, wonach Hündinnen mitten in ihrem ihnen vertrauten Rudel ihre Welpen geboren haben. Besonders eindrucksvoll für mich sind dabei die Berichte von Frau Kaiser-Golgojew über ihre berühmte Barsoimeute. Ihre Hündinnen entbanden problemlos mitten unter ihren 20 Meutegefährten. Solche Geburten waren trotz des turbulenten Zirkusalltags für die ganze Meute eine große Selbstverständlichkeit, es gab keinerlei Aggressionen.

Einen sehr wichtigen Rat möchte ich allen Züchtern geben. Wir befassen uns eingehend und liebevoll mit der tragenden Hündin, besonders so etwa ab der 6. Woche der Tragezeit. Dabei werden die Zitzen und das stärker gewordene Bäuchlein zärtlich gestreichelt, auch gewöhnt sich in dieser Zeit die Hündin an zarte Berührungen im Vaginalbereich. Unsere Hündinnen genießen solche Zärtlichkeiten. Dadurch bereiten wir sie darauf vor, daß der Mensch sie jederzeit in allen Körperbereichen berühren darf. Bei diesen Schmusereien darf umgekehrt die Hündin ausgiebig die menschliche Hand lecken, dies ist wiederum eine Vorbereitung auf das Lecken der später ihr vorgehaltenen Welpen. Kommt die Stunde der Geburt, dann ist die Hündin mit der menschlichen Hand vertraut, weiß aus der Erfahrung, daß sie ihr hilft, angenehm ist.

Da taucht in nahezu allen Hundebüchern immer wieder der Rat auf, die Hündin rechtzeitig, so etwa eine Woche im voraus an ihre Wurfkiste und an den künftigen Wurfraum zu gewöhnen. Diesen Rat halte ich für den Liebhaberzüchter mit 1 – 3 Hündinnen ganz schlicht für falsch! Richtig ist, eine gute Wurfkiste muß sein, falsch aber, die Hündin tagsüber oder nachts über viele Stunden allein im Wurfzimmer zu lassen. In der Zeit vor der Geburt, während der Geburt und in den ersten Tagen nach der Geburt gehören unsere Hündinnen ganz eng zu uns, stehen im Zentrum unserer Fürsorge. Ein Wegsperren der Hündin in ein ihr nicht vertrautes Zimmer wäre eine ausgesprochen schädliche innere Grausamkeit dem Tier gegenüber. Nicht zuletzt wäre es aber auch für den Menschen höchst lästig, alle 5 Minuten in das Wurfzimmer zu laufen, um nach der Hündin zu sehen.

In den letzten Tagen vor der Geburt werden unsere Hündinnen immer näher an den Menschen herangeholt, das ist meiner Überzeugung nach eine Grundvoraussetzung für eine optimale Kooperation Tier/Mensch bei der bevorstehenden Geburt.

Für alle Züchter, die eine zweckmäßige, sehr erprobte Wurfkiste selbst basteln oder anfertigen möchten, haben wir mit unserer Abb. 68 eine Skizze angefertigt, die recht klar zeigt, worauf es ankommt.

Dazu noch nachstehende Erläuterungen: Die absolute Größe der Wurfkiste variiert selbstverständlich von Rasse zu Rasse. Wichtig ist, daß die Hündin mit ihren Welpen in den ersten zwei bis drei Wochen ausreichenden Raum hat. Das gilt also, bis die Kleinen laufen und ihren Schlafplatz selbständig verlassen können. Einen ersten Anhaltspunkt für die Maße bilden Höhe und Gesamtkörperlänge der Hündin. Das Querformat und die Tiefe der Kiste sollten es ihr zumindest erlauben, voll ausgestreckt und gelöst in der Wurfkiste zu liegen. Die Höhe der Wurfkiste müßte etwas mehr als der Schulterhöhe der Hündin entsprechen. Für die äußeren Dimensionen der Wurfkiste gilt, daß sowohl eine zu große, wie auch eine zu kleine schädlich wäre. Machen wir die Bodenfläche zu groß, dann können sich die Welpen verlaufen, die Hündin wird unruhig, weil sie sich zu weit von ihr entfernen. Wir behelfen uns damit, daß wir unter Umständen durch Einsetzen eines Kartons entsprechender Größe in den ersten Tagen diesen Innenraum nochmals reduzieren.

Zu dem in der Zeichnung dargestellten Schnittmuster noch einige weitere Erläuterungen: Die Bodenfläche der Kiste liegt rundum auf einer etwa 5 cm hohen Bodenleiste, der Luftraum unter der Kiste sorgt dafür, daß keine Bodenkälte übertragen wird. Die Rückwand und eine Seitenwand der Kiste sind fest miteinander verbunden, die beiden anderen Wände beweglich. An der festen Seitenwand wird vorne eine senkrecht stehende U-Schiene angeschraubt oder entsprechend unserer Zeichnung zwei Holzleisten, die einen Gleitschlitz bilden. In diesen Gleitschlitz schieben wir die aufgezeichnete Vorderwand der Wurfkiste ein. An der gegenüberliegenden vorderen Ecke brauchen wir einen Stützpfosten, an dem wir die zweite Gleitschlitzführung anbringen. Die abgebildete Vorderwand wird erst nach der Geburt zwischen fester Seitenwand und Stützpfosten eingeschoben, damit wir während der Geburt ungehindert uns um die Hündin kümmern können. Unsere flexible Seitenwand wird mit kleinen Riegeln oder Haken und Ösen zum einen an der Rückwand, zum anderen am Standpfosten festgehakt. Diese flexible Seitenwand wird ebenso wie der Deckel der Kiste mit Klavierband angeschlagen, so kann man beide je nach Bedarf öffnen und schließen. Wir bekleben die Innenseite der flexiblen Seitenwand im Abstand von einigen Zentimetern quer mit glatten, schmalen Leisten. Heruntergeklappt dient sie später den Welpen als Ein- und Ausgangsleiter. Um den Welpen besseren Halt zu geben, haben wir die

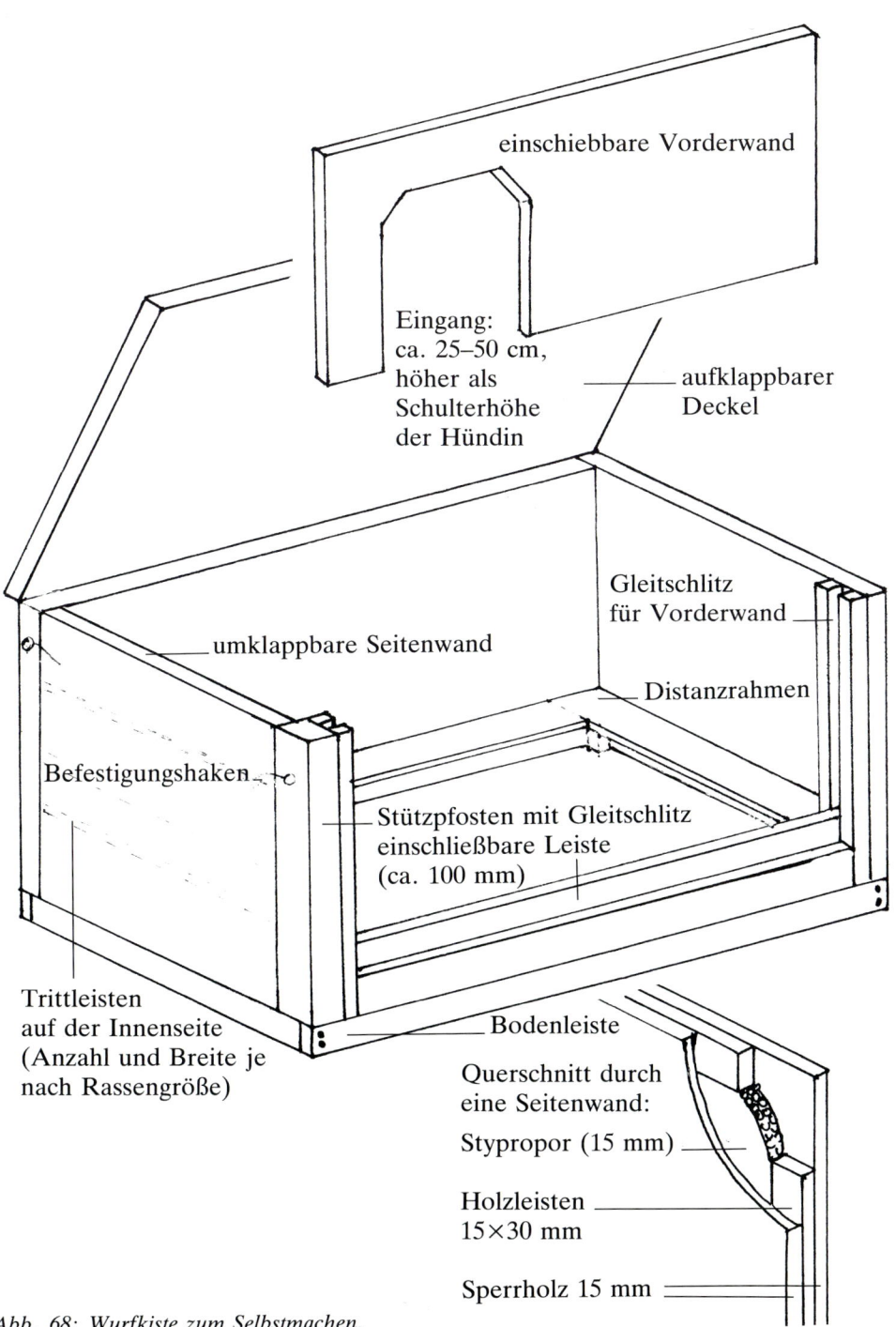

einschiebbare Vorderwand

Eingang:
ca. 25–50 cm,
höher als
Schulterhöhe
der Hündin

aufklappbarer
Deckel

Gleitschlitz
für Vorderwand

umklappbare Seitenwand

Distanzrahmen

Befestigungshaken

Stützpfosten mit Gleitschlitz
einschließbare Leiste
(ca. 100 mm)

Trittleisten
auf der Innenseite
(Anzahl und Breite je
nach Rassengröße)

Bodenleiste

Querschnitt durch
eine Seitenwand:

Styropor (15 mm)

Holzleisten
15×30 mm

Sperrholz 15 mm

Abb. 68: Wurfkiste zum Selbstmachen.

125

Leisten aufgeklebt. Das Abklappen der Seitenwand erfolgt nicht vor einem Welpenalter von 3 Wochen. Ab dieser Zeit erfolgt der Eingang in die Wurfkiste nur seitlich, die Vorderwand mit Ausschlupf haben wir dann mit einem gleich großen, geschlossenen Wandfeld vertauscht, so daß auch die Hündin nur noch den seitlichen Zugang verwenden kann. Haben wir dann noch den Deckel geschlossen, so kann die Hündin je nach Bedarf sich den Welpen entziehen und findet auf der Wurfkiste einen Lagerplatz.

In den ersten 14 Tagen nach dem Wurf ist für große und schwere Hunderassen der Einsatz eines Distanzrahmens ratsam. Damit unterbinden wir die Gefahr, daß während dieser Wochen ein Welpe zwischen dem Rücken der Mutter und der Kistenwand eingequetscht wird. Natürlich schreit ein so mißhandelter Welpe, die Mehrzahl der Hundemütter reagiert auch sofort. Kommt eine gewisse rassetypische Schwerfälligkeit und Substanz zusammen, verbunden mit einer hohen Reizschwelle, dann kann es ohne Distanzleiste durchaus passieren, daß der Welpe in dieser Lage erstickt. Besonders sind solche Unfälle bei Bulldoggen, Bull Terriern und Boxern bekannt geworden.

Dieser Distanzrahmen ist je nach Hunderasse ca. 5–10 cm breit und ruht an allen vier Ecken auf jeweils 10–15 cm hohen Pfosten. Er wird nach der Geburt eingesetzt und zum Reinigen entfernt.

Werden Ihre Welpen in einem heizbaren Raum groß, was ich für angezeigt halte, genügt als Baumaterial wasser- und säurefest präpariertes starkes Sperrholz oder Spanplatte. Herrschen im Zwinger niedrige Temperaturen, muß die Wurfkiste aus gut isoliertem Material hergestellt werden. Wir selbst haben alle Kanten der Kiste einschließlich Deckelkanten mit Zinkblech beschlagen lassen. All die hübschen kleinen Zahneindrücke im Blech zeigen uns, daß ohne diese Vorsichtsmaßnahme unsere Wurfkiste längst als Ruine im Sperrmüll gelandet wäre.

Seit mehr als 10 Jahren hat sich bei uns eine Spezial-Badezimmerauslegeware aus geriffelt-geprägtem Weichgummi oder aus Weichkunststoff als Bodenauflage bewährt. Sie wird so groß geschnitten, daß sie an allen vier Wänden etwa 2–3 cm hochsteht. So kann man verhindern, daß Geburtspech, Blut, später Urin oder Kot direkt an die Kiste kommen. Ein solcher Boden ist warm, leicht zu reinigen, und nach der Reinigung schnell wieder trocken.

Nun haben wir das Prachtstück fertig, wohin damit? Da gibt es eigentlich nur zwei Alternativen. Ich bevorzuge es, meine Hündin so etwa ab dem 58. Tag der Tragezeit auch nachts neben mir zu haben. Deshalb kommt die Wurfkiste ab dem 58. Tag neben mein Bett. Das ist wesentlich angenehmer, als wenn ich bereits jetzt auf die Liege im Welpenzimmer umziehen muß. Zumeist sichere ich mir dadurch noch einige leidlich ruhige Nächte. Verfällt man nachts nicht gerade in Tiefschlaf, so hat man stets die Möglichkeit, auffallende Veränderungen wahrzunehmen. Ich halte es für zwingend geboten, daß der Züchter in diesen Tagen seine Hündin auch nachts unter Kontrolle hat. Manch böse Überraschung wird dadurch vermieden.

Ja, ich weiß, ich habe selbst geschrieben, die überwiegende Mehrzahl aller Hundegeburten verlaufe problemlos, auch ohne menschliche Hilfe. Wozu dann eigentlich alle diese Umstände? Nun, woher nehmen Sie die Gewißheit, daß gerade die Geburt Ihrer Hündin zu diesen problemlosen Fällen gehört? Die Mühe, alles so einzurichten, daß man mit absoluter Sicherheit zum Zeitpunkt des Beginns der Geburt an der Seite seiner Hündin bereit steht, ist eine Kleinigkeit verglichen mit dem Risiko, daß nun doch einmal mangels menschlicher Hilfe ein Welpe bei der Geburt stirbt, die Hündin ernsthaft Schaden nimmt. Offen gesagt, ein ganz wesentliches Merkmal für den echten Züchter sehe ich darin, daß er die Geburt seiner Welpen als sein unverzichtbares, persönliches Erlebnis ansieht. Wem da sein gesunder Nachtschlaf wichtiger ist, der sollte es doch wohl mit der weniger komplizierten Zucht von Tauben oder Hühnern versuchen.

Nun aber die ganz große Frage! Was sind sichere Anzeichen, daß die Geburt unmittelbar bevorsteht? Bei unserer Schilderung der scheinschwangeren Hündin haben wir bereits einige ganz charakteristische Merkmale aufgezeigt. Für unsere eigenen Hündinnen kann ich nur folgendes sagen: Das sicherste Zeichen, daß die Geburt noch etwas auf sich warten läßt, ist für mich der ungebrochene Appetit unserer Hündin. Solange die Hündin mit gutem Appetit ihre Mahlzeiten einnimmt, dauert es noch. Ich habe nur einen einzigen Ausnahmefall zu verzeichnen, da fraß unsere Hündin noch zwei Stunden vor dem Wurf. Alle anderen Hündinnen waren so etwa 8–12 Stunden vor der Geburt nicht mehr bereit, ihre gewohnte Mahlzeit anzunehmen. Dabei muß ich anmerken, daß sie sonst sehr guten Appetit aufweisen, umso klarer war für mich stets dieses Verhalten.

Die häufig empfohlene Temperaturkontrolle, die ich noch ausführlich darstellen werde, hat sich bei unseren Hündinnen über all die Jahre als recht unzuverlässig erwiesen, trotz immer neuer Versuche. Unsere Hündinnen hatten so etwa ab 4 Tage vor der Geburt wechselnde Untertemperaturen, verläßliche Werte konnten nicht ermittelt werden. Der Trieb zum Graben, zum Buddeln tiefer Löcher war bei unseren Bull Terriern sehr unterschiedlich entwickelt, erlaubte gleichfalls keine zuverlässige Aussage. Eine ganze Reihe unserer Hündinnen grub überhaupt nicht im Freien, obwohl sie über große Ausläufe verfügten. Echtes Indiz für die bevorstehende Geburt, unübersehbar und zuverlässig, war tatsächlich nur eine gesteigerte Unruhe, insbesondere aber zeitweiliges Hecheln, äußeres Anzeichen für einsetzende Eröffnungswehen. Darüber berichtete ich ja auch bereits im Zusammenhang mit der fehlgeschlagenen Röntgendiagnose.

Nun muß ich zugeben, daß meine Erfahrungen sich weitgehend auf die Rassen Deutscher Schäferhund und Bull Terrier konzentrieren. Deshalb halte ich es für richtig, Sie mit den Untersuchungen so bedeutender Kynologen und Forscher wie Dr. Cornelis Naaktgeboren, Dr. Hans Räber und Eberhard Trumler vertraut zu machen, deren Untersuchungen mit Ihnen zu diskutieren.

Dr. C. Naaktgeboren veröffentlichte im Jahre 1963 in einer holländischen kynologischen Fachzeitschrift einen Fragebogen für Züchter. Darin wurde gebeten, detaillierte Auskünfte über die Geburtsvorgänge bei ihren Hunden einzusenden. Diese Idee wurde auch in Hundezeitschriften in Deutschland, Österreich und in der Schweiz aufgegriffen. Insgesamt erhielt Dr. Naaktgeboren Angaben über mehr als 700 Geburten eingesandt, auf den ersten Blick sicher ein eindrucksvolles Material, das er dann auch in seinem empfehlenswerten Buch »Die Geburt bei Haus- und Wildhunden« veröffentlichte.

Uns interessiert natürlich an dieser Stelle, was die Züchter aus allen Ländern zur

Frage des Beginns einer Hundegeburt, zu sicheren Anzeichen für eine kurzfristig bevorstehende Geburt zu sagen wußten. Interessanterweise gingen zur Frage der effektiven Wurfgröße Angaben zu 395 Würfen ein. Zur Frage frühzeitig erkennbarer Vorzeichen der herannahenden Geburt waren aber nur 159 Antworten auswertbar. Ich meine, bereits diese ersten Zahlen dokumentieren die mangelnde Bereitschaft oder die mangelnde Fähigkeit der Züchter zu exakten Beobachtungen. Über insgesamt 700 Geburten wurde berichtet, nur 395 Berichte enthielten klare Aussagen über die exakte Wurfgröße, das sind nur etwas mehr als die Hälfte (56,4%), – ganze 159 Antworten konnte man zur Frage erkennbarer Geburtsvorzeichen auswerten, das sind weniger als ein Viertel (22,7%) der Einsendungen. Schaut man sich dann noch das Material aus diesen 159 Antworten an, dann war von diesen 159 Züchtern nur etwa die Hälfte in der Lage (57,2%), bei ihren Hündinnen vor der Geburt Unruhe festzustellen. Das so charakteristische Hecheln kannten nur noch 49 Züchter, das sind weniger als ein Drittel (30,8%) der Einsendungen zur Frage der Früherkennung der Geburt. So traurig es auch ist, aber aus einer solchen Untersuchung läßt sich nicht sehr viel mehr schlußfolgern, als daß die überwiegende Mehrzahl der »Züchter« überhaupt keine Ahnung davon hat, was mit ihrer Zuchthündin geschieht. Wenn man dann noch unterstellt, daß die Züchter, welche überhaupt den Fragebogen beantworteten und einschickten, sicherlich die aktivsten und interessiertesten unter den Züchtern waren! – Sagte ich nicht schon, daß der unwissende Mensch die größte Gefahr für eine Hundegeburt darstellt?

Kontrolle der Körpertemperatur, das ist ein Rat, der sich durch viele Bücher zieht. Der Grundgedanke besteht darin, daß zum Ende der Tragezeit die Progesterondominanz im Hormonspiegel der Hündin schwindet. Dieses Schwangerschaftshormon hat auf die Körpertemperatur einen positiven Einfluß, mit seinem Schwinden sinkt die Körpertemperatur um bis zu 2° C, manchmal sogar noch etwas mehr ab.

Es liegt nahe, diesen Zusammenhang für die Voraussage des Zeitpunktes der Geburt zu nutzen. Das auch für den Menschen verwandte Fieberthermometer wird beim Hund tief in den After eingeführt. Bei mittelgroßen Hunden verschwindet dabei das Thermometer bis zur Einbuchtung des oberen Glaskopfes ganz im After. Nur bei solch einem tiefen Einführen erhalten wir korrekte Werte. Man kann das Thermometer zuvor mit Salatöl oder Vaseline einfetten, dadurch gleitet das Glas besser. Die normale Körpertemperatur liegt beim Hund bei 38°–39° C, also höher als beim Menschen. Notwendig wäre eine regelmäßige Kontrolle, etwa alle 4 Stunden. Gesucht wird der tiefste Punkt, der so etwa bei 36,5° C liegen müßte. Die Theorie besagt, daß nach Erreichen dieses Tiefstandes – dieser liege etwa 12–24 Stunden vor der Geburt – die Temperatur sich deutlich wieder auf einen Normalwert von 38° C hin bewege. Das mir zugängliche Zahlenmaterial bestätigt aber diese Theorie nicht. Als Beweis dienen 4 Aufzeichnungen von Naaktgeboren, wo bei 4 Geburten der Temperaturverlauf bei viermal täglicher Messung ermittelt und in eine Grafik eingezeichnet wurde (siehe Abb. 69). In keiner dieser Kurven taucht ein Wert unter 37° C auf, im Gegenteil, gerade diese Grafiken bestätigen eigentlich nichts anderes als eine Schwankung der Körpertemperatur. Von einer klaren Bestätigung der Theorie kann keine Rede sein.

jeweils gemessene Temperatur

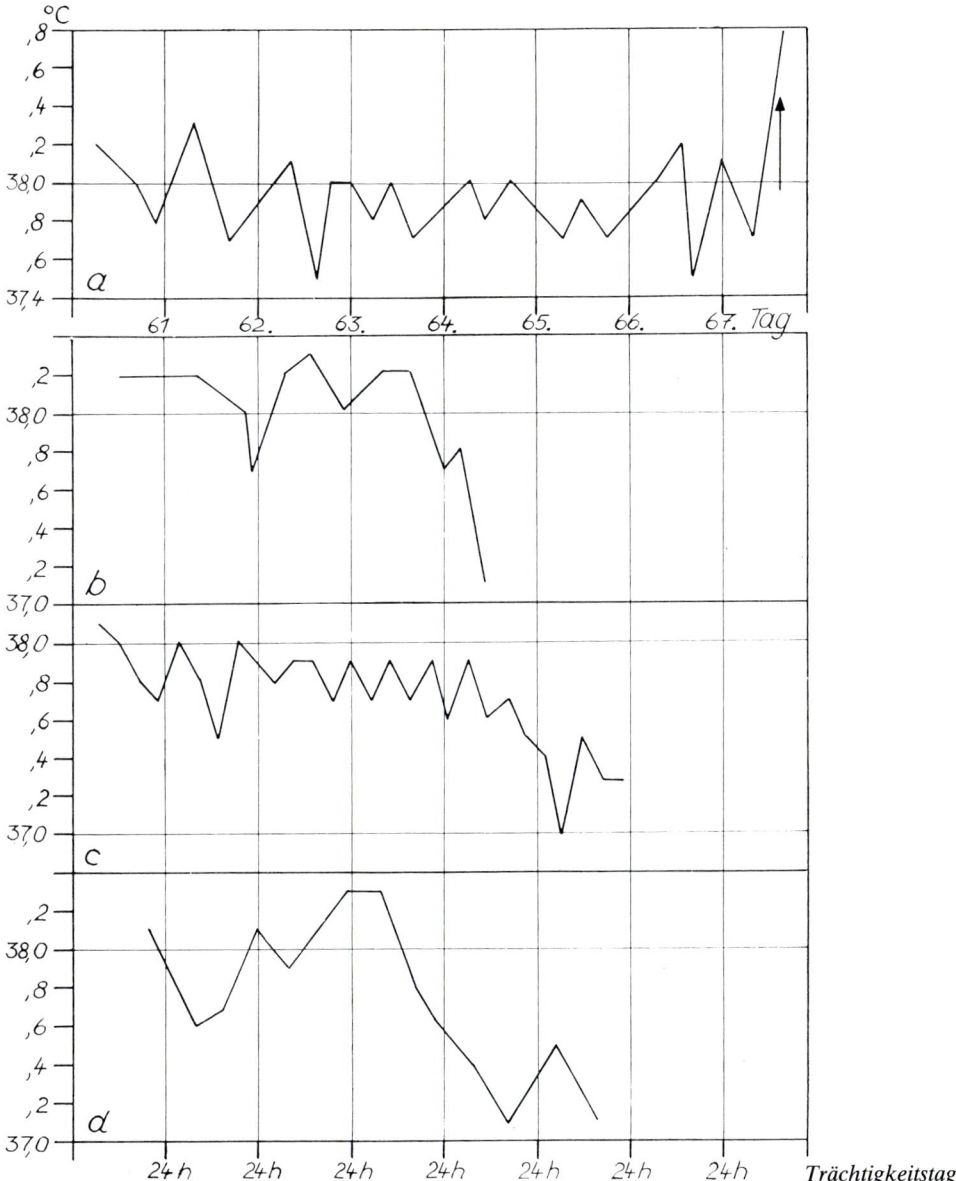

Abb. 69: *TEMPERATURSCHWANKUNGEN VOR DER GEBURT nach Naaktgeboren*
a) bei einer holländischen Schäferhündin. Eine natürliche Geburt kam nicht in Gang. Am 67. Tag
Kaiserschnittentbindung; b) Hündin wie a, aber bei einer späteren Geburt mit Normalverlauf;
c) Bobtailgeburt, Normalverlauf; d) Sheltiegeburt, Normalverlauf.

Ich füge noch eine Temperaturtabelle der Mopshüdin Tilli bei, diese verdanke ich Herrn Eberhard Trumler. Sie enthält eine ganze Reihe von Meßdaten, interessant ist, daß die Kontrollen in recht kurzem Zeitabstand erfolgten. Von dem behaupteten Wiederanstieg der Temperatur so etwa 12–24 Stunden vor der Geburt kann darin bestimmt keine Rede sein (Tabelle 11). Mir bleibt aus meinen eigenen und den mir zugänglichen fremden Meßdaten nur die Feststellung, daß Tage vor der Geburt die Durchschnittstemperatur um etwa ein bis zwei Grad abfällt. Ein zuverläßliches Instrument zur Bestimmung des Geburtstermins sehe ich aber in diesen Temperaturkontrollen nicht.

Tabelle 11: Temperaturschwankungen vor der Geburt.

Temperaturtabelle der Mopshündin Tilli			
61. Tag		62. Tag nach dem Decken	
Uhrzeit	Temperatur	Uhrzeit	Temperatur
9.50	37,6° C	9.20	36,7° C
11.40	37,6° C	10.20	36,9° C
13.00	37,2° C	11.20	36,8° C
14.00	37,2° C	13.00	36,9° C
15.30	37,1° C	14.30	36,8° C
16.40	37,3° C	15.00	erste Austreibung
18.30	37,2° C		
20.00	37,2° C		
22.30	37,3° C		

Quelle: Eberhard Trumler

Eberhard Trumler hat die von ihm als typisch anerkannten Merkmale der Eröffnungsphase wie folgt aufgelistet:

Symptome der Eröffnungsphase nach Eberhard Trumler
1. Zunehmende Unruhe
2. Aufsuchen des Lagers
3. Lagerbildung
4. Zunehmend häufigeres Belecken der Vulva
5. Vulva-Ausscheidung
6. Belecken des Lagerbodens
7. Raschere Atmung
8. Unsicherer Ausdruck
9. Häufiges Aufstehen und Wiederhinlegen
10. Umherdrehen
11. Häufiges Zurückwenden
12. Zeitweiliges Hecheln
13. Abwesender Blick
14. Geringe Ansprechbarkeit
15. Krampfhaftes Scharren
16. Intensive Schluckbewegungen
17. Zittern
18. Vorwehen
19. Andrücken der Ellenbogen beim Sitzen
20. Winseln (Schutzbedürfnis)

Trumler betont, daß alle Merkmale ab Nummer 4 willkürlich aneinandergereiht wurden. Letztendlich geht es bei dieser Darstellung um ein Gesamtbild, das sich aus einer ganzen Reihe von Verhaltensweisen zusammensetzt. Man darf hier nicht dem Fehler des Pedanten verfallen, erwarten, daß ein Fall dem anderen weitgehend gleicht. Das ist – mit Verlaub gesagt – ja auch bei der menschlichen Geburt bei weitem nicht der Fall! Die aufgezeigten Merkmale sind Indizien für einen kurzfristigen Beginn der Geburt, mehr nicht.

Alle die äußerlich erkennbaren Veränderungen bei unserer Hündin, in ihrer Anatomie oder ihrem Verhalten, sind hormonell bedingt. Dies gilt für das Anschwellen der Zitzen und der Vulva, für den Haarausfall im Bereich des Gesäuges, für die Milchsekretion ganz genau so, wie für das Hecheln oder den Scharrzwang, der von Forschern auch mit einem Triebstau erklärt wird. Etwa am letzten Tag vor der Geburt fällt die Hündin im Bereich der Flanken ein, Züchter sagen dazu, die Früchte seien gesackt, die Hüftknochen zeichnen sich ab, die Becken- und Gebärmutterbänder geben nach. Ausgelöst durch das Geburtshormon Relaxin werden alle diese Bänder weicher, geschmeidiger, dies gilt auch nicht zuletzt für den Gebärmutterhals (Cervix). Im Uterusbereich entsteht eine erhöhte Schleimabsonderung. Dies alles dient dazu, langsam den Weg für unsere Welpen frei und gleitfähig zu machen, die Geburt steht kurz bevor.

Das Hecheln unserer Hündin, sicherstes Zeichen für die sich ankündigende Geburt, veranlaßt uns Menschen, nun zumindest für die nächsten 4–10 Stunden uns voll auf die Hündin und ihren Wurf zu konzentrieren. Steht die Wurfkiste im Schlafraum, dann muß jetzt auch hier die Geburt stattfinden, schlief unsere Hündin nur im Körbchen neben unserem Bett, dann wird es Zeit zum gemeinsamen Umzug in das Geburtszimmer.

Da gibt es ja ganz treffliche Diskussionen, danach genügt es völlig, wenn ein Zwinger Hündin und Welpen Schutz gegen Nässe bietet. Es wird betont, daß der Haushund durchaus auch bei Temperaturen um und unter 0° C seine Welpen gebären und aufziehen könne. In der Forschungsstation Wolfswinkel hat sogar die berühmte Rudelstammutter Baba bei Frost und Schnee Welpen zur Welt gebracht, draußen großgezogen. Mit erhobenem Zeigefinger wird gewarnt, es bedürfe keiner beheizten Zwinger, noch weniger einer zusätzlichen Wärmequelle für die Welpen. Ein guter Nässeschutz sei völlig ausreichend. Gelobt sei, was hart macht! Durch seine eigene Unvernunft werde der Mensch für eine immer weiter fortschreitende Degeneration seiner Haushunde verantwortlich.

Also weg mit beheizten Zwingeranlagen? Ich fürchte, hier kann ich mich den durchaus logisch erscheinenden Argumenten der Forscher nicht anschließen. Es ist unbestritten, daß Wildhunde ihrer Umwelt optimal angepaßt sind, sein müssen, das ist für sie lebensnotwendig. Aber über hunderte von Hundegenerationen haben wir den Haushund entsprechend unseren Anforderungen umgezüchtet, dabei die breite Mutationsskala für seine vielfältigen Umwandlungen genutzt. Es bedarf keiner Diskussion, daß es auch heute eine stattliche Anzahl von Hunderassen gibt, die witterungsbedingten Gefahren noch genauso trotzen wie ihre wilden Ahnen. Ebenso klar muß aber gesehen werden, daß bei der überwiegenden Mehrheit aller Hunderassen bei ihrer Zucht völlig andere Zielsetzungen im Vordergrund standen als Unempfindlichkeit gegen Kälte. Das Zuchtziel war die vom Menschen der Hunderasse bestimmte Aufgabe, nur in ganz wenigen Fällen gehörte dazu die Anpassung an extreme Kälte oder Nässe, wie etwa bei den nordischen Schlittenhunderassen.

Bei anderen Hundezuchten war das klare Ziel, einen Haushund – im engen Wortsinn – zu schaffen. Dieser eignet sich bestimmt nur sehr bedingt dazu, seine Wetterfestigkeit durch Geburt und Aufzucht seiner Welpen in kalten Zwingern zu demonstrieren. Zugegeben, es gibt auch beim Menschen sogenannte Überlebenskurse für den »sportlich gestählten Manager«, der seine Anpassungsfähigkeit an tropische Dschungelwälder und arktische Eiswüsten bei hoher Bezahlung unter Beweis stellt. Die überwiegende Mehrheit unserer normalen Mitmenschen ist aber heute nicht nur gegen Nässe, sondern auch gegen Kälte und alle anderen Witterungsunbilden recht empfindlich!

So trete ich nachdrücklich dafür ein, im geheizten Zwinger, unter von Tierärzten als richtig befundenen Aufzuchttemperaturen unsere »degenerierten Haushunde« gesund und munter großzuziehen. Den Vorwurf, damit »Degeneration« und »Verweichlichung« unserer Haushunde Vorschub zu leisten, sollten wir mit einiger Gelassenheit einstecken, – allerdings nur von jenen, die selbst gerne bereit sind, auch im Winter in einer nur vor Nässe geschützten Höhle zu wohnen.

Ich sage das deshalb an dieser Stelle so deutlich, weil ich leider im Laufe meines Lebens sehr viele »Zuchtstätten« kennengelernt habe, wo man aus lauter »Angst vor Degenerationserscheinungen« seine Hunde recht urtümlich aufzog. Später habe ich dann die ellenlangen Krankengeschichten von den armen Hundekäufern vernommen, die ihren Hund ausgerechnet aus einem solch spartanisch ausgerichteten Zwinger gekauft hatten. So gut die Warnung vor übertriebener Verweichlichung auch gemeint sein mag, so gierig wird sie ausgerechnet von jenen aufgenommen und propagiert, die aus reinem Geiz, Schlamperei und Schmuddeligkeit ihre Hunde verwahrlosen lassen. Gelobt sei, was hart macht? – Nein, verdammt sei, was unsere Haushunde krank macht!

Schutz vor Kälte und Nässe, heizbare Zwingeranlagen, Sauberkeit und Hygiene sind für mich keine Anzeichen für eine Verweichlichung »degenerierter Hunde«, sondern unabdingbare Voraussetzung für eine artgerechte Aufzucht unserer Haushunde!

Was haben wir Menschen eigentlich für die Geburt vorbereitet, um das Richtige, wenn es gebraucht wird, schnell zur Hand zu haben? Die perfekt gestaltete Wurfkiste habe ich Ihnen bereits vorgestellt. In ihr legen wir auf den Kunststoffboden ausschließlich ein altes Bettlaken, damit die Hündin etwas zu tun hat, wenn der bereits beschriebene Scharrzwang über sie kommt. Die in so vielen Büchern empfohlenen alten Zeitungen lehne ich kompromißlos ab. Zugegeben, sie saugen die bei allen Geburten reichlich anfallende Flüssigkeit auf, wenn man sie in entsprechend großen Mengen verwendet. Aber wohin dann mit all diesen vollgesogenen Zeitungen im Zeitalter der Öl- und Elektroheizungen, verbunden mit dem uns auferlegten Umweltschutz? Und so ausgesprochen hygienisch sind alte Zeitungen bestimmt auch nicht. Man überlege nur, durch welche Hände sie gegangen sind, wo sie zuvor aufbewahrt wurden. Das merken Sie spätestens dann, wenn Sie zufällig weißhaarige Hunderassen züchten, auf deren nassem Fell dann die gelöste Druckerschwärze sich so schön intensiv einfärbt! Im übrigen speichern gerade diese Zeitungen im Wurflager alle die Nässe, die wir ja bei unseren Welpen zu meiden versuchen. So geben Sie ruhig alle gesammelten alten Zeitungen vor der Geburt dem Sammelwagen mit, Sie brauchen sie wirklich nicht!

Für Ihre Welpen empfehle ich Ihnen eine gute Sagrotanlösung (1 Eimer Wasser und 2 Eßlöffel Sagrotan). Dazu einen Aufnehmer der Marke Vileda-Fußboden-tuch. Keine Angst, für diesen Hinweis bekomme ich nicht eine müde Mark aus dem Werbeetat des Herstellers, aber wir haben dieses Vileda-Tuch in mehr als 20 Würfen hintereinander immer wieder erprobt. Für meine Frau ist Vileda deshalb ideal, weil das Tuch maximal Feuchtigkeit aufnimmt, danach im Auswringen wieder abgibt. Das Vileda-Tuch ist uns in der Tat über die ersten Aufzuchtwochen heute unentbehrlich. Damit nehmen wir optimal Darmpech, Fruchtwasser, Blut und Urin in kürzester Zeit aus der Wurfkiste, erzielen mit unserer Sagrotan-Lösung (1–2%) eine optimale Desinfektion der Bodenfläche, auf der Mutterhündin und Welpen ruhen. Die Hündin wird ebenfalls mit einem solchen Tuch leicht und gründlich gereinigt und getrocknet.

Dann haben wir noch einen etwa 30–40 cm hohen, festen Pappkarton bereitgestellt, je nach Hunderasse kann dieser größere oder kleinere Ausmaße haben. Auf dem Boden des Kartons liegen eine oder zwei mit warmem Wasser gefüllte Wärmflaschen, Wassertemperatur so etwa 40° C, darüber gezogen ein altes Frotteehandtuch, über die Kiste legen wir zum Abdecken ein zweites Tuch. In diesen Karton packen wir unsere erstgeborenen Welpen, wenn die Geburt weitergeht und wir merken, daß unsere Hündin unruhig und ungeschickt ist. Ob dies bei einer Geburt der Fall ist oder nicht, das läßt sich nie im voraus sagen. Fest steht aber, daß Welpen, wenn sie sauber trockengeleckt sind, ihren ersten Hunger mit Muttermilch gestillt haben, sich in einem solchen Karton durchaus zufrieden verhalten, durch das Tuch gegen Zugluft abgedeckt, ihren ersten Schlaf genießen. Wer weiß, welche Flüssigkeitsmengen mit einer Geburt verbunden sind, und daß die Hündin in den Wehen recht unruhig werden kann, der wird dieses Ruheplätz-chen für die gesäuberten und gesättigten Welpen sehr schätzen. Besteht das von mir beschriebene Vertrauensverhältnis Hündin/Mensch, dann nimmt die Hündin diese Sorge für ihre Welpen gerne an. Ohnedies bleibt der Karton in direkter Reichweite, tritt in der Geburt eine Pause ein, dann dürfen die Welpen ihre zweite Mahlzeit, ihr zweite Reinigung durch die mütterliche Zunge genießen.

Fehlt eine geeignete Wärmflasche, dann kann man den Welpenkarton auch unter eine Infrarotlampe stellen. Das A und O bei der Anwendung von Wärme-lampen bei der Welpenaufzucht ist stets der richtige Abstand von der Lampe zu den Welpen. Nehmen Sie ein Thermometer, legen es an die Stelle, wo später die Welpen liegen werden. Zeigt dies unter der Lampe eine Temperatur so zwischen 24° C und 28° C, dann sollten sich auch nachher die Welpen wohlfühlen. Das beste Zeichen für eine richtige Anwendung der Lampe ist es, wenn die Welpen gelöst darunter liegen, dabei weder den direkten Wärmekegel scheuen, noch ineinander kriechen. Im ersteren Fall hängt die Lampe zu tief, im zweiten zu hoch. Auf den Boden des Kartons haben wir wieder ein altes Frotteehandtuch gelegt. Alte Biberlakenstücke eignen sich ebenso gut.

Notwendig ist für unsere Geburtsvorbereitungen noch eine gut schneidende

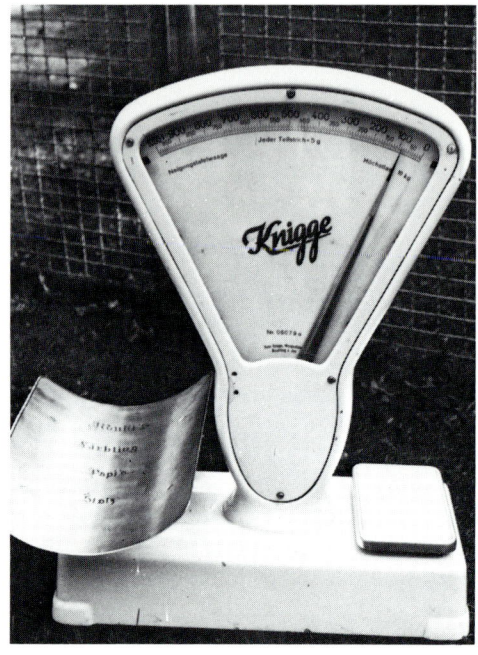

Abb. 70: Welpenwaage, Druckwaage mit Einzelgewichten.

Schere und etwas Garn. Dies brauchen wir für den Fall, daß mit dem Abnabeln der Welpen etwas schiefgeht. Die Schere dient nur zum Abschneiden des Garns, das wir wiederum eventuell zum Abbinden der Nabelschnur brauchen. Keinesfalls soll die Nabelschnur abgeschnitten, sondern zwischen den Fingernägeln abgequetscht und gerissen werden. Davon später mehr.

Außerdem haben wir eine gute Waage bereitgestellt, daneben einen Bogen Papier zum Aufzeichnen der exakten Geburtsgewichte. Ich empfehle ausschließlich Waagen, die unmittelbar auf Druck reagieren, wie die in Abb. 70 gezeigte Lebensmittelwaage. Solche Waagen haben eine blitzschnelle, klare Anzeige, gute Lesbarkeit. Viel zu umständlich sind die für zweibeinige Babys gebräuchlichen Waagen, die austariert werden müssen. Die Zeit, die unser Welpe auf der Waage liegen muß, sollte möglichst kurz sein. Warum dies notwendig ist, das werden Sie spätestens dann merken, wenn Sie einmal einen vier Wochen alten Welpen auf einer Waage zu wiegen versuchen. Aber auch beim Neugeborenen ist die auf Druck sofort anzeigende Waage sehr praktisch.

Was uns jetzt noch fehlt? Sehr nützlich sind eine Tube Vaseline, mit der wir den oder die untersuchenden Finger gleitfähig machen, falls wir bei der Geburt wirklich eingreifen müssen. Empfohlen werden hierfür die sterilisierten Handschuhe, die dazu der Tierarzt trägt. Sind diese nicht verfügbar, so ist darauf zu achten, daß die Finger vor einem Einführen mit Sagrotan-Lösung desinfiziert werden, die Fingernägel säuberlich geschnitten und gefeilt sind, so daß sie keinesfalls Verletzungen verursachen können. Warmes Wasser, Nagelbürste und Seife brauchen wir natürlich auch.

Unsere englischen Freunde haben dann noch ein Fläschchen Brandy zur Seite, möglichst nur für Mutter und Welpen. Ein Tropfen davon zur rechten Zeit kann einem Welpen den Weg ins Leben öffnen, auch wirkt er bei Erschöpfung der Mutterhündin belebend. Achten Sie darauf, daß Alkohol für große wie für neugeborene Hunde stets mit der gleichen Wassermenge verdünnt werden muß.

Der Hund – und der Mensch – sie leben nicht von Alkohol allein! In der Stunde der Geburt ist er reine Medizin. Gut wäre es aber, wenn man bei der Geburtsplanung auch an die Möglichkeit denkt, daß die Hündin evtl. keine Milch haben könnte. Dies ist selbst dann nicht auszuschließen, wenn sie bereits vor dem Wurf geradezu »in Milch schwimmt«. Durch die Anstrengungen der Geburt kann die Milch vorübergehend aussetzen, auch ist es möglich, daß die Welpenzahl größer ist als die Milchmenge. So sollte man Sorge dafür tragen, daß die von der Futtermittelindustrie angebotene hochwertige Welpenmilch bereitsteht. Zum Füttern bedarf es auch einer Babyflasche, für Zwergrassen einer geeigneten Milchpipette, außerdem brauchen wir zum Warmhalten der Milch einen elektrischen Flaschenwärmer.

So, jetzt haben wir Menschen unsere Vorbereitungen komplett abgeschlossen, der Wurf wird uns nicht aus der Ruhe bringen. Und Ruhe ist das allererste Gebot bei einer Geburt! Versuchen Sie stets, Ruhe zu bewahren, der Hündin das Gefühl zu vermitteln, daß ihr Herrchen (Frauchen) ihr fest zur Seite steht. Motto: »Gemeinsam werden wir es schon schaffen!«

Grundsätzlich haben Fremde während der Geburt im Wurfraum nichts verloren. Sie stören die Atmosphäre, könnten die Hündin ablenken. Ist die Hündin ein guter Wachhund, könnte sie sich plötzlich dieser Aufgabe erinnern! Die Geburt verläuft bestimmt umso reibungsloser, je weniger sich die Wöchnerin auf von außen kommende neue Erscheinungen einstellen muß.

Man braucht allerdings hier nicht zu überbesorgt zu sein. Auch eine im Rudel wölfende Hündin ist von ihren Rudelgenossen umgeben. Ich erinnere an das Barsoi-Rudel der Gruppe Kaiser-Golgojew, das interessiert die Geburt verfolgt. Auch unsere Rüden sind an der Geburt ihrer eigenen oder ihrer vermeintlichen Kinder interessiert. Einer unserer Zuchtrüden bestand geradezu darauf, daß er »seine Kinder« vorgehalten erhielt, dann war er der friedlichste Hund im Nachbarzwinger. Für nervenfeste, mit Menschen, Tieren und Umwelt vertraute Hündinnen ist dies alles keine große Belastung.

Dies gilt auch für den Fall, daß tierärztliche Hilfe gerufen werden muß. Ein guter Tierarzt versteht es, sich einzufügen, ohne daß die Hündin sich erregt. Obwohl es im Trend der heutigen Veterinärmedizin liegt, bei Komplikationen sich die Patienten in die Praxis bringen zu lassen, halte ich dies bei einer gebärenden Hündin für ernsten Streß, vor allem seelisch nahezu unzumutbar. Geht es nur darum, ihre Wehen durch eine Wehenspritze zu fördern oder durch Manipulation einen steckengebliebenen Welpen aus dem Geburtsweg zu bekommen, dann trete ich dafür ein, daß grundsätzlich der Tierarzt in die Wochenstube kommt. Zeichnet sich allerdings die Notwendigkeit eines Kaiserschnitts ab, dann bedarf es hierzu der Technik und Hygiene einer gut eingerichteten Praxis.

Was fremde Zuschauer bei der Hundegeburt angeht, muß ich einräumen, daß gar manches Kind bei uns erstmals erlebte, wie ein Hund geboren wird. Und wir konnten uns mit dem Kind eines solchen großartigen Geschehens erfreuen, ohne daß dies je eine unserer Hündinnen beunruhigt hätte.

Es ist fester Bestandteil der Naturgesetze und wurde bei zahlreichen Säugetierarten beobachtet: In der Regel findet die Geburt in der Zeit statt, da die Tiere im Normalfall ruhen. Ursache hierfür ist das völlig autonome Nervensystem. Dieses bestimmt die Ruhezeit durch den Parasympathikus, die Aktivität durch den Sympathikus. Der Parasympathikus hat eine wehenfördernde Wirkung, der Sympathikus erweist sich als wehenhemmend. Nun wäre alles klar, wenn es bei unseren Haushunden echte Ruhezeiten gäbe, beim Hund ist die Ruhezeit aber weitgehend haltungsbedingt. Man denke nur an den Wachhund, der je nach Aufgabenstellung seine Hauptaktivität in die Nacht verlegt, an den Familienhund, der notgedrungen seine Aktivitäten denen seiner Familie anpaßt.

Eine Untersuchung von Naaktgeboren über 268 Würfe erlaubt praktisch überhaupt keine Aussage, die Verteilung des Zeitpunktes der Geburt erfolgt weitgehend gleichmäßig über alle 24 Stunden des Tages. Merkwürdigerweise ergab sich eine schwache Häufung ausgerechnet für den Zeitabschnitt von 18.00–20.00 Uhr. Räber schreibt hierzu, daß auch die Geburten seiner Hündinnen über den gesamten Tagesablauf streuen, allerdings mit klarer Schwerpunktbildung in den ganz frühen Morgenstunden, so etwa 2.00 oder 3.00 Uhr morgens. Diese Beobachtung kann ich aus meinen Erfahrungen nur unterstreichen, die überwiegende Mehrzahl der bei uns gefallenen Würfe kam in der Nacht, meist kurz nach Mitternacht.

Noch etwas Auffälliges. Es ist unverkennbar, daß die Hündin bei der Geburt die menschliche Nähe sehr sucht. Aus zahlreichen Berichten läßt sich ableiten, daß Hündinnen tatsächlich die Geburt verzögerten, warteten, bis der Züchter nach Hause zurückgekehrt war. Selbst bei mehrtägigen Reisen sind solche Schlußfolgerungen naheliegend. Die Abwesenheit des der Hündin vertrauten Menschen wirkt offensichtlich wehenhemmend, ein ganz klares Indiz, wie dringend der Haushund bei der Geburt seinen engsten Sozialpartner braucht. Und sicherlich auch eine sehr ernsthafte Mahnung und Verpflichtung für jeden Züchter!

Kehren wir zurück zu unserer Hündin, sie hatte, ehe wir sie verließen, deutlich gehechelt, ein eindeutiges Zeichen, daß die Eröffnungswehen eingesetzt haben. Dieses Hecheln ist der Beginn der sogenannten Eröffnungsphase, äußeres Symptom für eine weitere Muskelentspannung im Innern der Hündin, insbesondere im Bereich des Gebärmutterhalses (Cervix). Auch die Vulva, die äußeren weiblichen Geschlechtsteile, sind wesentlich erweitert, feucht und geschmeidig. Es zeigt sich ein schleimiger, weißlicher Ausfluß. Diese Farbe ist gesund, völlig normal, kein Grund zur Beunruhigung. Innerhalb der Hündin treten im gesamten Gebärmutterbereich erste Muskelbewegungen auf, der Gebärmutterhals beginnt sich zu öffnen. Die noch in den Fruchtblasen liegenden Föten werden langsam auf den Gebärmutterhals zugeschoben, der sich unter einer Art hydraulischen Druckes weiter öffnet.

Dieser Geburtsprozeß wird in seinem gesamten Ablauf weitgehend hormonell gesteuert, er wird durch das Hormon Oxytocin ausgelöst. Das gleiche Hormon wirkt auch auf die Laktation. Die in den zwei schlangenförmigen Gebärmutterhörnern liegenden Welpen werden durch die Muskelkontraktionen in den Uterushörnern in Richtung Uterus gedrückt. Solche Wehenkontraktionen sind nicht vom

Nervensystem gesteuert, was schon dadurch bewiesen ist, daß querschnittsgelähmte Mütter gebären können. Es sind Kontraktionen sogenannter glatter Muskelfasern, die durch den Willen nicht steuerbar sind. Sie ziehen sich hinter der Frucht zusammen, schieben den Fötus weiter. Im Innern unserer Hündin finden wir ein erstaunliches Steuersystem, mehreren Muskelzentren kommt dabei eine echte Schrittmacherfunktion zu. Ein sorgsam aufeinander abgestimmter Mechanismus steuert die abwechselnde Entleerung der beiden Gebärmutterhörner. Wir stoßen hier auf ein weiteres Phänomen. Liegt in einem Horn ein toter Welpe vorne, dann unterbricht dies das Wechselspiel von Horn zu Horn, die lebenden Embryonen im freien Horn haben Vorfahrt! Forscher führen das darauf zurück, daß lebende Föten bei der Geburt auch noch eine rotierende Eigenbewegung aufweisen.

Durch die wellenförmig von den Enden der Gebärmutterhörner auf den Uterus zulaufenden Muskelkontraktionen werden unsere Fruchtkammern in der äußerlich durch das Hecheln gekennzeichneten Eröffnungsphase immer näher auf den Uteruskörper zu bewegt, sie gelangen in eine abrufbereite Position. Damit Sie sich diese hechelnde Atmung der Hündin in der Eröffnungsphase noch genauer vorstellen können, darf ich ergänzen, daß dabei 100–120 Atemzüge pro Minute gemessen wurden.

Die Eröffnungswehen haben unsere Föten in die richtige Position gebracht, Naaktgeboren vergleicht diese mit der drängelnder Menschen in zwei Zugängen zu einer Bahnsteigtüre. Wie geht es weiter? Am Gebärmutterhals gibt es eine Art Schwelle, über die unsere Welpen hinweggleiten müssen, ehe sie über die Scheide absteigen können. Um diese Schwelle zu überwinden, bedarf es bedeutend kraftvollerer Muskelkontraktionen, wesentlich höhere Energien sind erforderlich.

Die zuvor beschriebene Eröffnungsphase dauert im allgemeinen einige Stunden. Nach Naaktgeboren ist der echte Beginn für den Züchter gar nicht feststellbar, er spricht von einer mittleren Dauer der Eröffnungsphase von 12 Stunden. Nur durch den Fachmann könne mit dem sogenannten Vaginaskop beobachtet werden, wie weit die Cervix bereits geöffnet ist. Dies erscheint mir eine sehr theoretische und abstrakte Betrachtungsweise, uns interessiert wohl primär die ungefähre Dauer ab dem Beginn des Hechelns bis zu den ersten Preßwehen.

Eberhard Trumler empfiehlt, nach etwa 3 Stunden durch Hecheln begleiteter Eröffnungswehen den Tierarzt zu benachrichtigen, der dann in aller Regel durch eine sogenannte Wehenspritze die Geburt einleitet. Hier muß ich wieder einmal gestehen, daß ich auch hier ein recht ungutes Gefühl habe. Seit Jahren bedarf es in unserer eigenen Zucht so fast bei jeder zweiten Geburt einer solchen wehenfördernden Maßnahme. Es ist allgemein bekannt, daß eine Reihe von Hundefamilien, ja ganze Rassen, hier Probleme haben. Man sollte in den Rassezuchtvereinen solchen Erscheinungen viel mehr Beachtung schenken, denn auch hier haben wir es wieder mit einem echten Funktionsmangel zu tun. Für mich sind dies beunruhigende Degenerationserscheinungen, die es in planmässiger Zucht zu bekämpfen gilt. Zu Recht fordern die Verhaltensforscher „gebärfreudige Hündinnen". Gebärfähigkeit ist nicht nur eine Frage des Beckens, sondern eben auch der hormonellen Steuerungen. Für den Züchter sollte deshalb nicht nur das anatomische Gebärvermögen Selektionsmerkmal sein, sondern auch das hormonelle! Meines Erachtens wäre eine Hündin aus der Zucht zu nehmen, wenn sie in diesem entscheidenden Augenblick versagt, denn in aller Regel vererbt sie ihr Unvermögen auf ihre Nachkommen. Bei einer ganzen Reihe von Hunderassen ist es hier 5 Minuten vor 12. Handeln tut not! Auf daß wir möglichst bald den Tierarzt nicht mehr in unseren Hundewochenstuben brauchen!

Hat unser erster Welpe die Schwelle am Gebärmutterhals erreicht, setzen starke Wehen ein. Sogenannte Preßwehen treiben die Fruchthülle langsam weiter. Auch für jeden Laien ist dieser Übergang von den Vorwehen zur Preßwehe klar erkennbar. Äußerlich sichtbar zieht sich eine solche Wehe wellenförmig durch den ganzen Unterleib der Hündin, man kann sie eigentlich nicht übersehen. Es bedarf aber schon einer ganzen Reihe solcher Preßwehen, um den weiteren Weg zu überwinden. Jetzt muß der Welpe nicht nur die Gebärmutter verlassen, sondern auch das mütterliche, knöcherne Becken passieren. Dieser Engpaß ist der kritische Punkt auf dem ganzen Geburtsweg. Darauf werden wir noch eingehend bei der Diskussion von Geburtsschwierigkeiten zurückkommen.

Sehen Sie sich zunächst einmal unsere Abbildungen von Kreuzbein und Becken der Hündin eingehend an. Diese Partie haben wir in unseren Abb. 71 und 72 dargestellt. Wir verdanken diese Zeichnungen Herrn Eberhard Trumler. Sie zeigen einen engen Durchgang, den der Welpe auf seinem Weg in unsere Welt passieren muß, einmal von vorne gesehen, einmal von hinten.

In der Abb. 71 zeigen die Strecken A und B, die Innenmaße des Beckens. Diese betragen bei dieser sehr großen Mischlingshündin (Irish Wolfhound Bastard) 78 mm und 66,6 mm. Sehen wir uns dann in Abb. 72 die Strecke Bh an, so mißt diese mit 63 mm die größte lichte Weite am Hinterrand des Beckens. Und damit haben wir die schwierigste Passage gefunden, die unser Welpe überwinden muß.

Es erscheint leicht verständlich, daß Eberhard Trumler grundsätzlich jedem Züchter empfiehlt, vor der Zucht sorgfältig das Becken der Zuchthündin untersuchen zu lassen. Trumler meint, es gebe eigentlich keine zu dicken Welpenköpfe, nur Hündinnen mit zu engem Becken. Das ist aber wohl in erster Linie die Frage, von welcher Seite man das Problem betrachtet. Bei der Diskussion der Einfrüchtigkeit und ihrer Geburtsprobleme werden wir auch auf dieses Thema nochmals zu sprechen kommen.

Der erste Welpe steckt im Uterus, wird durch die Preßwehen weitergeleitet, sein Weg läuft von den Gebärmutterhörnern durch den Gebärmutterhals in die Scheide. Wichtig ist nun das Verhalten der Hündin. Bereits gegen Ende der Eröffnungswehen hat sie ja bereits immer wieder ihre Laken neu zurechtgescharrt, sich umgedreht, hingelegt, aufgestanden, Scheide geleckt, Fußboden von Schleim gesäubert. Sie ist von einer ständigen Unruhe getrieben. Alle diese Dreh- und Scharrbewegungen erfolgen instinktiv, erleichtern die Schiebungen in den Gebärmutterhörnern, später den Weg vom Uterus in die Scheide. In dieser Zeit verlangt die Hündin öfter nach draußen, will urinieren, setzt dabei immer ein paar Tropfen ab, zuweilen macht sie auch den Rücken krumm. nimmt die sogenannte Defäkationshaltung ein, obwohl aufgrund der vorangegangenen Zeit der Futterverweigerung kaum Stuhlgang zu erwarten ist. Der Züchter muß wissen, daß eine Defäkationshaltung von der Hündin zuweilen auch bei Preßwehen eingenommen wird.

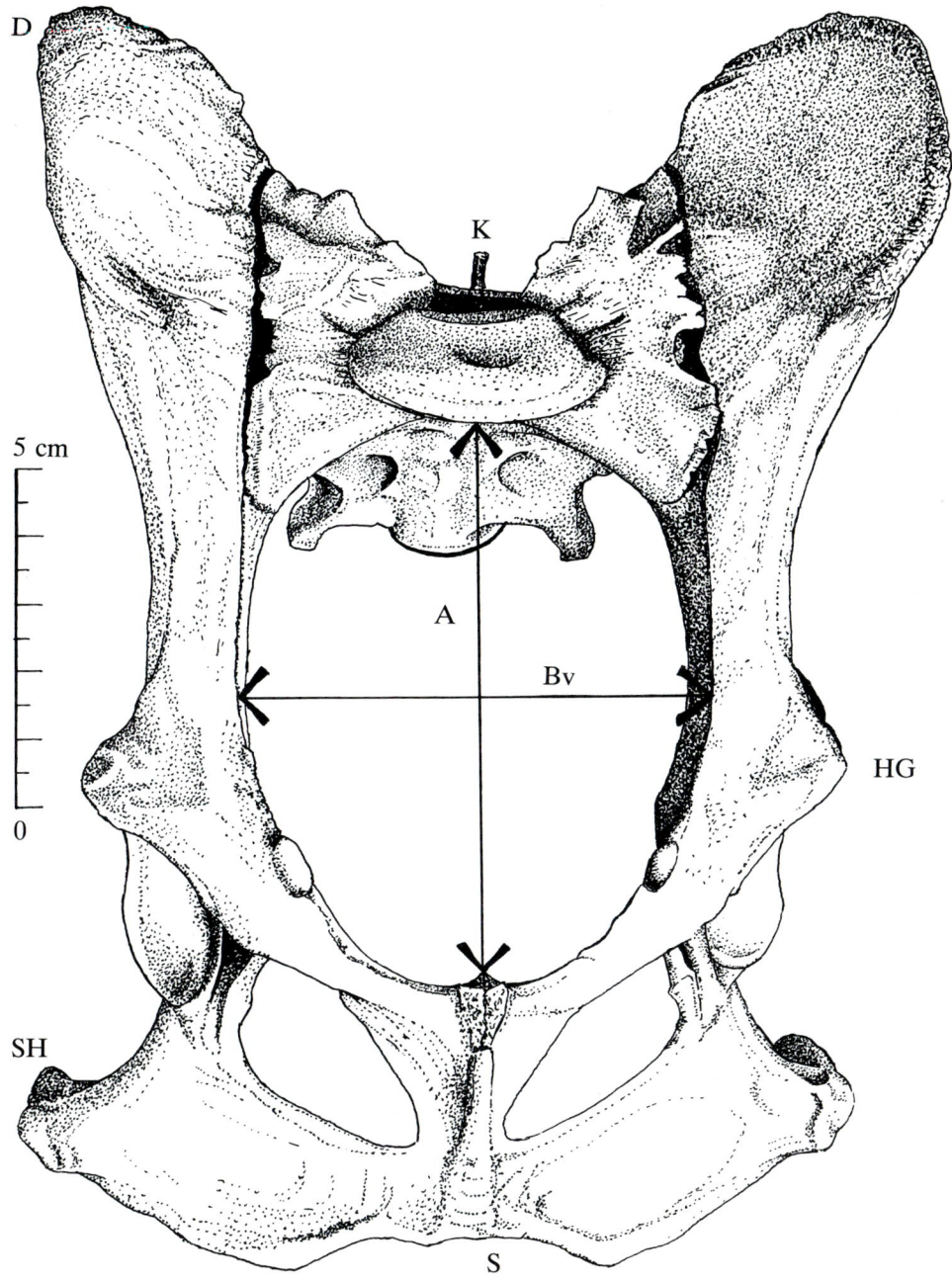

Abb. 71: Kreuzbein und Becken der Hündin (Mischling Irish Wolfhound mit ostasiatischer Wölfin) von vorne gesehen (nach E. Trumler) K = Kreuzbein, D = Darmbeinschaufel, HG = Hüftgelenkpfanne, SH = Sitzbeinhöcker, A und Bv Innenmaße Becken (78 mm und 66,6 mm), S = Sitzbeinausschnitt.

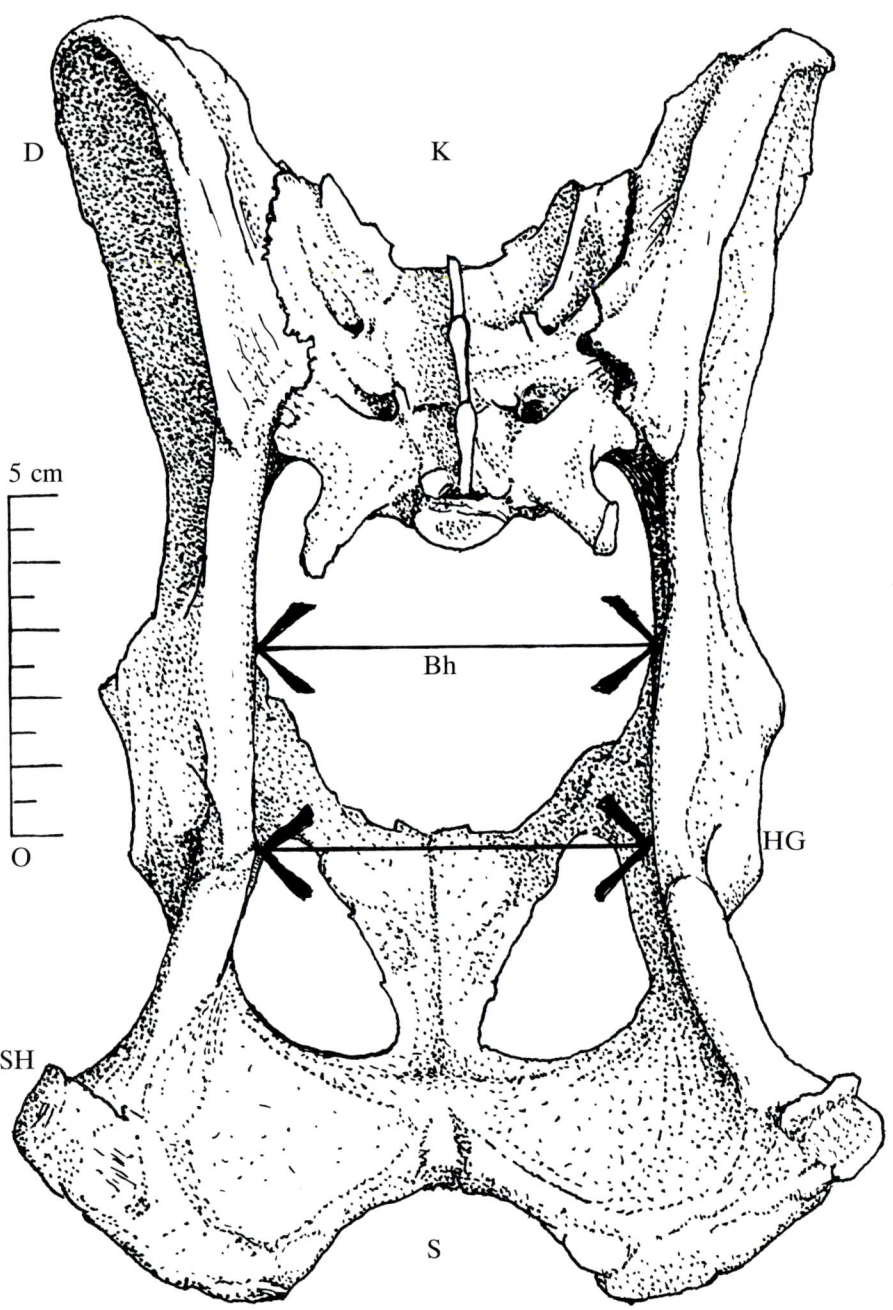

Abb. 72: *Kreuzbein und Becken der Hündin (Mischling Irish Wolfhound mit ostasiatischer Wölfin) von hinten gesehen (nach E. Trumler). K= Kreuzbein, D = Darmbeinschaufel, HG = Hüftgelenkpfanne, SH = Sitzbeinhöcker, S = Sitzbeinausschnitt. Bh = größte lichte Weite am Hinterrand des Beckens = engster Durchgang für den Welpen (63 mm).*

Bei diesen kleinen Spaziergängen kann ich nur zur Vorsicht raten, nachts ist unbedingt gute Beleuchtung und ergänzend eine Taschenlampe erforderlich. Es ist schon öfters passiert, daß auf solchen kleinen Gängen auch einmal ein Welpe »verloren wird«, so schnell kann dies manchmal gehen. Allerdings ist mir selbst das bei der Zucht von mehr als 250 Welpen bisher nur zweimal passiert! Es ist aber jedesmal gut gegangen, wir haben den Welpen mit der Hündin ausgepackt und versorgt.

Ein ganz wichtiger Hinweis! Die Hündin braucht während der gesamten Geburt ausreichend Bewegung, Bewegung erleichtert die Geburt! Bereits in der Eröffnungsphase helfen solche mehrfachen kleinen Spaziergänge. Natürlich bedarf es bei einer schwer bepackten Hündin vor einem großen Wurf einigen guten Zuredens. Es gehört ja zum normalen Verhaltensmuster einer Hündin, möglichst ihr Wurflager nicht zu verlassen. Das Rezept kleiner Spaziergänge gilt bei längeren Pausen in der Austreibungsphase noch vermehrt. Durch gezielte Bewegung werden die Geburtsintervalle und damit auch die ganze Geburt wesentlich verkürzt.

Die meisten Hündinnen gebären ihre Welpen liegend oder sitzend, wobei diese Sitzstellung eigentlich eine mittlere Position zwischen Sitzen und Liegen darstellt. Man könnte diese Stellung mit »liegend – teilweise aufgerichtet« beschreiben. Und immer erneut nimmt die Hündin zwischen den Preßwehen eine neue Lage ein, dreht sich, kratzt in dem ihr überlassenen Bettlaken. Bei Preßwehen beobachtet man oft, daß sie mit den Hinterläufen am Kistenrand Halt sucht, sich abstützt.

Generell läßt sich sagen, leichtere Geburten erfolgen meist im Liegen oder halb aufgerichtet, schwere Geburten zuweilen im Stehen, das ist aber relativ selten. Die sogenannte Defäkationsstellung beobachten wir zumeist bei Schwergeburten. Meine Schätzung geht dahin, daß etwa ⅔ aller Welpen von ihren Müttern liegend oder halb aufgerichtet geboren werden.

Beeinflussen Sie keinesfalls Ihre Hündin, wenn sie während der Geburt immer wieder die Stellung wechselt. Dabei ist nur wichtig, daß sie beim Stellenwechsel und beim Scharren nicht bereits geborene Welpen schädigt. Aber hierfür habe ich Ihnen ja bereits den Rat erteilt, während der Geburt die Welpen in einem angewärmten Karton in Sicherheit zu halten.

Der schwierigste Punkt, die engste Stelle, die unser Welpe zu passieren hat, ist der Beckenrand der Hündin. Kommt der Welpe an diese Stelle, so sehen wir das am Verhalten der Hündin. Sie stellt ihre Rute steil nach oben, spreizt sie an der Wurzel ab, danach verläuft die Rute nicht gerade nach oben, sondern wird bogenförmig leicht nach unten abgeknickt. Diese typische Rutenhaltung ist auch für den Laien unverkennbar. Durch das Abspreizen an der Rutenwurzel wird offenbar die Engstelle des Beckens etwas gedehnt.

Es gibt für den Beginn der Austreibungsphase ein ganz untrügliches Zeichen. Der erste Welpe im Geburtskanal hat es besonders schwer, er muß mit seinem Körper den engen Weg weiten. Seine Geburt bereitet den Weg auch für seine Geschwister. Durch den Muskeldruck von Gebärmutter und Scheidenwänden platzt zumeist die Fruchtblase, ein Schwall grünlicher Flüssigkeit entleert sich aus der Scheide. Diese grün gefärbte, klare Flüssigkeit ist das sicherste Indiz für den Beginn der Austreibungsphase. Das Fruchtwasser macht den Geburtsweg gleitfähiger, die Vaginamuskulatur wird weicher, der Geburtsweg öffnet sich weiter. Mit dem Zerreißen der Fruchtblase steckt unser Welpe ungeschützt im Geburtsweg. Das ist für eine befristete Zeitdauer ohne Gefahr, denn unverändert ist er über Nabelschnur und Plazenta mit dem mütterlichen Kreislauf verbunden, der Sauerstoffversorgung angeschlossen. Mit zunehmender Dauer wird es aber gefährlich. So kann sich durch eine unglückliche Lage beispielsweise die Nabelschnur um den Welpen wickeln, eine zu schmale Beckenöffnung, – die sich ja bekanntlich verengt – kann die weitere Geburt unmöglich machen. So empfiehlt es sich, spätestens 15 Minuten nach dem Platzen der Fruchtblase, nach dem Austritt eines Schwalls grüner Flüssigkeit den Tierarzt zu rufen. Was der Züchter selbst eventuell tun kann, darüber Näheres in unserem Abschnitt über Geburtsschwierigkeiten.

Meist ist es ein kleines, dunkles Bläschen, ein Teil der unseren Welpen umhüllenden Fruchtblase, das die Ankunft unseres neuen Erdenbürgers ankündigt. War die Fruchtblase aber im Geburtskanal schon geplatzt, dann kann es auch ein Näschen oder ein Füßchen sein, das als erstes aus der Vagina herauskommt. Meist bedarf es dann nur noch einer oder zweier kräftiger Preßwehen, – und der Welpe ist geboren.

Befindet sich der Kleine noch in der Fruchtblase, so wird diese von instinktsicheren Hündinnen schnell mit den Schneidezähnen geöffnet. Tüchtig lecken, das massiert das Neugeborene, bringt den Kreislauf in Schwung und der erste Piepser, manchmal auch ein echter Schrei, bringt Sauerstoff in die Lungen unseres Welpen. Dieser erste Schrei ist für den Züchter das ersehnte Signal, die Geburt ist gut überstanden!

Mit dem Lecken massiert die kräftige Hundezunge den Welpen, gleichzeitig werden dabei die Fruchthüllen über die Zunge der Hündin zum Magen weiterbefördert. Oft kommt auch die Plazenta (Mutterkuchen/Nachgeburt) gleichzeitig mit dem Welpen zum Vorschein, mit ihr ist der Welpe über die Nabelschnur verbunden. Dann trennt die Hündin die Nabelschnur vom Welpen ab, das geschieht zumeist mit den Backenzähnen, den Prämolaren, nicht, wie so viele Laien meinen, mit den Schneidezähnen. Ist die Plazenta bereits mitgekommen, dann wird sie samt der daran hängenden Nabelschnur von der Hündin aufgefressen. Das ist richtig so, sie sollten die Hündin keinesfalls daran hindern, auch wenn das kaum einen besonders ästhetischen Anblick bietet. Die Plazenta ist für unsere Hündin eine ganz besonders hormonreiche Nahrung, die Natur hat es so vorgesehen, daß unsere Hündin als erstes Mahl nach der Geburt die Plazenta verzehrt. Sie braucht alle die im Mutterkuchen vorhandenen Vitamine, Hormone und Nährstoffe für ihre Welpen, der Verzehr der Plazenta ist wehen- und laktationsfördernd.

Es kann durchaus vorkommen, daß eine Erstlingshündin durch alle diese für sie neuen Geschehnisse zunächst recht hilflos ist, ihr Neugeborenes betrachtet, nicht weiß, was sie damit anfangen soll. Hier greift der Züchter ruhig ein, hält der Hündin den Welpen vor, versucht, sie zum Ablecken zu animieren. Hier bewährt sich unsere Vorbereitung während der Tragezeit. Die Hündin leckt die interessant riechenden Hände und den Welpen, in aller Regel erwachen jetzt ihre Instinkte, sie packt den Welpen aus den Eihäuten, nabelt ab und beginnt mit der Pflege.

Ist unsere Hündin aber so benommen, daß man von einem Ausfall der Instinkte ausgehen muß, so hat der Züchter ihre Arbeit zu übernehmen. Viel Zeit darf nicht verstreichen! Zum einen ist ja unser Welpe jetzt nach der Geburt nicht mehr über die Plazenta mit dem Körper der Mutter verbunden, die Sauerstoffversorgung bricht ab. Zum anderen besteht die Gefahr, daß der Welpe bei ersten Atemversuchen Fruchtwasser in Nase und Mäulchen bekommt, daran erstickt. Deshalb muß der Mensch schnell handeln!

Die Fruchtblase wird unter der Kehle so geöffnet, daß wir den Welpen mit dem Kopf nach unten in der Hand halten, so daß das Fruchtwasser seitlich abfließt, ohne dabei in die Atemorgane zu gelangen. Die Fruchthäute werden handschuhartig von unten nach oben abgestreift, gleichzeitig pressen wir zwischen Daumen und Zeigefinger die Nabelschnur zusammen. Erneut versuchen wir unsere Hündin zu überreden, jetzt ihre Arbeit zu beginnen, die Nabelschnur abzukauen, denn sie kann alles am besten. Hilft das nichts, trennen wir die Nabelschnur etwa 2 cm vom Ansatz entfernt durch Abquetschen zwischen den Fingernägeln. Gibt der Welpe noch kein Lebenszeichen von sich, wird er mit einem kleinen Frotteehandtuch tüchtig trockengerieben, meist führt diese Massage zum ersehnten ersten Schrei. Dieser muß bald kommen, die Zeit eilt! Ein- oder zweimal den Welpen nach unten schütteln, eventuell eingedrungenes Fruchtwaser muß aus den Atemwegen heraus. Notfalls nehmen wir den Kleinen an den eigenen Mund, versuchen aus Mund und Nase das Fruchtwasser herauszusaugen, beginnen mit der Mund-zu-Mund-Beatmung. Hierbei kommt es darauf an, daß wir den ganzen Fang des Welpen in den eigenen Mund nehmen, das Fruchtwasser wird vorsichtig abgesaugt, ausgespuckt, dann beginnen wir, leicht unseren Atem dem Welpen einzublasen. Hierbei ist Vorsicht angezeigt, starkes Beatmen könnte den Welpen schädigen.

Einige Züchter schwören auf das bereits erwähnte Tröpfchen Brandy, dem Welpen verdünnt auf die Zunge gegeben. Unsere Erfahrungen gehen dahin, daß Rubbeln, Ausschütteln, Näschen aussaugen und Beatmen wesentlich wirksamer, vor allem schneller sind.

Der Wettlauf um den ersten Schrei ist manchmal wirklich aufregend, geht an die Nerven. Gehen Sie davon aus, ein neugeborener Welpe ist gar nicht so zart und empfindlich, wie es scheint, er kann bei dieser Prozedur durchaus fest angefaßt werden. Schauen Sie sich einmal zum Vergleich die instinktsichere Hündin an, auch diese ist beim Auspacken und Trockenlegen des Welpen bestimmt nicht zimperlich. Und dann sollten Sie Ihre Versuche, den Welpen bei einem Versagen der Hündin selbst ins Leben zu bringen, nie zu früh aufgeben.

Meine Frau verfügt hier über eine besonders ausgeprägte Geschicklichkeit. Wir haben Welpen, die schon eine halbe Stunde ohne Fruchtblase im Gebärkanal gesteckt haben, die blau angelaufen auf die Welt kamen, leblos dalagen, durch Geduld und intensive Betreuung meiner Frau durchgebracht. Das kann durchaus auch einmal 5 Minuten dauern. Da gibt es dann noch die Möglichkeit, den Kleinen für Sekunden unter den kalten Wasserhahn zu nehmen, dann wieder trocken zu rubbeln, wieder Mund-zu-Mund-Beatmung, außerdem Atemübungen ähnlich den Wiederbelebungsversuchen bei erster Hilfe. Dabei leichter Druck auf den Brustkorb und wieder Entlastung der Lungen. Etwas Salz auf die Zunge gegeben bewirkt einen zusätzlichen Reiz.

Solche Geschicklichkeit ist bei Entbindungen durch Kaiserschnitt besonders gefragt. Hier liegt ja die Mutterhündin in Narkose, kann gar nichts für ihre Welpen tun. Noch schlimmer, das Narkosemittel ist über die mütterlichen Blutbahnen auch in den Blutkreislauf der Welpen gelangt, hat auch sie leicht narkotisiert. Außerdem fehlt dem Welpen der enge Weg durch den Geburtskanal, der durch Druck und Belastung durchaus animierend wirkt.

Die aus den Gebärmutterhörnern operierten Welpen bedürfen sorgsamer schneller Betreuung in der oben dargestellten Art. Ein Glück, wenn in den Tierkliniken geschickte Helfer bereitstehen, oder der Züchter aufgrund seines Wissens selbst helfen kann. Beim Kaiserschnitt kommt es nicht nur auf die Geschicklichkeit des operierenden Arztes, sondern im gleichen Maß auf die seiner die Welpen betreuenden Mitarbeiter an. Die Anzahl der bei Kaiserschnitt lebend zu Welt gebrachten Welpen ist entscheidend vom Können beider abhängig.

Wie lange dauert eine Geburt, besser gesagt, die Austreibung eines Welpen? Wir wissen schon, der erste hat es am schwersten, braucht sicherlich etwas länger. In der Regel bedarf es zur Austreibung eines Welpen etwa 4–6 kräftiger Preßwehen, die Austreibung des Einzelwelpen dauert im Durchschnitt 3 Minuten. Naaktgeboren hat 39 Geburten auf die Austreibungsdauer analysiert. Dabei brauchten 6 Welpen weniger als 1 Minute, 16 waren nach spätestens 3 Minuten auf dieser Welt. So wurden über die Hälfte aller Welpen innerhalb von 3 Minuten geboren. Bedenklich stimmt bei diesen Untersuchungen, daß immerhin 10 Welpen länger als 10 Minuten auf dem Weg waren mit Austreibungszeiten von 10, 15, 25, 30 und selbst 45 Minuten! Diese langen Austreibungszeiten werden vor allem bei Kleinhunden und Bulldoggen berichtet. Arme Hündin! Wir werden bei den Geburtsschwierigkeiten das Thema erneut aufgreifen.

Gehen wir jetzt einen Schritt weiter, sprechen wir über die Dauer der gesamten Geburt. Entscheidend ist natürlich, in welchem Rhythmus hintereinander die einzelnen Früchte folgen. Aus seinen Erfahrungen mit der Geburt von Wildhunden spricht Eberhard Trumler von einer Dauer von 2 Stunden bei einer Wildhundegeburt, bei einer Welpenzahl von sechs. Das wären so alle 20 Minuten ein Welpe. Bei einem domestizierten Haustier hält es Trumler für natürlich und angemessen, daß sich die Dauer der Geburtszeit etwa verdoppelt, so hätte unsere Rassehündin für die Geburt ihrer 6 Welpen 4 Stunden Zeit, alle 40 Minuten könnten wir die Ankunft eines Welpen erwarten.

Naaktgeboren hat die mittlere Zeitspanne zwischen zwei Welpen auf Basis der Angaben über 172 Würfe errechnet. Dabei kommt er zu Intervallen von Welpe zu Welpe von etwa 45 Minuten, was sich eigentlich weitgehend mit den Angaben von Trumler deckt. Vielleicht sollte ich noch erwähnen, daß in der Regel der zweite Welpe in einem etwas kürzeren Zeitabstand folgt, ab dem siebten Welpen aber sicherlich auch ermüdungsbedingte Verzögerungen auftreten. So lagen die Pausen zwischen dem achten und neunten Welpen bei der Statistik von Naaktgeboren bereits im Durchschnitt bei 77 Minuten.

Die Tatsache der etwa gleich langen Geburtsintervalle führt Naaktgeboren darauf zurück, daß sich die entleerten Fruchtkammern des Uterus bereits während der Geburt so verkürzen, daß die Welpen zum Gebärmutterhals weitergeschoben werden, so daß die jeweiligen Wege der einzelnen Welpen etwa gleich lang sind.

Unterbrechungen im Geburtsverlauf, zeitliche Verzögerungen, aber auch kürzere Intervalle sind möglich. Generell möchte ich anraten, bei einer Pause von mehr als 2 Stunden den Tierarzt zu rufen. Gerade bei den Hündinnen mit Wehenschwächen ist es möglich, daß erneut die hormonelle Eigensteuerung versagt, natürlich kann es auch sein, daß ein toter Welpe die weitere Geburt blockiert. Darüber Näheres unter Geburtsschwierigkeiten. Es ist auch nicht ganz einfach zu erkennen, ob die Hündin leer ist. Sehr nützlich ist dann ein kurzer Spaziergang, eine genaue Betrachtung der Flanken unserer Hündin. Erfahrene Züchter haben ein Auge dafür, ob alle Welpen heraus sind. Hier braucht in der Regel der Anfänger fachkundigen Rat, sei es durch einen Züchterkollegen, sei es durch einen geübten Tierarzt.

In den Köpfen vieler Hundezüchter spukt ein Gedanke, die Sorge vor der Steißgeburt! Hier haben sich offensichtlich die Vorstellungen aus der Humanmedizin mit den Gegebenheiten der Hundezucht fälschlicherweise verbunden. Ganz eindeutig, in aller Regel bedeutet die Steißgeburt – bei ihr kommen Pfötchen und Rute zuerst – keinerlei Komplikation gegenüber der Normalgeburt, bei der unser Welpe kopfüber in unsere Welt eintritt. Schon ein Blick auf die Statistik macht das klar. Um diese Frage hat sich wiederum Naaktgeboren in seiner großen Umfrage gezielt bemüht. Von 768 Welpen kamen 511 in der sogenannten Vorderendlage zur Welt, 257 in der Hinterendlage, das ist ziemlich exakt eine Relation von 2:1. Vielleicht sollte ich noch ergänzen, daß bei dieser Auswertung von den sogenannten »Riesenrassen« (Dogge, Bernhardiner, Leonberger) und auch von den Zwergen mit einer Widerristhöhe bis 24 cm jeweils etwa die Hälfte in Steißlage geboren wurden. Bei den großen Rassen etwa der Schäferhunde, Windhunde, Gebrauchshunderassen, große Jagdhunderassen kamen etwa ¼ der Welpen in Hinterendlage zur Welt. Mir erscheint es reizvoll, meinen Lesern an dieser Stelle ein Röntgenauge auszuleihen, das wir Herrn Dr. Köppel von der Universität Wien verdanken. In unserer Abb. 73 hat Dr. Köppel die Geburt einer Foxterrier-Hündin unter dem Röntgenschirm festgehalten. Wir sehen dabei, wie in der sogenannten Vorderendlage oder Normallage gerade der zur Geburt freigegebene Welpe in den Geburtskanal mit dem Kopf durch das Becken der Mutterhündin gleitet. Es lohnt sich, diese und die nachfolgenden Röntgendarstellungen sorgfältig zu betrachten. Achten Sie bei den Welpen bitte darauf, wie die Extremitäten, also die Läufe, eng am Rumpf des Welpen anliegen. Damit wird der Querschnitt der Frucht möglichst klein gehalten, der Geburtsvorgang erleichtert. Diese Aufnahme zeigt uns die Normalgeburt in Vorderendlage.

Unsere nächste Abbildung Nr. 74, die Geburt einer Deutschen Schäferhündin, zeigt uns die Geburt aus der Hinterendlage, die sogenannte Steißgeburt. Bei diesem Foto ist der Welpe bereits etwa zur Hälfte in den Geburtskanal eingetreten. Auch hier sollten Sie die Stellung der eng an den Rumpf anliegenden Extremitäten beachten.

Schauen wir uns nun das dritte Foto an, die Geburt einer Scotchterrier-Hündin auf Abb. 75. Auch dieser Welpe liegt in Hinterendlage, also eine Steißgeburt. Hier ist aber noch etwas ganz besonderes zu beachten. Im allgemeinen ist der Rücken

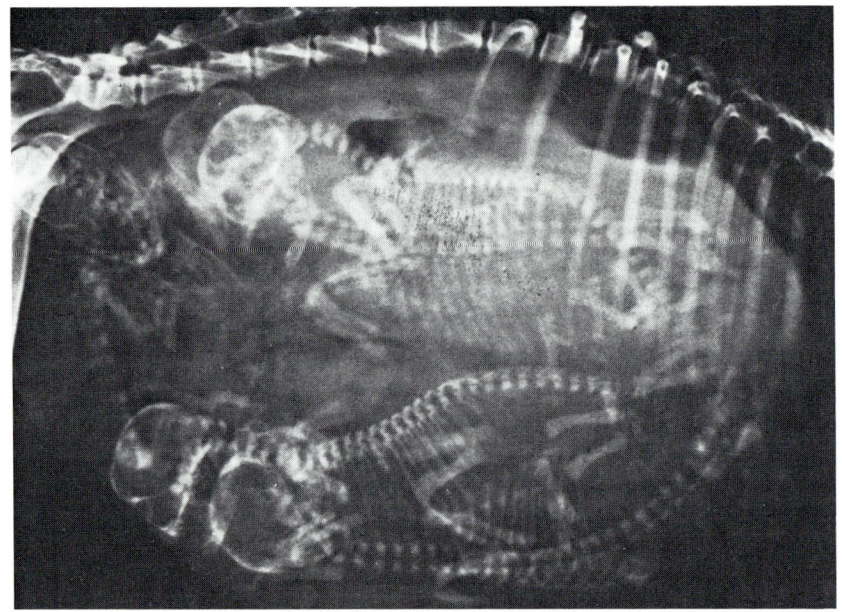

Abb. 73: Foxterrier-Hündin, 4 Jahre alt, bei der Geburt. Ein Welpe ist in physiologisch richtiger Stellung in den Geburtskanal eingetreten; sein Kopf liegt bereits im Becken.   Foto: Dr. Köppel

Abb. 74: Deutsche Schäferhündin, 5 Jahre alt, in der Geburt. Der Welpe ist in Hinterendlage (Steißgeburt) in den Geburtskanal eingetreten.   Foto: Dr. Köppel

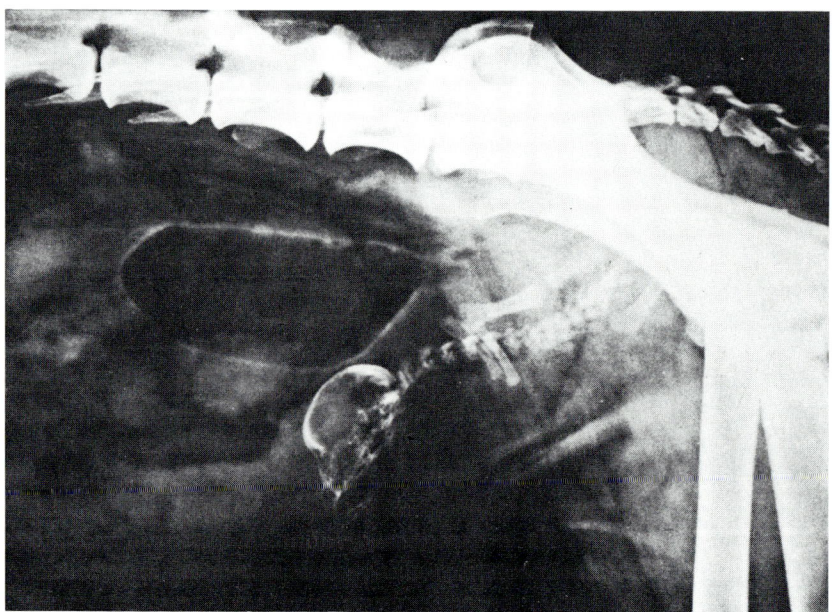

146

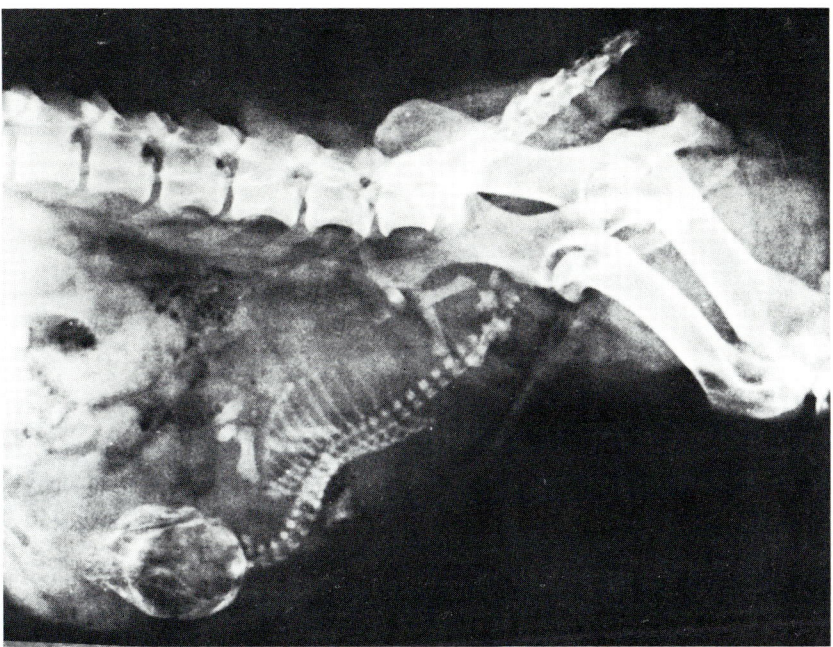

Abb. 75: Scotchterrier-Hündin, 5 Jahre alt, in der Geburt. Der Welpe liegt in Hinterendlage (Steißgeburt) und unterer Lage, er liegt unmittelbar vor dem Eintreten in den Geburtskanal.   *Foto: Dr. Köppel*

des Welpen parallel zum Rücken der Hündin gelagert. In dieser Stellung ist er dem Verlauf der Geburtswege bestens angepaßt. Bei der auf unserer Abbildung geschilderten Geburt ist dies umgekehrt, man nennt dies die »untere Lage«, Rückgrat der Mutter und Rückgrat des Welpen sind gegenläufig gestellt. Dies kann zu Stockungen der Geburt, zu längeren Verzögerungen führen. In dem abgebildeten Fall verlief zwar die Geburt ohne Erschwernisse, es kann aber durchaus vorkommen, daß aus dieser Lage heraus die Geburt sehr kompliziert wird. Je nach den Umständen muß bei einer solchen verkehrten Lage versucht werden, den Welpen im Geburtskanal zu drehen, was natürlich nur Sache des erfahrenen Tierarztes sein kann. Auch hierauf werden wir im Zusammenhang mit Geburtsschwierigkeiten zurückkommen.

Sicherlich können sich unsere Leser vorstellen, wie kompliziert es ist, eine Geburt unter dem Röntgenschirm festzuhalten. Bedenken Sie, daß dies nicht unter Narkose erfolgen kann, das würde ja die gesamte Geburt gefährden. So gibt es nur ganz wenige Röntgenaufnahmen, die einen solch genauen Einblick in die Geburtsvorgänge ermöglichen. Dem Fachmann, Herrn Dr. Köppel, an dieser Stelle ein sehr herzliches Dankeschön!

Unser Buch wendet sich in erster Linie an die Züchter von Rassehunden, daher ist es sicherlich richtig, an dieser Stelle auch noch etwas über die Zusammenhänge von Größe des Hundes, Welpenzahl und Schwere der Geburt zu sagen. Es hat sich schon weitgehend herumgesprochen, große Hunderassen haben in aller Regel einen reichen Kindersegen, auch die Geburt verläuft im allgemeinen wesentlich leichter. Je kleiner die Rasse, desto weniger Welpen, desto komplizierter die Geburt! Warum ist das so?

U. Sierts-Roth hat 1953 einmal eine interessante Berechnung erstellt, in der er das Geburtsgewicht des Welpen in einem Prozentsatz zum Gewicht der Mutterhündin ausdrückt. Ich halte diese Zahlen für recht aufschlußreich und möchte sie meinen Lesern nicht vorenthalten.

Tabelle 12: Geburtsgewicht des Welpen im Verhältnis zum Gewicht des Muttertieres.
Nach U. Stierts-Roth

Deutsche Dogge	1,03%	Afghane	2,34%
Rottweiler	1,05%	Skye Terrier	2,80%
Bernhardiner	1,14%	Whippet	2,89%
Greyhound	1,70%	Dachshund	3,34%
Boxer	1,78%	Welsh Terrier	3,48%
Deutscher Schäferhund	1,78%	Pekinese	3,60%
Chow Chow	1,87%	Pinscher	4,20%
Hovawart	1,94%	Zwergspitz	4,34%
Pointer	1,99%	Griffon Bruxellois	4,59%
		Zwergpinscher	6,12%

Ich habe diese Statistik zweimal gelesen, so interessant und für einzelne Hunderassen aufschlußreich war sie für mich. Unschwer kann man sagen, daß die Welpen der in der ersten Spalte unserer Tabelle aufgeführten Rassen im Verhältnis zum Muttertier winzig sind. Kein Wunder, daß deren Würfe in aller Regel groß ausfallen, auch leichter zur Welt kommen als die der zweiten Tabellenhälfte. Die Welpen der großen Rassen sind im Verhältnis zum Muttertier sehr klein, so berichten Züchter auch von relativ einfachen Geburten, manchmal – fallen die Welpen geradezu heraus.

Noch eine interessante Statistik. Sie befaßt sich mit der mittleren Wurfgröße und ihrer Abhängigkeit von Größe und Rasse der Mutterhündin. Naaktgeboren lagen hierzu Angaben aus 395 Würfen mit insgesamt 2.321 Welpen vor. Das Material ergibt über alle Rassen eine mittlere Wurfgröße von 5,87 Welpen. Demnach liegt der Durchschnittswurf einer Hündin bei 6 Welpen, was sich auch unter den Züchtern als gängige Vorstellung durchgesetzt hat.

Dieses Material wird erst durch seine Aufschlüsselung auf Größengruppen richtig interessant. Dabei wählte Naaktgeboren das Zentimetermaß als Unterscheidungsmerkmal, ich könnte mir persönlich vorstellen, daß das Gewicht heute eine aufschlußreichere Grundlage wäre, haben es sich doch viele Rassezuchtvereine über ihre Rassestandards zum Ziel gesetzt, großen Hunden die Läufe wegzuzüchten. Aber auch aus Naaktgeborens Rasseaufteilung erhalten wir interessante Erkenntnisse.

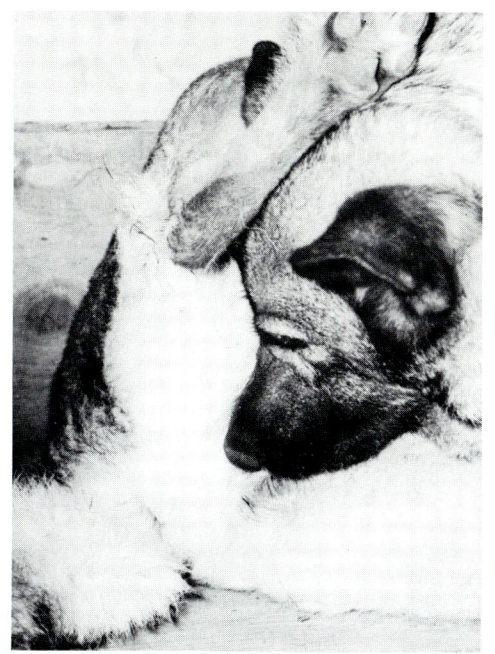 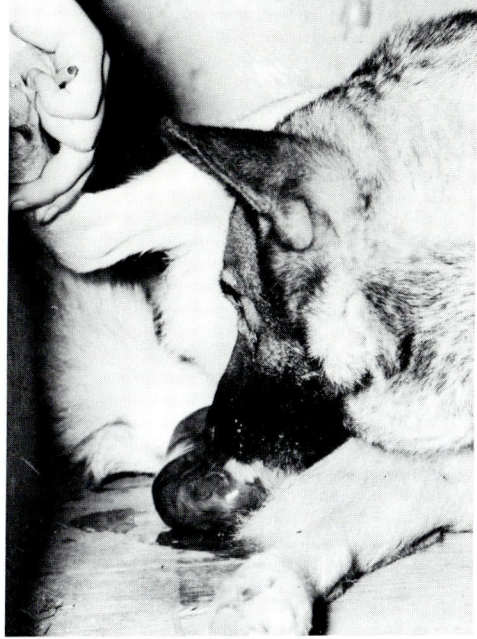

Abb. 76: Vor der Geburt des ersten Welpen   *Abb. 77: Gerade geboren . . .*

Abb. 78: . . . und schon ausgepackt

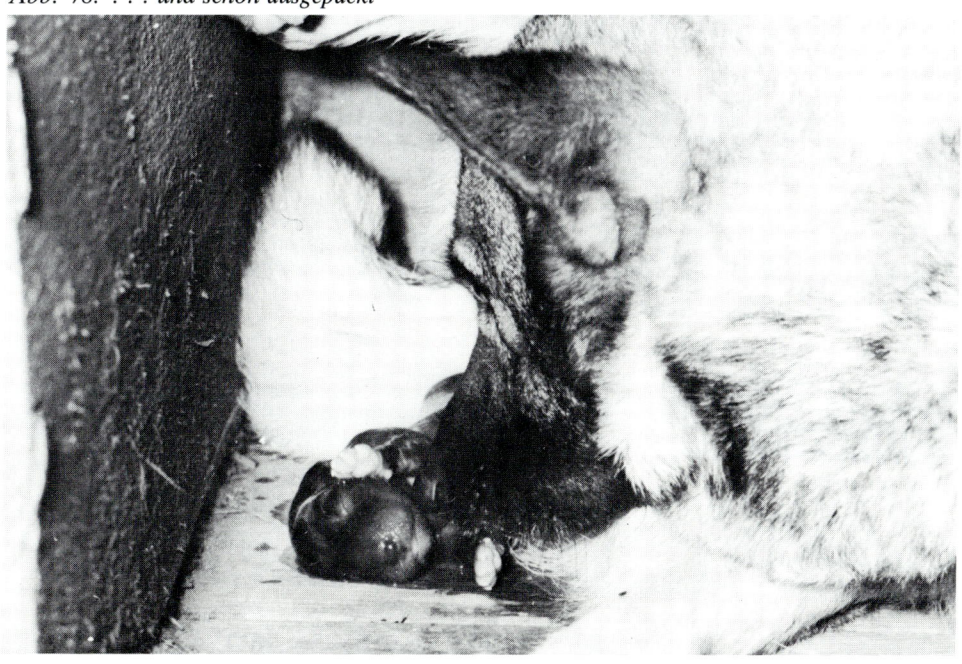

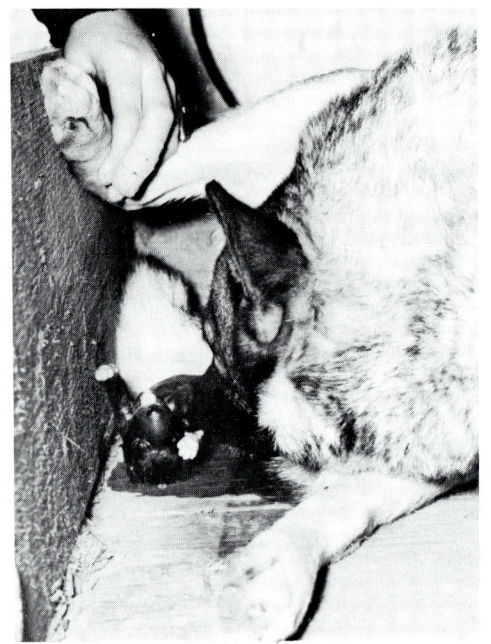

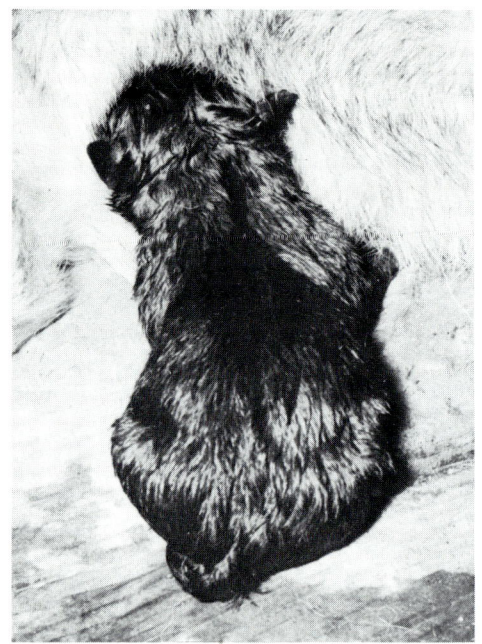

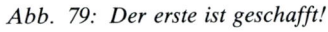
Abb. 79: Der erste ist geschafft!

Abb. 80: Vor der Wanderung zur Milchquelle

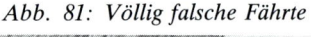
Abb. 81: Völlig falsche Fährte

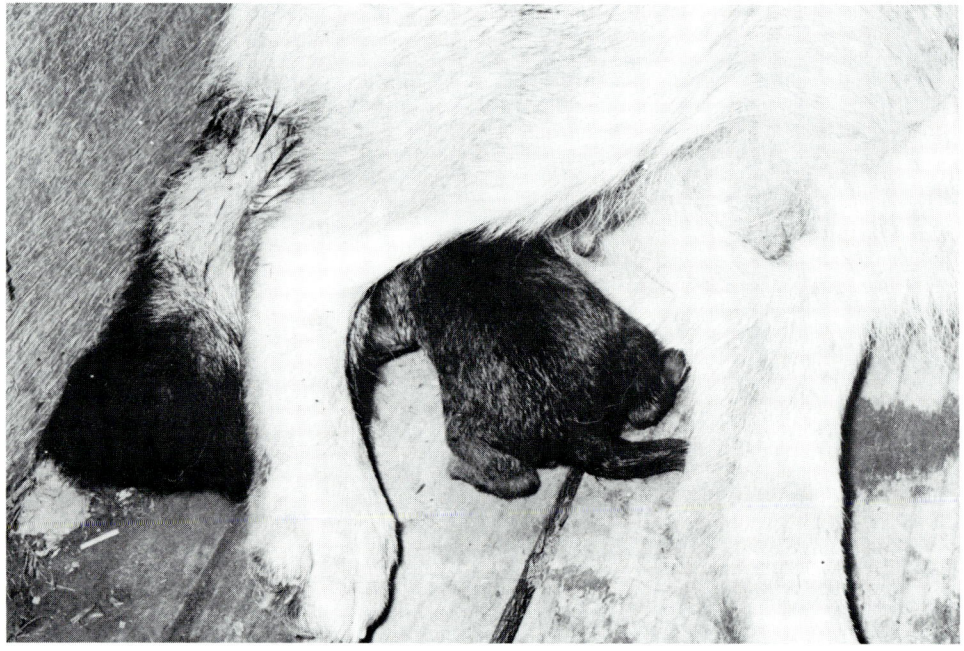

Abb. 82: Noch nicht erreicht

Abb. 83: Am Ziel!

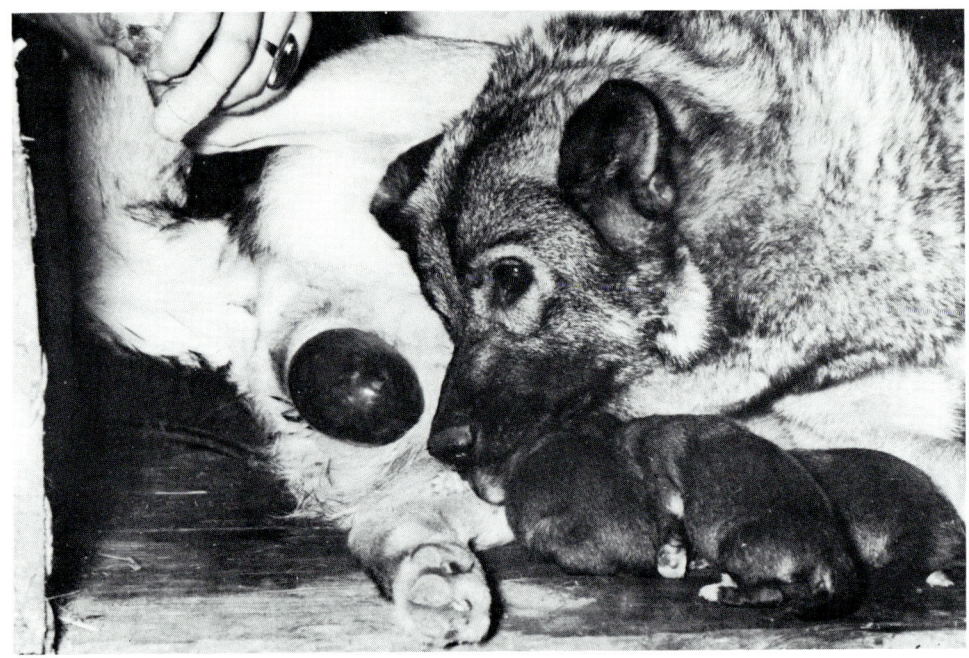

Abb. 84: Normaler Geburtsrhythmus: Während Nummer Drei noch geleckt wird, kommt Nummer Vier

Abb. 85: Öffnen der Fruchthülle

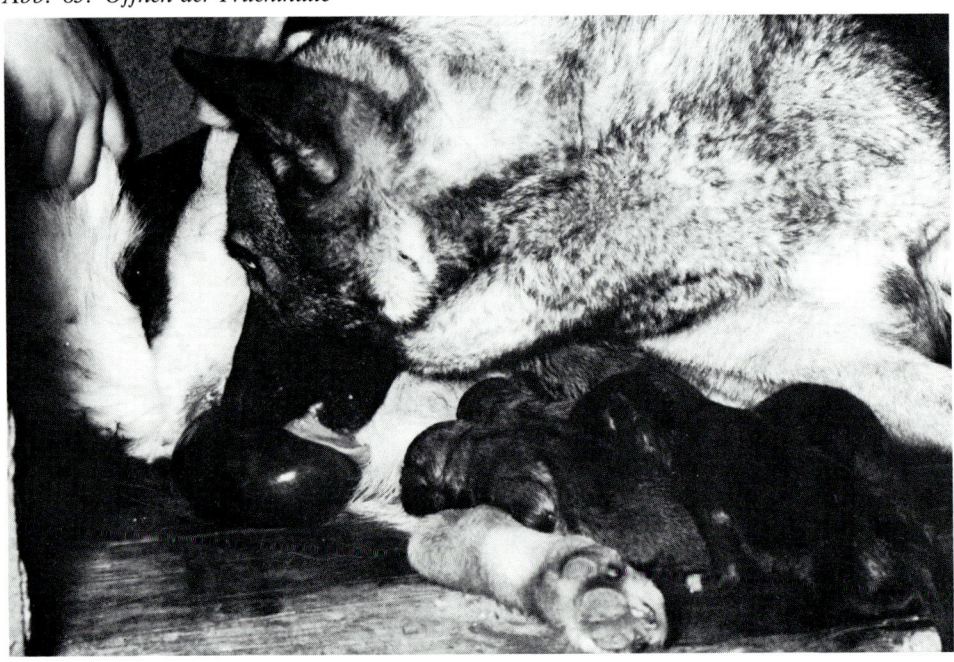

Abb. 86: Beim Auspacken

Abb. 87: Abnabeln des Welpen

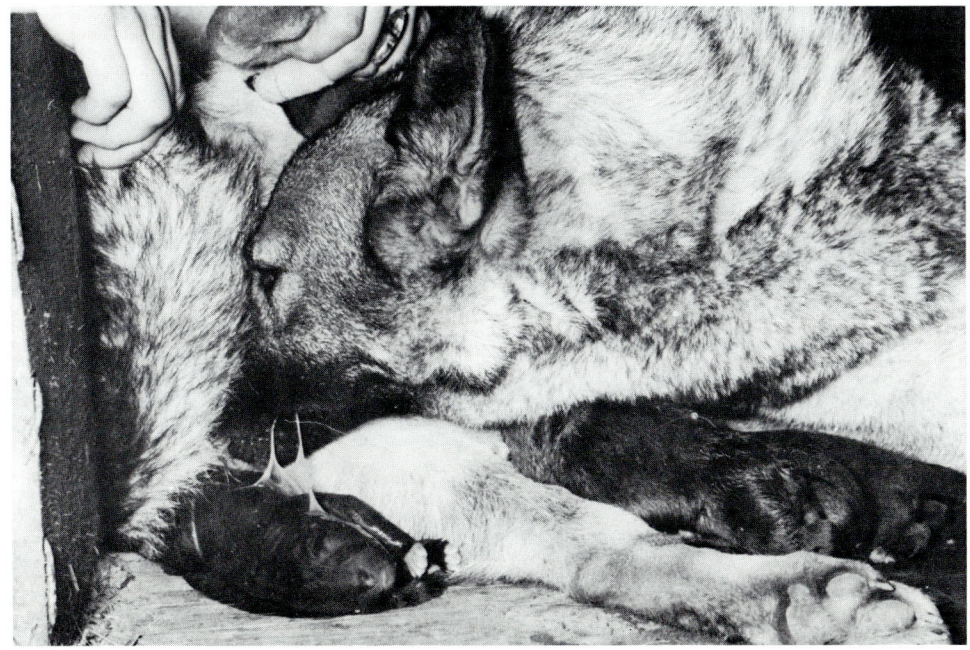

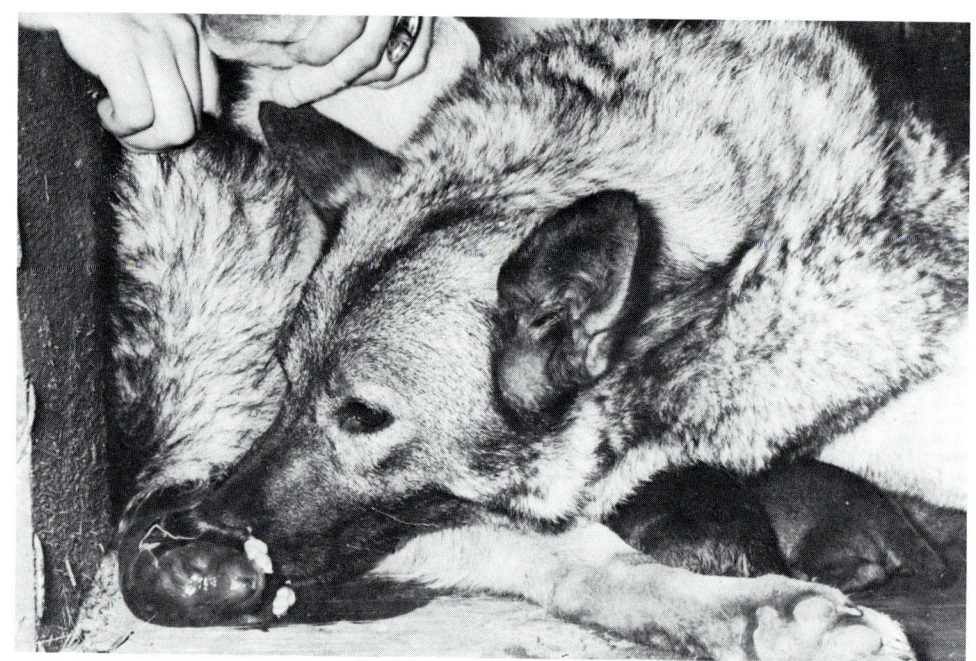

Abb. 88: Beginn der Welpenpflege

Abb. 89: Und schon geht's weiter

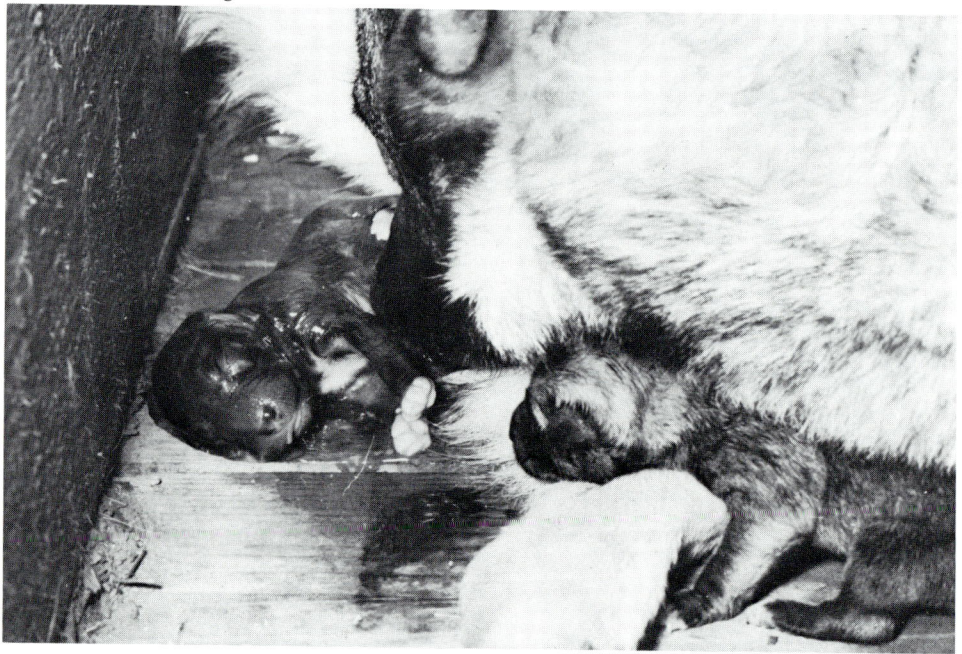

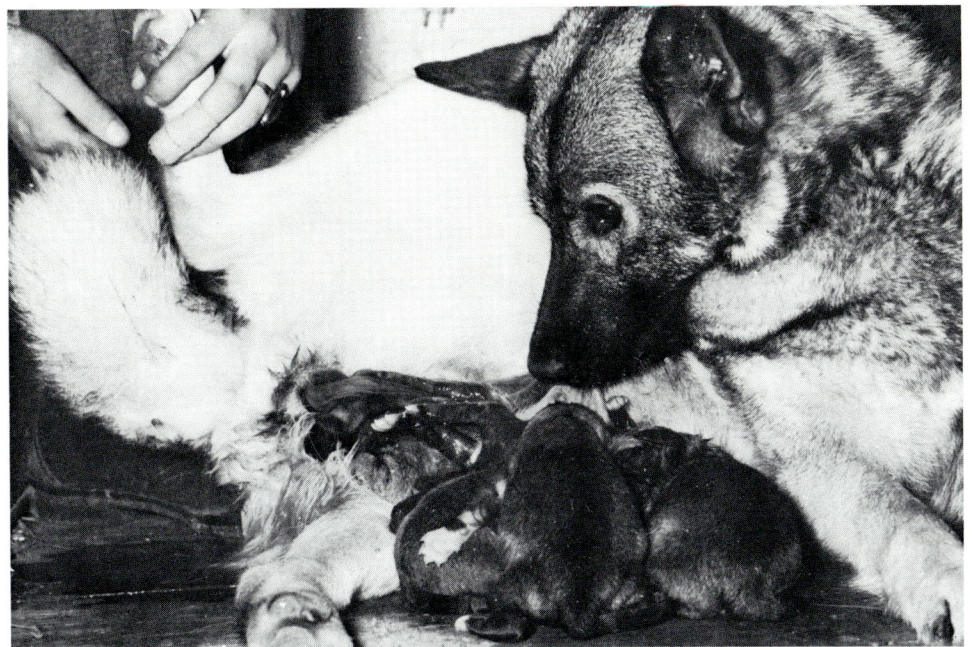

Abb. 90: Nummer Vier wird ausgepackt . . .

Abb. 91: . . .und abgenabelt

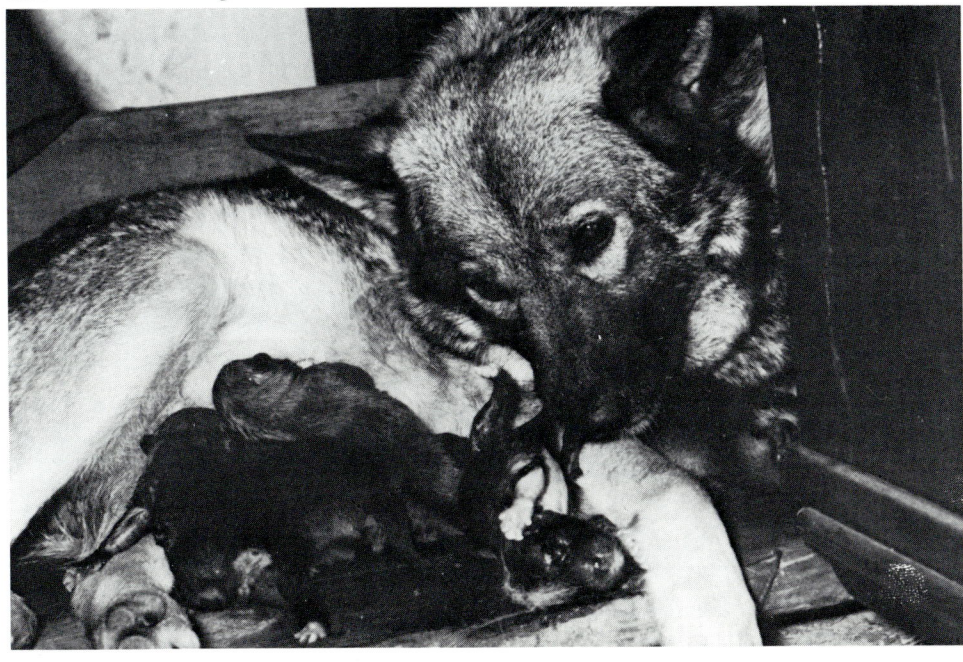

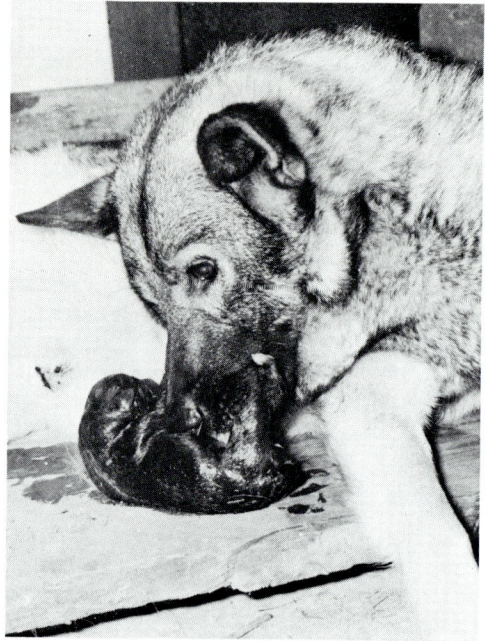

Abb. 92: Während der erste Welpe zur Milchquelle krabbelt, . . .

Abb. 93: . . . wird der nächste schon gereinigt

Abb. 94: Dabei geht die Hündin . . .

Abb. 95: . . . nicht zimperlich mit ihren Kleinen um

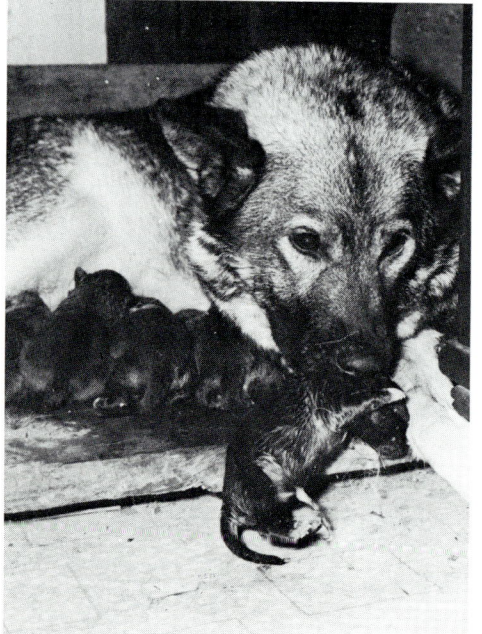

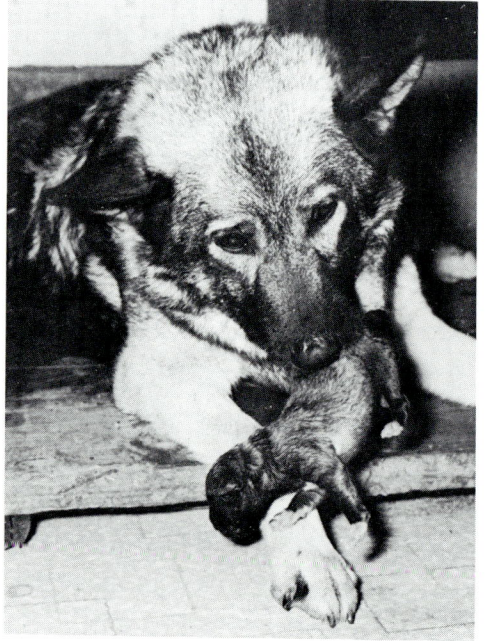

Abb. 96: In Mutter's Armen läßt sich gut schlafen

Abb. 97: Endlich Ruhe!

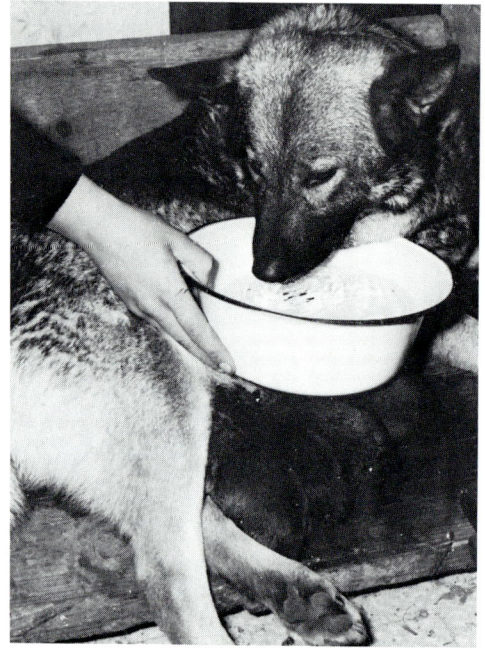 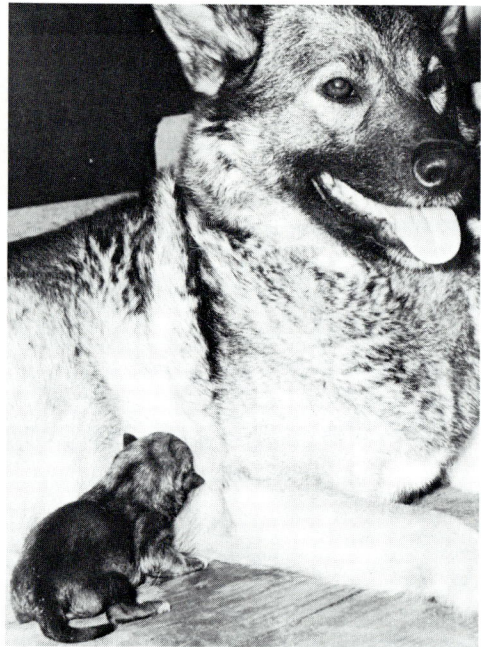

Abb. 98: Wichtig: das klare Wasser   *Abb. 99: Es ist geschafft!*

Tabelle 13: Die Abhängigkeit der Wurfgröße von der Größe der Hunderasse
Auswertung von 395 Würfen nach Naaktgeboren.

Schulterhöhe der Hunderasse in cm	Anzahl der Würfe	Anzahl der Welpen	Mittlere Würfgröße ⌀
bis 24 cm	18	72	4,0
25–40 cm	118	540	4,6
41–50 cm	127	728	5,7
51–70 cm	125	918	7,3
über 70 cm	7	63	9,0
Gesamt	395	2321	5,87

Naaktgeboren hat seine Untersuchung auch dahingehend ausgewertet, ob sich ein Unterschied zwischen erstgebärenden oder mehrfach gebärenden Hündinnen bei der Wurfgröße abzeichnet. Hierfür gab es aus dem Material keine Anzeichen. Eindeutig ist jedoch das Ergebnis, daß parallel zur Schulterhöhe die Wurfgröße ansteigt.

Bei diesen Untersuchungen wurde ferner ermittelt, daß in Würfen gleicher Rassen naturgemäß das Einzelgewicht des Welpen umso niedriger liegt, je größer die Wurfstärke ist. Einlingswelpen sind überdurchschnittlich groß, was dann bei der Geburt zu beträchtlichen Schwierigkeiten führt. Diese werden wir noch darstellen.

Unsere Hündin mit ihrem Neugeborenen haben wir vor der Diskussion der statistischen Zahlen gerade da verlassen, als sie selbst oder mit menschlicher Hilfe ihr Erstgeborenes versorgt, die Nachgeburt verspeist hatte. Wie geht es weiter?

Für unseren Welpen beginnt in diesem Stadium der Ernst des Lebens mit der energischen Suche nach der Nahrungsquelle. Seinen Weg zur Zitze illustrieren wir durch eine Reihe von Fotos, die uns Eberhard Trumler zur Verfügung gestellt hat. Dabei wird deutlich, mit welcher Energie, mit welcher Zielstrebigkeit er seinen Weg verfolgt (Abb. 76 bis 99). Zu diesem Zeitpunkt seines Lebens gibt es für den Welpen nichts Erstrebenswerteres als die Zitze, die mütterliche Milchquelle. Anders als bei Ferkeln, die in ihrem Verhaltensmuster nur auf eine Zitze fixiert sind, nimmt der Welpe jede erreichbare Zitze an. Hat er sein Ziel erreicht, schließt sich sein Mäulchen um die Milchquelle, kräftig treten beide Vorderläufe gegen die Zitze. Das Saugvakuum im Mäulchen des Welpen und der energische Milchtritt gegen die Zitze, sie gemeinsam ermöglichen unserem Neugeborenen seine ersten Mahlzeiten auf dieser Erde.

Vergessen Sie nie, wie wichtig für eine gesunde Welpenaufzucht das andere Ende unseres Welpen ist! Schon während des Saugens, spätestens aber danach, beginnt die breite Zunge der instinktsicheren Mutterhündin die Reinigung von Popo und Genitalien unseres Welpen. Diese Zungenmassage ist für den Welpen lebensnotwendig! Aus der Ernährung über die Plazenta hat sich im After des Welpen eine schwarze Kotmasse angesammelt, die unbedingt heraus muß. Die Zungenmassage holt das sogenannte »Kindspech« heraus, gleichzeitig entleert sich auch die Blase. Jeder Züchter muß wissen, daß in den ersten Tagen nach der Geburt sich ein Welpe nur dank der mütterlichen Zungenmassage entleeren kann. Leckt unsere Hündin nicht oder nur sehr wenig, kann Verstopfung das Leben des Welpen gefährden! Da gibt es ganz merkwürdige Instinktausfälle unter den Mutterhündinnen. So hatten wir eine, die grundsätzlich gerne den After reinigte, kam ihr dabei aber Urin auf die Zunge, dann fühlte sie sich so abgestoßen, daß sie alle weiteren Säuberungsbemühungen einstellte.

Versäumt die Hündin ihre Pflicht oder übt sie nur sehr nachlässig aus, dann muß unbedingt der Züchter eingreifen. Die Zungenmassage der Hündin erfolgt sowohl am Bäuchlein des Welpen, wie im Bereich des Afters. Dies muß der Züchter nun mit einem weichen Flanelltuch, einem Wattebausch oder auch mit einem kleinen Naturschwamm nachahmen. Dabei feuchten wir Flanelltuch, Watte oder Schwamm mit körperwarmem Wasser an (also etwa 38° C). Die kreisende Massage auf dem nackten Bäuchlein und rund um den After löst den Stau, läßt Urin und Kot austreten. Es gibt besonders empfindliche Welpen, die das Reiben mit dem Schwamm oder den Textilien schlecht vertragen. Hier hilft notfalls ein mit Speiseöl befeuchteter Finger, der dann die Massage allein übernehmen muß. Denken Sie immer daran, eine Verstopfung des Welpen kann sein Leben kosten! In aller Regel zeigt der Welpe sein Unbehagen durch Wimmern und Unruhe deutlich an.

Wichtig ist die Kontrolle der Welpen im Nabelbereich. Zumeist hat die Hündin die Nabelschnur mit ihren Backenzähnen abgetrennt, verblieben ist ein Reststück von etwa 2 cm Länge. Mußten wir selbst abnabeln, taten wir dies durch Abquetschen, keinesfalls durch Schneiden. Die Nabelschnur enthält Blutgefäße für arterielles wie auch für venöses Blut. Nur dadurch war der Anschluß an den mütterlichen Blutkreislauf möglich. Hätten wir die Nabelschnur mit Schere oder Messer durchschnitten, wäre ein starker Blutverlust unvermeidlich gewesen, hätten wir zumindest vorher den Nabel durch eine Garnschlinge abbinden müssen. Das Abquetschen der Nabelschnur mit den Fingernägeln entspricht weitgehend dem quetschenden Abdrücken durch die Backenzähne der Hündin. Ein Abbinden des Nabels ist nur noch in den Fällen notwendig, wenn die Hündin einmal sehr ungeschickt zu kurz abnabelt, es dabei zu einer Blutung kommt. Ist das Nabelende bei der Kontrolle blaurosa, so ist alles in Ordnung, auch bei der weiteren Zungenmassage passiert nichts. Innerhalb der nächsten 24–36 Stunden trocknet die Nabelschnur, schrumpft und fällt ab.

Ein zu tiefes Abnabeln der Hündin kann auch zu einer Quetschung im Bereich der Bauchhaut führen, meist schließen sich kleine Wunden durch das Belecken der Hündin. In schweren Fällen kann es aber auch einmal zu einer Verletzung führen, bei der die Bauchdecke aufgerissen wird, das Gedärm herausdrängt. Das ist zumeist der Anlaß für auftretenden Hundekannibalismus, die Hündin beseitigt selbst derart geschädigte Welpen zuweilen über ihren eigenen Magen. Zu retten ist ein solcher Welpe nicht, wir sollten ihn der Hündin wegnehmen, ihn von weiterem Leiden erlösen.

Es ist unbestritten, das Neugeborene ist einzig und allein das Ergebnis der Erbkraft seiner Elterntiere. In diesem frühen Lebensabschnitt kann man ausschließen, daß Umwelteinflüsse bereits auf sein Verhalten einwirken. Das ist der Grund, weshalb der Verhaltensforscher versucht, jetzt und gerade zu diesem Zeitpunkt zu testen, welch psychische Verlangung das Neugeborene ererbt hat. Jetzt, nur zu diesem frühen Zeitpunkt, werden ausschließlich die inneren Antriebskräfte erkennbar, die Nervenzentren geben Impulse, die den Welpen zur Ausführung der einzelnen Erbkoordinationen treiben. Unser Welpe ist mit der Geburt von einem einzigen Trieb beherrscht, dem Weg zur Milchquelle.

Aus diesen Überlegungen heraus hat Eberhard Trumler seinen »Biotonustest« entwickelt. Er meint, ein Welpe, der nicht alles daran setze, innerhalb der ersten Lebensminuten die mütterliche Zitze zu erreichen, sei erbgeschädigt. Geschädigte Gene ließen sich aber nicht heilen, bestenfalls durch entsprechende Zuchtmaßnahmen zurückdrängen oder ausmerzen.

Um diesen Gedankengang besonders plastisch zu machen, zitierte ich Eberhard Trumler aus seinem Buch »Mit dem Hund auf Du«: »Daher also halte ich die ersten Lebensminuten für so wichtig. Von keiner Lebenserfahrung gefördert, einzig und allein auf das gestellt, was ihm erbmäßig mitgegeben ist, wird der Welpe von der ihm innewohnenden Antriebskraft in Bewegung gesetzt. Die Stärke dieser Kraft können wir mit einer gewissen Sicherheit abmessen, denn sie äußert sich eben in diesen ersten Lebensminuten durch die Lebhaftigkeit der Bewegungen des neuen Erdenbürgers, durch seine Energie sowie durch die Schnelligkeit, mit der er eine Zitze findet und zu saugen beginnt. Hier also äußern sich bereits innerhalb der Geburtsstunde die Unterschiede zwischen den einzelnen Wurfgeschwistern. Das sind individuelle Verschiedenheiten, die nicht umweltbedingt sind, die nicht von äußeren Zufälligkeiten, von Lernen und Erfahrungen abhängen, sondern einzig und allein vom Erbgut. Die ersten Lebensminuten bieten uns eine nie mehr nachzuholende Möglichkeit, die angeborene Lebenskraft der Welpen und künftigen Hunde genau zu beurteilen.«

Betrachten wir unseren Welpen, das suchend umherpendelnde Köpfchen, das nach oben ausgerichtete Mäulchen, hören wir seinen Schrei nach Futter. Die in ihm aufgestaute innere Energie wird instinktmäßig von der Suche nach Wärme, von seinem Tastsinn gesteuert. Während seines Umhersuchens hebt sich das Köpfchen, pendelt seitwärts, dabei ist das ganze Vorderteil des Körpers einmal links, dann wieder rechts gekrümmt. Die Hinterläufe stemmen sich vom Boden ab. Hier handelt es sich um reine Instinktbewegungen. Tritt jetzt ein äußerer Reiz auf, so übernimmt dieser die steuernde Rolle. Das mütterliche Fell ist der Wärmereiz, in ihm arbeitet sich das Köpfchen weiter vor und stößt nach oben zu der Milchquelle, und wieder setzt eine Instinkthandlung ein. Das Mäulchen öffnet sich, die Zunge umfaßt trichterförmig die Zitze, Saugen und Milchtritt setzen ein.

Beim Biotonustest wird unser Welpe in die Mitte eines mit grobem Leinen überzogenen Brettes gelegt, auf dem eine kreisförmige Einteilung aufgemalt ist. Welpen, deren Lebensenergie gering ist, bleiben auf der Stelle liegen oder bewegen sich wenig. Energiegeladene Welpen dagegen kriechen kräftig herum, bewegen sich lebhaft und setzen alles daran, möglichst schnell Wärme und Nahrung zu finden. Der Forscher notiert Art und Schnelligkeit der Bewegungen, die aufgemalten Kreise und Segmente geben ihm hierfür einen Maßstab. Unsere Abb. 100 Biotonustest zeigt einen Welpen auf dem Testbrett.

Mit Sicherheit lassen sich bereits während der Geburt Beobachtungen machen, die den Biotonustest entscheidend ergänzen. So schreibt Trumler, daß ein Welpe, der sofort nach seiner Befreiung aus den Eihäuten lebhaft nach der Milchquelle sucht, ja sogar schon in den Eihäuten zappelt, eine Wertnote Eins verdiene, eine Zwei gibt Trumler dem Welpen, der zwar erst einmal eine kurze Weile liegenbleibt, ehe er sich auf den Weg macht, dann aber recht aktiv wird. Nur mit einer Drei wird der Welpe benotet, der zwar zum warmen, mütterlichen Körper strebt, dabei aber nicht in der Lage ist, die Zitze zu finden und erst angelegt werden muß, ehe er zu saugen beginnt. Die gleiche Note erhält der Welpe, der zwar die Zitze findet, aber nur wenig saugt, dann wieder abfällt.

Inaktive Welpen, die angelegt werden müssen, dabei nicht kräftig ansaugen, sondern nur über Flaschenfütterung am Leben gehalten werden könnten, wären mit einer Wertnote Vier abzuqualifizieren. Trumler empfiehlt dringend, solche Welpen gar nicht erst ansaugen zu lassen, sondern auszumerzen. Das Gleiche rät er auch für stark untergewichtige Welpen.

In voller Anerkennung der Richtigkeit dieses Standpunktes möchte ich doch einige Anmerkungen machen. Sehr entscheidend für eine richtige Beurteilung ist der Geburtsverlauf. So hatten wir einen übergroßen Welpen, der nach dem Blasensprung über eine halbe Stunde im Geburtskanal steckte, dem wir in der Scheide steckend die Fruchthäute vor dem Mäulchen entfernt hatten, damit er atmen konnte. Dieser kräftige Rüde war nach der halbstündigen Passage durch den Geburtskanal über die Hälfte seines Körpers blau angelaufen. In den ersten Minuten nach der Geburt lag der Welpe völlig erschöpft da. Ich habe die

Abb. 100: BIOTONUSTEST nach EBERHARD TRUMLER

Vermutung, daß er bei der Geburt eine ganze Menge an Lebensenergie verbraucht hatte, um überhaupt lebend auf die Welt zu kommen. Hier bekenne ich freimütig, nach dieser Anstrengung haben wir ihn recht mühselig zum Trinken an die mütterlichen Zitzen gebracht, er mußte mehrfach angelegt werden, saugte auch in seiner Erschöpfung in der ersten Stunde wenig. Und dennoch war dieser Rüde im Alter von 7 Wochen bei der Abgabe die Nummer 1 des Wurfes. Er blieb über sein ganzes Leben ein kraftstrotzender »Kopfhund«, der seinen Besitzern viel Freude machte. Ja, er wurde ein sehr wertvoller Zuchtrüde, brachte selbst wieder Nachkommen, die sich insbesondere durch ein erstklassiges Wesen auszeichneten.

Nun zu den recht kleinen Gewichten! Hier muß der Züchter klar entscheiden, aber nach meiner Erfahrung darf dabei das Gewicht nicht das alleinige Kriterium sein. Wir hatten einen solchen Winzling, der bei seiner Geburt rund 150 Gramm unter dem Normalgewicht seiner Geschwister lag, das ist immerhin fast die Hälfte. Dieser Rüde verdiente sich aber bei der Geburt im Biotonustest die Wertnote Eins. Auch dieser Welpe hat sich gut entwickelt, allerdings konnte er den reinen Gewichtsunterschied gegenüber seinen Geschwistern in den ersten 7 Lebenswochen nicht kompensieren. Er wurde aber ein lebenstüchtiger, guter und gesunder Hund. Fallen allerdings geringes Gewicht und mäßiger Biotonus zusammen, dann haben sehr kleine Welpen tatsächlich keine Lebenschance.

Damit kommen wir zu der Frage der Ausmerze. Dies war in der Vergangenheit ein recht umstrittenes Thema unter den Hundezüchtern. Für den Bereich der Bundesrepublik Deutschland hat es – zu Recht – mit dem Tierschutzgesetz des Jahres 1972 seine Erledigung gefunden, das es verbietet, einen gesunden Welpen zu töten. Große Wurfstärke, Fehlfarben, Größe oder Kleinheit als solche sind keine Rechtfertigung, einen Welpen zu töten. Bei einem Verstoß gegen das Gesetz machen sich Tierarzt und Züchter strafbar. Sachlich ist dem nichts hinzuzufügen außer der Feststellung, daß heute durch Ammenaufzucht oder mit der Flasche alle Möglichkeiten gegeben sind, sämtliche gesunden Welpen eines Wurfes fachgerecht großzuziehen. Daß dies insbesondere bei der Flaschenaufzucht für den Züchter in schwere Arbeit ausarten kann, ist unbestritten!

Bei aller Anerkennung des hohen Aussagewertes des Biotonustests bekenne ich mich schuldig, zuweilen Welpen, die nach meiner Beobachtung durch die Geburt ziemlich mitgenommen waren (– wir züchten eine Hunderasse, bei der das Geburtsgeschehen wirklich nicht immer optimal abläuft –), bei der Mutter angelegt zu haben. Hierzu drückt man mit Daumen und Zeigefinger seitlich gegen die Mundwinkel des Welpen, steckt eine zuvor ganz leicht vormassierte, milchreiche Zitze dem Kleinen ins Mäulchen, hält den Welpen – wenn notwendig – kurz in dieser Position, bis er sich auf seine Hinterläufe abstützt, die Vorderläufe mit dem Milchtritt beginnen. Und wir haben solche Welpen in den ersten Tagen mehrfach angelegt, sie damit gelehrt, sich im Kreise ihrer Geschwister durchzusetzen.

Für den Verhaltensforscher habe ich keine andere Ausrede, als daß sich ab und zu einer unserer Welpen recht ungeschickt verhält. Und wenn ich schon bei der Selbstbezichtigung bin: Ich habe auch meine Frau ertappt, daß sie hier und da noch einen drei Tage alten Welpen anlegte, einen der dicken Geschwister von einer prallen Zitze abnahm, diese dem Zurückgebliebenen ins Mäulchen steckte.

Solche Handlungsweise kann man einem Verhaltensforscher nicht logisch begründen. Vielleicht entschuldigt uns die Tatsache, daß wir über 25 Jahre stets recht gleichmäßige, ausgeglichene Würfe hatten, unsere Welpen im Alter von 7 Wochen in Wesen und Vitalität völlig in Ordnung waren. Und unsere Hunde haben bei so manchem Zuchtgruppenwettstreit, auf Nachzuchtwettbewerben ziemlich weit vorne mitgemischt.

Warum ich dies so offen erwähne? Wahrscheinlich setzt bei dem Hundezüchter manchmal da das Herz ein, wo zuvor der Verstand ins zweite Glied zurückgetreten ist. Eigentlich trotz aller berechtigten Bedenken eine liebenswerte, menschliche Erscheinung, die man vielleicht entschuldigen kann. Man weiß, daß die Ratschläge des Verhaltensforschers richtig sind. Dennoch habe ich Verständnis dafür, daß es dem Züchter schwer fällt, stur geradeaus zu gehen. So ein klein wenig spielt in der Hundezucht eben doch das Herz mit, oder nicht?

Noch einige abschließende Worte zu unserer Normalgeburt. Es ist unbedingt darauf zu achten, daß mit oder nach jedem Welpen die Nachgeburt ausgestoßen wird. Hier muß ganz einfach gezählt werden. Dabei kann es passieren, daß beispielsweise nach der Entleerung des einen Gebärmutterhorns eine Nachgeburt hängenbleibt, der Welpe aus dem anderen sich auf den Weg macht. Bleibt eine Plazenta im Uterus hängen, dann kann dies sehr leicht zu einer lebensbedrohenden Infektion führen. Spätestens 24 Stunden nach der Geburt beginnt die Plazenta im Körper der Hündin zu verwesen. Sind nicht alle Nachgeburten gekommen, muß der Tierarzt eine Wehenspritze setzen, welche die Austreibung der hängengebliebenen Plazenta bewirkt.

Solange die Hündin mag, darf sie alle Nachgeburten verzehren. Bei großen Würfen kann es vorkommen, daß sie eine Plazenta, die sie sich zuviel hineingewürgt hat, wieder ausbricht. Schlingt sie diese nicht wieder herunter, so wird sie entfernt.

In den Intervallen zwischen den einzelnen Geburten geben wir der Hündin klares Wasser, meist wird dies gerne angenommen, damit kann man so schön das Maul ausspülen. Wir können der Hündin auch Traubenzuckerlösung reichen, nur sollte man sie nicht zu süß machen. Mit anderen Stärkungsgaben während der Geburt haben wir keine guten Erfahrungen gemacht, die Hündin hat ja mit den Nachgeburten, Säubern der Welpen, Auflecken von Fruchtwasser ohnedies viel zu viel, was sie während einer Geburt in sich aufnimmt.

Es ist ratsam, während der Geburt stets mit dem Vileda-Tuch und unserer 2%igen Sagrotan-Lösung das Lager von allen Flüssigkeiten wie Fruchtwasser, Blut, Kindspech, Welpenurin oder was immer es sein mag, zu säubern, danach wieder abzutrocknen. Für die Reinigung der Hündin selbst, insbesondere im Genital- und Rutenbereich nehmen wir körperwarmes Wasser, das von Zeit zu Zeit erneuert werden sollte. Wir benutzen stets zwei Tücher und zwei Eimer, das eine mit der Sagrotan-Lösung zum Sauberhalten der Wurfkiste, das andere mit dem körperwarmen Wasser zum Säubern der Hündin. Das Laken wird ebenfalls mehrmals erneuert.

Es hat sich sehr bewährt, in den Pausen zwischen den einzelnen Geburten die Hündin ab und zu ins Freie zu führen. Diese Bewegung erleichtert die weitere

Geburt. Allerdings bedarf es hierzu einiger Autorität, man spricht von einer starken Bindung der Hündin an ihr Wurflager.

Haben wir sicherheitshalber der Hündin ihre Welpen während der einzelnen Austreibungen weggenommen, so erhält sie selbstverständlich in den Zwischenpausen ihren Nachwuchs zum Säugen und Pflegen. Eine Hündin, die sich mit ihrem Menschen eng verbunden fühlt, duldet eine solche Hilfe gerne. Vergessen Sie nicht, gerade in diesem Frühstadium das Verhalten der Welpen aufmerksam zu beobachten. Der von Trumler empfohlene Biotonustest ist sehr empfehlenswert!

Jeden Welpen wiegen wir sofort nach der Geburt, nach der ersten Reinigung. Über jede Geburt fertigen wir klare Aufzeichnungen über Geburtszeit und Geburtsgewicht jedes einzelnen Welpen. Haben Sie einfarbige Welpen ohne Abzeichen, so ist es ratsam, direkt nach der Geburt eine Fellmarkierung anzubringen, die ein späteres Verwechseln ausschließt. Am besten schneiden wir diese Fellmarken mit einer feinen Schere ins Welpenfell. Haben wir zum Beispiel 3 völlig gleichfarbige Welpen, so bleibt einer davon ohne Markierung, bei den 2 anderen wird jeweils links oder rechts hinter dem Ohr etwas Haar abgeschnitten. Eine solche Markierung verwächst übrigens recht schnell, so daß man sie rechtzeitig erneuern muß. Von Filzstiften oder Farbtupfen halte ich nicht viel, die mütterliche Zunge bringt sie meist schnell zum Verschwinden. – Selbstverständlich notieren wir im Geburtsprotokoll neben Uhrzeit und Gewicht die exakte Markierung, so daß wir die weitere Entwicklung jedes einzelnen Welpen genau kontrollieren können.

Außer der bereits besprochenen Nabelkontrolle untersuchen wir jeden einzelnen Welpen auf etwaige Geburtsfehler. Ich sprach schon von unseren durch Antibiotika geschädigten Welpen. Bei einem war die Schädeldecke nicht geschlossen, bei den zwei anderen waren die Gelenke an den Hinterläufen doppelt angesetzt, die Glieder hingen lose wie die eines Hampelmanns. Selbstverständlich sind solche Welpen nicht lebensfähig. Bei einer ganzen Reihe von Hunderassen treten vereinzelt sogenannte Spalt- und Doppelnasen als erbliche Mißbildungen auf. Häufiger treffen wir auf Welpen mit Spaltrachen. Bei diesen ist der Gaumen im Oberkiefer in der Mitte offen. Das führt dazu, daß beim Saugen eines solchen Welpen keine Vakuum entsteht, er also an der Zitze nicht saugen kann. Wird ein solcher Welpe mit dem Fläschchen gefüttert, dann läuft ihm die Milch aufgrund des nach oben geöffneten Gaumens über die Nasengänge wieder aus der Nase. Ab und zu treten in einem Wurf Winzlinge auf, also Welpen mit großem Untergewicht. Haben diese einen besonders guten Biotonus, kann man sie durchbekommen, sonst nicht. Hier und da liegen in einem Wurf auch Welpen, die sich richtig schlapp anfühlen, deren Biotonus von Eberhard Trumler sicher mit der Note Vier oder Fünf bewertet würde.

Über Jahrzehnte haben wir die traurige Erfahrung gemacht, daß trotz unendlicher Mühe in nahezu allen diesen Fällen eine erfolgreiche Aufzucht nicht möglich ist. Welpen mit Spaltrachen sind anatomisch zum Tode verurteilt, die schlappen, weichen Welpen haben meist einen angeborenen Herzfehler, die Doppelnasen sind echte Mißbildungen. Ab und an treffen wir dann noch auf einen Welpen mit aufgerissener Bauchdecke, manchmal tritt die Hündin auch einen Welpen so unglücklich, daß ein Bein bricht. Für alle diese Kleinen ist das sofortige Einschläfern durch den Tierarzt die beste Lösung. Interessanterweise werden sie auch in aller Regel von instinktsicheren Hündinnen abgelehnt, aus dem Nest getragen oder nicht gepflegt. Je schneller wir diese Frage lösen, desto besser.

Leider können wir uns nicht darauf verlassen, daß mit der glücklich verlaufenen Geburt alle Probleme gemeistert sind. Nach meiner Erfahrung gibt es eine Reihe von Risiken, die dadurch ausgelöst werden, daß die Hündin in den ersten Tagen noch nicht alle ihr gestellten Aufgaben bewältigen kann. Da gibt es Hündinnen, die recht temperamentvoll in die Wurfkiste einspringen, je nach ihrem Gewicht kann es dabei zu schweren Verletzungen der Welpen führen. Andere wieder legen sich auf die Welpen, kümmern sich auch nicht darum, wenn diese laut quietschen. Dafür habe ich bereits empfohlen, nach der Geburt Distanzleisten in der Wurfkiste einzusetzen.

Hier muß ich zugeben, daß gerade unsere Bull Terrier zuweilen sehr schlechte Mütter sind. Unter ihnen gibt es Hündinnen, die nur unter massivem körperlichen Zwang ihre Welpen säugen, andere, die sie totbeißen, wieder andere, die sehr grob auf ihren Kindern herumtreten. Wir haben einiges erlebt, von der Querschnittslähmung über den Lungenriß zu gebrochenen Welpenknochen. Zu unserem eigenen Bedauern mußten wir uns in unserer Zucht ein ehernes Gesetz auferlegen: Ständige Überwachung von Mutter und Wurf zumindest über die ersten 12 Tage. Unter einer solchen Überwachung verstehe ich, daß der Mensch Tag und Nacht ohne Unterbrechung über diesen Zeitraum beim Wurf ist, im Falle der Gefahr aktiv eingreift.

Zugegeben, das ist ein Spezialproblem der Rasse Bull Terrier, hängt damit zusammen, daß man in der Zucht in der Vergangenheit überhaupt nicht auf gute Muttereigenschaften selektierte. Wahrscheinlich spiegelt sich in diesen schlechten Muttereigenschaften auch eine züchterische Fehllenkung in Richtung auf Überbetonung des sogenannten »Kampfhundeerbes«. Leider ist der zuständige Zuchtverband bis zur Stunde noch nie auf die Idee gekommen, solche groben Instinktausfälle züchterisch zu bekämpfen. Noch schlimmer, das Problem besteht für die Rasse in gleichem Umfang weltweit einschließlich dem Ursprungsland England. Ich habe dieses Beispiel in erster Linie deshalb erwähnt, um zu demonstrieren, mit welcher Unvernunft Züchter eine solche Entwicklung tolerieren.

Unabhängig von einer solchen Extremsituation meine ich aber, daß es wohl in allen Rassen angezeigt ist, Hündin und Welpen in den ersten Tagen nach der Geburt sehr aufmerksam zu beobachten. Ich wiederhole, in 90% aller Fälle geht alles gut, bedarf es auch über die ersten Wochen keines menschlichen Eingreifens. Ich habe immer die Züchter beneidet, denen eine gute, instinktsichere Hündin viele Sorgen ersparte.

Wenn mir jetzt der Wissenschaftler vorhält, daß es wahrscheinlich richtig wäre, Hunderassen notfalls aussterben zu lassen, deren Hündinnen so grobe Ausfallserscheinungen aufweisen, daß sie über den Zeitraum von 2 Wochen ständig überwacht werden müssen, um Schaden von den Welpen abzuhalten, dann kann ich dem sachlich nicht widersprechen. Wahrscheinlich habe ich viel zu lange mit dem Augen der Liebe, ja wohl auch mit einer gewissen Rasseblindheit diese Probleme verdrängt. So ist es heute meine Pflicht, die Forderung der Verhaltensforscher nach Ausschaltung von Zuchtlinien mit fehlenden Mutterinstinkten vorbehaltlos zu bejahen.

Unsere Geburt ist zu Ende, die Mutterhündin erschöpft. Nach einem kurzen Ausgang kommt sie zu ihren Welpen zurück, die ihr alle anvertraut werden zur ständig sich wiederholenden Ernährung und Pflege. In vielen Büchern wird jetzt eine erste Fütterung mit einer guten Fleischbrühe, Ei und Getreideflocken empfohlen, eine erste Stärkung der Erschöpften. Dieser Rat ist gut, nimmt die Hündin die Nahrung, so sollte sie jetzt gefüttert werden. Ich rate zu diesem Zeitpunkt nicht zu Milchmahlzeiten, die auch häufig empfohlen werden. Gerade durch das Verschlingen der Nachgeburten hat unsere Hündin eine ganze Reihe von Abführstoffen in sich, die mit Sicherheit zu dünnem Stuhl führen. Hier noch zusätzlich Milch, das geht in der Regel nicht gut. Meine Hunde sind von Geburt an mehr oder weniger auf Fleischnahrung geprägt. So erhalten sie in dieser Stunde etwa ein Pfund gutes, rohes, mageres Fleisch. Das wirkt auch keinesfalls abführend. Und dann folgt ein ruhiger Schlaf mitten in der neuen Familie, die eifrig auch an der schlafenden Hündin sich ihre Nahrung sucht.

b) Geburtsschwierigkeiten

Zu Recht stellt Naaktgeboren fest: »Nichts ist gefährlicher, als wenn der Züchter in Panik verfällt!« Wissen ist das allerbeste Mittel, Panik erst gar nicht aufkommen zu lassen!

Um meinen Lesern in diesem Kapitel grundsätzliches Wissen anzubieten, halte ich mich an die von Herrn Professor Dr. K. Arbeiter in dem Buch »Klinik der Hundekrankheiten« aufgestellte Reihenfolge der möglichen Geburtsstörungen, versuche mit eigenen Worten und aus der eigenen Erfahrung heraus, Ihnen die Ursachen der Störung und die Möglichkeiten ihrer Beseitigung darzulegen. Auch zu diesem Kapitel verdanke ich den leitenden Tierärzten der Universitäten Wien und Utrecht hervorragende Anregungen, erstklassiges Demonstrationsmaterial.

Hier eine grundsätzliche Anmerkung! Jeder Autor, der ein Buch über Hundezucht schreibt, ist dringlich und unausweichlich darauf angewiesen, auf Forschen und Wissen vieler Experten aufzubauen. Niemand sollte so vermessen sein und sich einbilden, er könne nur aus seiner eigenen Erfahrung heraus dem Leser ein wahrheitsgetreues Bild aufzeigen. So bekenne ich gerne und freimütig, daß ein wesentlicher Teil dieses Buches das Wissen anderer dokumentiert, denen ich sehr dankbar bin, daß ich auf ihrem Können, Forschungen und Erfahrungen aufbauen darf. Es ist sinnvoll, daß dieses Buch in wesentlichen Teilen zu einer Dokumentation des heute erreichten Wissensstandes über die Hundezucht geworden ist.

Eine zweite offene Anmerkung! Den Inhalt dieses Kapitels sehe ich deshalb für besonders wichtig an, weil es Probleme aufzeigt, vor die sich jeder Züchter plötzlich gestellt sehen kann. Es ist ihm eine große Hilfe, wenn er aus einem solchen Buch exakt erfahren kann, was hinter so mancher tierärztlichen Diagnose steht, warum gewisse Behandlungen notwendig und sinnvoll sind.

Daß es Geburtsschwierigkeiten gibt und auch in Zukunft immer geben wird, besagt in keiner Weise, daß Hundegeburten generell schwierig sind. Unverändert gehe ich davon aus, daß bei sachgerechtem Handeln des Züchters, bei der Zucht mit instinktsicheren Hündinnen, etwa 90% aller Geburten problemlos ablaufen.

Eine ganze Reihe der nachstehend aufgezeigten Komplikationen führen zwangsläufig zu der Feststellung, daß ursächlich für viele Schwierigkeiten eine generell falsch ausgeübte Selektion in der Rassehundezucht ist. Zusammen mit der englischen Forscherin Freak verurteile ich Körperbautypen in der Hundezucht – oder auch psychische Defekte – die zwangsläufig zu Geburtskomplikationen führen müssen. Ich hoffe sehr, daß dieses Buch so manchem Züchter, hoffentlich auch einmal Vereinsfunktionären die Augen öffnet. Dann sollten sie aber nicht schnell wieder das Buch zuklappen oder vor diesem Kapitel die Augen verschließen. Erfahrene Wissenschaftler betonen stets, welche schwere Verantwortung für die Gesunderhaltung der Hunderassen auf den Schultern der Züchter liegt! Bestimmt ist es allerhöchste Zeit, ihre Mahnungen ernst zu nehmen! Ab dem Jahre 1987 verbietet das deutsche Tierschutzgesetz sogenannte »Krankzuchten«. Zu dem Begriff »Krankzuchten« gehören für mich auch alle die Hunderassen, die anatomisch und/oder psychisch nicht in der Lage sind, sich ohne größere Komplikationen fortzupflanzen. Mir bleibt die Hoffnung, daß dieses Buch mit dazu beitragen kann, diese Probleme zu erkennen und – sie züchterisch zu lösen.

aa) Wehenschwäche

Auf das Problem der Wehenschwäche sind wir bereits bei der Beschreibung der Normalgeburt gestoßen. Wehenschwäche tritt vor allem als erblich bedingte Fehlleistung, als ausgefallene hormonelle Steuerung auf. In unserer eigenen Zucht konnte ich mit großer Sicherheit voraussagen, welche Nachwuchshündin bei der Geburt auf tierärztliche Hilfe angewiesen sein werde, welche nicht. Andererseits hatten wir Zuchtlinien, die von diesem Übel völlig frei waren. Dies ist ein klarer Anhaltspunkt, daß es zur Bekämpfung dieses Übels gezielter züchterischer Selektion bedarf.

Außer aufgrund erblicher Disposition kann die sogenannte primäre Wehenschwäche, – die bereits zu Beginn einer Geburt vorliegt – bei der sogenannten Hyperfötation, also einer übergroßen Früchtezahl auftreten. Dabei wird der gesamte Bauchbereich abnorm ausgeweitet, in solchen Fällen besteht außerdem auch erhöhte Gefahr einer nach der Geburt auftretenden Eklampsie. Auch eine sehr geringe Fruchtzahl, ebenso ungleiche Verteilung der Föten auf die Gebärmutterhörner, können Wehenschwäche verursachen, ebenfalls Schädigung der Gebärmuttermuskulatur durch vorangegangene Schwergeburten.

Die Wehenschwäche ist dadurch gekennzeichnet, daß trotz Abgang von Gebärmutterschleim, eventuell sogar auch Abgang von Fruchtwasser, die Geburt nicht in Gang kommt, die Preßwehen ausbleiben. Hier helfen nur vom Tierarzt injizierte wehenfördernde Hormonpräparate. Eine sehr exakte, fachkundige Dosierung ist wichtig, bei einer Überdosis besteht die Gefahr einer Gebärmutterverkrampfung

(Uterusspasmus). Führen mehre Injektionen von Wehenpräparaten zu keinem Ergebnis, bleibt nur eine Entbindung durch Kaiserschnitt.

Wir sprachen bereits davon, daß im Laufe einer großen Geburt auch die anfänglich guten Preßwehen ausbleiben könnten, eine sogenannte sekundäre Wehenschwäche auftreten kann. Eine solche ist bei einer großen Wurfzahl normal, kann auf hormonaler Erschöpfung beruhen. Auch diese Schwäche kann durch Injektion von Hormonpräparaten überwunden werden. Bleiben diese erfolglos, ist auch hier wieder der Kaiserschnitt die einzige medizinische Alternative.

bb) Enge des Beckens – Einfrüchtigkeit

Die These Eberhard Trumlers, der in der geringen Weite des Beckens bei vielen Hunderassen die Ursache von Schwerstgeburten sieht, habe ich Ihnen schon präsentiert. In unseren Abb. 71 und 72 habe ich Ihnen auch die Zeichnungen von Eberhard Trumler wiedergegeben. Unschwer erkennt man daran, daß für jede Geburt die mütterlichen Beckenknochen eine Art von »Flaschenhals« darstellen, durch den unser Welpe nun einmal durch muß.

Besonders häufig treffen wir eine ungenügende Beckenweite bei Zwergrassen an, sowie bei den Bulldoggen und ihren Verwandten. Schon 1934 untersuchte der englische Forscher Wright eingehend diese Frage.

Im Normalfall ist der Beckenraum einer Hündin um einiges höher als breit. Bei seiner großen Bastardhündin hat Trumler eine Höhe von 78 mm bei einer Breite von 66,6 mm gemessen. Nach den Untersuchungen von Wright wurden bei kleinen Hunderassen ein rundliches, also niedrigeres Becken gemessen, statt eines länglich-ovalen. Bei Hündinnen mit einem solchen rund geformten, also kleineren Becken treten in erhöhtem Umfang Schwierigkeiten auf. Hinzu kommt leider, daß zuweilen gerade die Züchter kleiner Hunderassen auf die Idee verfallen sind, wohl als Kompensation für die Kleinheit ihrer Hunde im Rassestandard die Forderung nach besonders großen Köpfen zu erheben.

Von Naaktgeboren wird hervorgehoben, daß bei Kleinhunden wie Pudel, Tekkel, Papillon, Malteser, Lhasa Apso durchaus in der Regel völlig normale Geburten vorkommen. »Pathologische Schreckbilder« sieht er aber zuweilen bei den Geburten von Chihuahua, Griffon Bruxellois, Boston Terrier, Französischer Bulldogge und Englischer Bulldogge. Dr. Emil Hauck zitiert aus anatomischen Messungen seines Landsmannes Fritz Kress aus dem Jahre 1924. Danach schwankte die Beckenbreite der Hündinnen bei Französischen Bulldoggen zwischen 28,8 und 43,6 mm. Die Köpfe der ausgetragenen Föten maßen 30,3–38,6 mm. Es bedarf keiner höheren Mathematik um festzustellen, daß eine Reihe dieser Welpen den mütterlichen Körper nicht über den Beckenausgang verlassen konnten.

Mir sind persönlich seit Jahren engagierte Bulldog-Züchter bekannt, die ihre Zucht ganz entscheidend auf natürliche Geburten ausrichten, Hündinnen nach Kaiserschnitten aus der Zucht nehmen. Hierzu gibt es auch keinerlei sinnvolle Alternative. Zu Recht bezeichnet Trumler die systematische Zucht kaiserschnittanfälliger Hunde als Tierschinderei.

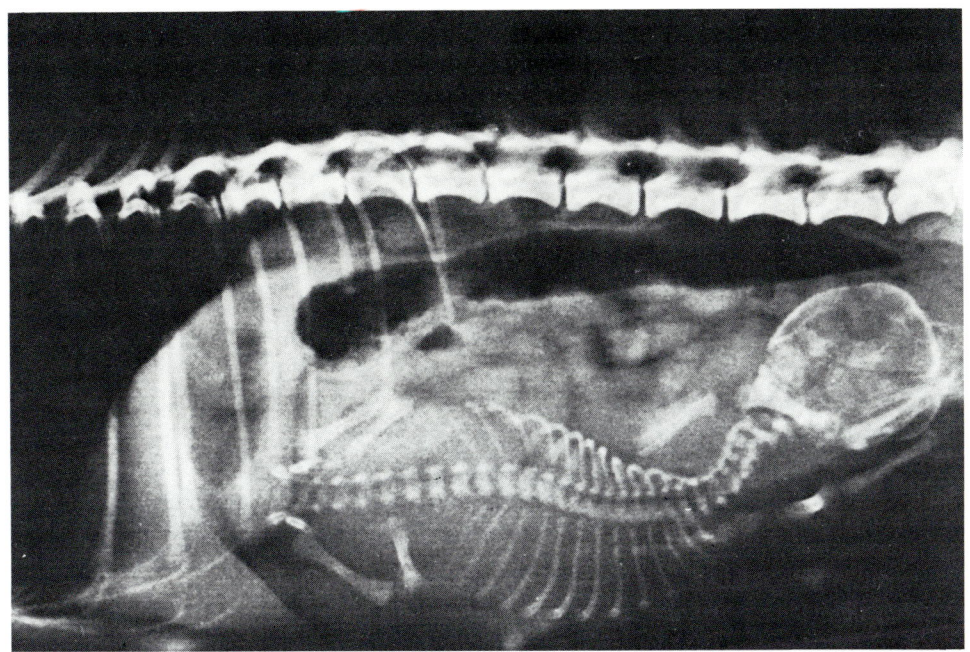

Abb. 101: Pudelhündin, 18 Monate alt, Tragezeit 58 Tage. EINFRÜCHTIGKEIT, absolut zu große Frucht. Indikation: KAISERSCHNITT

Neben dem viel zu oft auftretenden engen Beckenquerschnitt spielt die in verschiedenen Hunderassen gehäuft auftretende sogenannte Einlingsgravidität bei Geburtsschwierigkeiten eine bedeutende Rolle. Unsere Abb. 101 zeigt die Röntgenaufnahme einer 18 Monate alten Pudelhündin nach einer Tragezeit von 58 Tagen. Zu dieser Aufnahme darf ich Herrn Dr. Köppel wörtlich zitieren: »Zuchttiere jener Rassen, bei denen erfahrungsgemäß Einfrüchtigkeiten gehäuft auftreten, – vorwiegend Hündinnen der Zwerghunderassen, – sollten spätestens um die sechste Trächtigkeitswoche dem Tierarzt vorgestellt werden. Einfrüchtigkeit führt in vielen Fällen zu verschiedensten Problemen, – während der Gravidität und schließlich auch bei der Geburt, – so daß eine ständige tierärztliche Kontrolle angezeigt erscheint.«

Schauen Sie sich auf dem Röntgenbild dieses »Riesenbaby« an! Es hat völlig allein von all dem guten Nahrungsvorrat profitiert, der unserer Mutter Pudel so reichlich angeboten wurde. Bei erkannter Einfrüchtigkeit ist dringend darauf zu achten, die Fütterung so zu steuern, daß dem Fötus weniger angeboten wird, daher die empfohlene frühzeitige Betreuung durch den Fachtierarzt. Ist es erst einmal soweit gekommen, wie es das Foto zeigt, dann ist auszuschließen, daß solch ein Welpe auf natürliche Art geboren werden kann.

»Relative Beckenenge« und Einlingsgravidität, – beides erfordert nahezu immer bei der Geburt den Kaiserschnitt.

cc) Fötale Mißbildungen

Es sind Fälle denkbar, bei denen trotz regelmäßiger und kraftvoller Wehen, trotz normalem Becken und vollständig geöffnetem Geburtsweg, kein Fruchtaustritt erfolgt. Die Ursache ist meist, daß ein zu großer, mißgebildeter, fehlerhaft liegender oder toter Fötus den Geburtsablauf behindert. Als Beispiel sei ein Welpe erwähnt, dessen Kopf im Halsbereich abgeknickt ist, dessen Kinn auf dem Brustbein liegt und der so im Geburtsweg steckt. Durch dieses Abknicken des Kopfes hat der Fötus etwa den doppelten Umfang eines richtig liegenden Welpen. In unserer eigenen Zucht haben wir einen solchen Fall bereits erlebt, der Welpe war tot und wurde durch Kaiserschnitt herausgeholt. Eine Begründung für eine solche Fehlstellung konnte ich bisher nicht erfahren.

Bei solchen fötalen Mißbildungen gibt es zwei Alternativen. In aller Regel scheint ein Kaiserschnitt angezeigt. Die Alternative wäre ein Herausholen des Geburtshindernisses mit der Geburtszange. Hierzu mehr im nächsten Abschnitt. Diese Alternative hat aber zur Voraussetzung, daß das Allgemeinbefinden der Mutterhündin so gut ist, daß bei einem Versagen bei der Zangenentbindung eine danach notwendige Schnittentbindung noch möglich ist. Grundsätzlich bin ich der Auffassung, sich bei solchen Hindernissen direkt für den Kaiserschnitt zu entscheiden.

dd) Manuelle Geburtshilfe – Zangengeburt

Diese beiden Methoden gehören zu den Möglichkeiten der konservativen Geburtshilfeleistung. Zwei Ausgangslagen sind klar zu unterscheiden:

1. Der Welpe steckt in Vorhof oder Schamspalte der Hündin (Vestibulum oder Introitus vaginae).

2. Der Welpe ist im mütterlichen Becken eingeklemmt.

Unser Welpe hat mit dem Überwinden des mütterlichen Beckenausgangs bereits den schwierigsten Teil seines Weges geschafft. Bleibt er nun in der Wurfspalte stecken, dann müßte es einem geübten Fachtierarzt möglich sein, ihm den restlichen Weg zu ebnen. Bereits bei der Behandlung der natürlichen Geburt habe ich dem Züchter geraten, bei einer längeren Stockung im Geburtsverlauf den Tierarzt zu rufen.

Stellt der Arzt fest, daß der Welpe im Geburtsweg steckt, fixiert er mit der linken Hand von außen über den Damm den Kopf beziehungsweise das Becken des Welpen, Zeige- und Mittelfinger der rechten Hand erfassen nach Hochschieben des Wurfes der Hündin Kopf oder Hinterextremitäten der Frucht. Eine solche Scheidenmanipulation löst in aller Regel bei der Hündin massive Preßwehen aus. Mit der Preßwehe der Hündin zieht die rechte Hand leicht drehend den Fötus heraus, während die linke Hand den Damm der Hündin zurückdrängt. Für diese Geburtshilfe bedarf es einiger Geschicklichkeit und Erfahrung, insbesondere exakter anatomischer Kenntnisse.

Wurde der Welpe auf seinem Geburtsweg durch die Wehen schon weiter

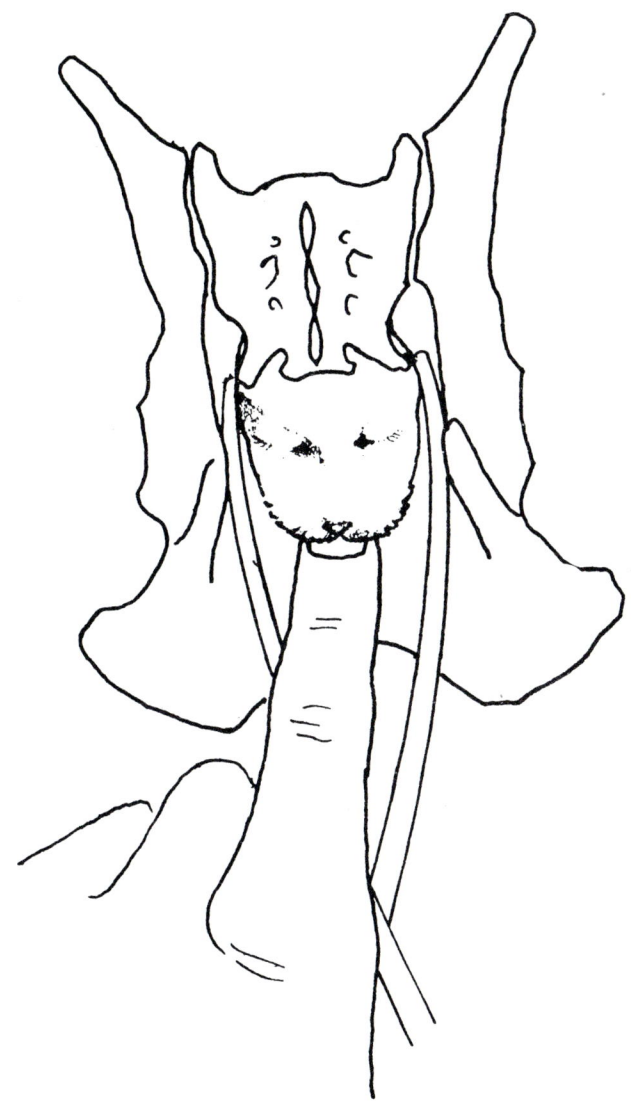

Abb. 102: ZANGENGEBURT I
Die Geburtszange wird unter Fingerkontrolle vorsichtig um den Kopf des Welpen angelegt. Wien,
1986

ausgetrieben, liegt er also tiefer, dann ist es auch dem erfahrenen Züchter mit schlanken und geschickten Fingern möglich, parallel zur Preßwehe nachzuhelfen. Unerläßlich hierfür ist das Anlegen eines einwandfreien Operationshandschuhs, der über die eingreifende Hand vor dem Einführen in die Vagina gezogen wird. Mit den schlanken Fingern faßt man an zwei seitlich des Halses beziehungsweise des Beckens liegenden Hautfalten den Welpen. Tritt eine Preßwehe ein, dann unterstützen wir diese mit leichtem drehenden Zug und haben in der Regel bereits nach der ersten Wehe den Welpen aus seiner Lage befreit.

Ohne Kaiserschnitt können im Becken eingeklemmte Früchte nur mit Geburtszangen durch einen erfahrenen Tierarzt geholt werden. Dabei ist zunächst zu prüfen, ob die steckengebliebene Frucht nicht absolut zu groß ist, denn in solchen Fällen wäre eine Zangengeburt unmöglich. Auch muß sich der Arzt davon überzeugen, ob hinter der steckengebliebenen Frucht noch weitere Welpen nachkommen. Ist dies der Fall, dürfte in aller Regel ein Kaiserschnitt die bessere, für die Welpen sicherere Lösung sein. Eine Zangengeburt ist demnach in der Regel nur dann ratsam, wenn es sich um den letzten steckengebliebenen Welpen handelt.

Bei einer solchen Zangengeburt tastet der Zeigefinger der linken Hand nach dem Welpen, um diesen exakt zu lokalisieren. Unter dem Finger wird die Geburtszange so eingeführt, daß die breiten Zangenbacken den Kopf oder das Becken des Welpen gänzlich umfassen (vergleiche Abb. 102 Zangengeburt I). Der linke Zeigefinger hält weiter Tastkontakt zum Fötus, die rechte Hand holt mit leichtem Zug mit der Geburtszange den Welpen während einer Preßwehe der Hündin heraus.

Es soll auch möglich sein, einen Welpen dann zu holen, wenn er noch im mütterlichen Becken ruht. Dabei wird der Fötus mit der linken Hand durch die Bauchdecke erfaßt, in das Becken geschoben, der Zange entgegen, die von der rechten Hand geführt vor dem Becken in der Vagina liegt (vergleiche Abb. 103 Zangengeburt II).

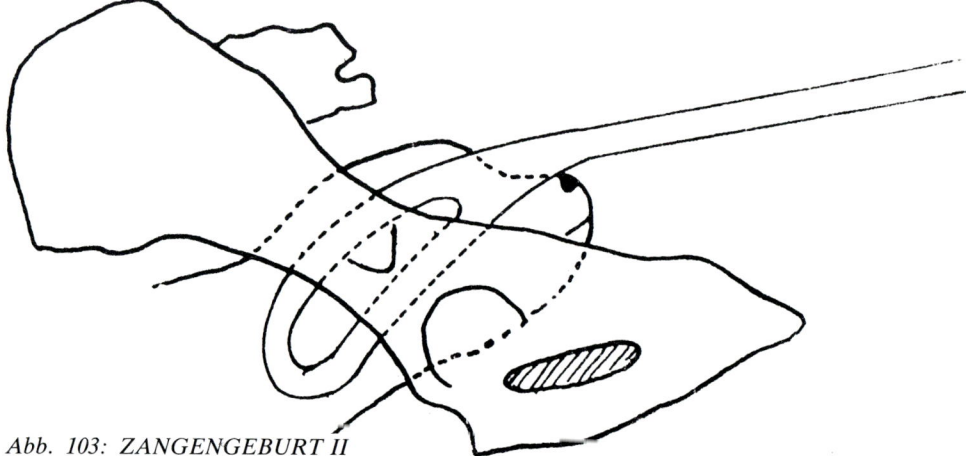

Abb. 103: ZANGENGEBURT II
Den im Mutterbecken liegenden Welpenkopf umspannt die Geburtszange. Nur der richtige Sitz der Geburtszange schützt Hündin und Welpen vor Verletzungen. Wien, 1986

Wer diese geschilderte Prozedur geistig nachvollzogen hat, wird sicherlich mit mir übereinstimmen, daß es für eine erfolgreiche Zangengeburt hohen tierärztlichen Könnens bedarf. Ich würde einer solchen Entbindung bei meiner Hündin nur dann zustimmen, wenn der Tierarzt über viel Erfahrung mit dieser Methode in der Kleintierpraxis verfügt.

Schwerlich kann ich mir vorstellen, daß eine solche Entbindung die Nerven und auch die Genitalien der Hündin besonders schont. Eine Verletzungsgefahr im gesamten Vaginalbereich ist sicherlich nicht völlig auszuschließen. Bei Kleinhunden und Zwergen sind die anatomisch-räumlichen Gegebenheiten als recht bedenklich anzusehen.

Bei der Perfektion, die heute in der Operationstechnik beim Kaiserschnitt erreicht ist, empfiehlt sich in aller Regel, eine Schnittentbindung der Zangengeburt vorzuziehen.

ee) Kaiserschnitt

Bei dieser Operation wird die Hündin in Vollnarkose gelegt. Der richtigen Dosierung und der Auswahl des Narkosemittels kommt dabei entscheidende Bedeutung bei. Da die Föten über die Plazenta mit dem mütterlichen Blutkreislauf verbunden sind, geht das Narkosemittel auch in den Blutkreislauf der Welpen über. So muß der Tierarzt exakt das optimale Mittel zwischen der absolut notwendigen Schmerzfreimachung der Operation für die Dauer der Geburt und einer für die Föten ungefährlichen Menge an Narkosemittel wählen. Eine Kaiserschnittentbindung stellt an Geschicklichkeit und Schnelligkeit des Arztes hohe Anforderungen. Trotz schwacher Dosierung des Narkosemittels muß die komplette Entbindung und Wundversorgung geschafft sein, ehe das Schmerzempfinden der Hündin sich wieder einstellt, sie aus der Narkose erwacht. So ist die Sectio caesarea eine Art Meisterprüfung für den chirurgisch arbeitenden Tierarzt.

Eine Kaiserschnittentbindung sollte ausschließlich in einer hierfür eingerichteten Kleintierpraxis erfolgen. Optimal ist ein Gerät, das während der ganzen Operation eine Kontrolle der Herztätigkeit der Hündin erlaubt. Und schnell muß alles gehen!

Zumeist erfolgt der Schnitt zwischen den Milchleisten kurz hinter dem Bauchnabel in Richtung auf die Scheide. In zunehmendem Umfang wird aber heute auch der Bauchraum an der rechten Flanke geöffnet. Hierdurch wird verhindert, daß während der Säugezeit Wundnachbehandlung und das Saugen der Welpen an gleicher Stelle zusammenkommen. Beide Uterushörner werden aus der Bauchhöhle entnommen, wie dies auf unserer Abb. 104 deutlich zu sehen ist.

Dann öffnet der Chirurg ein Uterushorn, erfaßt den nächstliegenden Welpen und zieht ihn heraus. Unter vorsichtigem Zug an der Nabelschnur und gleichzeitiger Druckmassage mit der anderen Hand von außen am Uterushorn über der Gürtelzone löst sich die Plazenta aus ihrer Verankerung (Abb. 105).

Der Welpe wird aus den Eihäuten befreit, die Abnabelung erfolgt durch einfaches quetschendes Abreißen der Nabelschnur.

Ein Welpe nach dem anderen wird aus der Uteruswunde gehoben und in

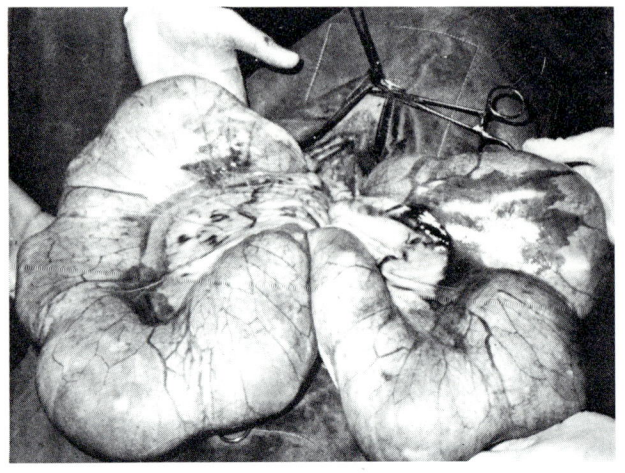

Abb. 104:
Kaiserschnitt. Beide Gebärmutterhörner sind aus der
Bauchhöhle entnommen,
werden danach geöffnet.

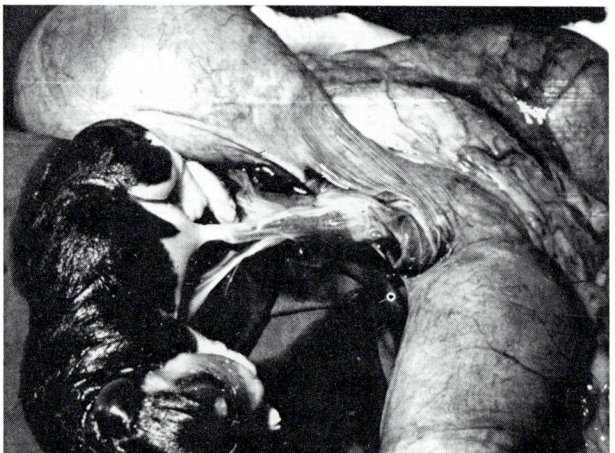

Abb. 105:
Kaiserschnitt. Das eine Ge-
bärmutterhorn ist geöffnet,
der Welpe ist über die Nabelschnur noch mit der Plazenta verbunden. Die Ei-
häute sind bereits abge-
streift.

Abb. 106:
Nach der Kaiserschnittentbindung. Flankenschnitt
rechts.

gleicher Weise ausgelöst. Nach der Entleerung des einen Horns erfolgt nach Möglichkeit die Entleerung des anderen durch den selben Einschnitt. Ist dies nicht möglich, wird auch das zweite Uterushorn durch einen Schnitt geöffnet.

Danach wird die Uteruswunde vernäht, das gesamte Operationsfeld mit antibakteriellen Wirkstoffen versorgt, dann die Bauchdecke vernäht. Bei der Operation zwischen den Milchleisten wird über die Wunde ein Tampon gelegt, dann mit einigen Stichen über dem Tampon das Gesäuge so vernäht, daß die Welpen mit ihren kratzenden Pfötchen keinesfalls in den Wundbereich eindringen können. Die Operation ist beendet.

Parallel zur schnellen Operation muß jeder der ausgelösten Welpen sofort gezielt durch gut geschultes Hilfspersonal ins Leben gerufen werden. Diese Prozedur haben wir in unserem Kapitel über die Normalgeburt bereits eingehend geschildert. Hier muß ich nur nochmals wiederholen, daß für den guten Erfolg eines Kaiserschnittes es genauso auf die chirurgische Geschicklichkeit des Operateurs wie auf die manuelle Geschicklichkeit seiner Helfer bei der Belebung der Welpen ankommt. Stimmt beides, sollten in aller Regel sämtliche gesund durch Kaiserschnitt entbundene Welpen durchkommen.

Hier ein guter Ratschlag für den verantwortungsbewußten Züchter! Stimmen Sie mit Eberhard Trumler und mir darin überein, daß die Hundezucht unbedingt von Schnittentbindungen frei werden muß, dann sind Sie gut beraten, bei dieser Operation gleichzeitig die Gebärmutter mit entfernen zu lassen. Ihnen wie Ihrer Hündin erspart dies mit Sicherheit eine Wiederholung einer solchen Geburt. Es gibt bestimmt nur ganz wenige Ausnahmefälle, in denen Ihnen Ihr Tierarzt bestätigen kann, daß eine Wiederholung einer Schnittentbindung bei der nächsten Tragezeit unwahrscheinlich ist. In diesen wenigen Fällen ist es zu verantworten, die Gebärmutter nicht zu entfernen.

Im allgemeinen handelt der Tierarzt nach der Faustregel, daß vom medizinischen Standpunkt aus es möglich ist, eine Hündin zweimal, zuweilen dreimal mit Kaiserschnitt zu entbinden. Das mag medizinisch richtig sein, ist aber für die Zucht falsch. Fassen Sie sich ein Herz zur klaren und richtigen Entscheidung! Vermeiden Sie grundsätzlich eine Weiterzucht nach einem Kaiserschnitt!

Manche Züchter vermögen auch aus den traurigen Erfahrungen anderer zu lernen. Daher möchte ich an dieser Stelle einmal mehr eigenes Fehlverhalten offen aufzeigen. Eine unserer besten Zuchthündinnen, die in ihren ersten zwei Würfen normal geboren hatte, mußte bei der dritten Geburt durch Kaiserschnitt entbunden werden. Die zwei vorangegangenen Normalentbindungen sprachen dafür, darauf zu hoffen, daß dies ein Ausnahmefall sei. Bei der nächsten Geburt wurde ein erster Welpe nach Verabreichung von Wehenmitteln gesund geboren, danach mühte sich die Hündin über zwei Stunden um einen zweiten Welpen, der dann tot zur Welt kam. Die erneut eintretende Pause erzwang eine Schnittentbindung, die noch einen lebenden und zwei tote Welpen brachte. Und in diesem Augenblick machte ich einen schweren Fehler, der dieser Hündin das Leben kosten sollte. Mir standen die erstklassigen Nachkommen vor Augen, die ich der Hündin verdankte, ich bestand nicht darauf, daß die Gebärmutter entfernt wurde. Fünf Wochen nach der Geburt trat an der Kaiserschnittnarbe ein Narbenbruch auf, der nur unter

Narkose beseitigt werden konnte. Und einen Monat darauf zwang eine Pyometra zur Totaloperation. Und in dieser letzten Operation war es uns nicht möglich, die Hündin zu retten. Drei Operationen hintereinander, jeweils begleitet vom Einsatz von Antibiotika, waren zuviel. Die Pyometra-Infektion sprach auf die Antibiotika nicht mehr an, trotz aller Mühen konnte „Lisa" nicht gerettet werden. Hätten wir, . . .! – Vielleicht gelingt es Ihnen, im richten Zeitpunkt die notwendige Entscheidung zu treffen!

Zurück zu unserer Geburt. Hoffentlich hatten Sie bei Ihrer Fahrt zum Tierarzt den vorbereiteten und angewärmten Welpenkarton dabei. Vor der Rückfahrt müssen die Wärmflaschen auf die richtige Temperatur gebracht werden. Bedenken Sie bei jedem Kaiserschnitt, daß je nach Zustand der Hündin sich die Laktation zeitlich verzögern kann. Wenn Sie mit Mutter und Kindern wieder zu Hause sind, sollten Sie sofort prüfen, ob die Welpen in den ersten Stunden von der Hündin ernährt und gepflegt werden können, was wegen der für die Welpen so wichtigen Kolestralmilch sehr gut wäre. Über die sonst notwendig werdende Flaschenfütterung finden Sie Einzelheiten im nächsten Kapitel dieses Buches.

ff) Die Häufigkeit von Geburtskomplikationen und ihre Ursachen

Naaktgeboren bringt in seinem Buch eine Übersicht der Forscherin M. J. Freak. 1962 untersuchte sie 272 Fälle von Geburtsstörungen, die in nachstehender Tabelle aufgelistet sind.

Tabelle 14: Ursachen von Schwergeburten, Untersuchung M. J. Freak, 1962

Frucht relativ zu groß	77	28,3%
Frucht absolut zu groß (Einfrüchtigkeit)	15	5,5%
Mißbildung bei Welpen	2	0,7%
Abweichende Haltung oder Lage des Welpen	12	4,4%
Hinterendlage	35	12,9%
Abnormer, weicher Geburtsweg	4	1,5%
Pathologisches Becken	1	0,3%
Weiche Bauchdecke (Bulldoggen)	3	1,1%
Primäre Wehenschwäche	41	15,1%
Sekundäre Wehenschwäche	44	16,2%
Störung durch nervöse Unruhe	17	6,3%
Eklampsie	7	2,6%
Abortus	2	0,7%
Tote Welpen vor der Geburt	10	3,7%
Andere	2	0,7%
	272	100,0%

Wenn wir einige der aufgezeigten Ursachen sachkundig zusammenfassen, dann bringt uns obiges Material eine ganz interessante Ergänzung zu den einzeln dargestellten Geburtsstörungen. Fassen wir primäre und sekundäre Wehenschwächen zusammen, so sind dies 85 Fälle, also 31,3% aller Störungen. Wir haben schon dargestellt, daß relativ zu große Früchte und pathologisches Becken nur zwei verschiedene Betrachtungsweisen desselben Problems darstellen, daß wohl – außer bei Einfrüchtigkeit – allein das enge Becken Ursache für solche Störungen ist. Unsere Statistik zeigt mit 78 Fällen eine Erklärung von 28,7% der Geburtsstörungen. So können wir unter diesen zwei am häufigsten auftretenden Ursachen für Geburtsschwierigkeiten bereits 60% aller Störungen zusammenfassen.

In unserer Schilderung des Ablaufs einer Normalgeburt brachten wir zum Ausdruck, daß nach übereinstimmenden Untersuchungen zahlreicher Forscher etwa ⅓ aller Geburten aus der sogenannten Hinterendlage erfolgen. Steißgeburten sind demnach im Normalfall keine Geburtskomplikation. Dennoch treten bei der Untersuchung von Frau Freak immerhin 35 Fälle auf, das sind 12,9% aller Geburten, wobei die Hinterendlage zu Komplikationen führte. Wahrscheinlich erinnern Sie sich noch, wir haben bereits die Fälle eingehend besprochen, in denen bei der Steißgeburt die Wirbelsäule von Welpen und Mutter nicht parallel, sondern gegeneinander verlaufen. Man nennt dies die „untere Stellung". Diese haben wir in unserem Rötgenbild Abb. 75 Ihnen bereits dargestellt. Eine Steißgeburt aus der „unteren Stellung", also in Fällen, in denen bei der Austreibung der Bauch des Welpen gegen den Rücken des Muttertieres gestellt ist, kann zu erheblichen Geburtserschwernissen führen. Während der Austreibung ist ein solcher Welpe mit seinem Rücken und Läufen dem normalen Geburtsweg entgegengestellt. Unter Umständen erwächst hieraus die Notwendigkeit, den Welpen während der Geburt zu drehen. Dies dürfte wohl auch bei den von Frau Freak als Komplikation aufgeführten Fällen Ursache gewesen sein.

Naaktgeboren selbst hat bei seiner Fragebogenaktion insgesamt 120 Würfe auf Geburtsstörungen geprüft, das Ergebnis enthält unsere Tabelle 15.

Tabelle 15: Ursache von Geburtsstörungen bei 120 Würfen nach Naaktgeboren in Prozent.

Erschöpfung der Hündin	30%
Tote Welpen	25%
Wehenschwäche	13%
Hinterendlage	10%
Zu große Frucht	7%
Angst	5%
Vorderendlage	3%
Unbekannt	7%

Bei dieser Zusammenstellung ist zu berücksichtigen, daß hier eine Fragebogenaktion ausgewertet wird, keine eigenen Untersuchungen vorgenommen wurden. Für uns sind sicherlich die Aussagen von Frau Freak nicht nur detaillierter, sondern wesentlich aussagekräftiger. Der Faktor Erschöpfung der Hündin ist im Zweifelsfall Folge einer Reihe verschiedenartiger anatomischer Gegebenheiten, die überhaupt erst die Erschöpfung ausgelöst haben. Und uns interessieren gerade diese Ursachen! Ähnliches gilt für den Begriff tote Welpen. Warum waren diese tot?

Eigentlich habe ich die Aufstellung von Naaktgeboren nur deshalb in das Buch mit aufgenommen, um daran zu erinnern, daß natürlich bei Schwergeburten und bei großer Welpenzahl bei unserer Hündin Erschöpfungszustände auftreten können. Die Natur reguliert solche Fälle meist dadurch, daß eben zwischen den Einzelgeburten größere Pausen auftreten. Die Frage Eklampsie ist ein Problem aus der Zeit nach der Geburt. Hierauf komme ich im nächsten Kapitel zu sprechen, wenn wir uns der Hündin in ihrem Zustand nach der Geburt eingehend annehmen.

10. Die Aufzucht

a) Die Hündin nach dem Wurf

Geburt und Säugen eines Wurfes bedeuten für unsere Hündin eine beträchtliche physische und psychische Leistung. Nach dem ersten tiefen Schlaf steht für die nächsten Wochen eine täglich größer werdende Aufgabe ins Haus. Nur wer selbst einmal einen Wurf mutterlos aufgezogen hat, der weiß, welche Futtermengen so 6 Welpen aufnehmen, – und welche Masse an Urin und Kot wieder zu beseitigen sind. Dies ist eine Aufgabe rund um die Uhr, ohne größere Ruhepausen für unsere Hündin. Recht unermüdlich fordern die Welpen in stetem Wechsel ihre Nahrung, ebenso unermüdlich muß die mütterliche Zunge für Sauberkeit und gute Verdauung sorgen.

Die erste große Mahlzeit mit all den Nachgeburten wirkt für unsere Hündin in aller Regel stark abführend. Eine schwarze Kotflüssigkeit wird meist in kleinen Mengen ausgeschieden. Beunruhigen Sie sich nicht, wenn in den ersten 3–4 Wochen aus der Scheide laufend eine aus Blut und Schleim zusammengesetzte zähflüssige Ausscheidung erfolgt. Dies spiegelt die natürliche Regeneration im Uterus der Hündin. Mit der Zeit verringert sich der Blutanteil mehr und mehr. Es ist jedoch durchaus normal, wenn während nahezu der gesamten Säugezeit, also für 5–6 Wochen, der Ausfluß anhält. Zur Besorgnis besteht nur dann Anlaß, wenn im Ausfluß gelblicher Eiter auftauchen sollte, oder wenn nach der Geburt über einen längeren Zeitraum Fieber auftritt.

Für die ersten drei Tage nach der Geburt ist die Temperatur der Hündin beträchtlich erhöht, liegt in der Regel so zwischen 39,2° C bis 39,8° C. Sollte Sie allerdings bis über 40° C ansteigen, empfiehlt es sich, den Tierarzt zu rufen. Auch wenn nach drei Tagen die Temperatur der Hündin noch 39° C und mehr beträgt, ist sorgfältige weitere Kontrolle angezeigt.

Nach dem Werfen steigt der Nahrungsbedarf unserer Hündin steil an. Naturgemäß steht der Zusatzbedarf gegenüber dem normalen Erhaltungsbedarf (vergleiche Tabelle 10) in direktem Verhältnis zur Anzahl der Welpen. Vier Welpen erfordern zumindest eine Verdoppelung der Futtermenge, sechs Welpen eine Verdreifachung. Durch den intensiven Stoffwechsel und die Milchabgabe steigt der Wasserbedarf auf ein Vielfaches, frisches Wasser muß daher stets reichlich angeboten werden.

Über die Muttermilch werden Eiweiß, Fett, Mineralstoffe und Vitamine in erheblichen Mengen an die Welpen abgegeben, diese Stoffe müssen wir unserer Hündin über die Nahrung wieder zuführen. Die meisten Züchter haben gar keine Vorstellung, welche wertvollen Stoffe ihre Hündin laufend an die Welpen weitergibt. Nachstehende Tabelle zeigt einen Vergleich der Zusammensetzung von Hundemilch und von Kuhmilch in Prozenten, vermittelt einen Eindruck über die hohe Wertigkeit von Hundemilch. Der Kaloriengehalt der Hundemilch liegt mehr als doppelt so hoch wie bei Kuhmilch.

Tabelle 16: Zusammensetzung der Hundemilch und Kuhmilch in Prozenten.

Bestandteil	Hundemilch in %	Kuhmilch in %
Trockensubstanz	21–23	13,5
Fett	9,0	3,8
Laktose	3,1	4,8
Protein	8,0	3,3
Kasein	3,5	2,8
Albumin	4,5	0,4
Mineralstoffe	0,9	0,7
Kalzium	0,28	0,12
Phospor	0,24	0,10
kcal/kg	1261	600

Obige Zusammenstellung erfolgte nach den Angaben des Basic Guide to Canine Nutrition (New York, 1965). Von besonderer Bedeutung ist der hohe Fettgehalt der Hundemilch, aber auch alle anderen Werte liegen entscheidend über denen der Kuhmilch. Dies ist natürlich auch der Grund, daß bei der Flaschenaufzucht von Welpen Kuhmilch in der Qualität den Anforderungen der Welpen keineswegs entspricht.

Die Wissenschaftler Strasser und Leibetseder haben den durchschnittlichen Kalorienbedarf eines Welpen pro Tag je Kilogramm Körpergewicht errechnet. Dieser steigt naturgemäß von der Geburt an bis zur vierten Lebenswoche, – parallel zum schnellen Welpenwachstum –, und sinkt erst ab der zehnten Woche wieder ab.

Tabelle 17: Täglicher Kalorienbedarf eines Welpen in kcal/kg Körpergewicht.

1. Woche	195 kcal/kg	ab 4. Woche	265 kcal/kg
2. Woche	220 kcal/kg	ab 10. Woche	200 kcal/kg
3. Woche	245 kcal/kg	ab 14. Woche	140 kcal/kg

Bei obiger Aufstellung sind unterschiedliche Größen der Welpen beziehungsweise ihrer Rasse nicht berücksichtigt. Man sollte diese Zahl als Durchschnittswerte für mittelgroße Hunde ansehen. Bei ganz großen Rassen wie auch bei den Zwergen sind sicherlich gewisse Zuschläge oder Abschläge vorzunehmen.

Um keinen Irrtum aufkommen zu lassen, obige Kalorienzahl gilt je Kilogramm Körpergewicht, sodaß natürlich die Anzahl Kalorien mit dem Körpergewicht multipliziert werden. Umso größer erscheint der Nahrungsbedarf bei Welpen im Alter von 3–10 Wochen. Und in den ersten 3 Wochen deckt unsere säugende Hündin fast ganz alleine diesen großen Nahrungsbedarf ihrer Welpen, danach teilweise, entsprechend der menschlichen Zufütterung. Von ganz entscheidender Bedeutung ist die Sicherstellung des Mineralstoff- und Vitaminbedarfes für Hündin wie für Welpen, hierfür bedarf es in aller Regel entsprechender Zusatzpräparate. Dieses Thema haben wir bereits bei der Ernährung der säugenden Hündin eingehend besprochen. Ergänzend sei gesagt, daß während der ganzen Aufzucht-periode die industriell vorgefertigte Welpenmilch auch in den Futternapf der säugenden Hündin, danach in die Ernährung der Welpen gehört. Für die Hündin sind diese Welpenmilchprodukte laktationsfördernd, sie enthalten für Mutter und Kinder ganz wichtige Zusatzstoffe.

Eine Grundregel muß strikt beachtet werden! Auch wenn unsere Hündin in ihrer Grundanlage 10 Zitzen besitzt, die aber vielfach auf 9 oder gar 8 reduziert sind, bedeutet dies in gar keiner Weise, daß eine gesunde Hündin mehr als 6 Welpen alleine ernähren kann. Größere Würfe erfordern ausnahmslos menschliche Hilfe! Flaschenzusatzfütterung ist heute keine Kunst, aber unabdingbare Voraussetzung für die Aufzucht großer Würfe. Bei den Zwergrassen liegt die Grenze für notwendige Zufütterung niedriger, hier dürfte die Hündin maximal 4 Welpen aus eigener Kraft schaffen.

Jeder Züchter sollte sich darüber im klaren sein, daß die Welpen sich aus der Hündin das herausholen, was sie brauchen. Da gibt es ganz besonders schlaue Züchter, die haben erkannt, daß das Welpenfüttern über die Zitzen der Hündin wesentlich weniger Arbeit verursacht als mit der Flasche. Das sieht man dann den klapperdürren Hündinnen an, an denen noch im Alter von 6 Wochen hungrige Welpen herumreißen. Eine solche Aufzucht grenzt an Tierquälerei, vernünftige Käufer sollten derartige Züchter meiden. Wer seine Hündin auch nach dem Wurf wieder in guter Form haben möchte, tut sehr gut daran, seine Hündin so früh als möglich durch Beifütterung beziehungsweise Flaschenfütterung der Welpen zu entlasten.

Eine während der Säugezeit ordentlich gefütterte und gepflegte Hündin, der man rechtzeitig durch gezielte Zufütterung der Welpen bei ihrer Aufgabe hilft, kann bereits zum Zeitpunkt der Welpenabgabe wieder in recht guter Form sein. So brachten wir eine Hündin, die einen Achter-Wurf voll gesäugt und gut gepflegt hatte, 11 Wochen nach dem Werfen auf die Weltsiegerausstellung. Bei starker Konkurrenz errang sie unter einem sehr fachkundigen Richter den Titel einer Vizeweltsiegerin, sie befand sich in Top-Kondition.

Wohl die gefürchtetste Erkrankung, die unsere Wöchnerin befallen könnte, ist die Eklampsie. Unsere Übersicht der Zusammensetzung der Hundemilch in Tabelle 16 vermittelt einen Eindruck, welch eine Fülle an Nährstoffen unsere Hündin über die Muttermilch abgibt, unsere Tabelle 17 zeigt den täglichen Kalorienbedarf jedes einzelnen Welpen. Unabhängig vom Futterzustand der Hündin entziehen die Welpen ihren Bedarf dem mütterlichen Körper. Und der größte Bedarf eines im Mutterleib heranwachsenden Föten, des an den Zitzen hängenden Saugwelpen ist auf Kalzium ausgerichtet.

So kann durch eine Überbeanspruchung im Körper der Mutterhündin in der Trage- und Säugezeit, aus der intensiven Nährstoffabgabe an die Welpen ein akuter Zusammenbruch des Stoffwechsels der Hündin entstehen. Die Wissenschaft geht bei der Eklampsie von einer schweren Störung des Kalziumstoffwechsels und des Vitamin- und Hormonhaushaltes der Hündin aus.

Die äußeren Anzeichen der Eklampsie ähneln einem epileptischen Anfall, sie unterscheiden sich aber dadurch, daß die Hündin bei der Eklampsie nicht das

Bewußtsein verliert. Meist sind Unruhe und Winseln der Hündin erste Anzeichen, dann kommt es zu Muskelzuckungen. Charakteristisch für einen schweren Fall der Eklampsie ist die sägebockähnliche Stellung der Hündin, dabei werden die Gliedmaßen steif ausgestreckt, der Kopf nach hinten dem Rücken zu gebogen. Die Temperatur ist stark erhöht, die Herztätigkeit beschleunigt, die Atmung keuchend. Ein solcher Anfall kann Stunden andauern, bedarf sofortiger tierärztlicher Hilfe, ist lebensbedrohend! Bei schnellem Handeln kann die Hündin durch intravenöse Injektionen von Kalzium gerettet werden, je nachdem werden zusätzlich noch Beruhigungsmittel gegeben.

Nach einem solchen Anfall muß die Hündin in einem abgedunkelten Raum ruhig untergebracht werden, eine vorübergehende Trennung von den Welpen ist unvermeidlich. Das Absetzen der Welpen ist deshalb erforderlich, um über einen weiteren Milchabzug den Zustand der Hündin nicht noch zu verschlimmern. Für die Hündin hilfreich sind kühlende Umschläge (Eisbeutel, essigsaure Tonerde) auf den Milchleisten. Die Trennung der Hündin von ihren Welpen ist für den Züchter naturgemäß mit der Verpflichtung verbunden, Fütterung und Pflege der Welpen vorübergehend selbst zu übernehmen. Wie lange die Hündin von den Welpen getrennt gehalten werden muß, bestimmt alleine der Tierarzt. Je früher der Anfall durch intravenöse Kalziuminjektion bekämpft werden kann, desto besser. Tierärzte injizieren ungerne beim Hund intravenös, vor allen Dingen in der Erregung, da bei dem Einführen der Spritze in die Venen und der Hitzebildung, die mit der Kalziumgabe verbunden ist, die Hündin unruhig werden könnte. Es ist aber festzustellen, daß nur über intravenöse Spritzen eine schnelle Hilfe möglich ist.

Die Frage, ob durch reiche Kalziumgaben vor und nach der Entbindung Eklampsie wirksam verhindert werden kann, ist umstritten. Unstrittig ist jedoch, daß derartige reine Kalziumgaben keinesfalls schädlich sind. Wichtig ist dabei, daß gleichzeitig Kalzium und Phosphor im Verhältnis 1,2 : 1,0 gegeben wird.

Kommen wir zur zweiten, von erfahrenen Züchtern gleichfalls gefürchteten möglichen Erkrankung einer Mutterhündin, zur Mastitis oder Milchdrüsenentzündung. Ursächlich für Entzündungen in den Milchleisten sind in erster Linie Milchstauungen. Deshalb muß während der ganzen Säugeperiode sorgfältig darauf geachtet werden, daß alle Zitzen von den Welpen gleichmäßig angenommen werden. Stauungen treten besonders dann gerne auf, wenn nur 2 oder 3 Welpen 8 oder gar 10 Zitzen zu ihrer Verfügung haben. Bei stärkeren Würfen ist es in aller Regel möglich, durch gezieltes Anlegen insbesondere der kräftigen, mit gutem Saugtrieb ausgestatteten Welpen an leicht verhärtete Zitzen diese wieder in Gang zu bekommen. Eine tägliche mehrfache Kontrolle des gesamten Gesäuges ist unerläßlich. Erkennt man dabei Verhärtungen, dann muß man die Zitze leicht anmelken, die Milch auf Aussehen und Geschmack prüfen. Ist keine krankhafte Störung zu bemerken, dann hilft in aller Regel der kraftvoll absaugende Welpe.

Stellen wir fest, daß anstelle der erwarteten Milch ein Gemisch von Milch und Eiter austritt, so liegt meist eine bakterielle Infektion vor. Bakterien können über Lagerverschmutzungen in die Milchdrüsen gelangen, diese Gefahr unterstreicht die Forderung nach guter Hygiene im Zwinger. Auch über schmutzige Welpenkrallen bestehen Infektionsgefahren.

184

Bei einer akuten Mastitis tritt in aller Regel hohes Fieber auf. Zumeist sind nur einzelne Drüsenabschnitte betroffen, nicht das ganze Gesäuge. Ich empfehle, bereits bei den ersten Verhärtungen das Gesäuge zu behandeln. Damit kann zumeist eine echte Erkrankung verhindert werden. Zur Behandlung einzelner Drüsenabschnitte haben wir über Jahre das Medikament Benadryl-Lotion (Hersteller Firma Parke-Davis) eingesetzt. Erwarten wir einen Wurf, dann steht dieses Mittel vorsorglich in unserem Kühlschrank, wo es sich über Jahre gut hält. Dieses auf Kampferbasis aufgebaute Medikament wird auf die befallenen Stellen aufgetragen, trocknet in der Luft ab und muß zumindest eine Stunde, nach Möglichkeit länger, auf der befallenen Stelle einwirken. Vor dem Anlegen der Welpen wird es sorgfältig abgewaschen. Diese Behandlung erfolgt mehrfach täglich, jeweils nachdem die Kleinen sich satt getrunken haben. In der Kombination zwischen Benadryl-Lotion und gut absaugenden Welpen konnten wir bisher größere Entzündungen in allen Fällen vermeiden.

Ist aber die Entzündung so weit fortgeschritten, daß größere Partien der Milchleisten verhärtet sind, aus den Zitzen gelblich braune, manchmal auch mit Blut durchsetzte Flüssigkeit austritt, dann müssen wir die Welpen absetzen, da sie in ihrer Gesundheit gefährdet sind. Eine zumindest vorübergehende Umstellung auf Flaschenernährung ist unvermeidlich. Die Hündin bedarf tierärztlicher Behandlung, meist muß die Infektion mit Antibiotika bekämpft werden. Die Flüssigkeit im Gesäuge wird mehrfach täglich ausmassiert oder abgepumpt, das Gesäuge etwa 48 Stunden mit kühlenden Umschlägen (essigsaure Tonerde) behandelt. Danach führen feuchtwarme Umschläge, Einreibungen mit durchblutungsfördernden Medikamenten zu einer Entspannung, zur Auflösung der Verhärtungen. Während der Erkrankung sollte wenig Flüssigkeit gereicht werden, man achte auf leicht verdauliche, keinesfall stopfende Ernährung. Wann und ob die Welpen wieder angelegt werden können, entscheidet allein der Tierarzt. In besonders schweren Fällen ist es denkbar, daß im Gesäuge gebildete Abszesse vom Tierarzt geöffnet werden müssen, damit der Eiter abfließen kann. Mastitis ist eine ernsthafte, gefährliche Erkrankung, nur schnelle, richtige Behandlung verhindert größere Schäden.

Eklampsie und Mastitis haben eines gemeinsam, tritt die Krankheit massiv auf, dann verlieren die Welpen mit der Hündin nicht nur ihre Nahrungsquelle, sondern sind auch in ihrer Pflege auf menschliche Hilfe angewiesen. Näheres zu diesem Thema finden Sie in dem Kapitel über die Flaschenaufzucht von Welpen.

Kehren wir zu einem erfreulicheren Thema zurück, gehen davon aus, Ihrer Hündin bleiben Eklampsie wie Mastitis erspart, auch treten keine Störungen aus dem Bereich des Uterus auf. So wird sich Ihre Hündin die ersten zwei Wochen nach der Geburt sehr konzentriert um Ernährung und Pflege ihrer Welpen bemühen, ein Zeitabschnitt, in dem eine instinktsichere Hündin für die Welpenpflege keiner menschlichen Hilfe bedarf. Erfreulicherweise erspart Ihnen Ihre Hündin in dieser Zeit sehr viel Arbeit, das erkennen Sie erst, wenn wir uns später mit der Problematik der Flaschenaufzucht befassen werden. Ihre Aufgabe als Züchter ist es in diesen zwei Wochen, in erster Linie für Sauberkeit des Lagers zu sorgen, das Gesäuge zu kontrollieren und auch die Hygiene der Hündin zu gewährleisten. Gerade der starke Wochenausfluß führt in den ersten Wochen zu deutlichen Spuren im Haarkleid und an der Rute der Hündin. Körperwarmes Wasser ist ein einfaches, bewährtes Mittel für die Reinhaltung der Mutter. Auch das Gesäuge bedarf während der ersten Wochen nur einer mehrmaligen täglichen Säuberung mit handwarmem Wasser. Wichtig ist die Krallenpflege der Welpen. Werden diese nicht spätestens im Alter von einer Woche vorne gekappt, dann zerkratzen sie das mütterliche Gesäuge. Die Kürzung erfolgt mit der Nagelschere, wobei nur die äußerste Spitze gekappt wird. Kommt es dennoch durch Krallen und Zähnchen der Welpen zu kleinen Verletzungen am Gesäuge, dann werden diese am besten mit Penaten-Creme gepflegt. Penaten-Creme ist ein Milchprodukt, daher für Saugwelpen optimal verträglich.

Vergessen Sie vor lauter Fürsorge für die Welpen nicht das Wohlbefinden der Hündin. Diese braucht Bewegung, obwohl sie in den ersten Wochen hierzu mehr oder weniger sanft überredet werden muß, da die Lager- und Welpenbindung recht intensiv ist. Trotzdem geht es alle 3 – 4 Stunden für einen kurzen Spaziergang ins Freie. Dies erfordern Kreislauf wie auch die Säuberung von Darm und Blase. Ab einem Welpenalter von 2 – 3 Wochen lockert sich die Lagerbindung der Hündin. Wenn sie möchte, darf sie jetzt durchaus auch einmal für eine halbe oder ganze Stunde ins Freie, auch gemütlich in der Wohnung des Menschen liegen. Vor ihrem Betreten der Wohnung empfiehlt es sich, die Hündin auf Wochenfluß zu kontrollieren und abzuwaschen.

Drei Wochen nach dem Wurf sollte die Hündin mehrfach täglich auf 1 – 2 Stunden heraus aus dem Wurflager. Auch braucht sie im Wurfzimmer die Möglichkeit, ein Lager aufzusuchen, in das ihr die Welpen nicht folgen können. Schritt für Schritt kehrt die Hündin ihren Welpen immer etwas länger den Rücken, wird dann langsam wieder Familienhund. Bei aller Anerkennung der mütterlichen Aufgabe, die jetzt nicht nur Ernährung und Pflege der Welpen, sondern auch ihre spielerische Erziehung umfassen, verdient die Hündin einige Schonung. Betrachten Sie einmal, wie so 4 oder 6 Rabauken, gerade 4 Wochen alt, an ihrer Mutter herumzerren und beißen. Das muß so sein, gehört zu ihrem Leben, und auch unsere Hündin fühlt sich durchaus wohl dabei.

Das kleine Volk braucht aber in dieser Entwicklungsstufe immer noch viel Schlaf. Und über diese Schlafperioden schaffen wir unserer Hündin langsam wieder den Übergang in ihr altes Leben.

Auch in dieser Frage vertrete ich wahrscheinlich eine etwas abweichende Meinung zu jener der Verhaltensforscher. Es ist richtig, die Wildhundfamilie wird in den ersten 7 Wochen von der Mutter, danach vom Vater geleitet. Und dies ist jeweils ein »Ganztagsjob«, wobei man nicht vergessen darf, daß in der freien Natur die Welpen gleichfalls für längere Zeitabschnitte auf sich selbst gestellt wären, wenn das Elterntier auf der Jagd die notwendige Beute schlägt. Ich meine aber, daß wir in unserer Rassehundezucht Haushunde heranziehen, – Menschenhunde. Deshalb übernimmt bei uns der Mensch in einem Welpenalter zwischen 4 und 8 Wochen eine ganze Reihe von Prägungsaufgaben und Führungsfunktionen, teilt die Aufgabe der Welpenerziehung mit der Mutterhündin. Dieses Thema behandle ich ausführlich in dem Kapitel Welpenaufzucht in der 5.–8. Woche.

b) Welpenerkrankungen

aa) *Fehlende Kolestralmilch – Septikämie*

Die Wissenschaftler stimmen überein, daß über die Kolestralmilch, das ist die Milch, welche von den Welpen an den ersten zwei Lebenstagen aufgenommen wird, die Welpen gegen Erkrankungen mit allen Abwehrstoffen versehen werden, über die unsere Hündin selbst verfügt. Obwohl die Welpen am mütterlichen Blutkreislauf über die Plazenta angeschlossen waren, dadurch Schadstoffe wie Toxine, aber auch Wurmeier, auf die Welpen laufend übertragen wurden, Immunstoffe werden ausschließlich über die erste Muttermilch auf die Welpen weitergegeben. Die mit der Kolestralmilch aufgenommenen Abwehrkörper sind so stark, daß der Welpe über die ersten 7 – 10 Wochen gegen Infektionen weitgehend geschützt ist, – wenn er eben Kolestralmilch aufnehmen konnte.

Hieraus zwei ganz wichtige Erkenntnisse: Die Muttermilch wandelt sich über die gesamte Säugezeit laufend in ihrer Zusammensetzung, ist den Bedürfnissen der Welpen im jeweiligen Wachstumsstadium optimal angepaßt. Daher ist die Muttermilch einer Hundeamme, die etwa 2 – 3 Wochen früher geworfen hat, für ein Neugeborenes zwar immer besser als die Ersatzprodukte, sie ist aber sicherlich nicht optimal auf die Bedürfnisse eines Neugeborenen abgestimmt. Je näher die eigene Geburt zeitlich zu der Geburt des Stiefkindes liegt, desto besser.

Die zweite Erkenntnis lautet, daß es immer sinnvoll ist, die Schutzimpfung einer Zuchthündin möglichst vor dem Decken erneuern zu lassen, umso wirksamer ist die Immunisierung der Welpen über die Kolestralmilch.

Hat ein Welpe über die Kolestralmilch keine Immunisierung erhalten, etwa wegen Tod oder schwerer Erkrankung der Mutterhündin, dann ist er Frühinfektionen weitgehend schutzlos ausgeliefert. Man kann eine solche Infektionsgefahr gar nicht hoch genug einschätzen. Infektionen können auch in einem hygienisch einwandfreien Zwinger auftreten, etwa durch die Mutterhündin, die mit ihren Zwingergenossen in Kontakt steht, die auf ihren Spaziergängen auch Kontakt mit der übrigen Außenwelt hat. Nicht zuletzt ist jeder Besucher, aber auch der Besitzer der Hündin mit seiner Familie potentielle Infektionsquelle.

Die pharmazeutische Industrie hat gezielt für Hundesäuglinge, die keine Kolestralmilch erhalten haben, einen temporär wirksamen Ersatzschutzstoff entwickelt, das sind die sogenannten Gammaglobuline. Diese werden bei der gefährlichsten Welpenerkrankung, der sogenannten Septikämie der Saugwelpen eingesetzt. Septikämie heißt auf deutsch: Überschwemmung des Blutes mit Bakterien.

Die hierbei auftretenden Erreger sind meist Pyokokken, Streptokokken, Staphylokokken und Colibakterien. Infektionen können bereits in den ersten Stunden nach der Geburt bis etwa 2 Wochen danach auftreten. Äußerlich zeigen sie sich durch Apathie der Welpen, aufgetriebenen Bauch, gespannte Bauchdecke, Wimmern und Saugunlust. Dazu können auch angestrengte Atmung, Nabelentzündung und eitrige Durchfälle auftreten. Meist erfolgt die Infektion der Welpen über die Muttermilch, sie kann aber auch durch Hautverletzungen in den Körper geraten (Beispiel: Kupierte Rute).

Die befallenen Welpen verfallen sichtbar und sind sehr stark gefährdet. Sofortige tierärztliche Behandlung ist zwingend geboten. Ebenso wichtig ist eine optimale Umgebungstemperatur, diese liegt bei $25^0 - 30^0$ C. Vom Tierarzt werden Gammaglobulinpräparate unter die Haut injiziert. Bei Verdacht auf Milchinfektion ist eine sofortige Trennung von der Mutterhündin, eine Umstellung auf industriell erzeugte Muttermilch angezeigt. Bei Saugunlust erhalten die Welpen eine polyionische Elektrolytlösung mit 5 % Glykosezusatz. Es ist auch empfehlenswert, den Welpen über ein Pipette Antibiotikatropfen einzugeben.

Leider muß ich sagen, die Erfolgschancen, solche Welpen durchzubringen, sind nicht groß. In der Regel tritt bei einem befallenen Welpen innerhalb von 8 – 12 Stunden der Tod ein. Oft stirbt in einem Wurf alle 12 – 24 Stunden ein Welpe nach dem anderen. Stirbt der erste Welpe, so ist eine sofortige Obduktion dringend angezeigt. Durch eine exakte Abgrenzung der Erkrankung und der Erreger können dann unter Umständen die verbliebenen Welpen gerettet werden. Bestehen Sie bei Ihrem Tierarzt darauf, für eine schnelle Obduktion Sorge zu tragen. Wichtig ist noch, daß nach den vorliegenden Berichten eine direkte Ansteckungsgefahr von Welpe zu Welpen nicht besteht. Vielmehr sind die Welpen eben einer gemeinsamen Infektionsquelle ausgesetzt. Meist lehnt die Mutterhündin die Pflege der erkrankten Welpen ab, kümmert sich nicht mehr um sie.

Von großer Bedeutung ist die rechtzeitige Prophylaxe (Vorbeugung). Wie bereits erwähnt, hat die Pharmaindustrie einen sogenannten Paraimmunitäts-Inducer entwickelt. Dieses Medikament wird in den Fällen, in denen bereits erkenntlich Kolestralmilch ausfällt (Kaiserschnittgeburt, Tod der Hündin, fehlende Laktation der Hündin, u. a.) sofort nach der Geburt den Welpen einmal, 12 Stunden später noch einmal unter die Haut injiziert. Wir haben in unserer Zucht mit dem Paraimmunitäts-Inducer gute Ergebnisse zu vermelden.

Mehrfach haben wir nach einem Kaiserschnitt Welpen aufgezogen, dabei auch einmal eine schwere Infektion aller Welpen erlebt, bevor wir diese Inducer kannten. Trotzdem konnten wir mit obiger Behandlung den ganzen Wurf retten. Seither haber wir die Prophylaxe gewählt und sind gut damit gefahren.

bb) Herpes-canis-Infektion

Diese Viruserkrankung trat erstmals massiv in den USA auf, ist dort seit dem Jahre 1964 bekannt. Sie ist heute aber auch in ganz Europa verbreitet, gilt als eine der gefährlichsten Ursachen für ein frühes Welpensterben. In der englischen Sprache läuft diese Erkrankung unter dem Begriff »Fading Puppy Syndrome«.

Diese Herpes-Virusinfektion unterscheidet sich in ihrem Krankheitsverlauf beträchtlich von der bereits geschilderten Septikämie. Vermutlich erfolgt die Herpes-Infektion bereits im Mutterleib über die Plazenta oder bei der Geburt während der Passage der Vagina. Als Inkubationszeit nimmt man eine Woche an, die Welpen stecken sich aber auch untereinander an. Erkrankungen von Welpen, die älter als drei Wochen sind, wurden nicht festgestellt.

Diese Welpen zeigen in den ersten Lebenstagen keinerlei auffällige Erscheinungen, auch die Gewichtszunahmen sind völlig normal. Erstes Krankheitssymptom ist gelblichgrüner Durchfall. Da die Welpen weiter gut fressen, auch munter sind, wird dieses erste Symptom leicht übersehen. Allerdings zeigen einzelne Welpen unmittelbar nach dem Saugen Würgen oder Erbrechen. Einen bis zwei Tage vor dem Tod verweigern die Welpen die Nahrungsaufnahme, sie wimmern kläglich, die Atmung ist beschleunigt, es tritt blutiger Durchfall auf. Diese Erkrankung verläuft fast ohne Ausnahme tödlich, sollte ein Welpe durchkommen, leidet er meist an länger anhaltendem Durchfall, kümmert weiter vor sich hin. Bei einer Obduktion, zu der ich grundsätzlich bei jedem gestorbenen Welpen rate, werden Blutungsherde in verschiedenen Organen, vor allem im gesamten Verdauungstrakt festgestellt.

Nach dem heutigen Stand der Wissenschaft gibt es gegen diese Erkrankung noch keine gesicherte Behandlungsmethode. Empfohlen wird über drei Tage je eine Injektion mit Inducern, um den Gammaglobulinschutz zu erhöhen. Der Literatur entnehme ich noch, daß Unterkühlung der Welpen den Ausbruch der Erkrankung begünstige.

cc) *Unverträglichkeiten der Muttermilch – erfolgloses Stillen*

Zuweilen tritt in einem Welpenalter zwischen drei Tagen und zwei Wochen eine Unverträglichkeit der Muttermilch auf. Die Anzeichen hierfür sind schreiende Welpen, Aufblähung, grüner Durchfall, geröteter und geschwollener After. In der Regel stimmt die Zusammensetzung der Muttermilch nicht, zuweilen sind in ihr Giftstoffe – Toxine – enthalten. Es ist Sache des Tierarztes, eine sofortige Untersuchung der Muttermilch zu veranlassen.

Lassen Sie sich nicht hinhalten, die Welpen sind gefährdet. Bis zur Vorlage des Untersuchungsergebnisses werden die Welpen auf die Flaschenfütterung mit künstlich erzeugter Welpenmilch umgestellt. Dies ist auf jeden Fall für eine Dauer von 24 Stunden angezeigt. Man kann den Welpen eine 10%ige Traubenzuckerlösung (eventuell in Fencheltee) geben, bis die Blähungen verschwunden sind. Nach Vorlage des Untersuchungsergebnisses muß der Tierarzt entscheiden, wie es weitergehen soll. Je nachdem muß der Wurf weiter mit Flaschenaufzucht großgezogen werden. Alle die Maßnahmen, die wir im Zusammenhang mit Mastitis aufgeführt haben, müssen ergriffen werden, damit es zu keiner Brustdrüsenerkrankung der Hündin durch Milchstau kommt.

Einen ganz anderen Ursprung hat das sogenannte »erfolglose Stillen«. Dieses tritt in der Regel innerhalb der ersten 24 Stunden Lebensstunden auf. Der Welpe nuckelt zwar an der Zitze, macht aber einen »erschöpften Eindruck«, oft tritt auch Appetitmangel auf.

Diese Symptome zeigen in der Regel Welpen, deren Lungengewebe sich nur mangelhaft entfaltet hat, was mit unzureichender Sauerstoffversorgung vor der Geburt zusammenhängen kann. Für die Behandlung werden Sauerstoff, Wärme und Traubenzuckerlösung empfohlen, meines Erachtens ist dies aber »vergebliche Liebesmühe«!

dd) Durchfall bei Welpen

In den vorangegangenen Berichten haben wir als Begleiterscheinung zu akuten Erkrankungen stets über Durchfälle im Rahmen des jeweiligen Krankheitsbildes berichtet. Sehen Sie dies als dringende Aufforderung an, den Stuhlgang der Welpen laufend zu kontrollieren. Dies gehört zu den wichtigen Aufgaben eines verantwortungsbewußten Züchters, kann über Frühdiagnose zur schnellen Heilung langwieriger, zum Teil lebensbedrohender Erkrankungen führen.

Als häufigste Ursache für Welpendurchfall treffe ich eigentlich immer wieder auf das völlige Verkennen der Zusammensetzung von Hundemilch. Es ist offensichtlich sehr vielen Hundehaltern bisher völlig unbekannt geblieben, daß eben Milch nicht gleich Milch ist, insbesondere, wenn sie von verschiedenen Tieren stammt. Hat man aber den grundsätzlichen Unterschied einmal erkannt, dann schützt dies leider immer noch nicht vor törichten Ratschlägen. So wird zuweilen empfohlen, die Kuhmilch für den Welpen dadurch verträglicher zu machen, daß man sie mit Wasser verdünnt.

Meine Leser kennen bereits aus der Tabelle Nr. 16 die Qualitätsunterschiede zwischen Hundemilch und Kuhmilch. Aus dem doppelten Kalorienangebot der Hundemilch ergibt sich zwangsläufig, daß Kuhmilch keinesfalls verdünnt werden, sondern angereichert werden muß. Kuhmilch verwenden wir so ab der dritten Woche als Beifütterung, hierzu muß sie mit industriell nach dem Muster der Hundemilch zusammengesetzten Michpräparaten angereichert werden. Kuhmilch ohne eine solche Anreicherung wird immer wieder zu Welpendurchfall führen. Ebenso empfiehlt es sich bei Flocken-Milchmahlzeiten, diesen einen feingeriebenen Apfel unterzumengen. Wenn Sie diese Ratschläge sorgsam beachten, haben Sie eine der Hauptursachen für Welpendurchfälle vermieden.

Die meisten Durchfälle sind ernährungsbedingt. Die Muttermilch ist auf die Nährstoffauswertung im Verdauungsapparat eines Welpen optimal eingestellt. Treten in der Zeit reiner Fütterung über Muttermilch Durchfälle auf, so sind sie stets ein Symptom für eine der früher geschilderten Welpenerkrankungen. Stellen wir jetzt die Welpen von reiner Ernährung durch Muttermilch auf nicht von der Mutter stammende Nährstoffe um, so muß sich gleichzeitig auch der Verdauungstrakt der Welpen erheblich umstellen. Die geänderte Zusammensetzung des Darmbreis führt auch zu neuen Bedingungen für die Darmflora, auch hier erfolgt eine Umstellung. So kommt es eigentlich in allererster Linie darauf an, den Welpen über die gesamte Aufzuchtperiode artgerechte Futterstoffe anzubieten. Das ist das sicherste Mittel zur Vermeidung von Durchfällen.

Die neu eingesetzten Futterstoffe müssen für unsere Welpen gut aufzuschließen sein. Werden aber beispielsweise Eiweißstoffe angeboten, die bei der Herstellung überhitzt oder falsch gelagert wurden, dann können diese vom Dünndarm nur unzulänglich erschlossen werden. Analoge Störungen ergeben sich aus nicht aufgeschlossener Stärke bei der Fütterung von Kohlehydraten. Getreideerzeugnisse müssen zur Fütterung an Hunde entweder durch Kochen oder durch industrielle Spezialbehandlung aufgeschlossen werden. Zu große Mengen an Rohzucker, etwa durch Fütterung von Süßigkeiten, ebenso überhöhte Mengen an Laktose (Milchzucker) führen zu Durchfall. Mangelnde Hygiene bei der Futterzubereitung, Verfütterung alter Futterreste, Darreichung von kaltem Futter aus dem Kühlschrank, dies alles sind potentielle Ursachen für Durchfallerkrankungen.

Wir sehen, zur Verhütung von Durchfallerkrankungen bedarf es gezielter Nahrungsmittelzubereitung. Wer hier bei der Zusammenstellung Schwierigkeiten hat, sollte auf die von der Futtermittelindustrie wissenschaftlich zusammmgesetzten Welpennahrungsmittel zurückgreifen. Wir werden im übrigen im Rahmen der Welpenaufzucht noch einen gezielten Futterplan bringen, der eine weitgehend optimale Versorgung der Welpen auch mit selbst hergestellten Mischungen ermöglicht.

Ist erst einmal Durchfall eingetreten, der auf Ernährungsfehler zurückgeht, bedarf es einer kurzen, aber sorgfältig eingehaltenen Fastenkur. Frischwasser wird durch schwachen, schwarzen Tee als Getränk ersetzt, Milch fällt ganz aus. Es ist wesentlich besser, eine 12 – 14 stündige Futterpause einzulegen als zu früh wieder anzufangen. Nach der Pause beginnen wir zunächst mit frischem, rohen, mageren Rinderhackfleisch (Tartarqualität!). Wird dies vertragen, können langsam wieder normale Milch – und Flockenmahlzeiten gegeben werden.

Bei länger andauerndem Durchfall ist es ratsam, den Tierarzt hinzuzurufen. Insbesondere muß darauf geachtet werden, daß durch lang andauernden Durchfall die Welpen nicht austrocknen. Der Tierarzt verordnet entsprechende Medikamente, wir haben in sehr schwierigen Fällen mit der Beifütterung von Nutrical gute Erfahrungen gemacht, dies ist ein Produkt, das im Zusammenhang mit der Weltraumforschung entwickelt wurde, in einer konzentrierten Paste alle lebensnotwendigen Stoffe enthält.

ee) Zwerge

Nach Professor Dr. Walter Schleger führen echte Zwerge ein Letalgen, das in aller Regel zum frühen Tod eines solchen Hundes führt. Wir müssen sehr klar unterscheiden zwischen kleinen Welpen, die durchaus bei entsprechend positivem Biotonus eine echte Lebenschance haben und zwergwüchsigen Welpen, bei denen eine Drüsenstörung in der Hypophyse (Zwischenhirn) vorliegt. Zwergwüchsige Welpen werden zuweilen sogar mit Normalgewicht geboren, meist liegen aber die Geburtsgewichte wesentlich niedriger. Nach der Geburt sind solche Welpen ziemlich lethargisch, versuchen kaum, bei der Mutter zu trinken. Eberhard Trumler würde ihnen sicherlich im Biotonus eine Wertnote Fünf erteilen, er hätte völlig recht, wenn er ihre Lebenschance als minimal einstuft. Ein guter Züchter lehnt es ab, mit Flaschenaufzucht einen solchen Welpen großzuziehen, alles Bemühen ist auch in der Regel völlig vergeblich.

Aus Gründen einer exakten Beobachtung dieses Krankheitsverlaufes haben wir selbst im letzten Jahr einen solchen Welpen großgepäppelt, er allein verursachte mehr Arbeit als alle seine vier Geschwister zusammen. Die Gewichtszunahme blieb weit hinter der seiner vier Geschwister zurück, im Alter von acht Wochen hatte er ein Gewicht von etwa einem Drittel seiner Geschwister. Auffällig war eine

Abb. 107:
Hundezwerg „TINY"

ausgeprägte kuhhessige Stellung der Hinterhand, ausgedrehte Front, schwache Fesseln. Besonders charakteristisch sind Bewegungseinschränkungen, die spätestens ab einem Alter von 10 Wochen auftreten. In allen mir über solche Fälle vorliegenden Berichten ist hier auch die Rede von einem ausgeprägten Zwischenzehenekzem. Bei farbigen Tieren mit Zwergenwuchs wurden auch erschreckende Farbverblassungen festgestellt, dies ist nach vorliegenden Untersuchungen auf eine mangelnde Erschließungsfähigkeit von Zink zurückzuführen. Meine eigenen Aufzuchterfahrungen decken sich weitgehend mit den Untersuchungen von Dr. Andrea Schleger, Wien. Zumeist müssen solche Welpen aufgrund ihres zunehmenden Verfalls im Alter von etwa 3 – 4 Monaten eingeschläfert werden. Unsere eigene »Tiny« (vergleiche Abb. 107) verschied im Alter von 4 Monaten an akutem Herzversagen.

Ich habe eigentlich dieses Beispiel nur deshalb etwas ausführlicher geschildert, um erneut darauf hinzuweisen, wie problematisch es ist, wenn der Mensch die deutlichen Warnzeichen der Natur mißachtet, einzugreifen versucht, wo er besser nicht eingreifen sollte.

Und ähnliche Überlegungen zum Abschluß dieses Kapitels! In der Mehrzahl der oben geschilderten Fälle eines Welpensterbens gibt es unter den ärztlichen Ratschlägen für eine vereinzelt mögliche Therapie auch Hinweise für die Züchter, durch welche gezielte Behandlung schon vor dem Deckakt, während der Tragezeit und vor der Geburt analoge Erkrankungen bei künftigen Würfen vermieden werden können.

Meine dringende Bitte an die Genetiker ist darauf gerichtet, solche Erkrankungen beziehungsweise die Disposition für solche Erkrankungen eingehend zu untersuchen, wie weit sie genetisch bedingt, also hochgradig erblich sind. Wahrscheinlich wäre es sehr viel ratsamer, alle die Hündinnen, bei deren Würfen ein solches Welpensterben einsetzt, bedingungslos aus der Zucht zu nehmen. Ich würde mir ganz bestimmt auch keine Junghündin kaufen, die aus einem Wurf kommt, der eine solche Erkrankung durchgemacht hat.

Ich weiß genau, solche Forschungen kosten Geld, und der Hund gehört nun einmal seit langem nicht zu den Tierarten, deren Gesundheit oder Vererbung unter Bereitstellung großer staatlicher Zuschüsse untersucht werden kann. Wenn man sich allerdings kritisch das jährliche Ausgabenvolumen der nationalen und regionalen Hundezuchtverbände ansieht, – nur ein Anteil von 10 % davon für die Forschung, dieses Geld sollte sich eigentlich besser verzinsen, sollte Hunden und Menschen viel mehr helfen als der Verbleib der übrigen 90 %!
Schon wieder ein Fettnäpfchen, in das ich jetzt so voll hineingetreten bin!

c) Künstliche Welpenaufzucht

In den letzten Jahren hat sich die künstliche Welpenaufzucht national und international auf breitester Grundlage durchgesetzt. Sie wurde über Jahre mit teilweise sehr törichten Argumenten verteufelt, die meisten Zuchtordnungen der Rassezuchtvereine untersagten schlichtweg die Eintragung von flaschenaufgezogenen Welpen, man erwartete hieraus körperlich schwächliche und seelisch minderwertige Tiere. Fortschrittliche Zuchtordnungen erlaubten zuweilen Ammenaufzucht mit einer Fremdhündin.

Nun muß ich zugeben, daß es bis in die 60er Jahre kaum brauchbare Angebote an »Hundemilch« durch die Futtermittelindustrie gab, hier wurden in den letzten 20 Jahren ganz gewaltige Fortschritte erzielt. Eine Perfektion, die man eigentlich erst dann so richtig empfindet, wenn man sich in einem Land wie beispielsweise in der DDR auf die früheren Rezepturen besinnen muß. Das Angebot hochwertiger Industrieprodukte an vollwertiger Welpennahrung in der ganzen westlichen Welt ist imponierend!

Zwei Fälle haben mich in die Aufzucht mit künstlicher Welpenmilch eingeführt. Unsere Zuchthündin wurde Ende Juli 1971 von einem rasenden BMW-Fahrer erfaßt, etwa 80 m von dem Fahrzeug über Rollsplit mitgeschleppt, Knochenbrüche, Rippenbrüche, völlig verbrannte Flanken, aufgerissene Bauchdecke, – und – diese Hündin hatte zu Hause zwei Wochen alte Welpen! Hier zeigt es sich wieder einmal, wie zäh Bull Terrier im Nehmen sind. Unser Tierarzt meinte, jede Hündin einer anderen Hunderasse hätte er sofort eingeschläfert. Wir hatten aber nicht nur eine schwerst verletzte Hündin zu versorgen, sondern auch 8 hungrige Welpen. Und da lernten wir ganz schnell das »Fläschchen-Schwenken«!

Beim nächsten Wurf dieser für die Zucht besonders wichtigen Hündin zeichnete sich ab, daß sie einen sehr großen Wurf erwartete. Zu dieser Zeit gab es eine recht lebhafte Diskussion über die umstrittene Wurfbeschränkung auf 6 Welpen. Wir erzielten nach einigen Diskussionen bei einem dankenswert recht aufgeschlossenen

Zuchtausschuß eine Sondergenehmigung, brauchten also von diesem Wurf keine Welpen zu töten. So zogen wir 1972 erstmals einen kompletten Zehner-Wurf auf. Absolut einwandfreie Gewichte über die gesamte Aufzuchtperiode, natürlich auch bei der Wurfabnahme waren das Ziel. Auf dem Abnahmeschein vermerkte der Zuchtwart: »Sehr gut aufgezogener, ausgeglichener Wurf, Mutterhündin in Top-Verfassung, Züchter schwer mitgenommen«.

Und das darf ich hier unterstreichen, nur voller persönlicher Einsatz von zwei erwachsenen Personen ermöglichten dieses positive Bild. Es war auch ganz bestimmt kein »Geschäft«, wie dies manche so sehen, sondern eine Schwerstarbeit über die gesamte Zeit. Rechnete man die eingesetzten vollen Arbeitsstunden einmal um, war noch nicht einmal ein »Putzfrauen-Hilfsarbeiterlohn« zu erzielen, im Gegenteil, unsere Haushaltshilfe betonte, daß sie keinesfalls bereit wäre, eine solche Schwerstarbeit anzunehmen. Immerhin, unser Lohn bestand darin, daß aus diesem Wurf die zwei Weltjugendsieger des Jahres 1973 entstammten. Zusammenfassend kann ich aus eigener Erfahrung unterstreichen, daß die Aufzucht von Welpen mit industriell hergestellter Welpenmilch der natürlichen Aufzucht durchaus gleichwertig ist.

Bei folgenden Gegebenheiten rate ich zur künstlichen Welpenaufzucht: Tod der Mutter, absoluter oder relativer Milchmangel, Zusatzfütterung bei großen Würfen, Mastitis, Eklampsie, infektiöse Erkrankung der Mutter, Unfälle, Ablehnung der Welpen durch aggressive Mutterhündin, welche die Welpen gefährdet.

Gehen wir einmal zur klaren Darstellung davon aus, die Mutterhündin steht überhaupt nicht zur Verfügung. Das macht die Aufgaben, welche auf den Züchter (mit Helfern!) zukommen, deutlicher.

Für die Unterbringung der Welpen genügt unser »Warmhaltekarton«, den ich Ihnen schon bei der Geburt als vorübergehende Lösung vorgestellt habe. Dies gilt natürlich nur für kleine Würfe kleiner Rassen. Grundsätzlich kann man auch die normale Wurfkiste verwenden, wichtig ist eigentlich nur, gerade in den ersten Tagen eine optimale Temperatur für die Welpen zu sichern, die von Fachleuten für die ersten Lebenstage mit 30°–32° C, für die folgenden 14 Tage mit 27° C und für weitere 2 Wochen mit 23° C. empfohlen wird. Und diese Temperaturen sind in den ersten Tagen mit unserem Karton und zwei Warmwasserflaschen (die natürlich so alle zwei Stunden ausgetauscht werden müssen) relativ leicht zu bewerkstelligen. Sicherlich, besser ist die Wurfkiste mit Bodenheizung. Bei der Infrarotbeheizung muß genügend Luftraum über den Welpen stehen, der sich auch über die Umweltluft laufend austauscht, da sonst die Luft über den Welpen zu sehr austrocknet.

Sowie unsere Kleinen ins Krabbelalter kommen, brauchen sie genügend Raum, müssen also spätestens zu diesem Zeitpunkt in die Wurfkiste umziehen. Als Einlage bleiben wir unverändert bei unserem Badezimmerboden, der sehr leicht zu reinigen ist und den Welpen durch seine rauhe Oberfläche gut das Krabbeln ermöglicht. Vileda-Tuch tüchtig gebrauchen, man sollte gar nicht glauben, daß wir all das, was da so aus 6 Welpen unten herauskommt, zunächst oben hineingefüttert haben! Die fehlende pflegende, mütterliche Zunge wird durch ein zweites Tuch ersetzt, mit dem wir körperwarm mehrfach täglich jeden Welpen feucht abreiben.

Wie bekommen wir aber zunächst einmal die künstliche Welpenmilch in den

Welpen oben hinein? Die Rezeptur der jeweiligen Mischung Wasser zu Milchkonzentrat ist von der Industrie exakt vorgeschrieben. Diese Rezeptur muß sowohl in der Zusammensetzung wie auch in der Zubereitung exakt eingehalten werden. Achten Sie unbedingt darauf, daß die Welpen nach Anweisung frisch zubereitete Welpenmilch erhalten. Für die Reste sind die anderen erwachsenen Hunde gute Abnehmer.

In das kleine Mäulchen hinein bekommen wir in aller Regel die Nahrung über eine normale Babyflasche. Glasflaschen sind zerbrechlich, Plastikflaschen strapazierfähig. Bitte halten Sie stets einen elektrischen Baby-Flaschenwärmer bereit, in diesem wird immer eine Flasche aufgewärmt, während die andere ihre Dienste tut. Bei unserer Aufzucht hat sich der einer mütterlichen Brustwarze ähnlich geformte »Nuk-Sauger« bestens bewährt. Und wir haben viele verschiedene Systeme ausprobiert. Es gibt da ständig kleinere Schwierigkeiten. Der Welpe muß den Sauger gerne annehmen, das Loch darf nicht zu groß, aber auch nicht zu klein sein. Und die Dichte der Flüssigkeit verändert sich laufend entsprechend Herstellungsrezeptur und zunehmendem Welpenalter. Ist das Loch zu klein, erhält der Welpe zu wenig, zu groß, könnte er sich verschlucken. Es ist auch nicht gut, wenn die Milch zu schnell abgetrunken werden kann, dadurch wird der kleine Magen zu schnell gefüllt. So bedarf es einiger Geduld, bis wir das alles so richtig raus haben, sicher auch einiger Sauger, bis wir den passenden gefunden haben.

Mit der Annahme des Saugers durch den Welpen gibt es eigentlich kaum Probleme. Der Welpe ist hungrig, er nimmt den körperwarmen Sauger wie die mütterliche Zitze. Selbstverständlich muß die Milch gleichfalls Körpertemperatur haben. Die Vakuumbildung im Mäulchen des Kleinen ermöglicht ein gutes Absaugen. Wir halten dabei den Welpen je nach Größe in der Hand oder auf dem Schoß, Bäuchlein nach oben, das hat schon einige Ähnlichkeit mit einem zweibeinigen Säugling. Der Welpe wird an dem Fläschchen versuchen, durch den Milchtritt seiner Vorderpfoten instinktiv nachzuhelfen, das ist ein gutes Zeichen, bestätigt komplettes Verhaltensinventar. Wird das Saugen schwächer, dann ziehen wir dem müde gewordenen Welpen leicht das Fläschchen weg, meist wird der Kleine dann noch einmal munter, trinkt einige kräftige Züge nach und ist dann wirklich gesättigt. Halten Sie ruhig den Kleinen noch etwas auf dem Arm, auch das »Bäuerchen« ist notwendig und kommt bestimmt. Das alles wird sehr schnell zur wechselseitigen Routine.

Ist der Welpe satt, dann kommt die Reinigung. Zunächst aber kontrollieren wir die abgetrunkene Menge, was ja bei entsprechender Stricheinteilung auf der Flasche kein Problem ist. Aufpassen, es gibt Welpen, bei denen hat man den Eindruck, sie trinken gut ab, zuweilen sieht man auch heraufkommende kleine Luftbläschen. Betrachtet man aber danach das Volumen in der Flasche, dann kann es durchaus sein, daß der Kleine nur herumgekaut hat. Auch dies lernt man sehr schnell richtig zu beobachten.

Für Kleinhunde bietet die Futtermittelindustrie zur Welpenfütterung Pipetten an, dabei aber fehlt dann das notwendige Saugen der Welpen, die Kleinen könnten sich viel zu leicht verschlucken. Hier sollte man besser die gleichfalls angebotenen kleinen Flaschen mit echtem Sauger verwenden.

Bereits bei der Geburt haben wir geschildert, daß da, wo etwas oben rein kommt, es unten auch wieder heraus muß. Sei es ein feuchter Wattebausch, Zellstoff oder Schwämmchen, sei es auch der feuchte, nackte Menschenfinger, die kreisende Massage auf dem Hundebäuchlein und rings um den After des Welpen ist nach jeder Nahrungsaufnahme unerläßlich. Ganz wichtig ist dabei, daß in den ersten Stunden nach der Geburt unbedingt das »Kindspech« den After verläßt. Urin löst sich in der Regel schnell, beim Kot bedarf es längerer, geduldiger Massage. Ist unser Welpe gesättigt und gesäubert, dann kommt der Nächste an die Reihe!

Pro Welpe rechnen wir für Fütterung und Säuberung 15 – 20 Minuten. Haben wir 6 Welpen zu betreuen, dann dauert eine einzige Fütterung so etwa 2 Stunden. In den ersten Lebenstagen muß alle 2 Stunden, ab dem 3. Lebenstag alle 3 Stunden gefüttert werden, – und das ausnahmslos rund um die Uhr, Tag und Nacht. Und schon diese Zeitrechnung macht klar, daß wir für die Aufzucht der Welpen zumindest 2 Personen brauchen, einer allein kann dies ganz einfach nicht schaffen. Da gibt es eine klare Aufteilung von alternativem Tag- und Nachtdienst, alternierend nur für die Betreuer, denn die Welpen müssen regelmäßig versorgt werden. Sagte ich nicht einmal früher, welch eine großartige Arbeit unsere instinktsichere Mutterhündin für uns leistet? Und das bereitet ihr sehr viel weniger Mühe als uns!

Damit es aber nicht ganz so schlimm klingt! Ab dem 12. Lebenstag ist eine vierstündige nächtliche Pause erlaubt, die so ab dem 15. Lebenstag sogar auf 6 Stunden ausgedehnt werden darf, aber nicht länger. Ab dem 18. Lebenstag wird der Futterabstand tagsüber auf 4 Stunden verlängert.

Bei unserer Welpenfütterung geht es übrigens nicht darum, eine möglichst große Flüssigkeitsmenge in dem Welpen unterzubringen. Es gibt in bestimmten Rassen Welpen mit optimalem Biotonus, die schlagen sich an der Flasche ganz schön voll. Das Bäuchlein soll nach der Fütterung durchaus gefüllt, aber nicht zu prall sein. Das beste Maß für den Erfolg der Fütterung ist immer die Waage. Zwischen mit der Flasche und natürlich aufgezogenen Welpen sollte es keine Gewichtsunterschiede geben. Es ist allgemein anerkanntes Ziel, daß gesunde Welpen, je nach Rasse, innerhalb der ersten 10 Tage ihr Gewicht zumindest verdoppeln sollen. Zu Beginn des nächsten Kapitels bringen wir eine Tabelle mit Wiegedaten, die ganz interessante Ableitungen ermöglichen.

Genau wie bei der normalen Welpenaufzucht erhält bei uns auch das »Flaschenkind« am Abend des 12. Lebenstages zum ersten Mal feste Nahrung. Bei Kleinhunderassen könnte sich dieser Termin noch um 1 – 2 Tage hinausschieben. Und diese erste Festnahrung ist bei uns ausschließlich ein kleines Bröckchen bestes Tartar, in der Hand so lange geknetet, bis die Temperatur der Hand sich voll auf das Fleisch übertragen hat. Der Welpe erhält dieses erste Fleisch in ganz kleinen Portionen, die in der Regel begeistert angenommen werden. Der eine oder andere ist natürlich dabei auch noch etwas ungeschickt, schmiert das Fleisch im Gaumen herum, bis er es gut eingespeichelt herunterschluckt. Auch hier hilft wieder nichts als Geduld, viel Geduld. Haben wir aber einmal unsere erste Fleischfütterung geschafft, dann belohnt uns die erste Futterpause von 4 Stunden. Diese Fleischnahrung hält eben besser vor, daher füttern wir sie als letzte Mahlzeit des Tages.

Handelt es sich bei unserer Flaschenaufzucht nicht um einen Totalausfall der Mutterhündin, sondern nur um einen übergroßen Wurf, der Zusatzfütterung braucht, dann kommen die Welpen vor der vierstündigen Nachtpause noch einmal alle ans Gesäuge der Mutter zu einem guten Nachtrunk, der sehr geschätzt wird. Steht keine Mutterhündin zur Verfügung, so bieten wir auch dann den künstlich aufgezogenen Welpen nach der Fleischnahrung noch einen Nachtrunk an der Flasche.

Eine große Hilfe wäre es, wenn unsere Hündin uns – auch bei mangelnder Milch – wenigstens bei der Welpenpflege helfen würde. Ist sie gesund und instinktsicher, dann könnte sie diese Aufgabe sogar ganz alleine übernehmen. Das erspart Ihnen dann gut die Hälfte Ihrer Arbeit!

Sie müssen aber kontrollieren, ob sie wirklich richtig putzt und pflegt. Verstopfte Wepen werden unruhig, jammern vor sich hin, – hilft die Hündin nicht weiter, dann müssen Sie sich selbst um das richtige Ausputzen kümmern.

Da gibt es übrigens auch echte Chancen, daß etwa eine andere im Zwinger stehende Hündin die Pflegeaufgabe für die erkrankte Kollegin übernimmt. Es gibt viele Hündinnen, bei denen ein Saugwelpe intensiven Pflegetrieb auslöst, das braucht gar nicht die wieder jung gewordene Großmutter zu sein.

Wie wichtig es ist, laufend den Stuhlgang zu kontrollieren, habe ich schon im letzten Kapitel ausführlich geschildert. Bei der Aufzucht mit künstlicher Flaschenmilch gilt dies ganz besonders. So fütterten wir einmal eine industriell hergestellte Welpenmilch, die einen sehr harten Stuhlgang verursachte, nur kleine, trockene, gelbliche Bröckchen kamen zum Vorschein, und dies nur mit großen Mühen, – eine klare Verstopfung! Hier hilft in erster Linie ein Tropfen Speiseöl auf die kleine Welpenzunge, reicht dies nicht aus, müssen Sie der Flasche etwas Milchzucker beigeben, den Sie in jeder Apotheke kaufen können. Nicht zuletzt aber ist es eine Frage ihrer Geduld beim Massieren von Bauch und rings um den After. Zeigt sich dabei eine Hautreizung, dann sollten After, seine Umgebung und Bauchdecke leicht mit Babyöl eingefettet werden.

Bekommen Sie selbst mit etwas Speiseöl und Milchzucker den Stuhl nicht heraus, sollten Sie Ihren Tierarzt rufen, der mit einem kleinen Klistier helfen kann.

Es ist schon sehr erstaunlich, welche Kot- und Urinmengen normalerweise Tag für Tag durch unsere Massage ausgeschieden werden. Normal ist ein schwach geformter, breiiger, gelblicher Kot. Ist die Ausscheidung zu dünn, dunkel und leicht blasig, dann geben Sie dem Welpen ein mit ganz wenig Wasser zubereitetes kleines Stück zermahlener Tierkohle auf die Zunge und achten darauf, daß er es schluckt. Dies sollte in aller Regel dem Übel abhelfen. Tritt aber doch hartnäckiger Durchfall auf, so bedenken Sie die in den letzten Kapiteln geschilderten Gefahren und rufen rechtzeitig den Tierarzt. Ich hoffe, Sie haben Ihren Welpen Kolestralmilch oder zumindest Gammaglobuline rechtzeitig verabreicht.

Und damit sind wir eigentlich schon am Ende der Besonderheiten der künstlichen Welpenaufzucht. Der weitere Verlauf ist weitgehend parallel dem der durch die Mutter ernährten Welpen. Sie ersetzen in den nächsten 1 – 2 Wochen die sonst von der Mutter direkt kommende Nahrung durch weitere Flaschenfütterung, jeweiliger zeitlicher Abstand von Mahlzeit zu Mahlzeit 4 Stunden. Ab dem 14.

Lebenstag werden Kot- und Harnabgang vom Welpen selbst gesteuert, diese Arbeit fällt für Sie weg. Ebenso wie beim Saugwelpen ersetzt die Zusatzfütterung immer mehr die Milch. Diese Umstellung werden wir beim Schildern der einzelnen Aufzuchtperioden gesondert darstellen.

d) Aufzucht in den ersten zwei Lebenswochen (vegetative Phase)

Nach unserem Ausflug zu den mutterlos aufwachsenden Welpen sind wir jetzt wieder zurück bei unserer Hündin, um die nach all den Anstrengungen der Geburt ihre Welpen herumkrabbeln. Schlafen, saugen, – schlafen, saugen, – das ist der stete Wechsel, in dem unsere Welpen leben. Und immer wieder ein leichter Stups von Mutters Nasenspitze, man fällt auf den Rücken und wird ausführlich geleckt. Die mütterliche Zunge säubert und massiert, löst ganz nebenbei Urin und Kot, beseitigt alles, dann geht es wieder ran an die Zitze, bis der kleine Kerl erneut in Schlaf fällt.

Die Lagertemperatur sollte in der ersten Woche etwas über 20^0 C liegen, also bei weitem niedriger, als wir das für die mutterlosen Welpen empfohlen haben. Aber im Lager besteht ja Hautkontakt zur Mutter, der Fußboden ist angewärmt, man kann sich so richtig an die Mutter ankuscheln. Ob die Temperatur ausreicht, läßt sich leicht am Verhalten der Welpen ablesen. Kriechen sie alle aufeinander und ineinander, möglichst in die Hündin hinein, so sollte man die Temperatur um 1^0 – 2^0 C erhöhen. Lose ausgestreckte Welpen, die ruhig nebeneinander liegen, das ist ein guter Hinweis, daß die Temperatur stimmt.

Besonders in diesen ersten Lebenswochen ist die Welpenwaage eine große Hilfe, zeigt sie uns doch tagtäglich, wie die einzelnen Welpen gedeihen. Wiegen Sie bis zur dritten Lebenswoche täglich, bitte stets zur gleichen Uhrzeit, möglichst ehe die Welpen gerade bei der Mutter aufgetankt haben, – dann bekommen Sie ein klares Bild über die täglichen Fortschritte. In unserer Tabelle 18 haben wir die Gewichtsveränderung eines Bull Terrier-Wurfes aufgezeichnet. Sie ersehen aus dem Aufbau der Tabelle, daß der einzelne Welpe mit seinem Namen und klar bestimmten Abzeichen notiert wird, so sind Sie sicher, daß beim Wiegen keine Verwechslungen passieren.

Wenn Sie auf unserer Tabelle das Geburtsgewicht mit dem des zweiten Lebenstages vergleichen, so stellen Sie bei 3 von 5 Welpen fest, daß sich das Geburtsgewicht zunächst vermindert hat. Das ist eine völlig normale Erscheinung, die Umstellung von der Ernährung über die Plazenta auf die eigene Nahrungssuche bringt eine kurze Verzögerung mit sich. Nach dem zweiten Tag aber müssen die Gewichte eines Wurfes kontinuierlich ansteigen. Steht trotzdem einmal an zwei Tagen hintereinander beim gleichen Welpen eine identische Gewichtszahl, dann ist dies nur ein Anzeichen, daß am Vortage zur Wiegezeit der Welpe sich vorher gerade das Bäuchlein vollgeschlagen hatte, am Tag darauf jetzt anfangen wollte, seine Mahlzeit einzunehmen. Bei den niedrigen absoluten Zahlen in der ersten

Woche sind derartige Erscheinungen völlig normal, – und denoch für den Züchter ein Hinweis, den entsprechenden Kleinen etwas genauer zu beobachten.

Tabelle 18: Gewichtstabelle zur Kontrolle der Welpengewichte.
J-Wurf Alemannentrutz, Wurftag 19. 12. 1981.

Name des Welpen	Farbe & Abzeichen	Geburts- gewicht 19. 12.	20.	21.	22.	23.	24.	25.	eine Woche 26.	27.	28.	29.	30.	31.	zwei Wochen 1. 1.	2.	3.	4.
JILL	rein weiß	300	330	350	390	420	490	530	600	670	720	810	840	980	1010	1070	1150	1260
JOY	weiß, rot K. Abz.	340	330	330	380	435	490	550	640	680	790	900	930	1030	1160	1220	1300	1360
JETTE	rein weiß	320	310	330	350	410	450	480	550	590	700	750	780	880	950	1030	1060	1170
JUWEL	weiß r. Ohr unt.	340	350	380	400	450	520	560	640	720	780	910	910	1050	1150	1150	1190	1330
JUDY	weiß Ohr r. r.o.	320	310	340	370	420	490	520	630	700	750	850	870	1010	1020	1120	1150	1280
∅ Gewicht Woche		324							528						1048			

Name des Welpen	5. 1.	6.	7.	drei Wochen 8.	9.	11.	13.	vier Wochen 15.	16.	20.	fünf Wochen 22.	27.	sechs Wochen 29.	3. 2.	sieben Wochen 5. 2.
JILL	1330	1410	1520	1570	1660	1800	2000	2200	2250	2650	2950	3350	3800	4300	4600
JOY	1480	1560	1630	1700	1750	2000	2250	2480	2600	3020	3220	3850	4250	4820	5200
JETTE	1210	1270	1410	1460	1490	1720	1930	2130	2200	2620	2800	3300	3820	4150	4550
JUWEL	1420	1520	1580	1640	1710	1960	2090	2110	2320	2750	3000	3520	3920	4500	4800
JUDY	1360	1380	1460	1500	1560	1800	2000	2180	2280	2600	2850	3310	3750	4200	4460
∅ Gewicht Woche				1574				2220			2964		3908		4722

Ich empfahl Ihnen bereits eine Waage, die direkt auf Druck reagiert, eine genaue Skala hat, nicht austariert werden muß. Eine solche Waage durfte ich Ihnen in Abb. 70 vorstellen. Gerade in diesen ersten Wochen ist eine genau anzeigende Waage besonders wertvoll, zeigt sie uns doch exakt die täglichen Gewichtszunahmen, in diesem Alter das sicherste Indiz für das Wohlbefinden der Welpen. Eine sehr gute Gewichtsentwicklung eines Wurfes erkennt man daran, daß bereits innerhalb der ersten Lebenswoche das Gewicht verdoppelt ist. Spätestens sollte diese Verdoppelung bis zum zehnten Lebenstag erreicht sein. Es ist aber alles in Ordnung, wenn sich nach zwei Wochen das Geburtsgewicht gut verdreifacht hat.

Wie ist das eigentlich mit dem Saugen unserer Welpen, was tut sich in dem Mäulchen, das die mütterliche Zitze umfaßt? Das ist kein Saugen, wie wir es aus den Begriffen der Physik kennen, vielmehr nennt der Fachmann dies »Lecksaugen«. Die Welpenzunge liegt eng an die Zitze geschmiegt wie eine Rinne, massierend drückt sie die Zitze aus. Man hat dies gemessen und ist auf 20 kleine Druckbewegungen je Sekunde gekommen. Hier spricht man von einem angeborenen Rhythmus im Saugautomatismus, der auf die Milchergiebigkeit der Hundezitze abgestimmt ist. Man hat auch erforscht, daß die Anzahl der Leckbewegungen sich jeweils entsprechend dem Sättigungsgrad des Welpen verändert, unser nur noch satt an der Zitze herumnuckelnde Welpe hat also bei weitem nicht mehr die anfängliche »Schlagzahl« der Leckbewegungen. Der schon erwähnte Milchtritt der Vorderläufe des Welpen gegen die Zitzen massiert die Milchdrüsen, Saugen und Milchtritt sind miteinander gekoppelt. Wann immer wir so einen Vorgang in der Natur genauer untersuchen, bleibt eigentlich nur ein andächtiges Staunen, mit welcher technischen Vollkommenheit sich solche natürlichen Vorgänge abspielen.

Bei der Geburt haben wir schon die suchenden Bewegungen unseres Welpenköpfchens, die Pendelbewegungen bis zum Erreichen der mütterlichen Zitze geschildert. So ist der Welpe von Natur aus optimal dazu ausgestattet, um in den ersten Lebenstagen sicher die Milchquelle aufzufinden und zu leeren. Die Vorstellung, die Sinnesorgane, nämlich Auge, Ohr und Geruchssinn seien in diesem Lebensabschnitt entscheidend, ist so nicht richtig. Jeder Züchter wird schnell entdecken, daß ein Welpe mit geschlossenen Augen und Ohren zur Welt kommt. Untersuchungen haben ergeben, daß auch sein Geruchssinn anfangs nur schwach ausgebildet ist. Sein Verhalten in dieser Frühphase seines Lebens läuft in Anpassung an die Umweltsituation aufgrund fester Erbkoordinationen ab. Stößt er auf einen »Schlüsselreiz«, so löst dieser eine entsprechende Handlung aus.

Eberhard Trumler nennt die ersten zwei Wochen im Hundeleben die »vegetative Phase«, Hauptaufgabe des Welpen in dieser Phase sind Saugen und Schlafen, für diese Handlungen ist er bestens gerüstet. Ich darf Trumler zitieren: »Der Ausdruck ›vegetativ‹ für diese Phase könnte nicht besser gewählt sein. Es ist wirklich nichts anderes als eine Fortsetzung des unbewußten Lebens im Mutterleib, ein Zeitraum, der nur dem Wachstum und der Gewichtszunahme dient.« Daß man aber doch aus dem Verhalten des Welpen direkt nach der Geburt ganz wichtige Rückschlüsse ziehen kann, das zeigt uns der Biotonus-Test.

Noch etwas erscheint wichtig. In den ersten Tagen nach der Geburt ist das Schmerzempfinden der Welpen noch weniger ausgeprägt als später, kleine Verletzungen bluten geringer, heilen schnell. Das nutzen die Züchter für zwei ihnen zweckmäßig erscheinende Korrekturen. Das Schneiden der sogenannten »Wolfskrallen«, ein Überbleibsel aus der Entwicklung vom Fünfzeher zum Vierzeher, erfolgt nach Möglichkeit innerhalb der ersten drei Lebenstage mit einer scharfen Schere. Die Entfernung der Wolfskrallen mindert die Gefahren eines Hängenbleibens, eines Ausreißens der Kralle, was im späteren Leben sehr unangenehm und recht blutig sein könnte. Dies gilt für die fünfte Zehe an Vorder- wie Hinterläufen. Tatsache ist, daß die fünfte Hundekralle nicht natürlich abgenutzt werden kann, da sie ja höher als im Ballenbereich angesetzt ist. Dadurch besteht auch die Gefahr, daß die Kralle ins Fleisch einwächst, was wiederum Komplikationen auslösen kann. Der scharfe Scherenschnitt hinterläßt eine kaum blutende Wunde, die von der mütterlichen Zunge leicht zu betreuen ist. Vorsorglich kann sie aber zunächst auch mit hochprozentigem Alkohol abgetupft werden. In einer ganzen Reihe von Hunderassen wird heute noch die Rute entsprechend dem Rassestandard kupiert. Auch dieses Kürzen der Ruten erfolgt zweckmäßigerweise bis zum dritten Lebenstag.

Gibt es in der vegetativen Phase bereits ein Sozialverhalten der Welpen untereinander? Wir betrachten uns unsere Welpen, wie sie meist aneinandergekuschelt schlafen. Nehmen wir einen Welpen heraus, setzen ihn abseits, dann strebt er zielsicher wieder zu den anderen, stapft über seine Geschwister und kuschelt sich dazwischen. Dies sollte doch wohl ein eindeutiges Indiz für ein ausgeprägtes Sozialverhalten sein!

Trotzdem verneint Erberhard Trumler ausdrücklich ein echtes Sozialverhalten in dieser Phase. Bei dem »Kontaktliegen« der Welpen untereinander ist nämlich einzig und allein der Instinkt maßgebend, der Drang zur Wärme. Bereits beim Einrichten unserer Infrarotbeheizung haben wir festgestellt, daß die Lampe gerade dann den richtigen Abstand hat, wenn die Welpen völlig gelöst nebeneinander liegen. Diese Beobachtung widerlegt eindeutig die Vermutung, daß das Kontaktliegen sozialen Ursprungs wäre.

Hierzu eine Anmerkung. Da gibt es ganz besonders tüchtige und fürsorgliche Hersteller von Welpenbetten. Diese haben in die Bodenfläche eine Heizmulde eingebaut, in der Mitte dieser Mulde ist der wärmste Platz im Welpenbett. Das ist unsinnig und kann gefährlich sein, wenn diese Muldentemperatur höher liegt als die Körpertemperatur der Hündin. Instinktiv geht unser Welpe nämlich in den ersten Wochen stets zum wärmsten Platz. Sein ererbtes Verhaltensmuster sagt ihm, daß da auch die Milchquelle liegen muß. Steuern wir mit einer solchen Heizmulde den Welpen falsch, dann kann dies zu ernsthaften Aufzuchtstörungen führen.

Noch ein zweiter Beweis gegen die Theorie des Sozialkontaktes innerhalb der Frühperiode! Wäre das Kontaktliegen ein Teil des natürlichen Sozialverhaltens, müßte ein Einzelwelpe in dieser Frühphase lebenslängliche Schäden erleiden, insbesondere die mit der Flasche aufgezogenen Einzelwelpen. Nachweislich ist dies aber nicht der Fall. Wir können feststellen, daß in der vegetativen Phase eine Wärmflasche die Geschwister ersetzt. Wir haben es hier ausschließlich mit einer auf eine Wärmequelle reagierenden Instinkthandlung zu tun.

Schlafen, Marsch an die Zitze, Säuberung und – wieder schlafen, das ist der Lebensrhythmus unserer Welpen in den ersten zwei Wochen nach der Geburt. Dies ist tatsächlich die Fortsetzung des »unbewußten Lebens im Mutterleib«. Biologen erklären dieses Verhalten der sogenannten »Nesthocker« im Vergleich zu den »Nestflüchtern« damit, daß tatsächlich beim »Nesthocker« nach der embryonalen Phase noch eine Übergangsphase folgt, die erst eine Anpassung an die neue Umwelt ermöglicht. So ist es hochinteressant, einmal unsere Welpen in ihrem vom Instinkt gesteuerten Verhalten mit einem einen Tag alten Kuhkalb zu vergleichen, das bereits voll in die Herde integriert ist. So verstehen wir besser, weshalb die ersten zwei Lebenswochen eines Hundewelpen optimal als »vegetative Phase« charakterisiert sind.

Die Fürsorge des Züchters für seine Welpen beschränkt sich in den ersten zwei Wochen auf die Kontrolle aller notwendigen Pflegehandlungen der Mutterhündin. Ist die Hündin in ihrem Pflege- und Säugeverhalten instinktsicher, so verzeichnet der Züchter tagtäglich die Wiegeergebnisse, erfreut sich des Wachstums seiner Pfleglinge. Sauberkeit im Wurfraum, das ist seine wichtigste Aufgabe, dies kann die Hündin alleine nicht bewerkstelligen.

Abb. 108: Kontaktliegen.   *Foto: Trumler*

Abb. 109: Kontaktliegen, 1 Woche alte Bull Terrier Welpen

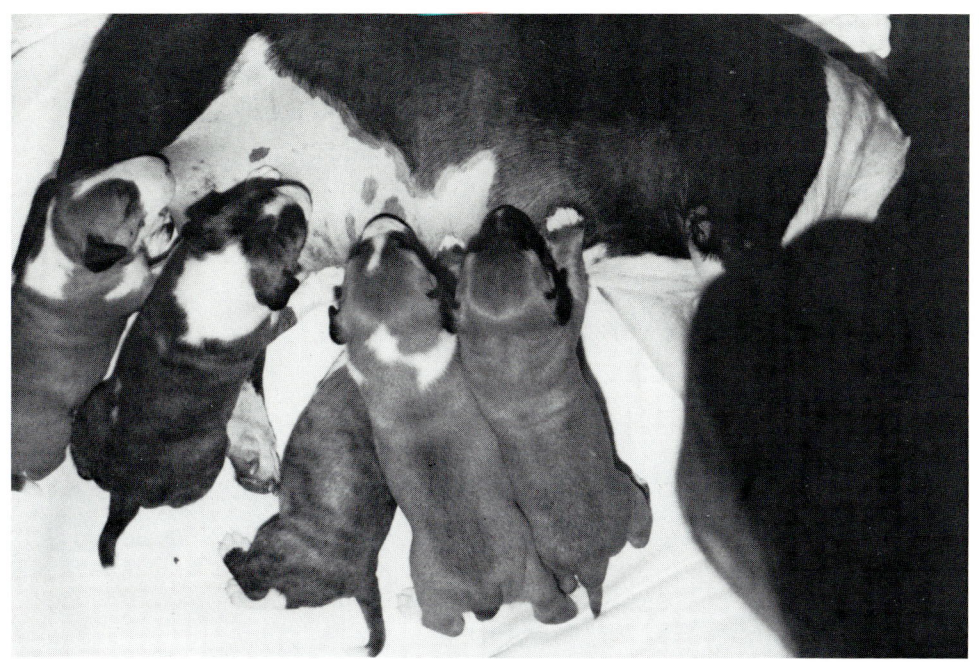

Abb. 110: Saugwelpen, 2 Wochen alt.

Abb. 111: Das schmeckt! Saugwelpen, drei Wochen alt.

Alles Wichtige über die Pflege der Mutterhündin in dieser Zeit habe ich schon ausführlich dargestellt. Denken Sie daran, die Aufzucht eines großen Wurfes ist eine ganz enorme Leistung der Hündin. Sie verdient beste Fürsorge, gutes Futter und liebevolle Pflege. Es tut ihr wirklich gut, wenn wir ihr täglich mehrfach versichern, wie wunderschön sie alle ihre Welpen betreut. Hündinnen, die problemlos ihre Welpen großziehen, voll säugen und pflegen, sind für eine Hunderasse von unschätzbarem Wert. Man sollte mit züchterischen Mitteln darauf hinarbeiten, daß es in jeder Hunderasse möglichst bald nur solche Hündinnen gibt. Aus 40jähriger eigener Erfahrung kann ich persönlich dem Züchter nur gratulieren, der eine solche zuverlässige, instinktsichere Mutterhündin besitzt.

e) Aufzucht in der dritten Lebenswoche (Übergangsphase)

Schon das Wort »Übergangsphase« verrät, wodurch sich diese für die Entwicklung unserer Welpen sehr wichtige Woche auszeichnet. Unsere Welpen befinden sich jetzt in einem Zwischenstadium, in dem ihre Sinne erwachen, sich entfalten, in der Vorbereitungsphase für das künftige Sozialleben unserer Hunde. Diesen Lebensabschnitt charakterisiert Eberhard Trumler wie folgt: »Es ist ein verhältnismäßig schneller Übergang vom reinen, völlig selbstbezogenen Saug- und Schlafstadium zum aktiven Entdecken der engeren Umwelt und zur ersten Aufnahme von Kontakten mit den Geschwistern, der erste Keim zu dem so vielschichtigen Sozialverhalten des erwachsenen Hundes.«

Ganz genau genommen gibt es bereits in der vegetativen Phase äußere Anzeichen für das Erwachen der Sinne unserer Welpen. So öffnen sich Augen und Ohren so um den 12. Tag, von Rasse zu Rasse, aber auch von Hund zu Hund unterschiedlich zwischen dem 10. und 13. Tag. Auch die ersten Milchzähnchen stoßen etwa am 11. Tag durch das Zahnfleisch. Das Öffnen von Augen und Ohren ist aber nicht gleichbedeutend mit einem wirklichen Sehen und Hören. Eine echte Sehfähigkeit der Augen ist erst so um den 17. Lebenstag nachzuweisen. Das Gleiche gilt für das Hören, und auch das kleine Näschen reagiert erst jetzt so richtig auf Umweltreize.

Nicht weniger wichtig ist das Mäulchen, das ab jetzt mit kleinen, nadelspitzen Zähnchen ausgestattet ist. Wir beobachten ab dem 17. Lebenstag ein gegenseitiges Belecken der Welpen. Das ganze Mäulchen des Welpen ist an der Untersuchung der Umwelt beteiligt. Immer wieder stellen wir fest, daß ein Welpe Ohren, Nase oder Pfoten seiner Geschwister mit dem Mäulchen untersucht.

Darf ich Sie kurz von dieser hochinteressanten Beobachtung erster aktiver Sozialkontakte der Welpen untereinander entführen, Ihnen, dem Züchter, eine Aufgabe zuweisen, die unsere Hündin nicht übernehmen kann? Hierbei handelt es sich um die Entwurmung der Welpen, für die es jetzt zu Beginn der dritten Lebenswoche hohe Zeit ist. Über die Entwurmung gibt es einen langen Streit. Da sind Züchter davon überzeugt, ihre Welpen könnten gar keinen Wurmbefall haben, da sie ja stets der Hündin Knoblauchzehen gefüttert hätten, gerade dies sei ein absolut sicheres Wurmmittel. Knoblauch ist eine ganz wunderbare Pflanze, gesund für Tier und Mensch, nur – ein Wurmmittel ist sie ganz bestimmt nicht! Und trotzdem hält sich dieses Ammenmärchen nahezu ebenso lang wie das ebenso falsche Rezept, man könne eine Staupeerkrankung auch ohne Schutzimpfung dadurch vermeiden, daß man stets einen Kupferpfennig in das Trinkgefäß des Hundes lege. Grober Unfug, aber kaum aus den Köpfen zu bringen!

Entwurmung muß sein! Nahezu alle Welpen sind bereits aus ihrer Embryonalzeit über die Plazenta mit Wurmeiern verseucht. Dabei wird dies in der Regel auch dann der Fall sein, wenn wir während der Tragezeit sorgsam die Hündin entwurmt haben. Der Fachmann erklärt das damit, daß sich die Larven der Würmer im Körper einer Hündin inaktiv einnisten, durch die Schwangerschaft ausgelöst sich auf Wanderschaft begeben, dann all den Ärger mit der Entwurmung der Welpen verursachen. Der zweite Weg der Würmer ist eine Larvenwanderung in die Milchdrüsen, aus der sie dann mit der Muttermilch in die Welpen gelangen.

Zu Recht bezeichnet Dr. Räber den Askaridenbefall der Welpen als eine echte Geißel. Bei unseren Welpen treten in aller Regel nur Spul- und Hakenwürmer auf. Wichtig ist, daß wir die über die Blutbahn oder Muttermilch in die Welpen geratenen Würmer abtreiben, ehe sie mit einer Eiablage beginnen. Nur um eine Vorstellung zu vermitteln, ein Hakenwurm legt täglich bis zu 20 000, ein Spulwurm bis 200 000 Eier. Würmer schädigen Welpen und erwachsene Hunde durch Nährstoff- und Blutentzug, ihre Ausscheidungen enthalten Giftstoffe. In der Aufzucht der Welpen können wir uns keinesfalls solche Störungen leisten, das würde zu einem Kümmern der Welpen, im Extremfall sogar zu Todesfällen führen. Nicht vergessen sei die Gefahr, daß gerade Hakenwürmer auch auf Menschen übergehen, ein solcher Wurmbefall für Menschen sehr gefährlich ist.

Über die Notwendigkeit der Wurmkur besteht keine Meinungsverschiedenheit, wohl aber über den richtigen Zeitpunkt. Vielfach wird eine Bekämpfung möglichst früh geraten, schon etwa im Alter von 7 – 10 Tagen. Das erscheint mir zu früh, unsere Welpen werden nicht vor dem 14. Lebenstag, also mit dem Beginn der Übergangsphase entwurmt. Hierzu darf ich anmerken, daß ich aus konkretem Anlaß und auf ausdrücklichen Rat hin schon einmal einen ganzen Wurf im Alter von 8 Tagen entwurmte. Dabei muß man sich darüber im klaren sein, daß ein Wurmmittel – gleich welcher Art – letztendlich Stoffe enthält, die zumindest die Würmer vorübergehend lähmen.

Wir entwurmten unsere 8 Tage alten Welpen mit einem Piperazinpräparat, streng nach Gewicht und Vorschrift, – und bangten einen ganzen Tag um ihr Leben! Die Welpen wurden sehr unruhig, jammerten, nahm man sie heraus, zeigten sie eine straff angespannte Bauchdecke. Sie waren nicht dazu zu bewegen, an der Mutter zu saugen, innerhalb von einer guten Stunde nach der Wurmkur waren die Welpenkörper angespannt, steif wie Bretter. Mit gezielter Massage, (weicher Naturschwamm in körperwarmes Wasser getaucht) gelang es uns nach Stunden, diese Krämpfe zu lösen. Es waren bange Stunden, die ich niemandem wünsche.

Nach dieser Erfahrung weiß ich, daß auch Übereifer Welpen sehr gefährden

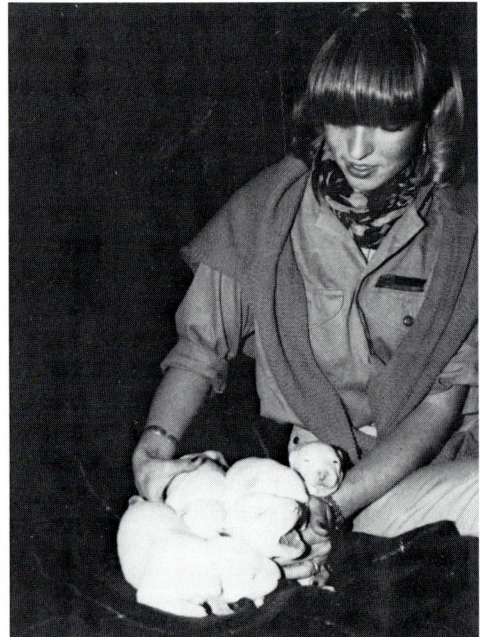 

Abb. 112: Welpenfrühprägung auf den Men- *Abb. 113: So ein kleiner Kerl macht viel*
schen. *Freude!*

kann. Und ich entnehme den Merkblättern der Arzneimittelfirma den Hinweis, wonach eine Erstbehandlung im Alter von ca. zwei Wochen empfohlen wird. Dem kann ich mich voll anschließen und ergänzen, daß wir stets sehr gute Erfahrungen mit Banminth von der Firma Pfizer gemacht haben. Diese Firma empfiehlt über die weitere Säugezeit mit einwöchigem Abstand Wiederholungsbehandlungen. Wir führen so etwa mit vier Wochen eine zweite Wurmkur, eine dritte im Alter von sechs Wochen durch und halten dies für ausreichend.

Zum Abschluß dieses Themas: Wurmkur im Welpenalter von 14 Tagen muß sein, zwei ergänzende Behandlungen erscheinen bis zur Abgabe der Welpen angezeigt.

Nicht wichtiger, aber sehr wohlschmeckend sind die ersten Fütterungen der Welpen in der Übergangsphase. Beim Bull Terrier, einer schnellwüchsigen Rasse mit hoher Gewichtszunahme innerhalb der ersten acht Lebenswochen, haben wir gute Erfahrungen gemacht, bereits ab dem 12. Lebenstag täglich eine einmalige Zusatzfütterung zu reichen. Je nach Rasse läßt sich der Termin einer ersten täglichen Zufütterung zeitlich um 2 – 4 Tage verschieben. Die tägliche Gewichtskontrolle ist ein wichtiger Anhaltspunkt, wieweit die Muttermilch für ein zügiges Wachstum der Welpen ausreicht.

In dem Kapitel über die Welpenaufzucht mit künstlicher Welpenmilch habe ich bereits einige Hinweise gegeben. Besonders wichtig ist es, daß die erste Zusatznahrung von absolut einwandfreier Qualität ist. In der Übergangsphase füttern wir auschließlich hochwertiges Rindfleisch ohne jegliche Beimischung. Das Fleisch muß zart und völlig frei von Fett sein. Gehen Sie bitte nicht zum Metzger und erzählen ihm, Sie bräuchten Hackfleisch für Ihre Welpen. Er dreht Ihnen nämlich dann das Fleisch durch den Wolf, das seiner Auffassung nach für den Hund gut ist. Ich habe dies einmal ausprobiert, es führte zu beträchtlichen Verdauungsstörungen meiner Welpen. Wir erzählen heute dem Metzger, daß wir für einen Magenkranken absolut bestes Tartar brauchen, erhalten dadurch stets eine Qualität, die unsere Hunde sehr gut verdauen. Natürlich, das ist das teuerste Fleisch, Sie können aber sicher sein, daß diese Anfangsnahrung Ihren Welpen bestens bekommt, keinesfalls Störungen auslöst. Und bei den kleinen Mengen, je nach Rasse etwa 10 – 50 Gramm je Welpe, sollte auch das teuerste Fleisch finanziell zu verkraften sein.

In dieser Periode erfolgt die Fütterung ausschließlich aus der Hand, für jeden Welpen einzeln auf dem Schoß. Dazu wird das Fleisch zuerst in der Menschenhand auf Körpertemperatur gebracht, erst dann in kleinen Portionen dem Welpen auf die Zunge gegeben. Das geht viel einfacher, wenn wir zuvor die Hündin etwa zwei Stunden von ihren Welpen getrennt haben. Geduld, – das ist schon notwendig. Zuweilen stellen sich einzelne Welpen recht ungeschickt an. Wir haben aber festgestellt, daß solche Anfangsschwierigkeiten spätestens mit der dritten Fütterung überwunden sind. Da kommen dann die kleinen Kerlchen, schnuppern interessiert an der fleischduftenden Hand und genießen sichtlich die Abwechslung von der Muttermilch. – Erst nach der kompletten Fütterung aller Welpen kommt die Hündin wieder zu den Kleinen, und mit einem Nachtrunk aus den mütterlichen Zitzen wird die Mahlzeit beendet. – Wir geben diese Fleischmahlzeit stets spät abends vor dem Schlafengehen. Dann halten die Kleinen die Nacht über Ruhe, denn die Fleischmahlzeit sättigt viel länger als alle anderen Mahlzeiten.

Sie meinen, das sei doch alles ziemlich früh mit dieser Zufütterung. Man solle möglichst lange ausschließlich Muttermilch geben, das sei das Einfachste und gleichzeitig Natürlichste. Nun, in der natürlichen Hundefamilie, die uns Eberhard Trumler in seinen Büchern so anschaulich darstellt (besonders in: »Das Jahr des Hundes«), da sieht dies so aus, daß etwa am 18. Lebenstag, also mitten in der Übergangsphase, erstmals die Mutterhündin ihren Welpen vorverdaute Nahrung vorwürgt, also mit der Nahrungsumstellung ihrer Welpen beginnt. Und in dieser Fütterung wird sie zumeist aktiv vom Vaterrüden unterstützt, der gleichfalls auf Anforderung den Welpen halbverdaute Nahrung vorwürgt.

Diese Nahrungsaufnahme bedeutet für unsere Welpen eine hochinteressante Lernphase, sie ist für diesen Lebensabschnitt charakteristisch. Jetzt lernt der Welpe bereits, diesen für ihn wohlduftenden Nahrungsbrei mit der Zunge aufzunehmen, eine große Umstellung gegenüber dem vorangegangenen Saugen.

In der Übergangsphase beginnt so auch in der natürlichen Familie die Fütterung. Nicht weniger interessant ist die Tatsache, daß das Herauswürgen des Nahrungsbreis durch das »Bettelverhalten« der Welpen ausgelöst wird. Dabei stößt der Welpenkopf instinktgeleitet gegen die Maulwinkel der Elterntiere, löst damit den Würgereiz aus. – Um den Gedanken bis zum Ende zu führen: Dies ist das typische Begrüßungsritual im Hundeleben, Trumler bezeichnet es als »Zuneigungsritual«, das in der Regel vom Hund auch auf den von ihm geliebten Menschen ausgedehnt wird. Auch der Mensch wird vom Hund im Gesicht, ja gezielt im Bereich des Mundwinkels begrüßt, selbst wenn er dazu den Menschen anspringen muß. Und wenn die Hundezunge so besonders gerne das menschliche Gesicht leckt, so hat auch dies seine Wurzel im »Zuneigungsritual«.

Nun weiß ich natürlich, wie wenig willkommen es dem Züchter ist, wenn er gerade seiner Hündin so eine gute Schüssel herrlichen Futters vorgesetzt hat, daß diese dann nach dem Fressen ins Lager marschiert und das Futter ihren Welpen erbricht. Dabei ist es ein schwacher Trost zu wissen, daß dies genau das richtige Verhaltensmuster, Zeichen der Instinktsicherheit der Hündin ist, – und auch des Rüden! Hier walten Urgesetze, gegen die keine Erziehung etwas ausrichtet. Vielleicht nützt der Rat, die Hündin während der Pflegephase öfter und mit kleineren Mengen zu füttern, dann kommt auch weniger ausgewürgtes Futter ins Welpenlager. Daß dies von nun an auch mehrfach auf Würgereste zu kontrollieren ist, erscheint eine Selbstverständlichkeit. Die Kontrolle, welche Nahrungsmenge der einzelne Welpe aufgenommen hat, wird durch das Auswürgen von Futterbrei auch nicht gerade einfacher. – Dem einen oder anderen Züchter mag es gar nicht unangenehm sein, daß es einen erheblichen Prozentsatz an Zuchthündinnen gibt, die ihren Welpen keine Nahrung vorbrechen. Ein vom Verhaltensforscher kritisch beobachteter, vom Züchter meist begrüßter Instinktverlust!

Und da wir gerade vom Wurflager sprechen. Bei uns bleibt dies in der gesamten vegetativen Phase ohne Einstreu. Warmer, griffiger Badezimmerboden, der für Hundezunge und Vileda-Tuch ideal zu pflegen ist. Unsere Hündin beseitigt während der vegetativen Periode und zu Anfang der Übergangsphase Kot und Urin. Der Züchter ist für die Körperpflege der Hündin verantwortlich. Mit Beginn der Zufütterung hören viele Hündinnen auf, den durch Fremdstoffe belasteten Kot zu beseitigen. Weitere Verunreinigungen des Lagers drohen aus dem Ausbrechen von Futter. So geht mein Rat dahin, auch in der Übergangsphase auf Einstreu in der Welpenkiste zu verzichten, lieber etwas öfter Kistenboden und Welpen zu säubern. Erst in der nächsten Phase beginnen wir mit der Umstellung. Bei uns haben sich für die Übergangsphase alte Biberbettücher gut bewährt, die wir in die Welpenkiste einlegen. Ein Teil des Urins wird in solchen Laken aufgesaugt, mehrfaches Wechseln täglich ist eine Selbstverständlichkeit, ergibt spätestens jeden zweiten Tag eine ganze Maschine »Hundewäsche«. Wir empfehlen ausschließlich Biberbettücher, keine anderen Tücher und Stoffe. Gerade bei harten Stoffen haben wir schon die Erfahrung gemacht, daß sich die Welpen in diesem zarten Alter die Ballen blutig reiben.

Sorgfältige Beobachtungen ergaben, daß unsere »Nesthocker« bis zum 20. Lebenstag eine starke Lagerbindung haben, von sich aus nicht gerne das Lager verlassen. Das wird sich mit dem 21. Lebenstag, dem ersten Tag der vierten Lebenswoche, dem Beginn der Prägungsphase völlig ändern.

f) Aufzucht in der vierten bis siebten Lebenswoche (Prägungsphase)

Es ist erstaunlich, aber wissenschaftlich bewiesen, unsere »Nesthocker« ändern ihr Verhalten spontan so um den 21. Lebenstag herum, die Lagerbindung löst sich, nun setzt der »Folgetrieb« ein, der Welpe folgt seiner Mutter möglichst auf Schritt und Tritt.

Dies setzt voraus, daß der Züchter es dem Welpen ermöglicht, die Wurfkiste zu verlassen. Wir klappen an unserer sachgerecht gestalteten Wurfkiste ganz einfach die Seitenwand herunter, die Vorderwand wird durch Auswechseln (siehe Zeichnung) verändert, daß nach vorne kein Ausschlupf mehr besteht. Über die aufgenagelten Leisten haben wir eine Art flacher »Hühnerleiter« konstruiert, daher ist es für einen dreiwöchigen Welpen überhaupt kein Problem, über diese »schiefe Ebene« seine neue Umwelt zu erkunden.

In dem Kapitel über Zwingereinrichtung erwähnte ich bereits, daß jetzt ein größerer Auslauf notwendig wird, je nach Hunderasse so zwischen 2 und 6 qm. Wir können dies durch fest in die Wände verankerte Bretterwände erreichen, L-Form, in der Höhe variabel, so daß die Mutter herausspringen, die Welpen nicht folgen können (vergleiche Abb. 114). Empfehlenswert sind die Welpengitter mit »Klöhn-Türe« (vergleiche Abb. 115), aus der die Hündin durch die im oberen Bereich geöffnete Tür herausspringen kann. Bitte sparen Sie hier nicht mit »Flickschustereien«, alten Brettern und ähnlichem. Sie haben sonst viel mehr Arbeit!

Die Auffassungen, welche Einstreu in den Auslauf gehört, sind mannigfaltig. Über Jahrzehnte haben wir beste Erfahrungen mit einer Grundeinstreu von trockenem Sägemehl, darauf eine Lage frisches Heu gemacht. Das Sägemehl hat die angenehme Eigenschaft, den Urin aufzusaugen, und das sind in diesen Wochen täglich einige Liter! Das Heu ist weich, geschmeidig und wohlriechend, die Welpen lieben es, sich in loses Heu einzukuscheln. Größere Geschäftchen können mit einfachem Klopapier leicht herausgenommen werden, Klopapier und das daran hängende Heu werden in einen Mülleimer geworfen. Optimal sind Eimer mit auswechselbaren Plastiksäcken, die sich durch einen Fußhebel leicht öffnen lassen, insbesondere sich sofort automatisch schließen, dadurch minimale Geruchsbelästigung.

Weniger bewährt hat sich bei uns Stroh, es ist recht hart, was zu Verletzungen der Ballen der Welpen führen kann. Nach kurzem Gebrauch verwandelt es sich zu Häcksel, die Halme brechen, es enteht viel Staub, das Lager wird hart und schmutzig. Holzwolle hat sich gleichfalls bei uns nicht bewährt, auch hier entsteht während des Gebrauchs viel trockener Staub, der sicherlich den empfindlichen Nasenschleimhäuten der Welpen nicht zuträglich sein kann.

Je nach Welpenzahl muß die gesamte Einstreu einschließlich Sägemehl nach 2 – 4 Tagen völlig herausgenommen und erneuert werden. Sie werden feststellen, bei jedem Neubezug ist es für Ihre Welpen ein großes Fest, sie lieben ihr Heubett sehr!

Der größere Auslauf ermöglicht es unseren Welpen, innerhalb weniger Tage eine geradezu erstaunliche körperliche Beweglichkeit zu entwickeln. Jetzt im Alter

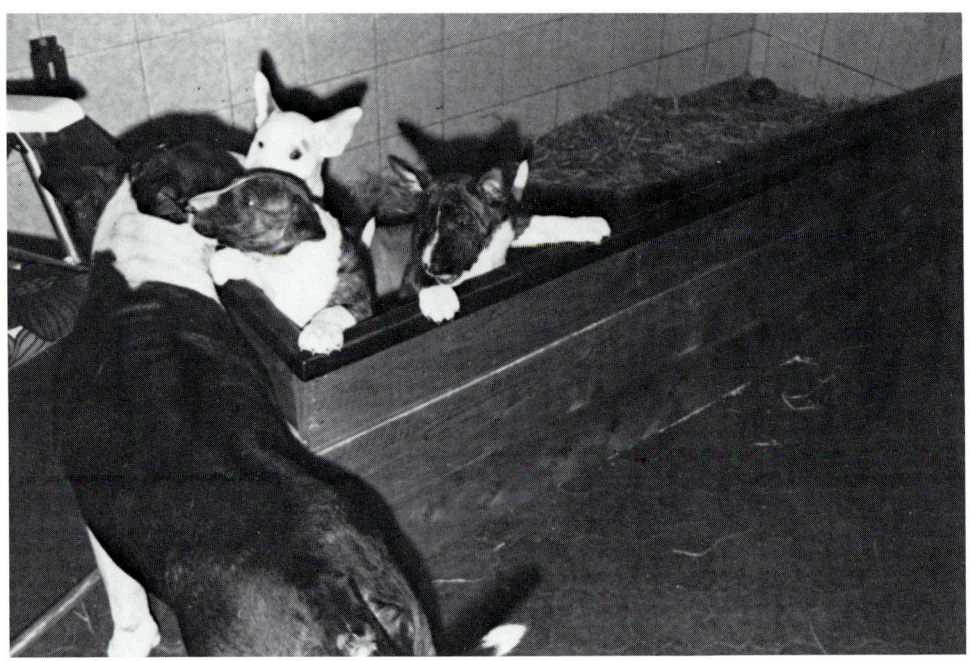

Abb. 114: Welpenauslauf in L-Form. Welpen 5 Wochen alt.

Abb. 115: Welpengitter mit „Klöntüre". Die Mutter kann ausspringen, ohne daß der Welpe direkt nachfolgt.

Abb. 116: Einstreu: Heu auf Sägemehl, bestens bewährt.

Abb. 117:
Großer L-Welpenauslauf
mit sachgerechtem Welpen-
spielzeug.

von 21 Tagen sind alle Sinne bereits voll entfaltet, Nase, Ohr und Auge, sie brauchen äußere Reize. Beim Verhalten der Welpen untereinander beobachten wir ganz neue Spiele. Das ursprünglich tastende Erfassen von Ohren und Pfoten der Geschwister entwickelt sich zum Spiel; Fellsträuben, Knurren, Abwehrschnappen gehören zum Verhaltensinventar der Welpen. Neugierig wird die Umwelt, der größer gewordene Spielplatz erforscht. Eingeworfenes Spielzeug ermöglicht fröhliche Spiele. Achten Sie streng darauf, daß dieses Spielzeug den Welpenzähnen widersteht, nicht Teile davon verschluckt werden können. Gerne geben wir ein leichteres Bringholz in das Lager, auch einen größeren Hartgummiball. Das Spiel ist das Lebenselement der Welpen, nichts ist schlimmer als ein steriles Lager, wo man nichts anfangen kann. Mit zunehmendem Alter geben wir auch dickere, frische Äste herein, diese kann man wunderbar benagen.

Das Spiel der Geschwister zeigt erstes Beuteverhalten, auch Rangordnungskämpfe beginnen. Das Wichtigste aber ist, aus den stets schlafenden und saugenden Welpen werden innerhalb weniger Tage kleine, bewegliche, temperamentvolle Hunde. Dem Beobachter bietet das Welpenspiel eine Fülle von Anregungen, noch immer dominiert sicherlich zu Beginn der Periode das ererbte »Wesensbild« des Welpen, wird aber von Tag zu Tag durch Umwelteinflüsse mehr überlagert. Der Züchter, der über die ganze Periode aufmerksam seine Welpen beobachtet, wird später bei der Abgabe seiner Tiere in der Lage sein, die Käufer richtig zu beraten. In diesen Wochen zeigt sich, wer ein rechter Rabauke ist, oder wer sich klaglos den anderen anpaßt, – mit allen Zwischenstufen der beiden Extreme. Das Wissen um diese Veranlagung ist für eine richtige Welpenplazierung von entscheidender Bedeutung. Nicht nur, daß vernünftige Welpenkäufer ihre eigene Vorstellung über das Temperament, über die Veranlagung ihres neuen Hausgenossen haben, auch der Züchter sollte unbedingt darauf achten, Umwelt und Qualifikation des Welpenkäufers richtig einzuschätzen, so daß der einzelne Hund seinen richtigen Herrn, seine zu ihm passende Familie findet.

Neben ausreichender, aber nicht übertriebener Bewegung, ist für unsere Welpen jetzt die diesem Entwicklungsstadium angepaßte Fütterung von entscheidender Bedeutung. Zuerst aber nochmals zur Bewegung! Hier wird leider oft des Guten zuviel getan. Unsere heranwachsenden Welpen brauchen für ihre körperliche Entfaltung nicht nur frohes Spiel, sondern auch sehr viel Ruhe. Dem Spiel folgen stets längere Ruhepausen, keinesfalls darf man dabei von außen eingreifen, denn Mutter und Welpen wissen meist am besten, das richtige Maß zu halten. Haben wir allerdings eine junge, selbst recht umtriebsame und unruhige Hündin, dann tun wir gut daran, durch zeitweiliges Trennen von Mutter und Welpen dafür zu sorgen, daß die Kleinen genügend Ruhe finden.

Eberhard Trumler hat in seinem herausragenden Buch »Das Jahr des Hundes« das Heranwachsen und die Erziehung einer freilebenden Haushundefamilie ausführlich dargestellt. Für uns interessiert hier besonders, daß instinktsichere Elterntiere das Schlafbedürfnis ihrer Welpen stets respektieren. Schlafende Welpen sind während der Ruhezeit »tabu«, werden auch nicht zum Spiel herausgefordert. Zu Recht warnt der Forscher vor menschlicher Ungeduld, vor einer Überforderung der Welpen. Dies gilt übrigens sicherlich für die ersten 6 Monate unserer Junghunde ganz allgemein. Natürlich sollte auch der Mensch das Ruhebedürfnis der Welpen respektieren, das gilt vor allem für Kinder, die nur zu gerne dann mit Hundewelpen spielen, wenn sie gerade Zeit und Lust haben.

Nun aber zurück zur Fütterung! Wenn Sie der Werbung der Futtermittelindustrie vertrauen, so weist Ihnen diese lupenrein nach, daß Sie überhaupt nichts anderes für Ihre Welpen zu tun brauchen, als vorgefertigtes Welpenfutter mit Wasser zuzubereiten, das ist dann die Problemlösung. Ich warne ausdrücklich davor, dieser Empfehlung blind zu folgen. Wir haben schon in die Kapitelüberschrift das Wort »Prägephase« aufgenommen, weil das Prägen des Welpen in diesem Zeitabschnitt charakteristisch ist. Das »Prägen« kommt aus der Münztechnik. Ebenso wie dort Metall zur Münze geprägt wird, so erfolgt im Zeitabschnitt zwischen 4 und 7 Lebenswochen eine Prägung des Welpen durch die in diesem Zeitraum auf ihn einwirkende Umwelt. Der Biologe unterscheidet zwischen irreversibler Prägung, einer endgültigen, unwiderruflichen Prägung des Tieres, und einer Teilprägung. Diese irreversible Prägung wird am besten durch das Beispiel von Konrad Lorenz mit seinen Graugänsen dokumentiert. Erleben frisch geschlüpfte Gänseküken den Menschen als ersten Ansprechpartner, so sind sie endgültig auf den Menschen geprägt, er ist für sie Vater und Mutter, ihre Familie. Ihre natürlichen Gänse-Artgenossen sind für sie ohne Interesse.

Die Welpenprägung ist etwas, aber nicht sehr viel schwächer. Näheres hierzu erläutere ich noch im Zusammenhang mit der Welpenprägung auf Menschen und Tiere. Hier bei der Fütterung hierzu nur so viel: Wird ein Welpe in dieser Periode an das industriell hergestellte Futter gewöhnt, dann ist er so stark auf das Futter geprägt, daß es für den späteren Besitzer gar nicht leicht wird, ihm »normales Futter« zu verabreichen.

Lassen Sie mich auch dies an einem Beispiel erläutern. Mehrfach importierten wir erwachsene und halbwüchsige Hunde aus England. In den ersten Wochen und Monaten erwies es sich als nahezu unmöglich, diesen Tieren rohes Fleisch zu füttern. Sie hatten in der Prägungsphase nie rohes Fleisch kennengelernt, für sie war dies kein Hundefutter.

Analoges gilt für Welpen, die beim Züchter keinen Lebertran erhielten. Auch hier hat es der spätere Halter unendlich schwer, dem Junghund Lebertran schmackhaft zu machen. Hierzu ist ein Blick auf die von Trumler beobachtete freilebende Hundefamilie aufschlußreich. Das von den Elterntieren vorgewürgte Futter, zumeist Fleisch der Beutetiere (Schlachttiere), das ist die Nahrung, auf die unsere Welpen in der Prägephase geprägt wurden. So aufgezogene Hunde werden rohes Fleisch immer als ihnen artgemäße Ernährung annehmen.

Daß die Prägungsphase nicht irreversibel ist, unveränderlich wäre, das beweist gerade unser Futterbeispiel. So haben wir es stets geschafft, – mit Geduld und Ausdauer – unsere Hunde an die von uns als richtig angesehene Futterzusammenstellung zu gewöhnen.

Meine Ausführungen sprechen vom Grundsatz her nicht gegen die Argumente der Futtermittelindustrie, wonach praktisch ein Hund direkt anschließend an die Muttermilch über sein ganzes Leben mit industriell hergestellten Futtermitteln ernährt werden kann. In der Futtermittelindustrie gibt es genügend erstklassige

Abb. 118: Die Breinahrung in Gemeinschaftsschüssel bei richtiger Breikonsistenz.

Abb. 119: Was nicht innerhalb von 5 Minuten aufgeleckt ist, gehört der Mutterhündin.

Biologen und Chemiker, die über die Laboratorien ein Futter entwickeln, das den Bedürfnissen der Hunde voll angepaßt ist. Mich stört dabei zweierlei: Zum einen lautet die vom Gesetz abgesicherte Definition der Qualitätsansprüche an industriell hergestelltes Komplettfutter, es müsse Gewähr dafür bieten, daß auch bei Langzeitgebrauch bei den damit ernährten Tieren »keine Mangelerscheinungen auftreten«, – etwas wenig finde ich, was hier zugesichert wird. Zum anderen ist Fertigfutter zwar in der Anwendung einfach, aber für diese Bequemlichkeit muß der Hundehalter auch über ein ganzes Hundeleben entsprechend bezahlen. Hinzu tritt unsere Erfahrung, wonach Hunde Abwechslung lieben, durchaus keinen so einseitigen Geschmack haben, wie es die Industrie unterstellt.

Wie überall im Leben empfiehlt sich in der Fütterungsfrage ein goldener Mittelweg. Man sollte keinesfalls die guten Dienste der Futtermittelindustrie ausschlagen, sich aber darüber hinaus auch eigene Gedanken machen, wie man seinen Welpen ein optimales Futter anbieten kann.

Es darf nicht Aufgabe dieses Buches sein, Ihnen jetzt eine komplette Ernährungslehre für eine optimale Welpenernährung zu bieten. Das könnte zu einem eigenen Buch werden. Vielmehr möchte ich hier – wie auch im ganzen Buch – Ihnen die eigenen Erfahrungen darstellen, wie wir bei unserer eigenen Welpenaufzucht sehr gute Resultate erzielt haben.

Die erste Zusatznahrung zur Muttermilch ist bei uns erstklassiges Tartarfleisch, es wird ab dem 12. Lebenstag zusätzlich vor der Muttermilch abends verabreicht. Solange uns die Waage bestätigt, daß alle Welpen gut gedeihen, bedarf es keiner weiteren Fütterung. Analog dem Verhalten einer freilebenden Hundefamilie beginnen wie so ab dem 21. Lebenstag mit einem täglichen Futterangebot. Da unseren Haushunden vielfach das Urverhalten der Wildcaniden mit dem Ausbrechen von elterlichem Futterbrei abhanden gekommen ist, dies auch in seiner Zusammensetzung, nicht zuletzt aber auch aus hygienischen Gründen, nicht gerade optimal ist, bieten wir ab der vierten Lebenswoche täglich vier Mahlzeiten an. Immer ist es zweckmäßig, die Hündin etwa zwei Stunden vor der Welpenfütterung von ihren Welpen zu trennen. Haben sie sich nämlich gerade zuvor an der Mutterbrust vollgetrunken, wird das neue Angebot wenig Liebhaber finden.

Als Milchmahlzeit geben wir von der Futtermittelindustrie industriell ohne Kochen aufgeschlossene und breit ausgewalzte Futterflocken (z. B. Matzinger Flocken). Diese werden mit möglichst fetthaltiger (3,5 %), körperwarmer Kuhmilch angerührt. Kann man die fettreichere Schafs- oder Ziegenmilch beschaffen, so ist diese zu bevorzugen. Je nach Menge wird die Milch durch einige Eßlöffel industriell erzeugter künstlicher Welpenmilch angereichert. In den Brei geben wir 1 – 2 Eßlöffel Bienenhonig und dieselbe Menge Traubenzucker. Auch ein Ei kann mit eingerührt werden. Grundsätzlich ergänzen wir die Milchnahrung durch einen auf einer Apfelreibe geriebenen ganzen Apfel (mit Schale), da dadurch der Gefahr von Durchfall bestens vorgebeugt wird. Auch eine mit der Gabel feingeknetete Banane wird von den Welpen gerne genommen.

Der ganze Brei quillt etwa 3 – 5 Minuten, wird dann noch mit einem Teelöffel (bei großen Rassen Eßlöffel) Kalkpräparat ergänzt. Dieses Futter wird von allen unseren Welpen gerne angenommen. Dabei darf die Konsistenz des Breies weder

Abb. 120: Die ideale Welpenschüssel zum „Rundumfressen", ohne sich gegenseitig zu stören.

Abb. 121: Anschließend kann durch gegenseitiges Belecken alles wieder sauber werden.

zu dünnflüssig noch zu fest sein. Eine von den Welpen hochgeschätzte Variante: An die Stelle der Milch tritt Früchtejoghurt, das durch Welpenmilch angereichert wird. Dabei ist zu achten, daß auch dieses Futter körperwarm gegeben wird.

Schnell lernen die Welpen, ihre kleinen Zungen zu gebrauchen, beim neugierigen Untersuchen der Futterschüssel macht ihre Nase Bekanntschaft mit der süßen Nahrung, man kann auch dem einzelnen Welpen den zuvor in den Brei getunkten Zeigefinger zur Untersuchung anbieten. Immer ist beim Umgang mit Welpen viel Geduld angezeigt, der Welpe lernt schnell, daß ihm in der Futterschüssel schmackhafte Nahrung geboten wird.

Und schon hier beginnt die Erziehung. Futter, das nicht innerhalb von 5 Minuten ausgeleckt ist, wird weggenommen, Futterreste gehen an die Mutterhündin oder an die Zwingerkollegen. Alle Welpen fressen aus einer Schüssel, einer neben dem anderen, ohne daß es dabei Streit geben darf. Optimal ist eine spezielle Welpenfutterschüssel, wie wir sie in Abb. 120 vorstellen. Diese Form bietet vielen Tieren gleichzeitig Zugang, ohne daß sie sich gegenseitig behindern. Auch kann sich ein Welpe nicht mit allen vier Pfoten gleichzeitig in die Schüssel stellen. Natürlich gehört es mit zum Verhalten eines Welpen, daß er zunächst einige Male mit den Vorderpfoten in den Brei gerät, da muß der Züchter korrigieren, das Pfötchen wieder heraussetzen, das alles sind Anfangserfahrungen, die jeder Welpe machen muß. Anschließend kann man sich ja die breiverschmierte Pfote selbst ablecken oder die Kollegen helfen dabei. Ebenso häufig geschieht es, daß die kleinen Welpenköpfchen nach der Mahlzeit Futterreste im Fell ihrer Kollegen verteilen, auch dies wird durch gegenseitiges Belecken wieder in Ordnung gebracht. Haben sich die Kleinen bei der Fütterung zu sehr verschmiert, was am Anfang häufig der Fall ist, werden sie nach der Mahlzeit kurz mit einem körperwarmen, feuchten Vileda-Tuch gesäubert.

Ich bin überhaupt kein Anhänger der Theorie, wonach man jedem einzelnen Welpen einen eigenen Futternapf anbieten soll. Hunde sind ihrer Veranlagung nach Rudeltiere, ich habe noch nie beobachtet, daß eine Hündin ihren Welpen jeweils eine kleine Portion vorgebrochen hätte, damit jeder sein eigenes Futter erhält. Sehr wohl kann man aber bei der Beobachtung von Wildhunden sehen, daß die Alttiere es nicht dulden, daß sich die Welpen um die Nahrung zanken, sie rufen vielmehr einen Störenfried recht schnell zur Ordnung. Es ist sicherlich ratsam, dem Instinktverhalten von Mutter Natur sich anzuschließen, in solchen Fällen als Mensch einzugreifen. Vom »Leittier Mensch« wird an der Futterschüssel strikt darauf geachtet, daß jeder Einzelne friedlich seine Nahrung aufnimmt. Schon in diesem Alter unterbinden wir Futterneid, ein ganz wichtiger Lernprozeß für eine harmonische Integration des Kleinen in die gemischte Meute Mensch/Hund.

Die einzige Mahlzeit, die wir bis zu Beginn der fünften Lebenswoche nicht aus dem gemeinsamen Futternapf reichen, ist die Fütterung von Rinderhack, das ab der vierten Woche an die Stelle des Tartars tritt. Hier erweist es sich als zweckmäßig, jeweils die Portionen im voraus gleichmäßig aufzuteilen, die Welpen auf den Schoß zu nehmen und einzeln aus der Hand zu füttern. Das verhindert, daß sich der Gierigste zulasten seiner Geschwister am schnellsten vollschlägt, es führt gleichzeitig zu einer noch engeren Bindung an den Menschen.

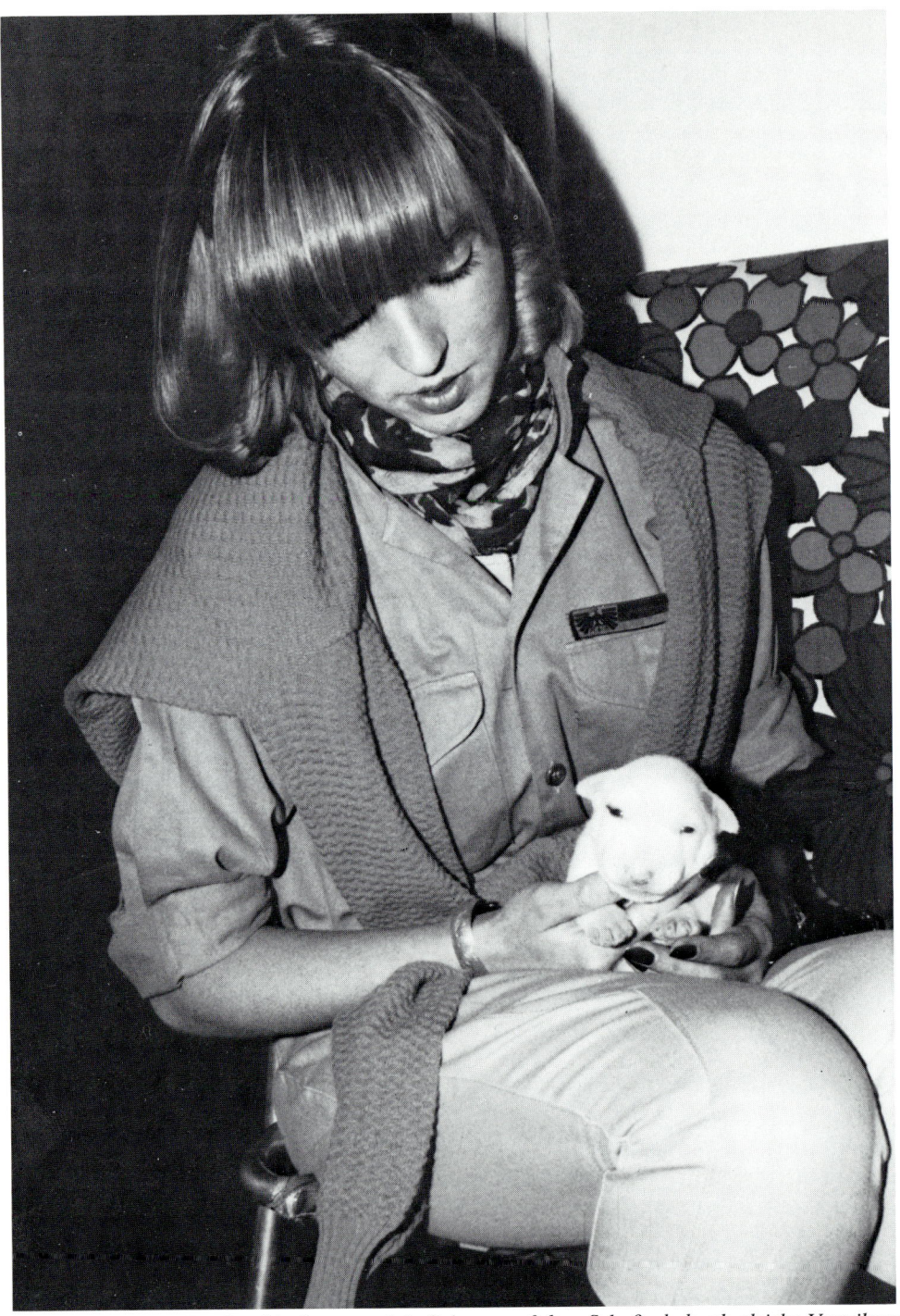

Abb. 122: Erste Fleischmahlzeiten grundsätzlich nur auf dem Schoß, dadurch gleiche Verteilung der wichtigen Fleischmahlzeit und enge Bindung zum Menschen.

Damit jetzt aber weitere Abwechslung auf die Speisekarte kommt, – einige wichtige Alternativgerichte. Sehr gern nehmen die Welpen eine gute Fleischbrühe, die wir aus gehaltvollen Markknochen oder aus Geflügelklein kochen. Bitte im Kochsud Suppengemüse mit einkochen, das zerkleinert mit verfüttert wird. Die Brühe wird entweder mit speziellen Welpenmischungen der Futtermittelindustrie oder auch mit fein gewalzten Getreideflocken eingedickt, es muß eine breiige Mahlzeit entstehen, weder zu dünnflüssig noch zu dick. Wichtig ist eine reichliche Zugabe an frischem Gemüse wie Karotten, Blumenkohl, Spinat u. a. Hierher paßt auch die schon erwähnte Knoblauchzehe besonders.

Sind die Welpen schon etwas älter, kann das Hühnerklein, sorgfältig von den Knochen abgelesen, mit verfüttert werden. Bitte auch bei dieser Mahlzeit eine für die jeweilige Rasse angemessene Zugabe an Kalkpräparaten, – entsprechend den Anwendungsvorschriften der Hersteller.

Zur Kalkfütterung eine grundsätzliche Anmerkung. Viele Kalkpräparate werden gleichzeitig für Schweine, Hühner, Gänse und Hunde angeboten. Der Züchter muß sorgfältig prüfen, ob das zugefütterte Präparat den Welpen das Futter verekelt. Gegenüber Kalkzugaben haben Hunde sehr empfindsame Geschmacksnerven. Spezialprodukte für Hunde, die von älteren Hunden auch ohne Futterbeigabe gerne genommen werden, sind zu bevorzugen. Auch die für menschliche Ernährung empfohlenen und aufgearbeiteten Kalkpräparate wie Calcipot und Kalzan werden dem Geschmacksempfinden der Hunde gerecht, wurden von uns mit sehr guten Erfolgen eingesetzt. Bieten Sie grundsätzlich keine vitaminisierten Kalkpräparate an, insbesondere keinen Zusatz von Vitamin D 3, das könnte zur Übervitaminisierung führen, die Welpen schwer schädigen kann. Wir warnen auch vor der Verfütterung von konzentrierten Vitaminpräparaten wie Vigantol, da bei diesen Präparaten sehr häufig zuviel des Guten getan wird, was zu Schädigungen führt.

Seit Jahren erhalten unsere Welpen als »Betthupferl« reinen Dorschlebertran. Werden sie hieran von der Welpenzeit an gewöhnt, dann haben sie nie Probleme mit den so wichtigen Vitaminen A und D 3, er gewährleistet gesundes Wachstum, ohne dabei zu Überdosierungen zu kommen.

Weiter im Speiseplan! Vier Mahlzeiten täglich haben sich als zweckmäßig und ausreichend ergeben. Wir füttern morgens 8.00 Uhr eine Mahlzeit, mittags 13.00 Uhr Fleischbrühe mit Zutaten, abends 17.00 Uhr nochmals eine Milchmahlzeit, aber dabei mit anderen Fruchtzutaten, abends 22.00 Uhr folgt dann die große Fleischmahlzeit. Wir gewöhnen unsere Welpen an feste Fütterungszeiten, halten dies auch für wichtig, da von Mahlzeit zu Mahlzeit sich erst wieder der richtige Hunger einstellt.

Ab einem Welpenalter von fünf Wochen kann man bei der Fleischmahlzeit auf preiswertere Fleischarten zurückgreifen. Wir füttern gerne täglich alternierend einmal Kopffleisch oder Rinderherz, das andere Mal Pansen oder Blättermagen. Beide Fleischsorten müssen durch den Wolf getrieben sein, man erhält solche durchgetriebenen Fleischmahlzeiten in der Regel bei allen Anbietern von Frischfleisch für Hunde. Dieses Fleisch wird über die »Gemeinschaftsschüssel« verfüttert. Wer es immer noch nicht gelernt hat, kräftig zuzulangen, erhält halt etwas weniger, lernt schnell, daß das Futter vor seiner Nase von den Geschwistern mit in Anspruch genommen wird. Eine solche Gemeinschaftsfütterung ist immer appetitsteigernd.

Ich weiß, die Fütterung von Pansen und Blättermagen ist nicht gerade sehr angenehm, – für den Menschen. Umso interessierter sind aber stets die Vierbeiner. Vergessen Sie nicht, schlägt der Wildhund seine Beute, dann wird in aller Regel als erstes Magen nebst Inhalt gefressen, ein deutliches Zeichen, was ein richtiger Hund nun einmal braucht. Ab einem Alter von fünf Wochen kann man die Welpen auch außerhalb des Welpenauslaufes füttern, etwa auf dem mit Kunststoffplatten belegten Zwingerboden oder auch draußen in der freien Natur. Das macht gerade bei solchen Blättermagen-Fütterungen das Sauberhalten des Zwingers sehr viel leichter.

Zur jeweiligen Futtermenge empfehle ich, die Welpen lieber etwas weniger als zu viel zu füttern. Da gibt es kleine Fresser, die pumpen sich an der Futterschüssel geradezu auf. Der kleine Bauch wird immer dicker, der Welpe unförmiger. Haben Sie solche Fresser zu versorgen, dann füttern Sie lieber fünfmal täglich, aber in kleineren Portionen. Nach der Mahlzeit darf der Welpe durchaus ein gefülltes Bäuchlein haben, man sieht, daß er gut gefressen hat, er darf aber nicht zu platzen drohen! Kommt dann bei kleineren Gesamtportionen der einzelne Fresser auf die Idee, sich immer noch zu Lasten seiner Geschwister zu mästen, muß ganz einfach der Züchter eingreifen, ihn etwas früher von der Schüssel wegnehmen.

Bitte verfallen Sie nicht auf den Fehler, etwa stehengebliebene Futterreste dadurch für die Welpen nochmals attraktiver zu machen, indem Sie zusätzliche Leckerbissen einrühren. Dies wäre der erste Schritt zum Verwöhnen, zur Erziehung von mäkligen Fressern. Ich wiederhole, alles, was nach fünf Minuten noch in der Schüssel ist, wird endgültig entfernt, gehört der Mutterhündin als zusätzliche Nahrung.

Ein besonderer Leckerbissen, nicht zuletzt aber auch ein köstliches Spielzeug sind jetzt große Knochen, von denen man mit den Milchzähnen Fleischreste herunterholen kann, ohne dabei Knochenstücke abbeißen zu können. Halbe Hammelköpfe, Rinderhufe, große Rinderknochen, das sind die Attraktionen einer Welpenkinderstube mit denen sich das kleine Pack über Stunden beschäftigen kann. Kleine Knochen, große Knochen, von denen Absplitterungen möglich sind, sind in der Kinderstube verboten. Schon mancher Welpe hat das Verschlucken kleiner Knochenteile mit dem Leben bezahlt.

Ist die Witterung geeignet, so können unsere Welpen ab der fünften Lebenswoche auch ins Freigelände. Ideal ist der bewegliche Welpenauslauf, der sich mit wenigen Griffen im Garten auf einer witterungsgeschützten Rasenecke aufstellen läßt (vergleiche Abb. 24). Hier gibt es interessante Geruchskontakte, man kann buddeln, mit einem alten Sack spielen, auch in der Sonne schlafen.

Insbesondere bei kurzhaarigen Hunderassen, die keine Unterwolle haben, ist darauf zu achten, daß Liegeflächen im Freien weder feucht noch kalt sind. In der Zwingereinrichtung verwiesen wir bereits darauf, daß beispielsweise eine alte Holzpalette hier Abhilfe schafft. Man sollte kurzhaarige Hunde nicht in Watte packen, das wäre völlig verkehrt. Andererseits darf man aber nicht zunächst einer

Abb. 123: Ein herrliches Spielzeug!   *Foto: Trumler*

Abb. 124: Das nimmt mir keiner ungestraft!   *Foto: Trumler*

Hunderasse die Unterwolle wegzüchten und dann so tun, als habe man nichts verändert.

Ein guter Kleinauslauf rettet im gepflegten Garten so manchen Rosenstock vor Zähnen und Pfoten der kleinen Bande. Ist der zum Zwinger gehörende Außenauslauf richtig gestaltet, dann haben die Welpen hierin ihr ideales Spielgelände. Je weniger Gepflegtes es zu schonen gilt, umso schöner das Spiel! Ich halte sehr viel davon, daß Welpen allerspätestens in der sechsten Lebenswoche herauskommen, zumindest für einige Stunden täglich. Bei unfreundlicher Witterung sind »Kleinstspaziergänge« von Mutter und Kindern nebst Züchter angezeigt, mehrfach täglich. Und wenn es nur zehn Minuten sind, auch bei trockenem Winterwetter, so tut dieser Aufenthalt im Freien gut, stärkt die Abwehrkräfte unserer Welpen. Die erweiterte Umwelt bietet eine ideale Chance zu täglich neuem Erleben, zum Schulen der Sinne, zur Stärkung der Körperkraft. Welpen, die nur in der Hygiene moderner Zwinger heranwachsen, bleiben gegenüber ihren Kollegen mit Freiauslauf mit Sicherheit zurück, körperlich, gesundheitlich, wie auch in ihrer seelischen Entwicklung.

Die erweiterte Umwelt bietet der erziehenden Mutterhündin ganz neue Möglichkeiten, das Lernspiel beginnt. Oft beobachten wir, daß eine Hündin ihre Welpen geradezu zum Spiel herausfordert. Manch einem besorgten Züchter ist dieses Spiel manchmal zu grob, er meint, das Ungestüm bremsen zu sollen. Dabei muß man sich aber klarmachen, wie sich eine solche Erziehung in diesem Lebensabschnitt in einer freilebenden Hundefamilie abspielt. Hier ist zu dieser Zeit bereits der Vater an den Lernspielen beteiligt, er bringt durch recht grobes Spiel den Kleinen »gute Hundemanieren« bei. Wird der Welpe vom Alten zu hart bedrängt, wirft er sich auf den Rücken, zeigt Demutshaltung und lernt, daß dies im Alttier eine absolute »Beißhemmung« bewirkt. Dies ist ein ganz wichtiger Lernprozeß, der dem Welpen über sein ganzes Leben nützlich sein wird. Solche Spiele sind alter Hundebrauch, gibt der Welpe nach, stellt das Vatertier sofort seine Attacke ein. Und der Welpe? Ist der von der richtigen Sorte, dann marschiert er auf den Alten zu, erweist ihm durch Schnauzenstoß, Fangbelecken und Pfötchengeben die ihm gebührende Hochachtung, zeigt keinerlei Zeichen einer Einschüchterung.

Nun hat der Hundezüchter in aller Regel kein Vatertier bei der Welpenerziehung, auch keinen guten Onkel, der dessen Aufgabe übernimmt. So tritt die Hündin an deren Stelle, bringt ihrem Nachwuchs die richtigen Hundesitten bei. Insbesondere in diesem Lebensabschnitt lernen die Welpen bereits, daß Ungehorsam von den Alten durch Nackenschütteln recht energisch unterbunden wird, das richtige Verhalten von Hunden untereinander, Gehorsam und Respekt vor den Älteren, Durchsetzen gegenüber den Geschwistern. Dies alles wird in einer Hundefamilie bereits in der Prägungsphase weitgehend fürs ganze Leben festgelegt.

Von zumindest gleicher Wichtigkeit ist es für den Welpen, in dieser Periode möglichst intensiv auf den Menschen geprägt zu werden. Wissenschaftler haben eindeutig nachgewiesen, daß Welpen, die in der Prägungsphase vom Menschen abgesperrt werden, nie in der Lage sind, ein normaler Familienhund zu werden. In

Abb. 125: Nach dem Toben im Freien schmeckt es bei der Mutter ganz besonders gut.

Abb. 126: Spielstunde im Freien mit Mutter „Cleo"

Experimenten führte man solche Kontaktsperren durch, diese Welpen waren danach für den Rest ihres Lebens ungenügend auf den Menschen geprägt, verhielten sich ihm gegenüber wie scheue Wildtiere. In anderen Versuchen wurde nachgewiesen, daß, je intensiver der laufende Körperkontakt zwischen Menschen und Welpen im Prägungsalter gestaltet wird, umso menschenfreundlicher der Hund über sein ganzes Leben ist. Alle Lebewesen, die ihm in der Prägungsphase intensiv begegnen, werden für den Hund zu seinesgleichen. Wird etwa ein Zwerghund von einer Katzenmutter mit den kleinen Katzen aufgezogen, so erfolgt eine Fehlprägung in der Richtung, daß er Katzen als seinesgleichen ansieht.

Für die Prägung genügt nicht der bloße Futterkontakt, der Welpe braucht Geruchs- und direkten Körperkontakt, um solche andersartige Lebewesen wie Menschen als seinesgleichen anzuerkennen. Interessant ist ein Blick über die Grenzen auf das Verhalten anderer Tierarten. So hat der bekannte Wildschweinforscher Heinz Meynhardt den Zugang zu in Freiheit lebenden Wildschweinrotten dadurch erreicht, daß er am Geburtskessel sitzend eine Frühprägung auf seine Stimme und seinen Geruch vornahm. Die Einzelheiten dieser Forschung führen zu weit, hier nur so viel, daß diese Frühprägung von Frischlingen dazu führte, daß später der Mensch auch für die ausgewachsenen Keiler und Sauen als Artgenosse, ja als ihr Rottenführer anerkannt wurde, was dadurch zum Ausdruck kam, daß sich die Schweine von ihm »putzen« ließen und ihn selbst wiederum aktiv »putzten«.

Zur Prägung des Hundewelpen betont Eberhard Trumler, daß der tägliche Körperkontakt in der Prägungsphase ausgesprochen kontaktfreudige Hunde zur Folge hat. Wird dagegen Schnupper- und Körperkontakt vermieden, entwickeln solche Hunde niemals dem Menschen gegenüber freundliche Kontakte, bestenfalls eine gewisse Zahmheit. In solchen Fehlbehandlungen der Welpen liegt die Wurzel dafür, daß zahlreiche Hunde zu Angstbeißern werden.

Die Prägungsphase bestimmt aber nicht nur das Verhältnis des Hundes zum Menschen, hier entscheidet sich im wesentlichen Umfang, ob wir einen dummen Hund heranziehen oder alle seine Sinne sich voll entfalten können. Trumler ist der Auffassung, daß besondere Lernbegabungen spezifisch mit bestimmten Altersstufen verknüpft sind. Ich zitiere wörtlich: »Kann der Welpe von einer solchen Lernphase keinen Gebrauch machen, besteht nach allem, was ich hier bislang beobachten konnte, die akute Gefahr, daß Störungen bei den jeweils zugeordneten Verhaltensmustern eintreten oder überhaupt Teile des generellen Lernvermögens lahmgelegt werden. . . . Mir scheint, daß gerade in diesen Wochen das Lernen von vielen vorprogrammierten Lernbefähigungen bestimmt wird, die zeitlich begrenzt sind, dafür aber das Gelernte zeitlebens festlegen. Mit anderen Worten: Das, was in dieser Zeit nicht gelernt wird, kann niemals mehr nachgeholt werden.«

Diese ganz klaren Aussagen des Forschers muß ich an dieser Stelle so ausführlich zitieren, weil ich davon überzeugt bin, daß sehr viele Hundezüchter, leider aber noch viel mehr Hundekäufer die Bedeutung dieser Forschungsergebnisse noch überhaupt nicht erkannt haben. Gäbe es sonst heute noch Zwinger, in denen draußen in Schrebergärten die Welpen weitgehend von Menschen isoliert heranwachsen? Gäbe es Würfe, die nur von der Mutterhündin großgezogen werden,

Abb. 127: Auch beim Spiel im Freien haben Welpen häufig das Bedürfnis nach einer Schlafpause in der Sonne.   *Foto: Trumler*

Abb. 128: Schlaf in der Mittagssonne.
                    Foto: Karch-Kohler

ohne daß der »Züchter« viel mehr tut als Füttern und Säubern? So gut es für die Welpen ist, von der Mutterhündin zu guten Hundemanieren erzogen zu werden, so entscheidend ist der Intensivkontakt zwischen dem Menschen und den Welpen, damit diese auch brauchbare und intelligente, anpassungsfähige Haushunde werden!

Meine ganze Hoffnung geht dahin, daß das Wissen um diese Zusammenhänge sich allen Züchtern einprägt, – und auch den Welpenkäufern, auf daß sie solche »Züchter« meiden, die ihre Welpen in irgendwelchen Ställen, Kellern oder Gartenhäusern heranwachsen lassen. Die erzieherische Nutzung in der Prägephase ist für die Entwicklung aller positiven Erbanlagen des Hundes, für die Entfaltung seiner Intelligenz von entscheidender Bedeutung. Solch ein Intensivkontakt mit den Welpen kostet den Züchter Zeit, sehr viel Zeit, er macht aber auch Freude, sehr viel Freude!

Nur ein konkretes Beispiel. Von der Natur her haben alle Welpen die Veranlagung zur Stubenreinheit. Am Ende der Lagerbindung stellen wir fest, daß der Welpe sein Wurflager verläßt, um zu urinieren oder den Darm zu entleeren. Säubern wir die Einstreu unseres Welpenauslaufs, so belassen wir ganz bewußt in einer Ecke des Auslaufs etwas altes Sägemehl und Einstreu, da riecht es dann für den Welpen so, daß er diese Stelle gerne immer wieder aufsucht. Bereits damit haben wir die Grundlage für das Stubenreinmachen des Welpen nach der Abgabe gelegt.

Lassen Sie mich zum Abschluß noch einige Worte zur Fürsorge für unsere Hündin finden. Es ist am einfachsten, billigsten und bequemsten, die Welpen möglichst lange ausschließlich über die Hündin zu ernähren, ich meine aber, daß es unabdingbare Aufgabe des Züchters ist, sie bei der Aufzucht der Welpen nach besten Kräften zu unterstützen. Schauen Sie sich einmal an, wie so 4 – 5 Wochen alte Welpen an der Hündin saugen, meist steht dabei die Mutter, die Welpen hängen aber wie die Kletten an ihr. Sicher darf ich unterstellen, daß der Züchter laufend so alle drei Tage die Welpenkrallen kontrolliert und erforderlichenfalls kürzt. Dennoch zeigt das Gesäuge, was spitze Milchzähne und kleine Krallen so zerbeißen und zerkratzen. Für die Gesäugepflege möchte ich nochmals die gute, bewährte Penaten Creme als reines Milchprodukt empfehlen. Wenn Sie aber beobachten, wie die Hündin bei aller »Mutterliebe« doch stets bestrebt ist, nach dem ersten Säugen sich ihren wilden Sprößlingen zu entziehen, dann sollten Sie darangehen, die Hündin zu entlasten. Wir schicken die Hündin nur dann zu den Welpen, wenn diese gerade zuvor ihren Hunger aus der Futterschüssel gestillt haben. Ein Nachtrunk, das ist in Ordnung, das Futter zuvor hat aber die Welpen schon etwas besänftigt.

Mit der fünften Lebenswoche beginnen wir, die Hündin auf immer längere Zeiten von den Welpen zu trennen, langsam kehrt sie in ihr normales Familienleben zurück. Dies führt dann dazu, daß bei einer Welpenabgabe im Alter von 7 – 8 Wochen bei der Hündin anschließend kein Milchstau mehr auftritt, denn in den vorangegangenen Wochen wurde ja durch die Zufütterung der Welpen die Milchproduktion langsam abgebaut.

Ja, ich bekenne mich schuldig, auch hier gegenüber dem Leben wilder Hunde

Abb. 129:
Spielst Du mit mir?
                    Foto: A. Schleger

Abb. 130:
Keine Angst vor großen
Zähnen!
                    Foto: A. Schleger

Abb. 131:
Aber wenn's zu toll wird!
                    Foto: A. Schleger

ganz gezielt Veränderungen vorzunehmen. Aber in der freien Wildbahn wird ja auch kein Welpe mit 7 Wochen verkauft. Bewußt schmälere ich die Erziehungsaufgaben der Hündin dadurch, daß ich sie über Stunden von ihren Welpen trenne. Wir wollen aber auch keine Wildhunde, sondern Haushunde erziehen, und gerade bei der Erziehung für die gemischte Meute Mensch/Hund bedarf es der intensiven Einflußnahme des Menschen auf die gesamte Erziehung.

Bei dieser Erziehung des Hundewelpen für seine Zukunft als Hausgenosse, da gibt es negative und positive Beispiele. Viel zu häufig beobachte ich Züchter, die möglichst aggressive Welpen ihren Abnehmern vorführen möchten. Das erreichen sie dadurch, daß sie in das Welpenspiel aktiv eingreifen, zum Beispiel ein wildes Zerren und Reißen um ein Stück alten Sack inszenieren. Je mehr der Kleine – aus dem Beutetrieb heraus – festhält, je wilder er knurrt, zerrt, desto mehr leuchtet das Auge seines Herrn, desto mehr wird der Welpe gelobt und ermutigt. Ein handfester Krach unter den Geschwistern, das hört man schon ganz deutlich an der Tonart ihres Knurrens. In der Hundefamilie, da sorgt bei solchen Streitigkeiten kurz das Alttier für Ruhe und Ordnung, fährt dazwischen, packt den oder die Übeltäter am Genick und schüttelt sie durch, dann ist Ruhe. Nicht so der stolze Züchter! Er sieht ja gerade in diesen Beißereien das von ihm angestrebte »Wesen eines Schutzhundes«. In einem meiner Bücher erwähnte ich einmal das Verhalten von fünf Bull Terrier-Welpen, die sich so untereinander verbissen hatten, daß man beim Herausnehmen des einen Welpen alle anderen daran hängend mit herauszog. Danach mußte jeder dieser »Zwergkampfhunde« einzeln mit der Hand abgewürgt werden, damit er seinen Gegner wieder losließ. Echte »Kampfhundeschule«? Seit dieser Erfahrung greifen wir ein, wenn sich ein echter Streit abzeichnet, aber nur dann.

Um es ganz deutlich zu machen! Der Züchter sollte alles daransetzen, normale, verträgliche Haushunde von hoher Reizschwelle zu züchten. Das ist umwelt- und nervenschonend, eine Verpflichtung, der sich kein Züchter heute entziehen darf. Hat man da einen oder zwei solcher kleiner »Mistviecher« in einem Wurf, dann gilt es, gerade in der so wichtigen Prägephase diese nachdrücklich zur Ordnung zu rufen.

Welpen dürfen spielen, sollen toben und durchaus ihre kleinen Streitigkeiten untereinander austragen. Treten aber schrille, bösartige Töne auf, klare Signale für offene Aggression, dann fährt der Mensch genauso dazwischen wie sonst in der Hundefamilie die Alttiere. Der Mensch macht dem kleinen Übeltäter im Rudel klar, daß solche Überreaktionen nicht geduldet werden. Und Welpen sind gerade in diesem Alter besonders lernfähig! Glauben Sie mir, 25 Jahre aktive Bull Terrier-Zucht sind eine harte Schule, ein erstklassiges Exerzierfeld für erzieherische Theorien, – und es geht! Durch gezieltes Eingreifen kann man auch sehr selbstbewußte und aggressive Welpen davon überzeugen, daß keine Raufereien geduldet werden. Wie sagte doch Eberhard Trumler, daß bestimmte Lernfähigkeiten nur in klar umrissenen Lebensabschnitten gegeben sind? Ich bin fest davon überzeugt, daß, wenn die Prägungsphase durch den Züchter in der Richtung genutzt wird, Beißereien unter den Welpen abzustellen, sich dies für das Verhalten der Welpen im ganzen Leben auszahlt.

So stellen sich dem Züchter in der Prägungsphase zwei ganz entscheidende Aufgaben:

1. Die volle körperliche Entfaltung der Welpen durch ausreichende Bewegung und gute Pflege.
2. Die Nutzung dieser für ein ganzes Hundeleben entscheidenden Phase zur ersten sinnvollen Verhaltensprägung, zur Erziehung, auf daß es ein gesunder, anpassungsfähiger Hund werde!

11. Der Verkauf (Sozialisierungs-phase)

Es ist gar nicht leicht, gute Hunde zu züchten. Aber viel, viel schwieriger erweist es sich, Welpen richtig zu plazieren!

Dies ist eine Feststellung, die ich nach eigener Zucht von etwa 250 Welpen aus vollem Herzen treffe. So ist mir nur zu verständlich, daß manch ein gewissenhafter Züchter dem Tag der Abgabe seiner Welpen mit einiger Sorge entgegenblickt. Und ich begrüße es sehr, wenn ein Züchter vor dem Verkauf seiner Welpen sehr sorgsam erkundet, ob seine »Kinder« auch wirklich zu den richtigen Menschen, in die zu ihnen passende Umwelt kommen.

Da ist mir noch ein Gespräch in den Ohren, ein recht sympathischer Herr sprach mich darauf an, ob er wohl von uns einen Welpen erhalten könne. Er sei ein angesehener Bürger seiner Stadt, von Beruf Rechtsanwalt, habe Frau und zwei Kinder, eigenes Haus, Auto und Grundstück. Er betone dies ausdrücklich, da er schon gehört habe, man brauche ein polizeiliches Führungszeugnis, um von »Alemannentrutz« einen Welpen zu erwerben. Meine Antwort war klar, ein polizeiliches Führungszeugnis genüge sicherlich nicht, da gäbe es viele davon. Bei der Plazierung unserer Welpen seien die Anforderungen wesentlich höher.

Unter dem Kapitel »Züchter« habe ich dieses Thema bereits eingehend darge-stellt. An dieser Stelle möchte ich nochmals festhalten, daß es Aufgabe des gewissenhaften Züchters ist, seine Welpen so zu plazieren, daß sie eine Umwelt finden, in der sie sich richtig entfalten können. Und diese Voraussetzung ist bestimmt bei vielen Interessenten nicht immer gewährleistet.

Wann werden die Welpen abgegeben? So mancher unterstellt dem Züchter, der seine Welpen nach der vollendeten siebten Woche abgibt, er tue dies, um sich weitere Kosten zu ersparen, also aus Gewinnstreben. Vielen Züchtern wiederum bricht es ohnedies nahezu das Herz, Welpen überhaupt abgeben zu sollen. Umso lieber wird der Zeitpunkt der Trennung verschoben, – die Welpen sind doch noch viel zu klein! Und dann gibt es auch noch Zuchtvorschriften einzelner Vereine, die das Welpenabgabealter auf frühestens 8 Wochen oder noch später fixieren, früher werden die Würfe durch die zuständigen Zuchtwarte überhaupt nicht abgenom-men. Solche Vorschriften bestehen in fast all den Rassen, in denen die Hundeoh-ren kupiert werden. Mit dem 1. Januar 1987 ist allerdings dieses Argument in der Bundesrepublik Deutschland aufgrund des neuen Tierschutzgesetzes weggefallen.

Eines steht fest, es kann nicht die Muttermilch sein, die unser achtwöchiger Welpe unbedingt noch braucht. Beim vernünftig handelnden Züchter säugt zu dieser Zeit eine Hündin nicht mehr. Häufig wird behauptet, der Hund brauche möglichst lange für seine geistige Entwicklung die mütterliche Erziehung, das Spiel mit den Wurfgeschwistern. Sollte dann ein Abgabealter von 7 Wochen nicht doch zu früh sein?

Eine Antwort auf diese Frage gibt uns der Verhaltensforscher. Interessanterwei-

Abb. 132: Auch der Rüde betreut „seine" Welpen!

Abb. 133: Die für eine gesunde Welpenerziehung wichtige Vaterrolle des Rüden! Er ist stets Ansprechpartner und Erzieher der Welpen.

se stellte Eberhard Trumler bei allen seinen Beobachtungen fest, daß in der freilebenden Hundefamilie exakt so um den 49. Tag nach der Welpengeburt herum ein ganz gravierender Wandel eintritt. Anstelle der Mutterhündin, die bis dahin für die Welpen von zentraler Bedeutung war, übernimmt der Familienvater das Kommando, die weitere Lebensvorbereitung seiner Kinder. Die von den Pflege- und Erziehungsaufgaben überstrapazierte Hündin zieht sich ziemlich abrupt von den Kleinen zurück, überläßt sie weitgehend der väterlichen Führung. Wer das nicht glaubt, der lese alles ausführlich in Trumler's Buch »Das Jahr des Hundes« nach.

Bewußt habe ich in die Kapitelüberschrift das Wort »Sozialisierungsphase« aufgenommen. Zu Anfang der achten Lebenswoche beginnt für unsere Welpen aus der Veränderung der Gefolgschaftsstruktur in der Hundefamilie ein neuer Lebensabschnitt, und dieser steht eindeutig unter dem Kommando des Rüden. Hier an dieser Stelle, hier bedarf es der logischen Folgerung des Menschen! Ist es in der Natur so eingerichtet, daß exakt zu Beginn der achten Lebenswoche, zu Anfang der Sozialisierungsphase, eine solche grundsätzliche Wachablösung in der Hundefamilie erfolgt, was liegt dann näher, als die offensichtlich hierauf ausgerichtete Lernfähigkeit des Welpen zu nutzen, ihn exakt zum gleichen Zeitpunkt von der Erziehung durch die Mutterhündin auf die Schulung des Menschen zu übertragen? Solche Überlegungen sprechen eindeutig für eine Welpenabgabe mit sieben Wochen. Der neue, für das weitere Leben des Welpen entscheidende Mensch übernimmt zu Beginn der Sozialisierungsphase die volle Verantwortung für die weitere Formung seines Welpen.

Was passiert eigentlich in dieser Sozialisierungsphase zwischen der achten und zwölften Woche, die diese Periode abgrenzen? Der Hundevater beginnt mit der systematischen Vorbereitung des Welpen auf sein künftiges Leben als Meutegenosse. Aus Kampfspielen der Welpen untereinander lernen sie, daß man sich seiner Haut wohl wehren muß, dabei aber auch Gefahr läuft, selbst einige Prügel einzustecken. Angriff und Abwehr, taktische Bewegungen, das alles ähnelt durchaus dem Trapper- und Indianerspiel zweibeiniger Kinder. Trumler schreibt, daß aus solchen Kampfspielen in diesem Alter Spielregeln entwickelt werden, die später, wenn erst das Milchgebiß durch das zweite Gebiß ersetzt ist, Beschädigungen der Artgenossen vermeiden. Man reagiert in eigentlich harmlosen Beissereien aufgestaute Aggressionen ab, gewöhnt sich an den Umgang mit Artgenossen. Der hundliche Sozialverband kann es sich nicht erlauben, daß sich seine Mitglieder untereinander totbeißen.

Echte Meutespiele entstehen unter strikter Anleitung des Vatertieres, Vorstufen für die einmal folgende gemeinsame Jagd auf Beute. Oft ist der Vater für die Welpen die »flüchtende Beute«, er läßt sich von seinen Kindern jagen und ganz bewußt auch einfangen, überträgt dabei seine eigenen Lebenserfahrungen auf seinen Nachwuchs.

Ganz wichtig aber ist die Tatsache, daß in dieser Lebensphase vom Alten eine immer straffere Disziplinierung der Welpen erfolgt. So bestimmt zum Beispiel der Rüde einen alten Knochen zu seinem persönlichen Besitz, exakt diesen Knochen darf kein Welpe berühren. Meist genügt das Knurren des Alten als Warnung, wenn

Abb. 134: Familienintegration der Welpen. Hier zwei Halbbrüder mit einem Jahr Altersunterschied.

nicht, setzt es derbe Prügel, der Missetäter, der es gewagt hat, das väterliche Tabu zu verletzen, wird durchgeschüttelt. Der Welpe erfährt, hier hat er keine Alternative als die Demutsgeste, er wirft sich schreiend auf den Rücken, läßt den Knochen Knochen sein, respektiert den Willen des Leittieres. So manchen Hundehalter, dem sein Hund im späteren Leben über den Kopf wächst, möchte ich gerade auf diese Szene hinweisen, ist er lernfähig, dann erkennt er, daß exakt zu dieser Zeit er dem Welpen Disziplin beibringen muß. Zurück zu unserem bestraften Welpen. Nahezu übergangslos erweist er anschließend dem Alttier klare Anhänglichkeitsbezeugungen, bekundet seine Bereitschaft zur Unterordnung. Aus solchen Sozialspielen erwächst die Partnerschaft zu den Elterntieren, oder in anderer Umgebung zum Menschen.

Warum ich dies alles ausgerechnet in dem Kapitel über den Welpenverkauf schildere? Beim Haushund geht es eben gar nicht darum, ihn für eine Hundefamilie zu erziehen, vielmehr muß er in die Mensch-Hund-Meute harmonisch integriert werden. Erinnern Sie sich noch der Darlegungen im letzten Kapitel, wonach ein Versäumnis gewisser Lernphasen irreparable Schäden verursachen kann, weil eben diese Phasen zeitlich klar abgegrenzt sind? Um unseren Welpen für sein Leben in der menschlichen Familie zu erziehen, muß er mit sieben Wochen umgesetzt werden, dann fällt ihm die Anpassung am leichtesten. Alle diese

Abb. 135:
Das soll mein Sohn
sein!
 Foto: P. Kleinwegen

Lernspiele, die ich aus der Hundefamilie schilderte, diese müssen vom „Leittier Mensch" auf seine Anforderungen an seinen Hund abgewandelt werden. In dieser Periode geht es um die endgültige Sozialisierung des schon geprägten Welpen in der Menschenfamilie. Hier lernt er keine Beutespiele, zumindest keine künftige Meutejagd, sondern Stubenreinheit, Verträglichkeit mit Menschenkindern, Anpassung an den menschlichen Lebensrhythmus, Umgang mit zum Menschen gehörenden Haustieren. Sein Spiel mit dem Menschen ist immer neue Lernerfahrung, Anpassung an die Umwelt. Und nochmals darf ich Eberhard Trumler zitieren: »Je lustvoller das Spiel mit dem Menschen ist, und je mehr erstes Lernen als Spiel empfunden wird, umso größer wird die künftige Lernfreudigkeit des Hundes. Sie wird in dieser Phase für alle Zeiten festgelegt.«

Weder der Züchter, noch der Welpenkäufer können es verantworten, den Welpen in diesem Zeitabschnitt durch Hündin oder Wurfgeschwister auf richtiges Verhalten in der Hundemeute erziehen zu lassen, das könnte für das Leben mit dem Menschen lebenslängliche Nachteile nach sich ziehen. Dieser Lernabschnitt ist zu kostbar, als daß man ihn ungenutzt verstreichen lassen dürfte!

Aus diesen Gründen bin ich für eine Abgabe des Welpen im Alter von sieben Wochen!

Ja, ich lasse über eine Toleranz von einer Woche sicherlich mit mir reden, nicht aber über längere Verzögerungen. Als Welpenkäufer würde ich mir es sehr überlegen, einen Welpen erst im Alter von 10 Wochen direkt vom Züchter zu kaufen. Kaum ein Züchter hat die Zeit, um sich täglich mehrere Stunden um jeden einzelnen Welpen alleine zu kümmern, er wäre dabei völlig überfordert. Natürlich, immer gibt es einmal eine Ausnahme, aber in aller Regel haben Welpen, die zu spät vom Züchter abgegeben werden, schwerwiegende Lerndefizite, die ihnen eine harmonische Integration in die menschliche Familie sehr erschweren.

Nach meiner Erfahrung ist es für den Züchter sehr ratsam, Welpen ausschließlich auf Basis eines schriftlichen Kaufvertrages abzugeben. Dieser sollte klar aussagen, was der Züchter dem Käufer zusichert, welche Verpflichtungen umgekehrt der Käufer auf sich nimmt. Für mich ist in einem solchen Vertrag von zentraler Bedeutung, daß er es mir ermöglicht, den Hund dann zurückzuholen, wenn er es schlecht hat, insbesondere, wenn er umgesetzt werden soll. Die Verantwortung des Züchters für »seinen Welpen« endet nicht mit dem Welpenverkauf!

Seit Jahren geben wir unsere Welpen ausschließlich auf Basis klarer Kaufverträge ab. Gerne zitiere ich den Wortlaut einer solchen Vereinbarung nachstehend als Muster. Allerdings weise ich ausdrücklich darauf hin, daß ich juristischer Laie bin, daher in keiner Weise dafür einstehen kann, daß ein solcher Vertrag im Streitfall auch vor Gericht standhält. Nachstehende Formulierungen sollten daher nur Denkanstoß für eigene Vertragsgestaltung sein, die dann zweckmäßigerweise mit einem Juristen abgesprochen wird. Unter diesem Vorbehalt nachstehende Formulierungshilfe.

KAUFVERTRAG

Herr XY verkauft den Deutschen Schäferhund

Harras von (Zwingername), geworfen

am 31. 12. 1986

an Herrn/Frau

. . . .

. . . .

Dieser Welpe stammt aus eigener Zucht, er wurde sorgsam und gewissenhaft aufgezogen, die Paarung der Elterntiere erfolgte mit der Zielsetzung, möglichst gute und gesunde Welpen zu züchten. Beim Welpenverkauf kann hierfür naturgemäß keine Garantie übernommen werden.

XY verpflichtet sich, in angemessener Zeit die ordnungsgemäße VDH-Ahnentafel des Welpen nachzuliefern, dies erfolgt kostenlos.

Der Wurf ist vom zuständigen Zuchtwart abgenommen. Bei der Abnahme wurden keine Mängel festgestellt, die Ausfertigung ordnungsgemäßer Ahnentafeln ist befürwortet.

Der Käufer verpflichtet sich, im Alter zwischen 9 und 24 Monaten den Hund zumindest zweimal auszustellen, damit der Hund seine Zuchtzulassung erhält. Entspricht der Hund den züchterischen Zielen, so wird der Käufer darum bemüht sein, den Hund zur Zucht zu verwenden, um mit dazu beizutragen, daß die Rasse der Deutschen Schäferhunde verbessert wird. Bei einer Zuchtverwendung des Welpen erfolgt Abstimmung und Beratung mit dem Züchter.

Der Käufer sichert eine ordnungsgemäße Haltung des Hundes zu. Reine Zwingerhaltung ist vertraglich ausgeschlossen. Sollten Haltungs- und Erziehungsprobleme auftreten oder erkrankt der Hund ernsthaft, so erfolgt Abstimmung mit dem Züchter.

Für den Fall eines notwendig werdenden Besitzwechsels des Hundes steht dem Züchter ein Vorkaufsrecht innerhalb einer Erklärungsfrist von zwei Wochen zu. Ein Verkauf an Dritte ist nur in Abstimmung mit dem Züchter zulässig, wobei Übereinstimmung besteht, daß hierbei in erster Linie darauf geachtet werden muß, daß der Hund in verantwortungsbewußte Hände kommt.

Der Kaufpreis ist mit DM . . . . . . (in Worten . . . . Deutsche Mark) vereinbart, die Abgabe erfolgt im Alter von sieben Wochen. Mit der Unterschrift unter diesen Vertrag wird eine Anzahlung von DM 500,– hinterlegt. Erfolgt keine Abnahme des Welpen zum Abgabetermin, so ist dieser Betrag verfallen. Die restliche Bezahlung des Kaufpreises erfolgt mit der Übergabe des Hundes.

Dieser Vertrag ist doppelt ausgefertigt, einmal für Verkäufer und einmal für Käufer.

. . . ., den . . . .

. . . .

Klare Vereinbarungen bei Abschluß eines Kaufvertrages haben schon viel Ärger vermieden. Ich kann nur jedem Züchter raten, eine Vereinbarung in obigem Sinne mit den Käufern zu treffen.

Aus den Darlegungen im letzten Kapitel wissen wir, in welchem Maße Welpen sich auf eine bestimmte Futterzusammensetzung einstellen. Es hat sich daher als außerordentlich zweckmäßig erwiesen, dem Käufer eine klare Fütterungsempfehlung für den Welpen zu übergeben. Auch hier möchte ich einfach das Muster übernehmen, das sich bei uns über Jahrzehnte bewährt hat.

FÜTTERUNGSEMPFEHLUNG

08.00 Uhr Etwa 1 Tasse körperwarme, ungekochte Milch (3,5% Fettgehalt), angedickt mit etwa 1 Eßlöffel Welpenmilch, darin eingeweicht eine Handvoll Getreidefutterflocken (zum Beispiel Matzinger Flocken). 1 Teelöffel Bienenhonig, 1 Teelöffel Traubenzucker, ½ Apfel fein gerieben (auf Reibe für Babynahrung). Zweimal in der Woche hierzu 1 rohes Ei im Brei vermischen.
Zugabe: 1 Teelöffel Kalkpräparat in Pulverform (zum Beispiel Calcipot).

13.00 Uhr Etwa 1 Tasse Fleisch- oder Knochenbrühe, hierin eine Handvoll Fertigfutter quellen lassen. Als Zugabe klein geknetetes Gemüse (zum Beispiel Möhren, Blumenkohl, Rosenkohl, Spinat u. a.; keine Kartoffeln). In der Brühe können durchaus kleine Fleischstückchen mit verfüttert werden (beispielsweise sorgfältig von den Knochen befreites Hühnerklein).

18.00 Uhr Einige Hundekuchen zum Kauen, rohes Obst (Birnen, Pflaumen, Äpfel, Bananen u. a.). Diese Nahrung eher etwas knapp dosieren.

22.00 Uhr Etwa 200–250 Gramm rohes Fleisch, in den ersten Wochen fein gehackt, später klein geschnitten. Je nach Anfall fein geriebenen rohen Apfel, geriebene Möhren oder Knoblauchzehen daruntermischen. Dazu 1 Teelöffel Kalkpräparat.

Abb. 136: Wildes Spiel erlaubt!
Foto: A. Schleger

Abb. 137: Wird das Spiel zu rauh, greift der vernünftige Züchter ein, ruft die Raufbolde zur Ordnung!
Foto: U. Braun-Munzinger

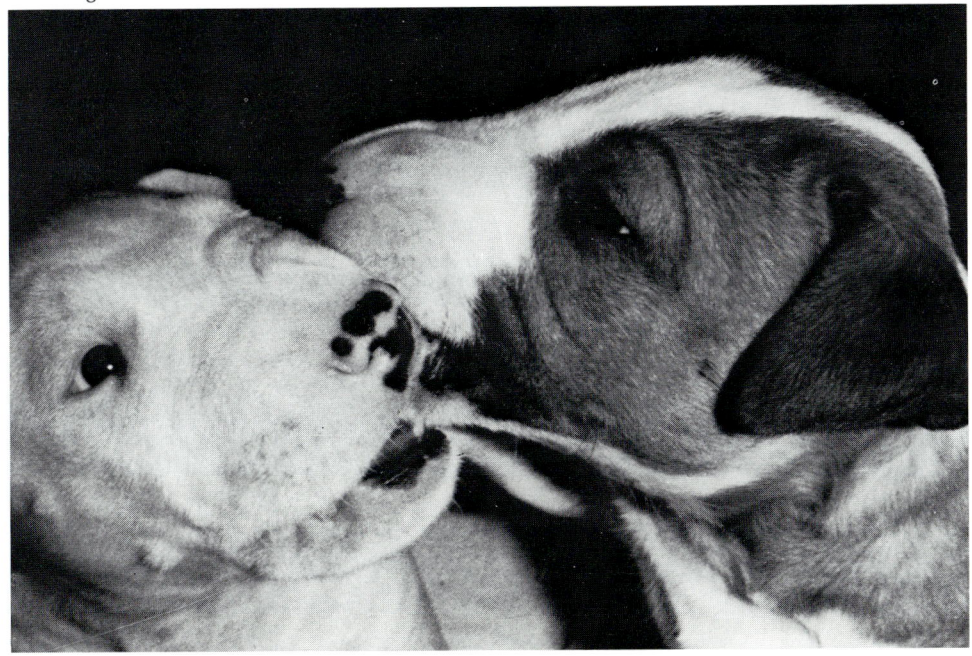

Vor oder nach der letzten Mahlzeit 1 Eßlöffel reiner Dorschlebertran (vom Löffel ablecken lassen, eventuell aus der Untertasse reichen, nie unter das Futter mengen). Lebertran muß bis zum Alter von 14 Monaten sein, im Sommer wie im Winter.

Fütterungsmenge entsprechend dem Lebensalter steigern. Im Alter von 5 Monaten geben wir je Fütterung etwa ½ Liter Flüssigkeitsmenge, eine Fleischmenge von 500 Gramm. Das Futter muß stets ausgewogen sein, reine Fleischfütterung ist unbedingt zu vermeiden. Die Kalkbeigabe muß zu Beginn des Zahnwechsels (ca. 4 Monate) verdoppelt werden, kann nach dem Zahnwechsel von Pulverform in Tablettenform umgestellt werden.

Naturgemäß ist obige Fütterungsempfehlung auf Bull Terrier-Welpen abgestimmt, bedarf je nach Hunderasse mengenmäßiger Kürzungen oder Erweiterungen. Mir ging es einzig und allein darum, einmal zu demonstrieren, wie man dem Abnehmer auf einfache Art darstellt, was sein Hund braucht, was er bisher vom Züchter erhalten hat.

Vergessen Sie nicht, in eine solche Empfehlung auch den Hinweis aufzunehmen, wonach eine regelmäßige Entwurmung des Welpen empfohlen wird. Im späteren Alter temporäre Kontrollen des Stuhlgangs auf Wurmbefall.

Noch ein ganz wichiges Problem, die Vorsorgeimpfung unserer Welpen. Es kann heute als absolut üblich angesehen werden, daß der gute Züchter keinen Welpen abgibt, ohne daß eine Grundimmunisierung bereits im Zwinger erfolgte. Wir haben schon einmal im Zusammenhang mit der Bedeutung der Muttermilch erwähnt, daß über die Kolestralmilch der Welpe einen temporären Schutz bis etwa zum Alter von 7 Wochen erhält. Gegen die wichtigsten Hundeseuchen Staupe, Hepatitis und Leptospirose empfiehlt die Arzneimittelindustrie eine erste Impfung im Zwinger im Alter von 7–9 Wochen. Um eine volle Grundimmunisierung zu erreichen, muß diese Impfung vom Käufer im Welpenalter von 12–14 Wochen wiederholt werden. Ein entsprechender Hinweis sollte bereits im Impfpaß verankert sein. Eine klare Aufklärung des Käufers ist erforderlich. Grundsätzlich empfiehlt sich auch eine Schutzimpfung gegen Tollwut und Parvovirose. Hierzu sollte man die Entscheidung über den Impftermin dem Tierarzt je nach örtlicher Seuchenlage überlassen.

Wer wie ich erlebt hat, in welchem Maße insbesondere Staupe und Hepatitis unter den Hundebeständen gewütet haben, der kann nur immer der Pharmaindustrie dankbar sein, daß es heute die Möglichkeit einer zuverlässigen Schutzimpfung gibt. Ein Versäumen dieser Schutzimpfungen wäre grober Leichtsinn. Ich kann jedem Züchter nur empfehlen, von diesen Möglichkeiten Gebrauch zu machen, insbesondere die Käufer seiner Welpen darauf hinzuweisen, daß die Wiederholungsimpfungen unerläßlich sind.

Nun glaube ich, Ihnen alle die Hinweise gegeben zu haben, die Sie bei der Abgabe Ihrer Welpen beachten sollten. Ich wünsche Ihnen, daß Sie viel Freude an der Hundezucht haben werden!

Abb. 138: Wohin geht es?   *Foto: Küchler*

Abb. 139: Nimmst Du mich mit?

Abb. 140: 7 Wochen alt. Ich bin bereit für den Eintritt in die Meute Mensch/Hund!

Foto: P. Kleinwegen

12. Literaturverzeichnis

Arbeiter, Dr. K. – Die klinische Betreuung der Zuchthündin, Hannover 1975
Bairacli-Levy, Juliette – Die Aufzucht junger Hunde, Zürich 1956
Cavill, David – All about Mating, Whelping and Weaning, London 1981
Christoph, Hans-Joachim – Klinik der Hundekrankheiten, Jena 1973
Daglish, Eric F. – Hundezucht aufgrund der Vererbungslehre, Zürich 1953
Dorn, Dr. Friedrich Karl – Hund und Umwelt, Berlin 1957
Eipper, Paul – Die gelbe Dogge Senta, Berlin 1936
Frankling, Eleanor – Practical Dog Breeding and Genetics, London 1973
Hauck, Dr. Emil – Die Hundezucht, Wien 1932
Hendrikse, Dr. J. – De kunstmatige inseminatie bij de hond, 1982
Hendrikse, Dr. J. – Een literatuuroverzicht van het verzamelen en beoordelen van reuesperma, 1984
Hendrikse, Dr. J. – Antonisse H. W. – Beoordeling van reuesperma, 1984
Lettow, Dr. Ellen – Rassenprädispositionen für Erkrankungen beim Hund, 1985
Naaktgeboren, Dr. Cornelis – Die Geburt bei Haus- und Wildhunden, Wittenberg 1971
Räber, Dr. Hans – Brevier neuzeitlicher Hundezucht, Bern 1968
Seiferle, Dr. Eugen – Neue Hundekunde, Zürich 1960
Sierts-Roth, U. – Geburts- und Aufzuchtgewichte von Rassehunden, Frankfurt 1953
Schleger, Dr. Andrea – Geschichte und Entwicklung des Bull Terriers. Genetisch begründete Fitneßminderung einer einseitig gezüchteten Hunderasse, Wien 1983
Schleger, Dr. Walter/Stuhr, Irene – Hundezüchtung in Theorie und Praxis, Wien 1986
Schmidt, Dr. Sibylle – Die Ultraschalldiagnostik der inneren und gynäkologischen Kleintierpraxis, 1985
Taverne, M.A.M., Okkens, A.C, Oord, R.van – Pregnancy diagnosis in the dog: A comparison between abdominal palpation and linear-array, real-time echography, 1985
Trumler, Eberhard – Das Jahr des Hundes, Mürlenbach 1984
Trumler, Eberhard – Ein Hund wird geboren, München 1982
Trumler, Eberhard – Mit dem Hund auf du, München 1981
Trumler, Eberhard – Hunde ernst genommen, München 1974
Wegner, Dr. Wilhelm – Kleine Kynologie, Konstanz 1979
Wirtz, Dr. Herbert – Welpenaufzucht, Stuttgart 1982
Witiak, Eugene – The Use of Vaginal Smears to ditermine Ovulation in the Bitch, SAC – Diagnosis, 1967
Zietschmann, O.-Krölling, O. – Lehrbuch der Entwicklungsgeschichte der Haustiere, Hamburg, Berlin 1955

13. Sachregister

249

250

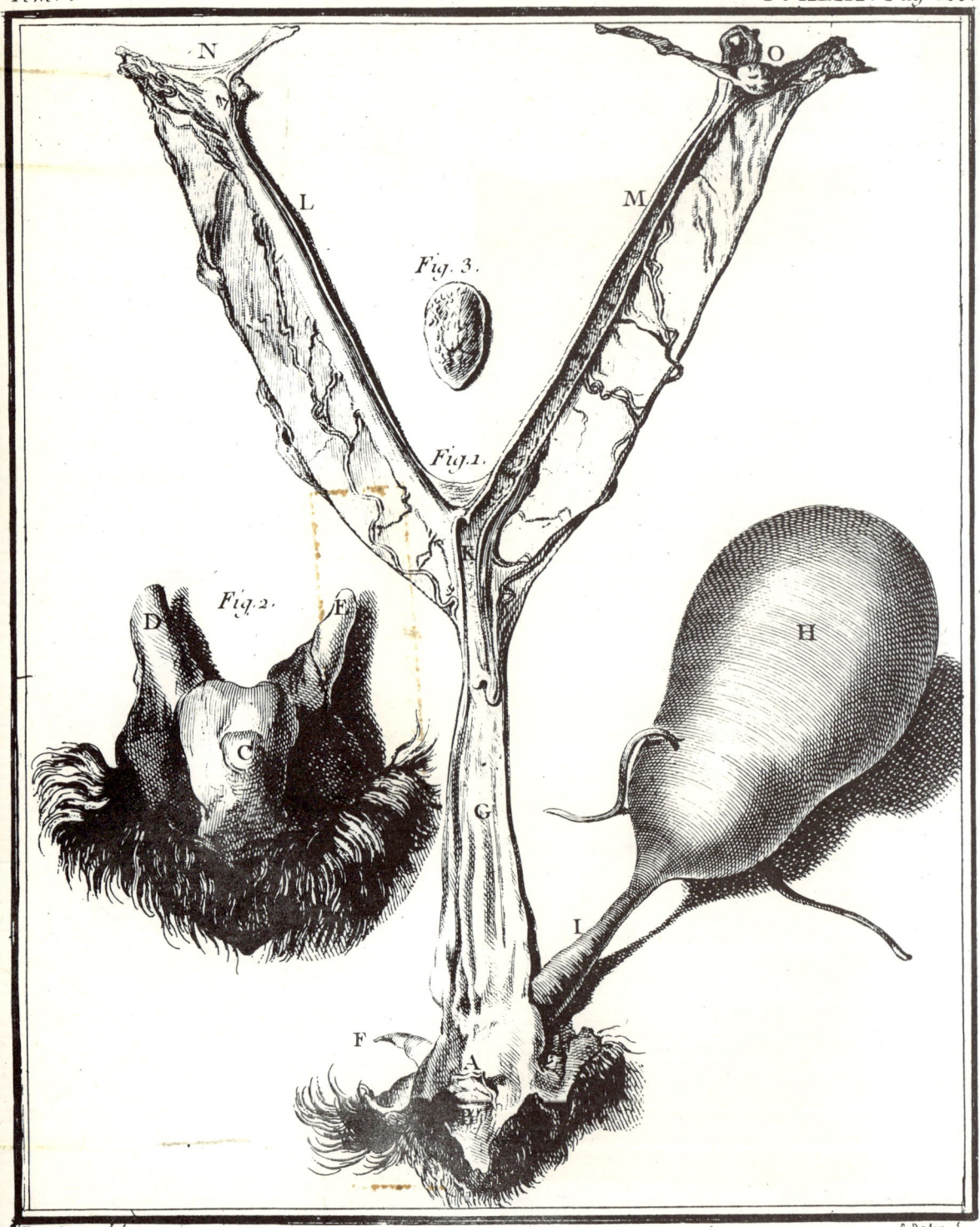

De Seve del.   f. Bafan. S.